"十二五"普通高等教育汽车服务工程专业规划教材

汽车检测诊断与维修

王志洪　刘成武　主编
邵毅明　简晓春　主审

人民交通出版社

内 容 提 要

本书将汽车检测诊断与维修作为一个系统,把汽车维修工程基础理论和汽车检测与故障诊断融为一体,详细叙述了汽车维修工程基础知识和汽车检测与故障诊断技术。本书共分七章,包括汽车维修工程基础、汽车检测与诊断技术基础、发动机的检测诊断与维修、汽车底盘的检测诊断与维修、车身及电气系统的检测诊断与维修、汽车排放污染与噪声的检测、新能源汽车的检测诊断。

本书可作为高等院校汽车服务工程专业、交通运输专业以及车辆工程专业本科生教材,也可供汽车检测维修技术人员学习和参考。

图书在版编目(CIP)数据

汽车检测诊断与维修 / 王志洪,刘成武主编. —北京:人民交通出版社,2013.12
"十二五"普通高等教育汽车服务工程专业规划教材
ISBN 978-7-114-10789-4

Ⅰ.①汽… Ⅱ.①王… ②刘… Ⅲ.①汽车—故障检测—高等学校—教材 ②汽车—故障诊断—高等学校—教材 ③汽车—车辆修理—高等学校—教材 Ⅳ.①U472

中国版本图书馆 CIP 数据核字(2013)第 161378 号

"十二五"普通高等教育汽车服务工程专业规划教材

书　　名:	汽车检测诊断与维修
著 作 者:	王志洪　刘成武
责任编辑:	夏　犇
出版发行:	人民交通出版社
地　　址:	(100011)北京市朝阳区安定门外外馆斜街 3 号
网　　址:	http://www.ccpress.com.cn
销售电话:	(010)59757973
总 经 销:	人民交通出版社发行部
经　　销:	各地新华书店
印　　刷:	北京市密东印刷有限公司
开　　本:	787×1092　1/16
印　　张:	22
字　　数:	544 千
版　　次:	2013 年 12 月　第 1 版
印　　次:	2018 年 5 月　第 2 次印刷
书　　号:	ISBN 978-7-114-10789-4
定　　价:	45.00 元

(有印刷、装订质量问题的图书由本社负责调换)

前　言
Qianyan

"汽车检测诊断与维修"是汽车服务工程专业、交通运输专业以及车辆工程专业的专业必修课。本书是根据2010年8月全国汽车服务工程专业教学指导委员会的教材编写计划编写的,教材编写人员来自长安大学、武汉理工大学、重庆交通大学、西华大学、湖北汽车工业学院、内蒙古工业大学等6所院校长期从事交通运输专业汽车运用与服务方向及汽车服务工程专业一线教学的教师和专业建设负责人,可作为高等院校汽车服务工程专业、交通运输专业以及车辆工程专业本科生教材,也可供汽车检测维修技术人员学习和参考。

随着现代电子技术在机动车上的广泛应用,使得机械技术、电子技术和信息处理技术融为一体,机动车机液电一体化程度越来越高。现代机动车在总体结构、工作原理等方面与传统机动车差别越来越大,使得机动车的维修也发生了根本性变化,具体体现在以下两方面。

（1）传统机动车维修特别重视零件修复,对于各类零部件能修则修;现代机动车的维修一般采用"换件修理"。因为现代机动车对零部件机械性能要求高,常采用专用材料和特殊制造工艺,通常的零部件修复方法不能满足其设计要求,若勉强修复也可以,但经济上也不合算。

（2）传统机动车维修以检验、修复为中心,检验使用通用、简单的量具仪器,凭经验鉴定机动车技术状况,故障诊断方法遵循"观察现象＋检查分析＋经验判断"的套路。现代机动车维修则以检测诊断为中心,使用先进的专用检测设备检测机动车技术状态,故障诊断则利用车载电脑自诊断系统或专用电脑诊断仪进行分析诊断。

当前,汽车维修已从传统维修方法转变为以检测诊断为基础的换件维修,因此,汽车检测与维修技术人员不仅要具备汽车维修工程基础理论和方法,还要熟练掌握汽车检测与故障诊断技术。高校相关专业开设的"汽车维修工程"课程的教学体系和教学内容已难于支撑其再单独设课,但其中的汽车可靠性理论、汽车及零部件失效理论、汽车修理工艺基础等理论在学生的专业知识体系中仍然很重要,许多高校相关专业的培养方案都是将维修工程基础理论和检测诊断与维修方法两方面的内容融合在一起,在一门课程中讲授,将维修和检测诊断作为一个完整体系,将"汽车维修工程"和"汽车检测与诊断"两门课程整合构建新的"汽车检测诊断与维修"课程教学体系和内容。本教材按这一趋势,将汽车检测诊断与维修作为一个系统,把汽车维修工程基础理论和汽车检测诊断与维修融为一体,改变把汽车维修工程与汽车检测与诊断割裂的情况,同时满足课程整合的教学要求。

本书基本内容为汽车检测诊断与维修基础理论知识、发动机的检测诊断与维修、汽车底盘的检测诊断与维修、车身及电气系统的检测诊断与维修、汽车排放与噪声的检测、新能源汽车的检测诊断,将汽车可靠性理论、汽车及零部件失效理论、汽车修理工艺基础等理论和汽车检测技术、故障诊断与维护修理等内容整合一体。编写中力求教材内容丰富、结构合理,既具有较强的理论基础,又有针对性和应用性,突出新设备、新技术和新标准的应用。

全书共分七章,西华大学张易红编写第一章,重庆交通大学王志洪、彭勇编写第二章,湖北汽车工业学院刘成武编写第三章,内蒙古大学高飞编写第四章,武汉理工大学华夏学院邵海忠编写第五章,重庆交通大学斯海林编写第六章,长安大学李彬编写第七章。

本书由重庆交通大学王志洪、湖北汽车工业学院刘成武任主编,重庆交通大学邵毅明、简晓春主审。本书在编写过程中,参考并引用了国内很多最新的著作成果,在此,谨向有关学者和专家表示真诚的感谢。

由于作者能力水平有限,书中谬误和差错实难避免,衷心希望读者予以指正,以利于本书的修改和完善。

编　者

2013 年 4 月

目录

Mulu

第一章　汽车维修工程基础 ··· 1
　第一节　汽车可靠性理论基础 ··· 1
　第二节　汽车零部件的失效模式及分析 ··· 7
　第三节　汽车维护基础知识 ··· 16
　第四节　汽车修理工艺 ·· 21
　第五节　汽车修理成本及定额管理 ·· 32
第二章　汽车检测与诊断技术基础 ··· 40
　第一节　基本概念 ·· 40
　第二节　汽车检测 ·· 43
　第三节　汽车故障 ·· 47
　第四节　汽车诊断 ·· 51
　第五节　汽车检测诊断与维修设备基础 ······································· 58
第三章　发动机的检测诊断与维修 ··· 60
　第一节　发动机综合性能检测 ·· 60
　第二节　发动机功率与油耗的检测 ··· 64
　第三节　发动机密封性的检测与诊断 ·· 70
　第四节　起动系统的检测诊断与维修 ·· 79
　第五节　点火系统的检测诊断与维修 ·· 85
　第六节　汽油机供给系统的检测诊断与维修 ······························· 100
　第七节　柴油机供给系统的检测诊断与维修 ······························· 110
　第八节　润滑系统的检测诊断与维修 ··· 119
　第九节　冷却系统的检测诊断与维修 ··· 126
　第十节　发动机异响的检测诊断与维修 ····································· 130
　第十一节　发动机电子控制系统的检测诊断与维修 ···················· 139
第四章　汽车底盘的检测诊断与维修 ··· 163
　第一节　底盘输出功率的检测 ·· 163
　第二节　传动系统的检测诊断与维修 ·· 170
　第三节　自动变速器的检测诊断与维修 ···································· 176
　第四节　转向系统的检测诊断与维修 ·· 189
　第五节　制动系统的检测诊断与维修 ·· 200

第六节　汽车行驶系统的检测诊断与维修……………………………………………… 211
   第七节　底盘辅助电子装置的检测诊断与维修…………………………………………… 224
第五章　车身及电气系统的检测诊断与维修 243
   第一节　汽车车身的检测诊断与维修……………………………………………………… 243
   第二节　安全气囊的检测诊断……………………………………………………………… 255
   第三节　空调系统的检测诊断与维修……………………………………………………… 260
   第四节　车速表的检测诊断………………………………………………………………… 270
   第五节　汽车前照灯的检测………………………………………………………………… 274
   第六节　汽车电子仪表的检测……………………………………………………………… 285
第六章　汽车排放污染与噪声的检测 290
   第一节　汽车排放污染的检测……………………………………………………………… 290
   第二节　汽车噪声的检测…………………………………………………………………… 313
第七章　新能源汽车的检测诊断 324
   第一节　动力系统总成的检测与维修……………………………………………………… 324
   第二节　动力控制系统检测与维修………………………………………………………… 327
   第三节　电池系统检测与维修……………………………………………………………… 328
   第四节　混合动力汽车发动机的维修……………………………………………………… 330
   第五节　底盘的维修………………………………………………………………………… 333
   第六节　电气系统检测与维修……………………………………………………………… 339
附录：汽车主要检测诊断与维修标准和法规 342
参考文献 345

第一章 汽车维修工程基础

第一节 汽车可靠性理论基础

一、汽车可靠性与维修

1. 汽车可靠性

可靠性是汽车用户最关注的汽车使用性能指标之一。根据国家标准 GB/T 3187—1994《可靠性、维修性术语》,可靠性是指"产品在规定条件下和规定时间区间内完成规定功能的能力",包含四个要素:产品、条件、时间、功能。对汽车而言,其产品包括整车、部件、零件,它们都是可靠性研究的对象。"规定条件"是指产品在正常运行或使用过程中可能遇到的使用条件、环境条件和储存条件,如汽车的载荷、环境温度、环境湿度、含尘量、道路等级及维护水平等。"规定时间"是指产品的工作时间,一般情况下,随着汽车使用年限的增长,汽车出现故障的概率将增加。"规定功能"是指产品规定了的必须具备的功能及功能参数。即要求产品功能的多少和其技术指标的高低,如汽车的承载能力、零件的配合精度、动力性、排放特性和经济性等。

2. 汽车维修

维修是指在系统投入运行后,为保持或在系统发生故障后恢复产品完成规定功能的能力而采取的技术和管理措施。汽车维修是汽车维护和修理的泛称,就是对出现故障的汽车通过技术手段排查,找出故障原因,并采取一定措施使其排除故障并恢复达到一定的性能和安全标准。汽车修理包括汽车大修、总成大修和汽车小修。汽车大修是指用修理或更换汽车任何零部件(包括基础件)的方法,恢复汽车的完好技术状况和完全(或接近完全),恢复汽车寿命的恢复性修理。总成大修是指车辆的总成经过一定使用里程后用修理或更换总成任何部件的方法,恢复其完好技术和寿命的恢复性修理。汽车小修是指用更换或修理个别零件的方法,保证或恢复汽车工作能力的运行性修理。汽车维护,是指为维持汽车完好技术状况或工作能力而进行的技术措施,汽车维护包含"清洁、检查、紧固、调整、润滑和补给"六大类作业内容。

3. 汽车可靠性与维修的关系

不同文献对可靠性的描述不尽相同,有人认为,可靠性可以分为狭义的可靠性和广义的可靠性,狭义的可靠性是指产品在规定条件下和规定时间区间内完成规定功能的能力,是产品在使用期间没有发生故障的性质。而广义的可靠性,除了包含狭义可靠性方面的内容之外,还包含产品的维修性。

还有人认为,产品的可靠性可分为固有可靠性和使用可靠性,固有可靠性是产品设计制造者必须确立的可靠性,即按照可靠性规划,从原材料和零部件的选用,经过设计、制造、试验,直到产品出厂的各个阶段所确立的可靠性。使用可靠性是指已生产的产品,经过包装、运输、储存、安装、使用、维修等因素影响的可靠性。

总之,可以得出以下相同的观点:

(1)汽车的使用可靠性取决于汽车本身的固有可靠性以及汽车的使用维修水平,并与汽车的使用条件有关。

(2)汽车使用时间增长,其出现故障的可能性随之增大,使用可靠性下降,需要通过维护来提高其可靠性。

(3)汽车经过长时间使用,多次维护,其技术性能会明显下降,这时只有通过大修才能使技术性能有大幅度的提高。

(4)维修只能在一定程度上维持汽车的技术状况,恢复其可靠性,但不能完全恢复其固有可靠性,故汽车行驶相当里程(极限里程)后,就应报废。

二、汽车可靠性的评价指标

1. 可靠度

可靠度是指产品在规定的条件下和规定的时间内,完成规定功能的概率。它是时间的函数,记作 $R(t)$,为可靠度函数的简称。

设 T 为产品寿命的随机变量,则:

$$R(t) = P(T > t) \tag{1-1}$$

式(1-1)表示产品的寿命 T 超过规定时间 t 的概率,既产品在规定时间 t 内完成规定功能的概率。

根据可靠度的定义,可以得出 $R(0)=1,R(\infty)=0$。即开始使用时,所有产品都是好的,只要时间充分大,全部产品都会失效。

可靠度与时间的关系曲线如图 1-1 所示,可靠度随时间的增长而下降。

2. 失效度

失效度又称累积失效概率,是产品在规定条件和规定时间内失效的概率,其值等于 1 减可靠度。也可说产品在规定条件和规定时间内完不成规定功能的概率,故又称不可靠度,它同样是时间的函数,记作 $F(t)$,其表示式为:

$$F(t) = P(T \leq t) = 1 - P(T > t) = 1 - R(t) \tag{1-2}$$

从上述定义可以得出 $F(0)=0,F(\infty)=1$

由此可见 $R(t)$ 和 $F(t)$ 互为对立事件。失效分布函数 $F(t)$ 与时间关系曲线如图 1-2 所示,失效度随时间的增长而升高。

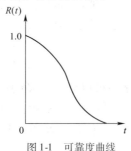

图 1-1 可靠度曲线

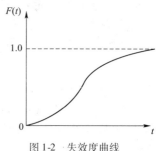

图 1-2 失效度曲线

3. 故障概率密度函数

故障概率密度是累积失效概率对时间的变化率,记作 $f(t)$。它表示产品寿命落在包含 t 的单位时间内的概率,即产品在单位时间内失效的概率。其表示式为:

$$f(t) = \frac{dF(t)}{dt} = \frac{d[1-R(t)]}{dT} = -\frac{dR(t)}{dt} \tag{1-3}$$

则:

$$F(t) = \int_0^t f(t)dt \tag{1-4}$$

$$R(t) = 1 - \int_0^t f(t)dt = \int_t^\infty f(t)dt \tag{1-5}$$

4. 故障率函数

(1) 概念

故障率是指产品工作到 t 时刻尚未发生故障,在该时刻后单位时间内发生故障的概率。记作 $\lambda(t)$,又称故障率函数,它可以表述产品在整个寿命周期内出现故障的可能性。

按上述定义,故障率是在时刻 t 尚未失效的产品,在 $t \sim t+\Delta t$ 的单位时间内发生失效的条件概率,当 Δt 趋于 0 时,就可以得到 t 时刻的故障率。即:

$$\lambda(t) = \lim_{\Delta t \to 0} \frac{P(t < T \le t+\Delta t/T > t)}{\Delta t} \tag{1-6}$$

(2) 汽车的故障率函数曲线

汽车及大部分机械产品的故障率函数曲线如图 1-3 所示,由于该曲线形状如同浴盆,又称浴盆曲线,它描述了汽车故障率随时间而变化的规律。从曲线的变化趋势来看,可将汽车的故障率曲线划分为三个阶段,即故障的三个时期。

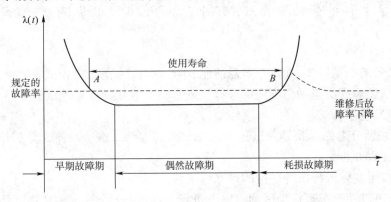

图 1-3 故障率函数曲线

① 早期故障期。其基本特征是产品在刚开始投入使用时发生故障的可能性较大,失效率 $\lambda(t)$ 随时间的推移而逐渐下降。产生早期故障的原因多数是产品在设计中存在缺陷,制造中加工精度较低,材料存在内部缺陷,装配不良,或检验差错等所致。与早期故障期对应的是汽车的磨合期,早期故障可通过强化试验或磨合加以排除,防止由于质量问题造成的恶性故障。

② 偶然故障期(正常使用期)。基本特征是故障率 $\lambda(t)$ 可近似等于常数,故障率低且稳定,这是由于零件已经过了初期磨合阶段,零件表面质量、配合特性均达到最佳状态,润滑条件也得到相应改善。

在偶然故障期,其故障的发生是随机的,没有一种特定的故障原因在起主导作用。正常工作期的故障为偶发故障,无法预防,不能用定期更换产生故障的零件来预防,主要应加强检测、润滑、紧固、检查等维护措施,使有效寿命期内的故障尽可能低,延长有效寿命期。

③耗损故障期。基本特征是产品的故障率迅速上升,很快出现产品故障大量增加直至最后报废。原因:由于老化、疲劳、磨损、腐蚀、变形等耗损性因素引起汽车的性能大幅下降、维修费用增加。对于汽车这类可维修产品,通过对产品试验数据分析,可以确定耗损阶段的起始点,在耗损起始点到来之前进行大修,对耗损的零件、部件予于维修、更换,可以降低产品的故障率,延长产品的使用寿命。

三、汽车可靠性试验及分析

为了分析、评价、验证和提高产品的可靠性而进行的试验,统称为可靠性试验。广义地说,任何与产品失效效应有关的试验,都可以认为是可靠性试验。狭义的可靠性试验,往往是指寿命试验。在汽车可靠性研究中,通过可靠性试验了解整车及其各系统的关系,了解总成、零部件的失效情况,获得可靠性数据、资料,从而达到提高汽车产品的可靠性水平。

1. 可靠性试验的目的

(1)对汽车及其零部件可靠性水平的评估和考核。利用试验中获得的数据,求得产品的可靠度、失效率及平均寿命等可靠性指标,以考核其功能、强度、可靠性和寿命等是否符合设计要求。

(2)对批量产品或外加工产品进行验收。

(3)对试验结果进行失效机理分析。通过可靠性试验,暴露产品在设计、制造、使用、维护、管理方面存在的问题和薄弱环节,找出失效原因,提出改进方案,从而使汽车的可靠性水平不断得以提高。

(4)储备设计所需的资料,探索发展方向,酝酿新的设计思想,为下一轮开发新产品积累经验。

2. 可靠性试验的分类

可靠性试验的类型很多,在汽车产品研制、生产的各个阶段,随着试验的目的、要求和试验对象的变化,试验人员应做出不同的选择。通常有以下几种可靠性试验类型。

1)按照试验场所分类

按照试验场所分类有:实际道路试验、试验场试验、实验室试验。三种试验方法各有优缺点。

(1)实际道路试验。

①方法:按照实际运行条件进行的可靠性试验。

这种试验可以在汽车运行地区的道路上进行。在运行地区试验,又称野外试验。进行行驶试验时,车上一般装有记录负荷、应力、速度、温度的仪器,装有气温、气压、风速、里程、燃油和润滑油的记录装置或传感器。

在实际道路试验时,须按一定的计划挑选试验的路面、地区。路面一般可分为:平整道路、泥路、山路、城市道路、坑洼的恶劣路面。地区可分为:严寒、酷暑地区,高原、高湿、低气压地区。试验中必须有计划地选取一定的里程。

②实际道路试验的特点:

a. 优点:是一种综合性试验,能比较全面、客观、真实地评价产品在实际使用中的可靠性和维修性,其试验所得的数据和结论,最为直截了当,也最为可靠。

b. 缺点:费用消耗大,投入的人力较多,试验周期长,不确定因素较多,试验的重复性相对差些。

③对象:主要是以汽车整车的可靠性为主,也包括一些重要总成的可靠性试验。

开发一种新车型,至少进行两次实际道路试验,一次在设计定型前,一次在投产后。每次持续时间和里程应相当于用户购车后3~5年的实际运行期。

(2)试验场试验。

①方法:在试验场模拟的运行条件进行试验。

②优点:能够保持恒定的试验条件,参数和因素易于分辨和隔离,适宜于针对性地解决问题。

③缺点:所得到的可靠性数据,需要根据实际的使用情况对模拟试验条件下取得的数据进行折算。这种折算,需要大量的试验和统计数据作为基础。

④对象:由于受到试验条件的限制,目前还局限于总成、零部件的专项可靠性试验。

⑤试验场的主要设施:

a. 直线车道。测量汽车最高车速,汽车换挡加速时间,滑行距离,高速制动。

b. 弯曲车道。试验汽车转向系统、承载系统的可靠性,检查汽车的操纵稳定性能。

c. 高速环形车道。检查汽车传动系统的可靠性,包括发动机、变速器、冷却系统、润滑系统、燃油经济性以及轮胎在高速运行条件下的寿命。

d. 试验广场。用于稳态转向试验,通常用喷水法来检查汽车的不足转向特性和轮胎的侧滑车速。

e. 特殊坏路。是一种破坏性路面,包括凹凸不平约石块路、扭曲路、搓板路,用以考验悬架和承载系统。

f. 特殊环境。人为制造水槽、泥泞、灰尘、凹坑等特殊路段,考察汽车在特殊环境下的运行能力。

g. 越野场地。设有各种障碍的自然田块,通常没有路面,考察各种军车的越野能力。

h. 风洞试验。测量汽车外形的风阻系数及空气动力特性。

i. 标准陡坡。测验汽车的爬坡能力和驻坡能力。

(3)实验室试验。

①方法:也是采用模拟运行条件,但与实际的运行条件相差较大。

②优点:

a. 试验对象可以按照需要选定,可以随时更换试验对象。

b. 试验参数和因素可以更精确地隔离和控制,可以排除外界的干扰。

c. 可以增加载荷或加载频率,加速试验进程。

d. 减轻试验人员劳动强度,实现自动试验、无须看管、24h 不间断运行。

e. 改善试验人员的工作环境,使高温试验、低温试验、有严重噪声的试验环境在密闭的实验室中进行。

③缺点:由于受试验条件的限制,不可能完全反映实际使用情况。

④对象:比较适合于总成或零部件的可靠性对比试验。

实验室试验也大致经历了三个阶段:早期是等幅加载试验,逐渐发展到程序加载的多工况试验,最近随机加载的试验开始增多。就目前的发展水平,汽车零部件和总成的实验室可靠性试验,仍以程序加载试验为主。

2)按照破坏情况分类

可分为破坏性和非破坏性两种。

（1）破坏性试验。试验样品最终被破坏或失效的试验。其中包括破坏性寿命试验和破坏性极限条件试验。破坏性寿命试验是为了确定产品寿命和可靠性特征值而进行的试验。破坏性极限条件试验是在超负荷或严酷环境条件（如高温、低温、酸碱盐腐蚀、高湿、缺氧、低气压等）下的破坏性试验，其主要目的是为了考察汽车和零部件产品在特殊环境下抵抗失效的能力。

（2）非破坏性试验。是在不破坏产品的基础上而获得可靠性数据的试验。其中包括以非破坏性方法查明产品潜在的缺陷，如采用超声波、声发射、射线、探伤剂、磁性等各种无损检测手段，查找产品是否存在缺陷，从而排除故障源。这种检测、试验方法适用于制造阶段对材料及其零部件的质量检验，也可以对外加工的贵重产品进行抽样检验。

3）按照试验条件分类

按照试验所给予的条件，可分为常规性寿命试验、加速寿命试验、强制老化试验、临界试验、特定环境和路面条件下的试验。

（1）常规性寿命试验。按照规定的使用条件，对汽车或零部件进行的寿命试验。这种试验可以是连续工作，也可以是间断工作。所谓规定的使用条件，就是根据产品设计要求，采用接近或类似于实际使用条件的试验。这种试验方法的特点是试验周期较长，但试验结果较为真实。

（2）加速寿命试验。在不改变失效机理的前提下，增加应力幅值或加载频率，从而使故障率增大或寿命缩短的试验。这种试验可以在较短的时间里获得可靠性评定数据和暴露使用中可能出现的故障。

这里所提到的应力是一种广义的概念，它包括负荷（拉、压、扭、剪）、振动、冲击等机械应力之外，还包括温度、湿度、腐蚀等环境应力，以及电流、电压、电场、磁场引起的电应力等。

对于施加机械（交变或随机）载荷的寿命试验，通常称为疲劳寿命试验。对于汽车产品来说，其常规性寿命试验和加速寿命试验的时间大多很长，进行旷日持久的常规性试验，从经济和开发周期来看往往是不允许的。

（3）强制老化试验。在室温、高温、低温、潮湿、腐蚀、紫外线辐射等环境下，将处于非工作状态的汽车或零部件作搁置试验，使之在短时间里加速老化。这种试验类似于加速寿命试验，所不同的是设置了特殊的试验环境。

（4）临界试验。临界试验就是极限载荷的试验，用于在短时间内了解零部件能够承受最大载荷的能力。临界试验见表1-1。

临界试验　　　　　　　　　　　　　表1-1

试验项目	试验目的	基本方法
砂地试验	判断传动系统的强度	驱动轮置于砂槽，变换挡位，使汽车冲出砂槽
泥水槽试验	判断驾驶室、车架的锈蚀及橡胶件的损坏	在300mm深、50m长的泥水槽中行驶
急起步试验	判断传动系统、悬架、车架的强度	在平路或坡道上拖拉挂车，以发动机最大转矩急速起步，反复操作
紧急制动试验	判断制动器、前轴转向节的强度	在附着系数高的路面上直行或转弯时，紧急制动
垂直冲击试验	判断悬架、车身的强度	汽车以较高的速度驶过长坡凸峰
弯道转向试验	判断转向机构的强度	以可能的速度、以最大的转向角反复进行弯道行驶试验
空转试验	检验传动系统振动负荷	原地支起驱动轮，以额定转速的100%～115%连续运转

(5)特殊环境下的可靠性试验。特殊环境是指特殊的气候环境,常见的特殊环境下的可靠性试验见表1-2。

特殊环境下的可靠性试验　　　　　表1-2

试验地区	环境特征	可靠性问题
严寒地区	低温冰雪	冷起动性能差;气制动管路结冰;冷却液、润滑液、燃油冻结;金属低温脆性失效;非金属零件的硬化失效;采暖、除霜装置失效;特殊维修问题
高原地区	低温、低气压、长坡、辐射、	冷却液沸腾,供油系统气阻;动力性下降,起动性能恶化、人体力下降,维修困难
湿热地区	高湿度、高温、高辐射、雨水、盐雾、霉菌	冷却液沸腾,供油系统气阻;金属件腐蚀;电器故障;非金属件老化、变质、发霉

(6)特定路面条件下的可靠性试验。为了快速得到可靠性试验数据,在试验场内为不同的车型设置了不同的车道,这些车道分别选择搓板路、石块路、鱼鳞坑路、卵石路、砂坑路、条石路、石板路、扭曲路、沥青路,以不同的顺序组合而成。

4)按照试验样本大小分类

(1)全数测试。全数试验是指对于关键项目和指标进行100%的测试或检查。这种测试所得数据较为精确,可靠性置信水平高;缺点是工作量大,测试对象也只能局限于非破坏性产品。

需要说明的是,经过寿命试验的样品是不能作为产品安装或销售的。全数测试实际上是生产现场的在线检查,目的是提高零件或整车的可靠性水平。

(2)抽样测试。从批量产品中抽取部分样品进行试验,利用试验结果,通过计算、分析来推断批量产品的可靠性特征量。

在可靠性寿命试验中,为了缩短试验时间,抽样试验大多为截尾试验。所谓截尾试验,就是指参加试验的样品并没有达到全部失效就停止了试验。截尾试验有两种方法:

①定时截尾试验,到规定的时间停止试验。

②定数截尾试验,到规定的失效判断数停止试验。

第二节　汽车零部件的失效模式及分析

一、汽车零部件失效的概念及分类

汽车零部件丧失原设计规定的功能称为失效,失效而且包括功能降低。包括以下三种情况:第一种是完全失去原设计所规定的功能;第二种虽然还能运行,但已不能达到规定功能;第三种虽然还能运行,也能完成规定功能,但有严重损伤或隐患,继续使用时,不能确保安全性和可靠性。

按失效模式分类,汽车零件的失效类型有磨损、疲劳断裂、腐蚀、变形、老化等。

(1)磨损:汽车零件常见的磨损如:汽缸工作表面"拉缸",曲轴轴颈和轴承间"抱轴烧蚀",齿轮表面和滚动轴承表面的麻点、凹坑等。

(2)疲劳断裂:包括高应变低周期疲劳、低应力高周期疲劳、腐蚀疲劳、热疲劳等,汽车零件常见的疲劳断裂如:曲轴断裂、齿轮轮齿折断、转向拉杆球销断裂等。

(3)腐蚀:包括化学腐蚀、电化学腐蚀、穴蚀,汽车零件常见的腐蚀如:锈蚀,湿式缸套外壁的麻点、孔穴等。

(4) 变形：包括弹性变形、塑性变形。汽车零件常见的变形如：杆件的弯曲、扭曲和交通事故中碰撞变形等。

(5) 老化：包括龟裂、变硬。汽车上常见的老化如橡胶轮胎、塑料密封件的老化。

二、汽车零部件的失效模式与机理

1. 汽车零件的磨损

磨损是零部件失效的一种基本类型。通常意义上来讲，磨损是指零件摩擦表面的材料在相对运动过程中不断损失的现象。磨损将造成零件几何尺寸及表面性质的变化，使零件的工作性能逐渐降低；但磨损有时也是有益的，比如新车零件的磨合。

1) 分类

依据摩擦原理的不同，磨损可以分为磨料磨损、粘着磨损、表面疲劳磨损、腐蚀磨损和微动磨损。

(1) 磨料磨损。在摩擦过程中由于硬质颗粒或凸出物使零件表面材料耗失的一种磨损，称为磨料磨损。磨料磨损是最常见的，同时也是危害最为严重的磨损形式。这种硬质颗粒称为磨料，对于汽车，磨料主要来自于空气中的灰尘、润滑油中的杂质、零件表面脱落的金属颗粒。

磨料磨损的机理主要是：

① 显微切削，即硬磨粒像刀具一样对零件表面进行极其微小的切削，形成切屑。

② 磨粒较圆或与零件表面的相对角度不合适时，只对表面进行犁沟，把表面材料堆向两旁和前沿，经反复塑性变形使表面材料发生断裂剥落。

影响磨料磨损的因素有零件材料的内部因素和磨粒等的外部因素。内部因素中影响最大的是材料的硬度。一般地说，零件材料的硬度（准确地说是材料磨损后的表面硬度）越高，则耐磨性越高。对纯金属和退火钢，耐磨性大致与硬度成正比。经热处理的钢，其耐磨性也随着硬度的提高而提高，只是提高的程度稍低。对于像石英和陶瓷等硬度很高的材料，硬度过高后耐磨性反而下降，这是由于断裂韧性下降，容易发生脆性碎裂使磨损增大。外部因素中影响较大的是零件材料硬度 H_m 与磨粒硬度 H_a 的比值。当 $H_m/H_a > 0.8$ 时，零件材料的耐磨性迅速提高；当 $H_m/H_a < 0.8$ 时，零件材料的耐磨性低。前者称为软磨料磨损，后者称为硬磨料磨损。因此，要提高材料的耐磨性，材料的硬度必须大于磨粒硬度80%，这是选择材料的一个比较关键性问题。此外，磨料的粒度，几何形状和组成等对磨损也有影响。提高零件耐磨料磨损性能的方法，首先是选择材料。根据磨损条件，选择中、高碳钢和含铬、锰的合金钢（见耐磨钢），并可进行表面热处理和化学热处理，或用硬合金表面堆焊、热喷镀和其他表面涂覆方法。采用普通白口铸铁、合金白口铁、粉末冶金减摩和耐磨材料、金属陶瓷、陶瓷等，也可提高零件的耐磨料磨损性能。除硬度外，对受冲击载荷的材料还需要考虑韧性；对受腐蚀或高温影响的零件材料，则需要考虑材料的耐腐蚀性能和高温性能。采用表面硬化方法时，硬化层应有适当的厚度。

(2) 粘着磨损。粘着磨损又称咬合磨损，它是指滑动摩擦时摩擦副接触面局部发生金属粘着，在随后相对滑动中粘着处被破坏，有金属屑粒从零件表面被拉拽下来或零件表面被擦伤的一种磨损形式。

粘着磨损的作用机理：固体表面从微观来看是凹凸不平的，两摩擦表面接触时实际上并不是整个表面接触,而是许多凸出体的接触。实际接触面积只占名义接触面积的很小一部分,所以接触点的局部应力很大,当应力超过某一值时,接触点就产生粘着或焊合,并在相对切向运动中被剪断或撕裂,致使材料转移或逐渐剥落。洁净的金属表面最容易发生粘着。为减少粘着磨损,常在摩擦副间施加润滑剂。

按照粘着结点的强度和破坏位置不同,粘着磨损有不同的形式。

①轻微粘着磨损:当粘结点的强度低于摩擦副两材料的强度时,剪切发生在界面上,此时虽然摩擦系数增大,但磨损却很小,材料转移也不显著。通常在金属表面有氧化膜、硫化膜或其他涂层时发生这种粘着磨损。如缸套—活塞环副的正常磨损。

②一般粘着磨损:当粘结点的强度高于摩擦副中较软材料的剪切强度时,破坏将发生在离结合面不远的软材料表层内,因而软材料转移到硬材料表面上。这种磨损的摩擦系数与轻微粘着磨损的差不多,但磨损程度加重。如重载蜗杆—蜗轮副的磨损常为此种情况(蜗轮表面的铜涂抹在蜗杆表面上)。

③擦伤磨损:当粘着点的强度高于两对磨材料的强度时,剪切破坏主要发生在软材料的表层内,有时也发生在硬材料表层内。转移硬材料上的粘着物又使软材料表面出现划痕,所以擦伤主要发生在软材料表面。

④胶合磨损:如果粘着点的强度比两对磨材料的剪切强度高得多,而且粘着点面积较大时,剪切破坏发生在对磨材料的基体内。此时,两表面出现严重磨损。

⑤咬死:粘着点抗剪强度相当高,表面瞬时闪发温度也相当高,粘着面积很大,粘着点不能剪断而造成相对运动中止的现象。咬死现象是胶合磨损最严重的表现形式,如曲轴—轴承副缺润滑油时会发生这种现象。

(3)表面疲劳磨损。摩擦副两对偶表面作滚动或滚滑复合运动时,由于交变接触应力的作用,使材料表层产生疲劳剥落的现象,称为表面疲劳磨损(或接触疲劳磨损)。表面疲劳磨损常发生在滚动轴承、齿轮以及钢轨与轮箍的接触面上。

表面疲劳磨损的机理:不论是点接触还是线接触,最大压应力都发生在零件的接触表面上,最大切应力则发生在表层内部离表面一定深度处。滚动接触时,在循环切应力影响下,裂纹容易从表层形成,并扩展到表面而使材料剥落,在零件表面形成麻点状凹坑,造成疲劳磨损。若伴有滑动接触,破坏的位置逐渐移近表面。由于材料不可能完全均匀,零件表面也不是完全平滑,材料有表面缺陷、夹杂物、孔隙、微裂纹和硬质点等原因,疲劳破坏的位置往往有所改变,裂纹有时从表面开始,有时从表层内开始。与表面连通的疲劳裂纹还会受到润滑油的楔入作用,使其加速扩展。

减少表面疲劳磨损的措施首先在于提高材料的纯洁度,如限制非金属夹杂物的含量,规定基体组织和碳化物的均匀性等。表面应尽量光洁,避免刀痕式磨痕。在可能条件下,采取如渗碳和渗氮等表面强化工艺,以提高硬度。强化层必须有足够的厚度,心部要有足够的强度,并选用合适的润滑剂。这些措施都能减小表面疲劳磨损。

(4)腐蚀磨损。表面材料与周围介质发生化学或电化学反应,并伴随机械作用而引起的材料损失现象,称为腐蚀磨损。腐蚀磨损通常是一种轻微磨损,但在一定条件下也可能转变为严重磨损。

常见的腐蚀磨损有化学磨损和电化学腐蚀磨损。

①化学腐蚀磨损:在摩擦副与酸、碱、盐等特殊介质发生化学腐蚀的情况下而产生的磨损,其磨损率较大,磨损痕迹较深。零件在腐蚀性气体或液体环境中工作时,其表面金属将

于腐蚀性介质发生各种化学反应,在零件表面生成一层化学反应膜,该反应膜通常与基体结合强度较低,零件相对运动时,由于摩擦力的作用,发生化学反应膜脱落,形成化学腐蚀磨损。金属表面也可能与某些特殊介质起作用而生成耐磨性较好的保护膜。

②电化学腐蚀磨损:由于金属在外部介质中发生电化学反应而引起的磨损,称为电化学腐蚀磨损。

金属零件材料存在不同的合金成分及杂质,不同成分的电极电位不同,不纯的金属跟电解质溶液接触时,金属表面会形成一种微电池,也称腐蚀电池(其电极习惯上称阴极、阳极)。腐蚀电池的形成原因主要是当金属被放置在水溶液中或潮湿的大气中,由于金属表面吸附了空气中的水分,形成一层水膜,因而使空气中 CO_2、SO_2、NO_2 等溶解在这层水膜中,形成电解质溶液,而浸泡在这层溶液中的金属又总是不纯的,如工业用钢铁的成分除铁之外,还含有石墨、渗碳体(Fe_3C)以及其他金属和杂质,它们大多数没有铁活泼。这样形成的腐蚀电池的阳极为铁,而阴极为杂质,阳极上发生氧化反应,使阳极发生溶解,阴极上发生还原反应,一般只起传递电子的作用。又由于铁与杂质紧密接触,使得腐蚀不断进行。

(5)微动磨损。在零件过盈配合的表面间由于交变载荷或振动的作用下产生的一种复合型磨损,称为微动磨损。在螺纹连接、花键连接和过盈配合连接等配合表面容易发生微动磨损。一般认为,微动磨损的机理是:摩擦表面间的法向压力使表面上的微凸体粘着,粘着点被振动剪断成为磨屑,磨屑在磨损过程中起着磨粒的作用,形成磨料磨损,使摩擦表面形成麻点。磨屑脱落后还会造成纯金属的直接接触,引起粘着磨损,进一步使零件的配合逐渐变松。

(6)穴蚀。与液体有相对运动的的零件表面,因液体中析出的气泡破裂产生的局部高温及冲击高压所引起的疲劳剥落现象。

湿式缸套直接与冷却液接触,不可避免地逐渐被穴蚀。一般认为,穴蚀由缸套高频振动引起。机械振动引起冷却液压力变化,使冷却液中产生气泡并破裂,此过程就是穴蚀产生的原因。由于冷却液中溶有气体,当汽缸套高频振动使冷却液的局部压力降到某一临界值时,溶于冷却液中的气体便以气泡的形式分离出来,这些气泡流到高压区,当压力超过气泡压力时便发生溃灭。处于气泡状态的气体重新液化或溶于冷却液中,体积骤然减小,冷却液向气泡中心高速运动而产生水击现象,产生极大的冲击力和高温,并以压力波的形式超声速向四周传播,当作用在汽缸套外表面时,产生很大的冲击、挤压和高温。在这种力的反复作用下,缸套外表面产生疲劳而逐渐脱落,呈麻点状和针状小孔,并随着穴蚀的进行而逐渐扩展。

2)汽车零件的磨损规律

因汽车零件表面质量及工况不同,所以各零部件磨损情况也不同,但在正常磨损中,任何摩擦副的磨损,都有一定的共同规律,即为磨损特性曲线。如图1-4所示,它大体分为3个阶段。

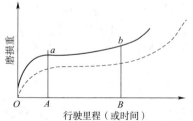

图1-4 汽车零件磨损特性曲线

(1)磨合期(OA 段),新车或经过大修后的汽车,在初驶期由于零件配合表面较粗糙,运动时零件表面的凸起点会划破油膜,在零件表面产生强烈的刻划、粘着等作用,同时,从零件表面脱落下来的金属及氧化物颗粒会引起严重的磨料磨损,所以该阶段零件磨损很快,配合间隙则迅速增大。随着磨合时间的增长,零件表面配合质量不断提高,磨损速度相应降低。

（2）正常磨损期（AB 段），经过磨合后，各零件配合表面粗糙度降低，润滑油形成油膜的能力增强，随着汽车行驶里程的增大，而磨损却是缓慢均匀地增加，也称之自然磨损。

（3）极限磨损期（B 点以后），汽车在行驶过程中，零部件配合副的间隙不断增加，若在达极限的情况下继续使用，配合副之间产生冲击负荷增大，油膜不易形成。同时漏油增加，润滑油压力降低，润滑条件恶化，磨损急剧增加。零部件配合间隙很快加大，产生杂声或敲击声，动力性、经济性明显下降，甚至容易出现事故。

根据上述规律，汽车走合期如果遵循适当的磨合规范，降低磨合期的磨损量；正常工作期合理使用，减缓正常工作期的磨损，就可以推迟极限磨损期的来临，延长零件的使用寿命（如图 1-4 中虚线所示）。

2. 汽车零件的疲劳断裂

零件在交变应力作用下，经过较长时间工作而发生的断裂现象称为疲劳断裂。疲劳断裂是汽车零部件中常见的失效方式之一，也是危害性最大的一种失效方式。

1）疲劳断裂失效的分类

根据零件的特点及破坏时总的应力循环次数，疲劳失效可以按图 1-5 所示分类。

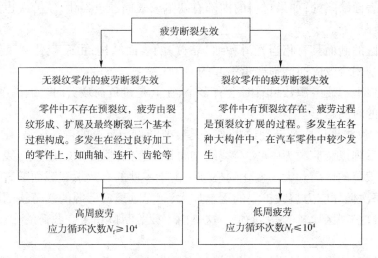

图 1-5　疲劳断裂失效的分类

2）疲劳断裂失效机理

金属零件疲劳断裂实质上是一个累积损伤过程。大体上可划分为滑移、裂纹成核、微观裂纹扩展、宏观裂纹扩展、最终断裂几个过程。

（1）疲劳裂纹的萌生。在交变载荷下，金属零件表面产生不均匀滑移，金属内的非金属夹杂物和应力集中（如台阶、尖角、键槽等），均可能是产生疲劳裂纹核心的策源地。

（2）疲劳裂纹的扩展。在没有应力集中的情况下，疲劳裂纹的扩展如图 1-6 所示，可分为两个阶段。

在交变应力的作用下，裂纹从策源地开始，沿着最大切应力（和主应力成 40°～45°）的晶面向内扩展。该阶段的扩展速率很慢，若在应力集中的情况下，则不出现第一阶段，直接进入第二阶段。

在第二阶段，裂纹按第一阶段扩展一定距离后改变方向，沿与主应力垂直的方向扩展，该阶段裂纹扩展途径是穿晶的，扩展速率较快。

3）疲劳裂纹断口宏观形貌特征

典型的宏观疲劳断口如图1-7所示,可分为三个区域:疲劳源(疲劳核心)、疲劳裂纹扩展区、最后断裂区(瞬时断裂区)。

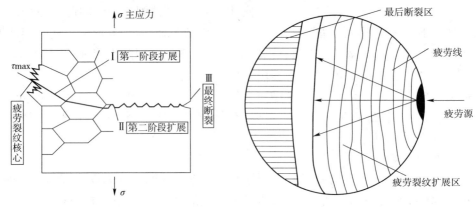

图1-6 疲劳裂纹扩展的两个阶段　　　图1-7 疲劳裂纹的宏观断口示意图

（1）疲劳源。疲劳源是疲劳破坏的起始点,一般位于零件表面的应力集中处或有划痕、非金属夹渣等表面缺陷处;如果材料的内部有缺陷或表面经过强化,疲劳源也可能产生在表面以下的薄弱环节处。

①疲劳源区的断面具有相当光滑和细"晶粒"的表面结构;由于疲劳裂纹扩展缓慢以及裂纹反复张开与闭合效应而磨损严重引起的。

②疲劳断口上的疲劳源数目有时会有多个,尤其是过负荷疲劳时。疲劳线密度越大,表示疲劳源起源的时间越早。

（2）疲劳裂纹扩展区。疲劳裂纹扩展区是疲劳断口最重要的特征区域。

①具有一系列以疲劳源为中心,与裂纹方向相垂直的同心环纹,即疲劳线。疲劳线是裂纹扩展过程中载荷的性质和大小变化的痕迹。由于零件的有效承载截面随着裂纹的不断扩展而减小,使每次循环应力裂纹扩展的逐渐加大,越是远离疲劳源的疲劳线的间距越大。

②疲劳裂纹扩展区比较光亮、平整。这是由于疲劳断口在交变载荷的作用下反复挤压、研磨的结果。

裂纹扩展区对衡量材料的性能很重要。这个区域大,表示材料的临界裂纹尺寸大(在其他条件基本相似的情况下),能较好地抵抗裂纹的扩展,即具有足够的断裂韧性。有些金属零件在交变应力的作用下发生断裂失效,宏观断口观察不到疲劳线,这是由于断口表面多次反复压缩而摩擦,使该区变得很光滑,呈细晶状。

（3）最后断裂区(瞬间断裂区)。最后断裂区是当疲劳裂纹扩展到临界尺寸时,剩余截面上的真实应力超过材料强度,零件发生瞬时断裂的区域。

①脆性材料的断口呈粗糙的"晶粒"状结构或呈放射线。

②塑性材料的断口具有纤维状结构,在零件表面有剪切唇。

③疲劳扩展区与瞬时断裂区所占面积的大小与材料的性质及所受的应力水平有关。

高强度材料塑性差,承受应力水平高,疲劳裂纹稍有扩展即导致过载静断,所以它的疲劳扩展区小,而瞬时断裂区大。塑性材料承受应力水平低时,即使疲劳裂纹有较大扩展,其剩余截面上的应力仍不高,不会立即断裂,瞬时断裂区所占比例就小。因此可根据疲劳断口两个区域所占比例,估计所受应力及应力集中程度的大小。

疲劳断裂因载荷类型不同,其断口形态也不一样。载荷的类型、应力集中和名义应力的大小对疲劳断口宏观形态的影响见表1-3。

各种类型疲劳断口宏观特性　　　　表1-3

载荷类型 \ 名义应力应力集中	低名义应力		高名义应力	
	小应力集中	大应力集中	小应力集中	大应力集中
拉伸或单向弯曲				
双向弯曲				
旋转弯曲				

4)提高汽车零件抗疲劳断裂能力的方法

为了防止汽车零件产生疲劳失效,在汽车使用与维修方面可采取以下主要措施。

(1)搞好次负荷锻炼。汽车零件在低于或接近疲劳极限的较小负荷下运转一定周次后,可使其疲劳抗力提高,此现象称为次负荷锻炼。

总成装配后的磨合以及新车、大修车使用初期的走合,对改善零件摩擦表面的形状及性能是必不可少的。而走合及走合的减速、减载,对可能发生疲劳失效的零件来说,同时也是进行次负荷锻炼。因此,正确地进行磨合及走合,不仅可以提高汽车零件的磨损寿命,而且也是提高疲劳寿命的有效途径。

(2)避免超载、超速使用,防止过负荷损害。虽然零件材料有一定的抗过负荷损害能力,但长期严重超载运行,容易进入过负荷损害区,引起疲劳寿命的降低。

(3)延缓疲劳裂纹萌生时间。常见方法有:

①表面强化处理,表面热处理:某些表面热处理的方法,由于在改变零件表层组织、成分和性能强化的同时,还产生有利的残余应力,可以提高零件的疲劳抗力。如:曲轴轴颈经氮化处理后,不仅使轴颈具有极高的耐磨性,而且还可使曲轴的疲劳强度提高30%～40%。冷变形强化处理(表面喷丸、挤压、滚压等)后,使零件表层产生有利的残余应力,可部分抵消工作拉应力,另外还可降低零件表面粗糙度,减轻了应力集中现象,从而提高零件的疲劳寿命。

②提高金属材料的纯洁度、减小夹杂物尺寸以及提高零件表面完整性设计水平,尽量避免应力集中的现象等,都是抑制或推迟疲劳裂纹产生的有效途径。

(4)降低疲劳裂纹扩展速率,常见方法有:

①止裂孔法。

②扩孔消除法。

③刮磨修理法。

④局部增加有效截面。

(5)提高疲劳裂纹门槛值 ΔK_{th} 的长度,金属零件裂纹扩展的门槛值是指:疲劳裂纹不扩展(稳定)时的最高应力强度因子幅,该值由试验确定(通过试验来检验零件结构和加工工艺的合理性)。

3. 汽车零件的腐蚀

金属零件与周围环境发生化学、电化学反应和物理作用引起的变质和破坏现象称为零件的腐蚀。按腐蚀机理可分为化学腐蚀和电化学腐蚀,汽车上约20%的零件因腐蚀而失效。

1) 化学腐蚀

(1) 概念。金属零件与介质直接发生化学作用而引起的损伤称为化学腐蚀。金属在干燥空气中的氧化以及金属在不导电介质中的腐蚀等均属于化学腐蚀。

(2) 失效机理。化学腐蚀过程中没有电流产生,通常在金属表面上形成一层腐蚀产物膜,如铁在干燥空气中与空气中的氧作用:

$$4Fe + 3O_2 = 2Fe_2O_3 \qquad 3Fe + 2O_2 = Fe_3O_4 \qquad (1-7)$$

这层氧化膜的性质决定化学腐蚀速度:如果氧化膜是疏散的、不完整的,其强度、塑性都较差,膨胀系数和基体金属相差较大,则氧化膜很容易从基体金属上脱落,而基体金属就会很快被氧化,从而使金属的腐蚀速度加快;如果氧化膜是完整的,其强度、塑性都很好,膨胀系数和金属相近,膜与金属的粘着力强,它就有保护金属、减缓腐蚀的作用。如:铝合金零件表面形成的氧化铝膜;发动机活塞环镀铬后,因铬和铬的氧化物硬度高,氧化铬膜不易磨掉,从而大大提高了其耐腐蚀磨损的性能。

2) 电化学腐蚀

(1) 电化学腐蚀的概念。电化学腐蚀是指金属与介质发生电化学反应而引起损坏的现象。电化学腐蚀是两种不同的金属在一个导电溶液中形成一对电极,产生电化学反应而发生腐蚀作用,使充当阳极的金属被腐蚀。其特点是在金属不断遭到腐蚀的同时还有电流产生,如金属在酸、碱、盐溶液及潮湿空气中的腐蚀等。

(2) 失效机理。引起电化学腐蚀的原因是金属与电解质相接触,由于离子交换,产生电流形成原电池,这种原电池,由于电流无法利用,使阳极金属受到腐蚀,称为腐蚀电池。

$$阳极反应:Fe - 2e = Fe^{2+} \qquad (1-8)$$

$$阴极反应:2H^+ + 2e = H_2\uparrow \qquad (1-9)$$

(3) 防止化学腐蚀的方法。在汽车零件中,主要采用覆盖层的方法来防止化学腐蚀。

① 金属性覆盖层:镀铬、镀锡、镀铜等。

② 非金属性覆盖层:表面涂漆、包覆塑料层等。

③ 用化学或电化学方法,在零件表面生成一层致密的保护膜。如:发蓝——生成一层氧化膜;磷化——生成一层磷化膜。

4. 汽车零件的变形

零件在使用过程中,由于承载或内部应力的作用,使零件的尺寸和形状改变的现象称为零件的变形。

1) 零件变形失效的类型

(1) 弹性变形失效。零件在外力作用下发生弹性挠曲,其挠度超过许用值而破坏零件间相对位置精度的现象称为弹性变形失效。在弹性变形范围内,零件所受的应力并未超过弹性极限,应力与应变之间的关系仍遵循胡克定律。

材料弹性模量是弹性变形的失效抗力指标,零件的截面积越大,材料弹性模量越高,则越不容易发生弹性变形失效。

(2) 塑性变形失效。零件的工作应力超过材料的屈服极限造成塑性变形而导致的失效称为塑性变形失效。

①经典的强度设计都是按照防止塑性变形失效进行的,即不允许零件的任何部位进入塑性变形状态。

②随着应力分析技术的发展,目前在设计中已逐渐采用塑性设计的方法,即在不影响工作性能的前提下,允许局部区域发生塑性变形。但采用塑性设计方法时,对应力分析、工作条件估计以及材料选择应做到精确、合理,否则就会出现塑性变形失效。如花键扭曲、螺栓被拉长等。

在给定外载荷条件下,塑性变形失效取决于零件截面的大小、安全系数值及材料的屈服极限。材料的屈服极限超高,则发生塑性变形失效的可能性越小。

(3)蠕变失效。蠕变是指材料在一定应力作用下,随时间延长,变形不断增加的现象。蠕变变形失效是由于蠕变过程不断发生,产生的蠕变变形量或蠕变速度超过金属材料蠕变极限而导致的失效。

2)零件变形失效的原因

(1)残余应力。汽车上重要的壳体零件如汽缸体、变速器壳体等都是铸件,铸件在生产过程中由于种种原因会在其内部产生残余应力。

①热应力:铸件在冷却过程中,由于各部分冷却速度不同,便会造成同一时刻各部分收缩量不同,使铸件内部相互制约,结果产生应力。

②相变应力:具有固态相变的合金铸件各部分在冷却过程中由于散热条件不同,它们到达相变温度的时间也不同,各部分相变的程度也不同,所引起的应力称为相变应力。残余应力能使铸件自发地变形而减小内应力,趋于稳定状态。显然,只有受拉应力的部分被拉长或受压应力的部分被缩短时,才能使铸件中的残余应力减小。铸件变形的结果将导致其产生弯曲变形,变形的方向是:厚的部分向外凸,薄的部分向内凹,如图1-8所示。

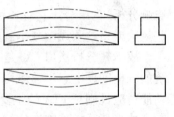

图1-8 铸件变形特性

铸件产生变形后,往往只能减小内应力,而不能完全消除内应力。所以,汽车铸造零件经过使用磨损或机械加工修理后,由于失去平衡的残余内应力存在于零件内部,故经过一段时间后又会产生二次变形,从而使零件失去应有的精度,并导致总成甚至整车的工作性能恶化。

(2)外荷载。汽车零件尤其是底盘系统的零件,在使用过程中,外荷载引起的工作应力可能会超过材料的弹性极限而造成变形。

①汽车超载且在路面条件较差、产生冲击动荷载的情况下使用。

②汽车在正常情况下使用,当外载荷引起的工作应力与残余应力方向一致时。

(3)工作温度。由于金属材料的弹性极限随温度的升高而减小,即变形抗力降低。所以在较高温度条件下工作的汽车零件,更易发生变形(如离合器摩擦片的挠曲变形,制动鼓、排气歧管的变形等)。

总之,残余内应力、外载荷引起的应力和工作温度是汽车零件变形的三要素,当三要素使零件的应力满足:当 $\sigma_内 + \sigma_外 \geq \sigma_e$ 时,零件即发生变形(σ_e 是材料的屈服极限)。

至于三要素中哪些起主导作用,要根据零件的结构与工作性质作具体分析。如:对发动机汽缸体而言,主要是残余应力和工作温度;对于底盘系统的零件而言,影响其变形的主要因素则是外荷载。

5. 老化

橡胶、塑料制品和电子元件等汽车用零件,随着时间的增长,原有的性能会逐渐衰退称为老化现象。老化是一种不可逆的变化,这类元件、制品不论工作与否,老化现象都会发生,如橡胶轮胎、塑料器件等长期储存也会发生龟裂、变硬等老化症状。

三、汽车零部件失效分析方法

失效分析(又称故障分析)的目的是研究机械设备、结构及零部件发生失效的原因,提出防止失效事故重复发生,提高其寿命的措施。

失效分析这门学科所包含的内容可分为两大方面:一是失效分析方法的研究,即失效分析方法本身——失效分析思维方法的研究;二是失效分析的试验技术,即采用各种仪器设备对失效零件进行试验检测,为准确的判断失效发生的原因提供试验依据。

目前国内外在失效分析方法研究方面作了不少工作,已取得一定的成就,创造了诸如"失效事故的形式及影响分析"(Failure Mode and Effect Analysis,FMEA)、"故障树分析"(Fault Tree Analysis,FTA)、"现象树分析"(Event Tree Analysis,ETA)、"特性要因图"等方法。

FMEA是一种可靠性设计的重要方法。它实际上是FMA(故障模式分析)和FEA(故障影响分析)的组合。它对各种可能的风险进行评价、分析,以便在现有技术的基础上消除这些风险或将这些风险减小到可接受的水平。

故障树分析法(FTA)是一种系统可靠性和安全性分析的有效手段,尤其在解决复杂系统的分析问题上它迅速赢得了声誉,而反映在故障树分析中对各种不同复杂程度分析的多功能适应性则是FTA的主要特性。

故障树是一种特殊的倒立树状逻辑因果关系图,它用事件符号、逻辑门符号和转移符号描述各种事件之间的因果关系。

故障树分析权威学者富赛尔(J. B. Fussell)对此归纳了FTA的六点最显著的功能:

(1)使工程人员能以演绎的方式直接探索出系统的故障所在。
(2)能指出与人们感兴趣的失效模式有重要关系的系统状态。
(3)对那些不了解系统设计的变化而要从事系统管理的人提供一个图示的帮助。
(4)提供了系统分析中定性和定量分析选择的可能。
(5)允许分析人员在某一时刻把注意力集中到某一特殊系统故障之上。
(6)给工程人员提供了对系统特征的真实而透彻的理解。

故障树分析法是一种图形演绎法,是故障事件在一定条件下的逻辑推理过程。

第三节 汽车维护基础知识

一、汽车维护的基本概念

1. 汽车技术状况的变化规律

汽车在行驶过程中,其技术状况会逐渐变坏,只有正确掌握影响汽车技术状况的因素,才能采取相应措施来延缓汽车技术状况的变化。汽车在使用过程中,由于结构和使用条件的不同,其技术状况参数将以不同规律和不同强度发生变化,其变化规律可以归纳为两大类:渐发性和突发性。渐发性即表示汽车技术状况的参数是随行驶里程或时间作单调变化的(可用一定的回归函数式表示其变化规律);突发性即表示汽车、总成和部件达到极限状态的时间是随机性的、偶发的。

2. 汽车维修思想

汽车维修思想是指组织实施车辆维修工作的总原则,具体体现在维修目的、维修对象和维修活动。只有树立正确的维修思想,才能产生正确的维修方针和政策,才能采用先进的维修手段和维修方法,制定出合理的维修制度和选择合适的维修方式。

1)"预防为主"的维修思想

"预防为主"的维修思想,是指根据汽车技术状况变化的规律,在其发生故障之前,提前进行维护或换件修理。"预防为主"的维修思想的理论基础是零部件失效理论和失效规律。这种维修思想认为,汽车使用过程中,由于零部件的磨损、疲劳、老化和松动,汽车的技术状况会不断恶化,到一定程度就必然会导致故障发生。维修工作就应遵循零部件失效的客观规律,在汽车发生故障之前实施维修作业,尽可能保证每个零部件能安全可靠地工作。

2)以可靠性为中心的维修思想

随着汽车性能及功能的进一步完善,汽车复杂程度的进一步提高,其本身价值及维修费用在使用费用中所占比重也越来越高,需要一种新的能够以最佳经济效益来实现汽车最大可靠度的维修方法,于是以可靠性为中心的维修思想便开始应用于汽车维修领域。

以可靠性为中心的维修思想是指以最低的消耗,通过对影响可靠性因素的具体分析和试验,科学地制定出维修作业内容、维修时机,以提高汽车的使用可靠性。以可靠性为中心的维修思想的理论基础是可靠性理论,充分利用汽车的固有可靠性来组织维修。

以可靠性为中心的维修思想归纳起来有以下几点:

(1)汽车的使用可靠性取决于汽车本身的固有可靠性以及汽车的使用维修技术水平,并与汽车的使用条件有关。正确的使用和维护只能一定程度保持和恢复汽车的固有可靠性水平,强化维修工作(如增加维修次数和项目)并不能有效地防止可靠性水平的下降。汽车固有可靠性的提高应通过搜集必要的使用数据的反馈信息,去修改原有的设计和工艺才能得以实现。

(2)维修的作用在于通过对影响可靠性的诸因素进行分析从而控制可靠性下降,以保持汽车的使用可靠性在允许水平内。可靠性分析就是运用概率与数理统计的手段,对汽车的故障规律进行统计分析和推测,对不同零部件采用不同的维修方式,使维修既满足适用性的原则,又满足有效性的原则。

(3)以可靠性为中心的维修思想,强调维修前的诊断检测,加强了"按需维修"的成分,它根据不同零部件、不同的失效特性及不同的故障后果,选用不同的维修方式,避免了采用单一的维修方式所造成的作业内容扩大、针对性差,降低了维修费用。

(4)以可靠性为中心的维修思想,要求建立一套完整的故障采集和分析系统,不断地采集分析数据,为建立科学、经济、符合汽车使用实际的维修制度提供依据。

3. 汽车的维护类型和维护方式

1)维护类型

按维护的性质分,维护类型可分为预防维护和非预防维护。

(1)预防维护。预防维护是指维护作业的内容和时机是按照预先规定的计划执行的,其目的是为了预防故障、维持汽车的工作能力。预防维护又可分为例行维护和计划维护,例行维护的时机和内容与行驶里程无关,如日常维护、停驶维护、换季维护等。计划维护的时机和内容是与行驶里程有关的,如一级维护、二级维护等。

(2)非预防维护。非预防维护通常是在汽车发生故障后进行的,它适用于突发性故障;因为这类故障的发生具有较大随机性,很难预测,因而无法预先安排维护计划。

2)维护方式

汽车的维护方式是维护类型、维护时机和维护内容的综合体现,通常可分为定期维护、按需维护和事后维护三种形式。

(1)定期维护。定期维护是预防维护的一种,它是根据技术状况的变化规律及故障统计分析,规定出相应的维护周期,每隔一定的时间(或行驶里程)对汽车进行一次按规定作业内容执行的维护。

定期维护方式可以使维护作业在有准备的情况下进行,便于组织生产,有利于保证维护质量。但是,由于汽车各个零部件的工作条件不一样,初始技术状况也不一致,因而其寿命长短不一致,若均按规定周期进行维护,必然会使有些部件的寿命不能得到充分发挥。即使对于同一种零件,由于其制造质量、各车辆的使用条件不同,其寿命长短也不一致。若按规定周期进行维护,必然也会使有些零件的寿命不能得到充分发挥。如图1-9所示,$\bar{x}$ 为某零件的平均寿命,x_m 是按故障分布确定的一定置信度下该零件的维护周期,x'_m 为汽车的实际维护周期,显然 $x'_m < x_m$,这样会造成一定的浪费。

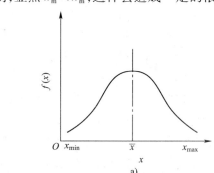
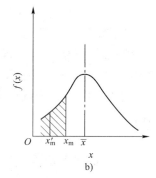

图1-9 汽车零部件故障分布图例

此外,由于维护作业是按计划强制执行的,不可避免会存在执行作业的盲目性,增加了维护的工作量,甚至会破坏零部件的配合特性。因此,维护中应强调不解体维护的要求。同时应该看到,对于突发性故障采用定期维护方式也是无效的。

(2)按需维护。按需维护也是预防维护的一种,按需维护是以故障机理分析为基础,通过诊断或检测设备,定期或连续地对汽车技术状况进行诊断或检查,根据检查结果来组织维护工作。做到按需维护的要求:①掌握汽车技术状况变化的规律;②掌握技术状况参数的极限值;③掌握故障的现象、特性及对汽车工作能力的影响。根据这三个条件,就可以计算汽车无故障续驶里程 L_T,当 $L_T > L$(检测周期),本次可以不维护,否则应进行维护。

由于按需维护是在出现故障征兆后进行,它既提高了汽车的有效度,又能发挥汽车零部件的寿命潜力,因此是一种较为理想的维护方式。

(3)事后维修。事后维修的特点是:

①能充分发挥每个零件的寿命潜力,避免因盲目拆卸引起的人为差错。
②因故障出现是随机的,因而维修工作无法作计划,维修工作的组织和管理较困难。
③由于预先不能掌握故障发生时机,无法对其控制,因而故障率较高,而且如果故障发生在营运期间时,会造成停机,甚至导致安全事故。

根据事后维修方式的特点,它适用于以下两种情况:
①故障是突发性的,无法预测,但事故后果不涉及运行安全。
②渐发性故障,故障的出现不涉及运行安全,其造成的经济损失小于预防维护的费用。

4. 以可靠性为中心的维修

在以可靠性为中心的维修思想指导下,所制定的是以可靠性为中心的维修大纲。它是一种为实现汽车的固有可靠性而设计的维修方式,主要是以费用效果和采用安全性分析方法,根据汽车可能出现的故障后果和可靠性的要求,运行决断图来分析各总成的维修要求和选择维修方式,它能以最低的费用实现汽车的固有可靠性。

以可靠性为中心的维修主要特点是在确定维修工作时,对汽车可能产生的故障和后果进行分析,按照零部件的功能、功能故障、故障原因及其后果来确定应进行的维修工作和选择维修方式。其维修大纲的确定,可分为以下四个步骤:

1)划分汽车的主要部分

根据汽车内部组件的物理性能的不同,按功能可分为三大主要部分,即结构、子系统、动力装置。对于每一部分,在制定以可靠性为中心维修大纲时应区别对待。

2)确定重要机件项目

为了简化维修分析工作,应将需要分析的机件尽可能减少,即按照汽车三大部分各自的层次,从中选出"重要机件项目",即哪些是容易造成安全性或重大经济性故障后果的机件项目,其余的列为非重要机件,不作重点考虑。

3)故障分类

以可靠性为中心的维修思想认为,故障后果比故障频率更为重要,故障后果决定了维修工作的先后次序和及时提出修改零件设计的建议。在维修大纲中,故障按其性质可分为四类:

a. 安全性后果:这类故障往往造成车毁人亡,需采用预防维护方式,使故障率减少到可以接受的水平,否则有关机件的设计就因该重新进行。

b. 使用性后果:这类故障能干扰使用计划,其结果,有时会因为该机件的工作能力的下降而造成其他间接经济损失。在费用效果分析的基础上,可以采取预防维护的方式。

c. 非使用性后果:这类故障后果对使用没有直接的不利影响。因此可采用事后维修方式。

d. 隐蔽性后果:这类故障后果一般不会产生直接的不利影响,但是,当具有隐蔽性故障的机件与另一个或几个机件的故障相关时,如果第一个机件的故障由于隐蔽原因未被发现,以后第二个机件又发生故障,从而造成多重故障,则将导致危险性故障,因此,应当采取预防维护的方式减少这种风险。

4)确定维修作业的类型

确定维修作业的类型的目的在于,以适应性和费用效果分析为依据,使每一种维修作业都能各自针对并适应所出现的故障形式。

二、汽车维护制度

1. 汽车维修制度简介

汽车维修制度是指为实施汽车维修工作所采取的技术组织措施的规定,与国家的社会经济条件以及车辆状况有着密切的关系。

1）中国的维修制度

我国建国初期主要学习原苏联的汽车维修制度。1954年交通部正式颁布《汽车运输企业技术标准与技术经济定额》,明确规定了当时的汽车维修制度为强制预防性的维修制度,经1963年、1980年两次修订,1990年制定了《汽车运输业技术管理规定》以交通部13号令颁布施行。

中国现行的维修制度,属于计划预防维修制度,规定车辆维修必须贯彻预防为主、定期检测、强制维护、视情修理的原则。规定车辆维护作业的内容为清洁、检查、补给、润滑、紧固、调整等,除主要总成发生故障必须解体外,不得随意对车辆进行解体。汽车维护分为三级,分别为日常维护、一级维护和二级维护。

2）国外的汽车维修制度简介

美国的汽车维修制度也采用计划预防维修制度。它将维修工作分为五级,其中维护工作三级(A、B、C),相当于例行、一级、二级维护;修理分为二级(D、E)。美国军队和大型运输企业均采用这种制度。其维修间隔里程较长,例如C级维护周期在20000km以上。

日本的维修制度大体与美国相同,规定汽车出车前必须进行例行维护,营运汽车每隔1个月、3个月和12个月必须按各个机构和装置的维修部位分别实施内容不同的预防性维护,它类似于三级维护制度。对其他自用汽车,也规定每隔六个月和十二个月分别实施内容不同的预防性维护。

2. 汽车维护周期的确定

汽车维护周期直接影响汽车的维护费用和寿命周期费用。对于一种新车型,确定合理的维护周期需要有足够的、可信的使用数据。因而,除应加强车辆使用情况的资料搜集工作外,还可有计划地将15~20辆车作为一组,进行实际运行试验,通过汽车实际运行试验所记录的出现故障或技术状况变化的情况,根据预定的置信度,确定维护周期及其置信区间,然后再进行实际运行考察,根据运行考察结果对维护作业周期进行适当地调整,并对确定的维护周期,根据车辆的维护和修理费用进行技术经济分析。汽车维护周期的确定原则一般采用单位行驶里程维修费用最小的原则,汽车维护周期的确定方法采用回归概率法,即按汽车技术状况参数的变化规律和允许极限值来确定维护周期。

3. 汽车维护工艺的组织形式

汽车维护工艺是指利用生产工具按一定要求维护汽车的方法,为了有效地完成汽车维修工作,维护作业地点应按工艺配备,合理布局,使各方面工作协调,充分利用人力、物力,减少消耗,取得最佳效益。在组织汽车维护工艺时,应考虑以下几个原则:

(1) 工艺过程的组织应符合车辆运行的工作制度。
(2) 能合理利用维护工艺设备和生产面积。
(3) 能有效地完成规定的维护工作内容,保证维护质量。
(4) 工艺过程的组织应保证维护作业的劳动生产率高,成本低。

维护工艺的组织通常是指汽车运输企业内维护地点(工间、工段和工位)的工艺组织,不包括燃油加注、外部清洗和安全检查等内容。

汽车维护工艺作业的组织形式按专业分工程度不同,通常有全能工段式(固定工位作业和平行交叉作业)和专业工段式两种形式。

(1)全能工段式。全能工段式是把除外表维护作业外的其他规定作业组织在一个工段上实施,把执行各维护作业的人员编成一个作业组,在额定时间内,分部位有顺序地完成各自的作业项目。

全能工段式可以采用固定工位作业法,即以技术较高的全能型工人对汽车的各个部位完成其维护作业;也可以采用平行交叉作业,即以专业工种的工人在不同部位执行指定的专业维护作业。

(2)专业工段式。把规定的各项维护作业,按其工艺特点分配在一个或几个工段上,各专业工人在指定工段上完成各自的工作,工段上配有专门的设备。当专业工段按维护作业的顺序排列时,这些专业工段即组成汽车维护作业流水线。汽车可以依靠本身的动力或利用其他驱动方式在流水线上移动。

汽车维护工艺的组织形式还可按维护工作地点的布置方式,分为尽头式和直通式两种。

(1)尽头式工段。如图1-10所示,汽车在维护时,可各自独立出入工段,维护期间,停在各自的地点固定不动,工人按照综合作业法围绕汽车交叉进行各项维护作业,各工段的作业单独组织,彼此无影响。因此,尽头式工段适合于规模较小、车型复杂的运输企业在高级维护作业、小修时采用。

(2)直通式工段。如图1-11所示,直通式工段适宜于按流水作业组织维护,各维护作业按作业顺序的要求分配在各工段(工位)上,工人按专业分工完成维护工作。直通式工段完成维护作业的生产效率较高。适合于企业拥有大量类型相同的汽车,而且维护作业内容和劳动量比较固定时,则宜采用流水作业方式。

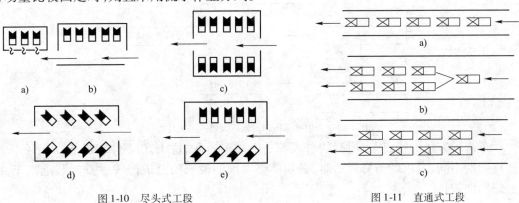

图1-10 尽头式工段

a)无内部通道;b)有内部通道;c)有内部通道(两侧布置);
d)斜角式;e)混合式

图1-11 直通式工段

第四节 汽车修理工艺

一、汽车修理工艺概述

汽车修理可分成许多工艺作业,按规定顺序完成这些作业的过程称为汽车修理工艺过程。由于修理组织的方法不同,汽车修理工艺过程亦各不相同。汽车修理方法通常有就车修理法和总成互换修理法两种。

1. 就车修理法

当采用就车修理法时,汽车大修的工艺过程如图1-12所示。汽车经验收并进行外部清洗后,拆成总成,然后分解成零件,并加以清洗。所有零件经检验后可分为可用、不可用和需修三类。可用零件可直接送至总成装配,需修零件送至零件修理车间修复后再送至总成装配,不可用零件用新件或修复件替换。当总成零部件配套齐全后,可进行总成装配,经磨合试验后,将试验合格的总成送至汽车总装,汽车车架、车身和电气仪表的修理是在总成拆散修理装配的同时进行的。汽车总装完毕经试验并消除所发现的缺陷后,进行汽车外表涂装,然后交验收员验收后交车。

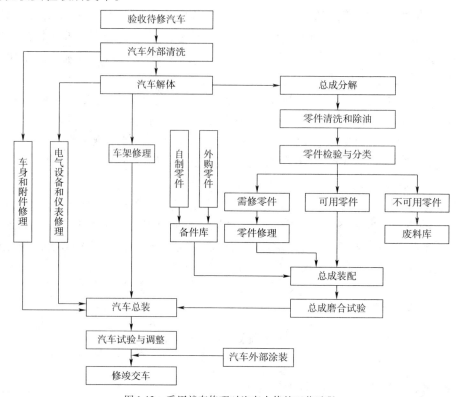

图1-12 采用就车修理时汽车大修的工艺过程

就车修理方法的特点是:所有的总成都是由原车拆下的总成和零件装成的,由于各总成的修理周期不同,采用就车修理法时,必须等修理周期最长的总成修竣后方能装配汽车,因此大修周期较长。

2. 总成互换修理法

采用总成互换修理法修理汽车时,其工艺过程如图1-13所示。汽车大修时将验收并经外部清洗的汽车拆成总成,修理汽车车架(或轿车车身);然后用备用总成库的周转总成、组合件或零件来装配汽车。拆下的总成经拆散检验分类和修复后,交备用总成库,已备其他车辆修理时使用。由于采用了备用零件和周转总成,就不会破坏汽车修理装配的连续性,可大大缩短大修时间。

采用总成互换修理法时,企业承修的车辆必须车型较单一,而且互换总成的车辆质量必须达到统一的修理标准,否则实施时就会发生困难。采用总成互换修理法时,备用总成的数量与总成的修理时间与车架(或车身)修理时间的差值大小有关,在差额期内必须由备用总

成来补充。因此,修理企业备用总成的数量为:
$$N = n(t_1 - t_0) + n_0 \tag{1-10}$$

式中:N——备用总成数;

n——修理企业的日生产纲领辆;

t_1——总成修理所需时间,日;

t_0——车架或车身修理所需时间,日;

n_0——由于某种特殊原因引起的生产中断而备用的总成数。

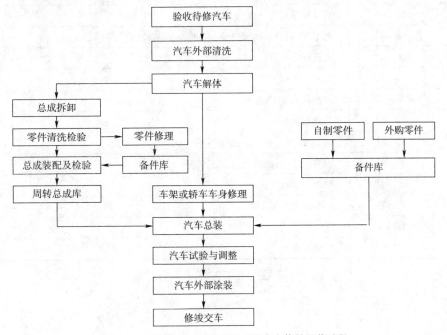

图 1-13 采用总成互换修理法时汽车大修的工艺过程

二、汽车修理工艺过程及设计

为合理地组织大修生产,须将大修工艺过程作为一个系统进行统筹安排、规划。

汽车修理工艺过程的统筹方法即统筹法,又称网络分析技术,是利用统筹图来进行网络分析的。分析前应将大修工艺过程分为若干个工序,分析和确定各工序间的工艺性和组织性的相关联系和制约关系,确定工序间的先后顺序,并按先后顺序的联系汇编成表,按表绘制统筹图。为便于说明统筹方法,现以发动机总成大修工艺过程为例予以说明。表 1-4 所示为发动机大修的工序和工序关系表,图 1-14 所示为发动机总成大修统筹图。图 1-14 上的圆圈代表节点,带箭头的线代表工序,一个工序连接两个节点。从始点到终点,所有线路中所需工时最长的路线称为关键路线,用双实线标出,关键路线上的工序称为关键工序。

发动机大修工艺过程工序关系表　　　表 1-4

工序代号	节点箭线号码	工序名称或内容	工时(h)
1	①→②	发动机解体	2.0
2	②→③	零件清洗	0.5
3	③→④	零件检验分类	1.0
4	④→⑤	修磨缸盖、缸体平面、校正燃烧室容积	3.0

续上表

工序代号	节点箭线号码	工序名称或内容	工时(h)
5	⑤→⑨	压换缸套、镗磨缸、铣气门口、镶气门导管、镗飞轮壳孔	6.0
6	④→⑥	磨凸轮轴	2.0
7	⑥→⑦	修理离合器	2.0
8	④→⑦	磨曲轴	3.0
9	⑦→⑧	曲轴及离合器部件动平衡	2.0
10	⑧→⑨	校连杆及连杆轴承	2.0
11	⑨→⑬	光磨气门并配对研磨,校主轴承和凸轮轴轴承	6.0
12	⑧→⑬	校连杆小头衬套,选配活塞销,活塞组装配	2.0
13	④→⑩	修理空气压缩机	5.0
14	④→⑪	修理化油器、汽油泵	2.0
15	⑪→⑫	修理点火泵	2.0
16	⑫→⑭	修理发电机、调节器、起动机等	4.0
17	⑩→⑬	修理三滤器、机油泵、水泵及管路	2.0
18	②→⑭	修理蓄电池并充电	18.0
19	⑬→⑭	发动机及总装	4.0
20	⑭→⑯	发动机热试、调整及最后装配	4.0
21	⑮→⑯	喷漆及验收	0.5

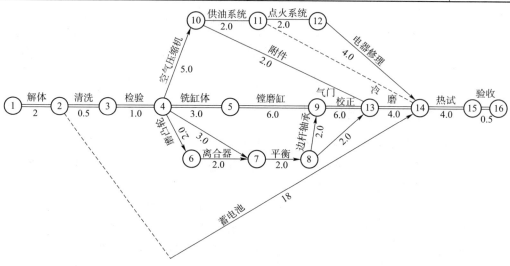

图 1-14 发动机大修工艺统筹图实例

用矩阵法计算统筹图上各节点工作的最早时间、最迟时间、工序最早开工和最迟开工时间、节点的时差等,计算步骤如下:

(1)作节点数目矩阵(该统筹图中节点数目为16),因而其矩阵 A 为 16×16 的节点矩阵。然后在矩阵第一行上方和第二列左方,依次序写上节点编号,见表1-5。

(2)填入相应的工序时间,以行为箭尾节点,以列为箭头节点,顺次把各工序的工时写入矩阵的相应格内。例如③→④工序的工时为1.0,可将1.0填入第三行第四列对应的方格中。

(3)在矩阵上方和左方分别加一行和一列,填入各节点的最迟结束时间 t_L 和最早开始

时间 t_E。

节点矩阵 表1-5

$t_L - t_E$		0	0	0	0	0	1	1	1	0	0	0	0	0	0	0
	t_E	0	2	2.5	3.5	6.5	6.5	8.5	10.5	12.5	14.5	15.5	18.5	18.5	22.5	36.5	27
t_E	$A = 16 \times 16$	①	②	③	④	⑤	⑥	⑦	⑧	⑨	⑩	⑪	⑫	⑬	⑭	⑮	⑯
0	①		0.0														
2.0	②			0.5													
2.5	③				1.0												
3.5	④					3.0	2.0	3.0									
6.5	⑤																
5.5	⑥								2.0								
7.5	⑦									2.0							
9.5	⑧										2.0						
12.5	⑨											2.0					
8.5	⑩											2.0					
10.5	⑪																
12.5	⑫														4.0		
18.5	⑬														4.0		
22.5	⑭															4.0	
26.5	⑮																0.5
27	⑯																

（4）计算各节点的最早开始时间 t_E。始点工序的最早开始时间为零,即节点①的 $t_E(1) = 0$,其他节点的最早开始时间可按它的箭尾节点的最早开始时间加上箭杆时间（工作时间）来决定。如果同时有几支箭线与节点相连,则选其中箭尾节点的最早开始时间与箭杆时间相加之和的最大值,即:

$$t_E(j) = \max\{t_E(i) + t(i,j)\} \quad (j = 2,3,4,\cdots,n) \tag{1-11}$$

式中: $t_E(j)$——箭头事项的最早开始时间;

$t_E(i)$——箭尾事项的最早开始时间;

$t(i,j)$——工序的工时。

例如,节点②的 $t_E(2) = 0 + 2 = 2$,节点③的 $t_E(3) = 2 + 0.5 = 2.5$,节点④的 $t_E(4) = 2.5 + 1.0 = 3.5$。

（5）计算节点的最迟结束时间 t_L。节点最迟结束时间是从终点节点开始从右到左逐个计算的。终点节点的最迟结束时间应当等于总完成工期,它等于关键路线各工序工时之和。如图5-4所示,总完工期 = $(2 + 0.5 + 1.0 + 3.0 + 6.0 + 4.0 + 0.5)$h = 27h。一个箭尾节点的最迟结束时间是由它的箭头节点的最迟结束时间减去箭杆时间（作业时间）来决定的。如果从此箭尾节点同时引出几支箭线,则选其中箭头节点的最迟结束时间与箭杆时间差值中的最小值,用公式表示为:

$$t_L(i) = \min\{t_L(j) - t(i,j)\} \quad (i = n-1, n-2, \cdots, 1) \tag{1-12}$$

式中：$t_L(i)$——箭尾节点的最迟结束时间；

$t_L(j)$——箭头节点的最迟结束时间。

按图 1-14 所示可分别求出 $t_L(15) = (27 - 0.5)\text{h} = 26.5\text{h}$，$t_L(14) = (26.5 - 4.0)\text{h} = 22.5\text{h}$，依次类推。

（6）计算节点时差。节点时差为节点的最迟结束时间与最早开始时间之差，其值为：

$$S(i) = t_L(i) - t_E(i) \tag{1-13}$$

（7）确定关键路线。将时差为零的节点串联起来的路线即为关键路线。如图 5-4 所示，其关键路线为：①→②→③→④→⑤→⑨→⑬→⑭→⑮→⑯，关键路线越多，或者其他路线的工时越接近关键路线的工时，表明发动机修理工艺安排得越合理。若不满足要求，可利用统筹图作相应的调整，改变关键路线。

（8）各工序的最迟开工时间，就是它的箭尾节点的最早时间，如⑦→⑧的工序 9，其最早可能开工的时间为 7.5h。

（9）各工序的最迟开工时间等于它的箭头节点的最迟时间减去本工序工时的差值，如⑦→⑧的工序 9，其最迟可能开工期为 $(10.5 - 2.0)\text{h} = 8.5\text{h}$，也就是说，工序 9 的最迟开工时间为 8.5h，否则就会影响随后的工序如期开工。

（10）工序时差，就是工序的最迟开工期与最早开工期的差值，即：

$$T_F(i,j) = L_S(i,j) - E_S(i,j) = L_F(i,j) - E_F(i,j) = t_L(j) - t_E(i) - t(i,j) \tag{1-14}$$

式中：$T_F(i,j)$——工序时差；

$L_S(i,j)$——工序的最迟开始时间；

$E_S(i,j)$——工序的最早开始时间；

$L_F(i,j)$——工序的最迟结束时间；

$E_F(i,j)$——工序的最早开始时间。

计算结果列于表 1-6。

工序时差计算表　　　　　　　　　　　　表 1-6

节点号码	工序代号	工序最早开工时间(h)	工序最迟开工时间(h)	工序时差(h)
①—②	1	0	2 − 2 = 0	0
②—③	2	2.0	2.5 − 0.5 = 2.0	0
③—④	3	2.5	3.5 − 1 = 2.5	0
④—⑤	4	3.5	6.5 − 3.0 = 3.5	0
⑤—⑨	5	6.5	12.5 − 6.0 = 6.5	0
④—⑥	6	3.5	6.5 − 2.0 = 4.5	1.0
⑥—⑦	7	5.5	8.5 − 2.0 = 6.5	1.0
④—⑦	8	3.5	8.5 − 3.0 = 5.5	2.0
⑦—⑧	9	7.5	10.5 − 2.0 = 8.5	1.0
⑧—⑨	10	9.5	12.5 − 2.0 = 10.5	1.0
⑨—⑬	11	12.5	18.5 − 6.0 = 12.5	0

续上表

节点号码	工序代号	工序最早开工时间(h)	工序最迟开工时间(h)	工序时差(h)
⑧—⑬	12	9.5	18.5 − 2.0 = 16.5	7.0
④—⑩	13	3.5	14.5 − 5.0 = 9.5	6.0
⑩—⑪	14	8.5	16.5 − 2.0 = 14.5	6.0
⑪—⑫	15	10.5	18.5 − 2.0 = 16.5	6.0
⑫—⑭	16	12.5	22.5 − 18.0 = 4.5	6.0
⑩—⑬	17	8.5	18.5 − 2.0 = 16.5	8.0
②—⑭	18	2.0	22.5 − 18 = 4.5	2.5
⑬—⑭	19	18.5	22.5 − 4.0 = 18.5	0
⑭—⑮	20	22.5	26.5 − 4.0 = 22.5	0
⑮—⑯	21	26.5	27.0 − 0.5 = 26.5	0

上述每道工序的完成时间是按额定时间来确定的。在生产实践中,由于各种因素的影响,每道工序的完成时间的概率分布将在一定范围内波动。因此,在分析中,通常将工作时间按三种情况进行估计,即最快可能完成的概率、最慢可能完成的概率和最大可能完成的概率,如图 1-15 所示。

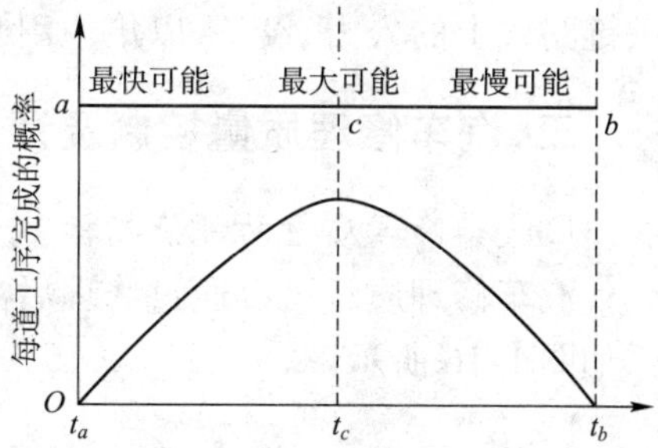

因此,该工作完成概率的估计值 t_e 为:

$$t_e = \frac{t_a + t_b + 4t_c}{6} \quad (1\text{-}15)$$

图 1-15 概率分布示意图

式中:t_a——最快可能完成的概率;
t_b——最慢可能完成的概率;
t_c——最大可能完成的概率。

方差 S 为:

$$S = \left(\frac{t_b - t_a}{6}\right)^2 \quad (1\text{-}16)$$

下面以图 1-14 的关键路线为例进行计算。将可能完成的工时填入工序上边,计算值列于表 1-7,则总完工时间是平均数 $t_0 = 29.8$ h。$\delta = \sqrt{1.42} = 1.19$ 为标准差的正态分布,即

$$p(x) = \frac{1}{\sigma\sqrt{2\pi}} e^{-\frac{(x-t_0)^2}{2\sigma^2}} \quad (1\text{-}17)$$

这样,就可估计出某一时间之前完成的可能性,以 $P(x)$ 表示。

根据正态分布函数的特性,可估计出发动机大修的工期为:

$$T_a = t_0 + \mu_a \sigma \quad (1\text{-}18)$$

式中:μ_a——一定置信水平下的偏离系数。

μ_a 可查正态分布表,例如当置信水平 $a = 0.10$ 时,偏离系数 $\mu_a = 1.3$,所以 $T_{0.1} = (27.0 + 1.3 \times 1.19)$ h $= 28.55$ h。

这表明发动机大修的完工时间是在 28.55 h 以前完工的可能性为 90%。

计 算 值　　　　　　　　　　表 1-7

工序代号		1	2	3	4	5	11	19	20	21	总和
节点号码		①-②	②-③	③-④	④-⑤	⑤-⑨	⑨-⑬	⑬-⑭	⑭-⑮	⑮-⑯	
可能完成工时(h)	t_a	1.5	0.4	0.8	2.5	5.0	5.0	3.0	3.0	0.4	
	t_c	2.0	0.5	1.0	3.0	6.0	6.0	4.0	4.0	0.5	
	t_b	2.5	0.6	1.2	3.5	7.0	7.0	5.0	5.0	0.6	
平均数 t_0(h)		2.0	0.5	1.0	3.0	6.0	6.0	4.0	4.0	0.5	27.0
方差 S		$\left(\frac{1}{6}\right)^2$	$\left(\frac{0.2}{6}\right)^2$	$\left(\frac{0.4}{6}\right)^2$	$\left(\frac{1}{6}\right)^2$	$\left(\frac{2}{6}\right)^2$	$\left(\frac{2}{6}\right)^2$	$\left(\frac{2}{6}\right)^2$	$\left(\frac{2}{6}\right)^2$	$\left(\frac{0.2}{6}\right)^2$	0.506

通过上述计算,找出关键路线后,要进一步缩短大修工期,就可在关键工序上采取措施。除在关键工序上改进设备和工艺、提高工作效率、减少修理工时外,在工艺组织上可尽量采用平行作业和交叉作业,以缩短工序修理工时。

由于非关键路线在时间上常有潜力可挖,时差越大表明可挖掘的潜力也越大,表明工艺安排不合理,应进行调整,如可抽调人力支援关键路线或做其他工作,也就是尽可能减少非关键路线上的人力、设备,以集中用于关键路线上。

三、汽车修理质量控制及评价

1. 汽车修理质量的评价指标

汽车修理质量可以通过修理后汽车性能的量化指标,即质量指标来评价。质量指标体系如图 1-16 所示。

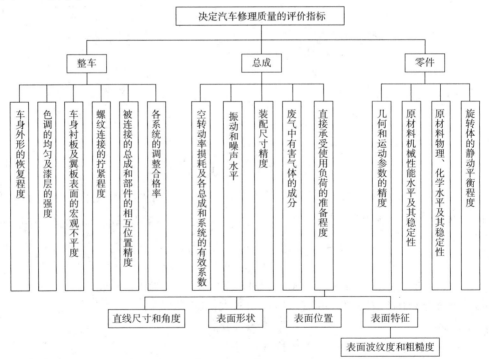

图 1-16　汽车修理质量评价指标体系

汽车在修理过程中,其修理质量取决于汽车修理工艺规程、工艺设备、修理生产的组织和生产技术准备工作的完善程度、修理工作人员的劳动素质。

2. 汽车修理质量的控制

1) 排列图

排列图又称主次因素排列图或巴雷特图,它是一种从大量影响汽车修理质量的因素中,找出主要影响因素的有效方法。它将影响质量的因素分为 A、B、C 三类,A 类因素是指累积频率为 0~80% 的因素,B 类因素是指累积频率为 80%~90% 的因素,C 类因素是指累积频率为 90%~100% 的因素。A 类因素是发生频率较高的因素,故为影响产品质量的主要因素(关键因素),因而是质量管理的重点;B 类因素是次关键因素;C 类因素是次要因素。

排列图的绘制方法如下:

(1) 因素分类:可按不合格项目、作业班次、品种、事故等进行分类。
(2) 收集数据:搜集统计期内的各种数据。
(3) 计算各项因素的频数和频率。
(4) 画出直方图。
(5) 计算出累计频数和频率。
(6) 按规定划分 A、B、C 三类因素。

例如,某修理厂对修理总成或汽车的质量进行了统计分析,不合格品总数为 282 件,按下列因素分为 7 类,每类因素的频数和频率列于表 1-8 中。

因素分类频率表　　　　表 1-8

因　素	质量问题			
	频　数	频率(%)	累计频率(%)	类　别
材料	97	34.4	34.4	A
设备	87	31.0	65.4	A
工艺	38	13.4	78.8	A
设计	26	9.2	80.0	B
工具夹	19	6.7	94.7	C
操作	9	3.1	97.8	C
其他	6	2.2	100.0	C
总计	282	100		

由表 1-8 可见,影响产品质量的主要因素为材料、设备和工艺。其排列图如图 1-17 所示,不仅可用于寻找影响产品质量的主要原因,而且可应用于其他多方面。

2) 分层法

在排列图的基础上,找出影响产品质量的主要因素,然后对主要因素的数据再作进一步分类。根据不同的目的,确定分类标志。

常用的分类方法有下列几种:

(1) 按时间分:月、周、日、班次;气候;节假日等。
(2) 按操作人员分:男、女、青年、老年;工龄长短、熟练程度;文化程度。
(3) 按设备分:型号、新旧、工夹具等。
(4) 按原材料分:产地、供应单位、时间、成分等。

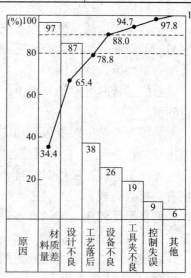

图 1-17　主次因素排列图

(5)按操作情况分:操作环境、条件、工艺方案等。
(6)接测量条件分:测量仪器、人员、方法等。

通过进一步的分析可以发现原因,如造成次品的原因或许是某外地供应的某批材料成分不好;或许是设备不良的原因,如某台旧设备,其出次品的频数占85%等。

3)因果分析图

找出主要因素后,尚需进一步寻找其发生的原因,因果分析图是帮助分析的有效工具。因其形状像鱼刺,故又称鱼刺图。

次品的原因是多方面的,可以归纳为5M(工人、材料、工艺、设备、计量)。5M是大的原因,又可分为许多中原因,中原因又可分为许多小原因。图1-18所示为某企业对修理质量进行分析后绘制出的因果分析图。

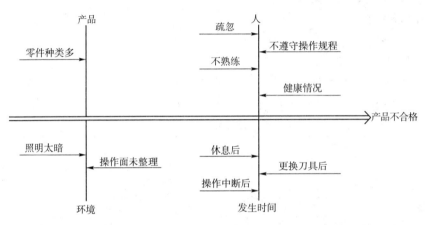

图1-18 因果分析图

3. 汽车修理质量的评价

1)总成装配质量的评价

总成的装配质量通常可用总成装配后的空转功率损耗、总成各机构和系统的效率、配合副的装配尺寸精度、总成运转时的振动和噪声水平、总成工作时的排放特性、总成主要工作面的承载能力,以及清洁度、密封性等指标来评价。

空转功率损耗及总成和系统的效率指标,表示总成的传动效率或内部的机械性能耗损。它与装配时配合副的接触状况、配合特性、总成各部件的调整和磨合状况有关,是评价总成装配质量的综合性指标。

总成运转时的振动和噪声,是由于零件不平衡或装配调整不当而引起的,可用声级计进行测量。

装配尺寸精度系指采用相应的装配方法装配后,各配合副达到总成装配技术要求中各项指标的符合程度,它包括配合精度、位置精度和回转件的运动精度等。

发动机总成在工作时会排出有害物质,其含量与发动机的装配调整质量有关,应符合国家有关排放法规。

总成承受使用负荷的准备程度是与总成装配后磨合试验的完善程度有关,它表示总成投入使用时的承载能力。

总成的清洁度是指按规定的方法从被检验总成的被检部位清洗下来的杂质总量(包括金属屑、尘土及其他杂质)。

2)车身涂层质量的评价

车身涂层质量与所使用的涂层材料、涂层特性有关,其相应的涂层质量评价指标见表1-9。

涂层特性和主要质量指标　　　　　　　　　　　　　　　　　　　　　　表 1-9

涂层代号	涂 层 特 性	涂层主要质量指标
KT1-1	涂层具有良好的防护性	1. 涂膜外观:不允许露底和漏涂; 2. 涂膜总厚度:不小于30μm; 3. 机械强度:底漆附着力为1级,抗冲击强度不小于4.9N·m,柔韧性为1mm; 4. 耐水性:浸泡时间为300h,允许表面涂层变粗糙,但不应起泡; 5. 耐盐水性:浸泡时间为150h,允许三级起泡,无锈点
KT1-2	涂层具有一般的防护性	1. 涂膜外观:平整,不允许露底和漏涂; 2. 涂膜总厚度:不小于30μm; 3. 机械强度:底漆附着力为1级,抗冲击强度不小于4.9N·m,柔韧性为1mm; 4. 耐水性:浸泡时间为200h,允许涂层表面变粗糙,但不应起泡; 5. 耐盐水性:浸泡时间为100h,允许三级起泡,无锈点
KT2-1	涂层具有优良的防护性和机械性能	1. 涂膜外观:平整,不允许露底和漏涂; 2. 涂膜总厚度:不小于50μm; 3. 机械强度:底漆附着力为1级,抗冲击强度不小于4.9N·m,柔韧性为1mm; 4. 耐水性:浸泡时间为400h,允许涂层表面变粗糙,但不允许起泡; 5. 耐盐水性:浸泡时间为200h,允许三级起泡,无锈点
KT2-2	涂层具有优良的防护性和机械性能	1. 涂膜外观:平整,不允许露底和漏涂; 2. 涂膜总厚度:不小于50μm; 3. 机械强度:底漆附着力为1级,抗冲击强度不小于4.9N·m,柔韧性为1mm; 4. 耐水性:浸泡时间为300h,允许表面涂层变粗糙,但不应起泡; 5. 耐盐水性:浸泡时间为150h,允许三级起泡,无锈点

3)主要性能要求

(1)动力性。台架测试汽车额定转矩转速下的驱动轮输出功率应符合 GB/T 18276—2000《汽车动力性台架试验方法和评价指标》的规定。

环境温度在 288~303 K(15~30℃)范围内,海拔变化后,驱动轮输出功率可按式(1-19)进行修正。即

$$P_{修正} = P_{输出}/k \tag{1-19}$$

式中:$P_{修正}$——修正功率,kW;

$P_{输出}$——驱动轮输出功率,kW;

k——不同海拔输出功率修正系数(表 1-10)。

不同海拔高度的输出功率修正系数　　　　　　　　　　　　　　　　　表 1-10

海拔(m)	1000	2000	3000	4000	5000
汽油机修正系数 k	0.87	0.77	0.67	0.57	0.47
柴油机修正系数 k	0.93	0.85	0.77	0.69	0.61

(2)经济性。汽车大修磨合期满后,每百公里燃料消耗量不得大于该车型原设计规定的相应车速等速百公里燃料消耗量的 105%。

(3)排放性能。各种排放控制装置应齐全、有效,汽车的排放指标应符合国家标准的要求。

(4)制动性能。

①试验台或道路检验制动性能,应符合 GB 18565—2001《营运车辆综合性能要求和检验方法》中有关条款的规定。

②制动系统装有比例阀、限压阀、感载阀、惯性阀或防抱死制动装置的,在试验台上达不到规定制动力的车辆,应以满载路试的检验结果为准。装用 ABS 汽车的制动性能应符合国家标准的规定。

(5)滑行性能。滑行性能应符合 GB 18565—2001《营运车辆综合性能要求和检验方法》中有关条款的规定。

(6)转向轻便性。转向轻便性应符合 GB 18565—2001《营运车辆综合性能要求和检验方法》中有关条款的规定。

(7)汽车噪声。车内噪声应符合 GB 7258—2012《机动车运行安全技术条件》的有关规定。车外噪声应符合 GB 1495—2012《汽车加速行驶车外噪声限值及测量方法》的有关规定。

(8)喇叭声级。应符合 GB 7258—2012《机动车运行安全技术条件》的有关规定。

第五节 汽车修理成本及定额管理

一、汽车修理的经济效益及成本核算

汽车在使用过程中,由于汽车零件的耗损和其他事故性损伤会逐渐丧失汽车工作性能,当达到修理极限时就必须进行修理。汽车修理的任务,就是以最低的社会消耗来恢复汽车丧失的功能。汽车损坏后是进行修理还是更新是一个决策问题,应在修理(特别是进行大修)前对汽车修理的经济效益进行分析。

1.汽车修理的经济效益

汽车修理的经济效益主要体现在以下几方面:

(1)汽车修理是保证汽车使用效益和社会效益的主要手段。汽车修理是恢复汽车使用性能、延长汽车使用寿命、保持社会运力的主要措施。不同国家由于生产消费水平不同,汽车生产水平不同,所采取的修复方式也有所不同。根据目前我国生产力的发展水平,以及国民经济对发展汽车运输的需要,汽车修理仍是满足社会运力要求、提高汽车运输的重要手段。统计资料表明,扩大生产更新车辆的投资额,通常是大修车辆所需投资额的6~7倍。

(2)汽车修理可节约人力和物质资源,创造社会财富。根据统计资料,当汽车进入极限状态需大修时,有65%~75%的零部件可继续使用,而且需修的零部件中,大约也只有25%的工作表面处于不良状态,70%以上的工作表面可重复利用。如果将这类零件报废,就会白白浪费50%~70%的物化劳动,而且在废料回炉熔化的再加工过程中,有50%~60%的金属会被烧损氧化或被切削掉。显然,这将造成资源的浪费。修理是防止这种浪费,是零件未被利用的物化劳动得以充分利用的有效手段,是一种创造使用价值的再生产过程。

研究资料表明,制造和修理一辆中型载货汽车所需消耗的能源和金属材料是十分不同的,见表1-11。统计资料表明,中型载货汽车的制造成本中,制造零件的材料和加工费用占70%~75%,而在修理成本中,材料和加工费用仅占6%~9%。由此可见,汽车修理可节约大量的资源和社会物化劳动。

制造和修理一辆中型载货汽车的资源消耗　　　　　　表 1-11

项　目	消耗金属(kg)	消耗电力(kW/h)	消耗水(m³)	消耗压缩空气(m³)
制造	8000	4000	700	300
修理	700	500	12	2

（3）适度地进行汽车修理是降低汽车寿命周期费用的有效手段。汽车在使用过程中，由于技术状况的变化，会要求不同深度层次的修理。所决定进行修理的深度和广度是否合适，在经济上是否合理，必须利用汽车寿命周期费用的评价方法进行分析。

汽车在使用过程中的经济效益取决于汽车的购置费用 Q_s（包括汽车设计、制造、试验、调整及运输费用）和使用费用 Q_e（包括维护、修理费用和燃润料、轮胎等使用消耗费用及养路费用等）之和以及运输生产的收入 Q_g。

汽车在使用过程中，由于某些零部件的老化和性能衰退，其使用费用是逐渐增大的，而且会使汽车的生产效率降低。因此，如图 1-19 所示综合经济效益曲线 $Q(t) = Q_g(t) - [Q_s(t) + Q_e(t)]$，与横坐标 t 有两个交点，存在着一个极大值 T_{max}。由此可见，适度地组织汽车修理以维持汽车的寿命 T_e 在合理的使用期（$T_{max} \sim T_{min}$）内，是可以获得经济效益的。大修的经济效益可表示为：

$$R = \frac{K_{YH}E + S_H + K_H - S_0}{L_H} - \frac{K_{YP}E + S_P + K_P}{L_P} \quad (1-20)$$

式中：K_{YH}、K_{YP}——汽车制造和大修费用；
　　　　E——正常的经济效益系数；
　　　　S_H、S_P——汽车制造和大修成本；
　　　　K_H、K_P——新车和大修后汽车的运行费用；
　　　　S_0——汽车报废时的残值；
　　　　L_H、L_P——新车和大修车的大修间隔里程。

为便于分析，式(1-20)可写为：

$$R = \frac{Q_H + \sum q_H}{L_H} - \frac{Q_P + \sum q_P}{L_P} \quad (1-21)$$

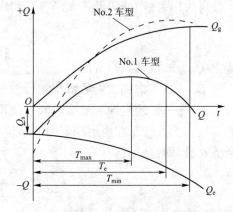

图 1-19　汽车运输综合经济效益随时间变化的曲线

式中：Q_H、Q_P——分别为汽车购置费（扣除残值）和汽车大修费用；
　　　$\sum q_H$、$\sum q_P$——新车和大修车在使用期内的维修费用及因维修而停驶的损失费用。

$\sum q_H$ 和 $\sum q_P$ 可用汽车在使用中的故障次数和排除故障所需平均费用来表示，即

$$\sum q_H = m_H q_H \quad (1-22)$$

$$\sum q_P = m_H q_P \quad (1-23)$$

将 $\sum q_H$、$\sum q_P$ 带入式(1-21)可得：

$$R = \left(\frac{Q_H}{L_H} + \frac{m_H}{L_H}q_H\right) - \left(\frac{Q_P}{L_P} + \frac{m_P}{L_P}q_P\right) = \left(\frac{Q_H}{L_H} + \lambda_H q_H\right) - \left(\frac{Q_P}{L_P} + \lambda_P q_P\right) \quad (1-24)$$

式中：

$$\lambda_H = \frac{m_H}{L_H}$$

$$\lambda_P = \frac{m_P}{L_P}$$

由此可见,汽车大修的经济效益取决于大修的单位费用、大修后的平均故障率或它的可靠性指标。因此,可以认为大修经济效益是大修费用Q_p、大修后汽车的寿命L_p和平均故障率λ_p的函数,即

$$R = f(Q_p, L_p, \lambda_p) \tag{1-25}$$

计算汽车修理的经济效益,通常可用对更新车和修复车使用费用的分析对比而得。

采用更新方案时,购置新车的费用和在使用期内汽车的使用费用为:

$$S_H(t) = Q_H - S_0(t) + \sum_{i=1}^{t} d_i \beta_i C_i \tag{1-26}$$

式中:Q_H——新车的购置费用;

$S_0(t)$——汽车在使用t年后的残值;

d_i——考虑到资金的利用率,汽车在使用i年时的换算系数,其值为:

$$d_i = \frac{1}{(1+E)^{i-Z}} \tag{1-27}$$

式中:β_i——考虑新车随行驶里程增加,运输效率下降的系数;

C_i——修理到同一效率和同一使用期限的新车,在第t年的使用维修费用;

E——换算系数,$E = 0.10$;

i——换算至Z年度的年数。

当采用大修方案时,其大修费用和修复后汽车在使用期内的维修费用之和为:

$$S_p(t) = Q_p + \sum_{i=1}^{t} d_i \beta_{pi} C_{pi} \tag{1-28}$$

式中:Q_p——汽车大修费用;

β_{pi}——考虑到大修后汽车随行驶里程增加,运输效率下降的系数;

C_{pi}——修理到同一效率和同一使用期限的新车,在第t年的使用维修费用。

只有当大修车在使用期限内的单位费用比更新时的单位费用低时,汽车大修才能获得经济效益,即:

$$\frac{S_p(t)}{L_p} < \frac{S_H(t)}{L_H} \tag{1-29}$$

2. 汽车合理更新的决策办法

汽车在使用过程中,会出现有形磨损和无形磨损,从而导致其使用性能及效益指标的"劣化"。因此,使用到一定年限后必须更新。汽车的更新应在符合国家规定的汽车使用年限范围内,按更新理论来确定车辆的更新时刻。常用的计算方法有低劣化数值法、应用现值及资本回收系数估算法、面值法以及最低计算费用法(判定大修与更新界限法)等。

二、汽车维修定额管理及价格评定

1. 汽车维修工时定额的制定和修改

所谓定额,从广义上讲,就是对某一事物的发展过程所规定的额度,也就是人们根据对各种不同的需要,对某一事物所规定的数量标准。例如,分配和消费领域的工资标准,食品和日用品消费的配合用量,生产和流通领域的原材料消耗标准,流动资金的定量,技术设计方面的设计标准和规范,政治生活中候选人名额、代表名额等。

在汽车维修施工中,定额就是在一定的作业条件下,利用科学的方法制定出来的质量合

格的单位作业量,所需消耗的人力、物力、机械台班或资金的数量标准。

汽车维修工时定额是汽车维修诸多技术经济定额中的一种,是在一定生产条件下进行维修作业所消耗的劳动时间标准,是汽车维修作业进行经济核算的重要依据,是企业内部搞好自治、充分调动职工工作积极性的主要因素,是管理部门考核企业经营水平的重要标志。

1)汽车维修工时定额的种类

根据汽车维修类别的划分及工艺规范的基本要求,汽车维修工时定额包括以下几种:

(1)汽车大修工时定额。它是指对一部汽车完成大修作业所需要的工时限额,汽车大修工时定额应分别按车辆类别、车辆型号并参考车辆厂牌制定。

(2)汽车总成大修工时定额。它是指对汽车某一总成完成大修作业所需要的工时限额,汽车总成大修工时定额应分别按车辆类别、车辆型号并参考车辆厂牌的总成制定。

(3)汽车维护工时定额。它是指对一部汽车完成维护作业所需要的工时限额,汽车维护工时定额应分别按车辆类别、车辆型号并参考车辆厂牌维护级别制定。

(4)汽车小修工时定额。它是指对汽车进行每项小修作业所需要的工时限额,汽车小修工时定额应分别按车辆类别、车辆型号并参考车辆厂牌的每项具体作业制定。

(5)摩托车维修工时定额。摩托车维修应属于汽车维修行业范畴,它的维修工时定额是指对摩托车进行大修作业、总成大修作业、小修作业分别所需要的工时数量。其维修工时定额应分别按摩托车的类别、摩托车型号、并参考车辆厂牌制定。

2)制定汽车维修工时定额的原则和方法

(1)制定汽车维修工时定额的原则。汽车维修工时定额的制定是汽车维修行业管理和企业生产经营管理的基础工作。它不仅仅在于只规定一个劳动时间定额,更重要体现在工艺设计和操作方法上,能够保证做到耗时少、功效高、质量好。为此,在制定汽车维修工时定额时,一定要遵循以下几项基本原则:

①现实性。要求定额的水平相对合理,要从行业管理和企业管理水平,工人的技术水平以及设备、材料、配件条件出发,经过综合评估,把定额制定在行业平均先进水平上。这个水平就是在现实情况下,是企业及职工经过认真努力,绝大多数都能在短期内争取达到的定额水平。

②合理性。要求不同车型之间、不同工种之间的定额水平保持平衡,要使定额的实现比例和超额比例大体接近,避免相差悬殊、宽严不等,以保证各类企业的负荷程度比较合理,能正确地评价其工作成绩。

③发展性。要求定额水平要有超前意识。对汽车工业的发展,对一个时期内的新技术、新工艺、新结构要考虑周到。另外,还应考虑到维修行业的发展、企业挖潜、革新、改造的前景。

④特殊性。对在不同条件下或特殊条件下的作业,应该采取不同定额。

⑤在制定工时定额时,应广泛征求管理者、生产工人各方面的意见和建议,走群众路线,实行管理者、生产工人、专家相结合。

(2)制定汽车维修工时定额的方法。根据本区域行业发展情况和企业的生产特点、生产技术条件、生产类型的不同,必须选择适合于本区域或企业生产特点的工时定额制定的方法。

工时定额的制定方法一般有以下几种:

①经验估计(估工)法。经验估计(估工)法是由定额员、生产工人(老工人)、技术人员

根据自己的生产实际,经过对维修项目、工艺规程、生产条件(如设备、工具)以及现场实际情况等方面的分析,并结合过去完成同种维修作业或类似维修作业的实际经验资料,用估计的方法来确定工序的时间定额。

经验估计法的优点是简单易行、易于掌握、工作量小,便于定额的及时制定与修改。其主要适用于作业量小、工序较多或临时性作业中。但是,由于这种方法对构成定额的各种因素缺乏仔细的分析和计算,技术依据不足,并容易受到估工人员主观因素影响,因而定额的准确性一般较差。所以,运用这种方法确定工时定额时应注意选择生产经验丰富、技术水平较高、事业心较强的估工人员,并仔细客观的分析各种技术资料,同时建立估工登记制度,以便互相比较,尽可能达到提高定额准确性的目的。

②统计分析法。统计分析方法是根据过去同类维修项目的实际工时消耗的统计资料,进行认真的分析整理,剔除其中不正确的数据,并考虑当前维修项目施工的组织技术和生产条件来制定工时定额的方法。

这种方法的优点是以较多的统计资料为依据,比经验估工法多了较多的资料依据,且这种方法也简单易行,工作量比较小,在统计制度比较健全、资料数据比较准确的条件下,运用这种方法制定的定额是较为准确的。此方法的缺点是,当维修工艺较复杂及工序的数量较多时,实际消耗工时的统计工作量显得十分繁重,从而也影响到资料的准确性。

由此可知,运用这种方法所制定的工时定额,其准确性基本上是由统计资料的可靠程度所决定的。因此,为了保证定额具有较高的准确性,就一定要健全原始记录,加强统计工作,建立和健全业务核算,尽可能积累比较全面和真实的工时消耗统计资料。同时,在制定工时定额时,一定要仔细对比过去与当前的施工生产技术组织条件有何变化,如人员结构、工艺要求、工作量大小、配件材料有什么不同,以及新技术、新设备运用等。

③技术测定法。技术测定法就是根据对生产技术条件和组织条件的分析研究,再通过技术测定和计算,确定合理的维修工艺程序、操作方法和工时消耗,然后在充分挖掘生产潜力的基础上,制定相应的技术措施和组织措施,从而制定出维修工时定额。

采用技术测定法,需要进行工序分析、设备情况分析、劳动组织分析、技术工人分析、维修工作的分析等工作。也就是要分析维修工序的结构、维修操作的工序、生产工人操作是否合理,找出不必要的操作和交叉作业的可能性,分析工艺规程和维修项目要求是否合理,设备的性能是否得到充分发挥,分析劳动分工和维修现场布置是否合理,对工人作业有无影响等,通过分析确定工作内容。

采用这种方法来制定时间定额,一般是按照单项工序时间的各个组成部分,分别确定它们的定额时间。根据确定时间所用的方法不同,可分为分析研究法和分析计算法两种。其中分析研究法即采用工作日写实和测时的方法来确定时间定额各个组成部分的时间;分析计算法即根据通过测时、写实和其他调查统计方法长期积累起来的具有一定规律的资料来进行计算确定。

这种方法的优点是,分析维修技术条件和组织条件的内容比较全面、系统,有比较充分的技术数据,所以是一种比较科学而细致的制定定额的方法,准确性比其他方法都要高。但是,正由于此方法细致复杂,故制定额工作费时费人,需要有系统的资料累计,所以不易做到及时。

④类推比较法。类推比较法是根据现有的维修项目的定额作为依据,经过对比分析,推算出另一种车型同一部位维修项目的维修工时定额的方法。用来对比的必须是两个不同车型同一部位的维修项目。

其优点是简单易行,结果对比分析细致,也能保证定额水平。其缺点是,这种方法受到同一部位维修项目的可比性限制,故不能普遍应用。

⑤典型定额法。典型定额法是根据每一维修项目的同类作业工位挑选出具有代表性的车型,作为"标兵"。首先为其制定定额(不论采用经验估工法、统计分析法、技术定额法都可以制定代表车型的定额)作为典型车型的定额。之后,其他同类的维修项目便可以根据其相同作业部位构造简繁、作业难易程度等情况,用典型车型的定额相比较来确定定额。

⑥幅度控制法。幅度控制法是由部门或企业参照历史资料和先进企业同类车型,或同类作业工位的维修定额,结合提高生产率的可能性,充分估计现有潜力,结合实际情况提出工时定额的方法。

在工时定额制定的实际工作中,有的是通过竞赛评比,通过鉴定,总结其先进操作经验基础上制定的定额;有的是对项目和工艺进行技术测定的定额;有的是结合诸多统计资料,运用数理统计的方法进行数学处理,然后综合平衡确定的定额。因篇幅所限,具体方法不便详述。无论哪一种方法都应认真细致,实事求是。

上述制定工时定额的六种方法各有缺点,也都有其在使用上的局限性。在工时定额的制定过程中,应根据企业的生产类型、地域的生产环境,并应考虑到经济上的合理性,客观上的可能性。实际工作中,通常是交叉采用各种方法,以弥补某种方法的片面性和不足,充分发挥各种方法的优越性和特点。

3)汽车维修工时定额的修订

汽车维修工时定额是依据一定的技术组织条件制定的,先进合理的工时定额是和当时的生产水平相适应的。汽车维修工时定额应保持一定的稳定性。但是,工时定额的合理性是相对的、暂时的(一定时期内)。随着生产力的发展,汽车维修行业的技术的进步,人员素质、劳动熟练程度和操作技术水平的提高,维修设备的日臻先进,汽车检测诊断技术的广泛应用,在用车型的不断变化,原来先进合理的工时定额时常成为落后、不合理定额,因此汽车维修工时定额应进行定期或及时修订。

汽车维修工时定额的修订包括整体修订和临时性局部修订。实际工作中常常遇到维修工时定额临时性的局部修订。

临时性局部修订工时定额,是指未达到修订期,而在执行过程中遇到下列情况之一,并对定额有较大影响时,可对工时定额及时进行局部调整或修订:①工艺规程改变;②车型结构改变;③设备、工艺装备和工具改变;④劳动组织改变;⑤其他因素对工时定额有重大影响等。

汽车维修工时定额是劳动管理中一项十分重要的工作,所以工时定额必须具有相对的稳定性,不能经常变动。尤其修订不能过于频繁。过于频繁就等于没有定额。

2. 汽车维修收费标准的制度和管理

1)汽车维修收费标准的制定和计算方法

(1)汽车维修价格的特点:

①政策性强。汽车维修收费标准的制定是属于物价管理的内容,是一项政策性非常强的工作。

②项目简单。汽车维修收费主要有工时费和材料费两项,项目比较简单。

③种类繁多。由于汽车维修项目的作业内容不同、技术要求不同、耗费时间不同、材料项目不同,因此收费的种类繁多。

④执行周期较长。汽车维修收费因受汽车技术进步、运输市场变化以及商品换代等多种因素的影响,其标准形成之后,一般执行周期均较长。

(2)汽车维修收费标准制定的原则:

①要符合党和国家的方针政策,符合全局性的价格要求。

②要符合价值规律的要求,能正确反映维修价值,制定的标准能使生产消耗得到合理补偿,并保持一定的利润水平。

③要反映供求关系的要求,能反映供求关系相对平衡的要求。

④要正确处理行业内部的比差。汽车维修行业存在车型差异、维修项目的技术难易差异、内部许多互相关联的工种差异,因此应确定合理的收费标准比差。

⑤要有超前意识。

(3)汽车维修收费标准的制定。汽车维修的计费内容一般包括三项,即工时费用、材料费用、其他费用。

工时费用是工时单价与维修项目的定额工时两个参数相乘之积。工时定额由交通主管部门制定。一般由交通主管部门会同物价管理部门联合发布。工时单价是指核定的汽车维修工时每小时收费的标准。工时单价的制定方法是对汽车维修涉及的各工种的工时成本分别进行统计和计算。其具体方法是按各工种计费工时的平均比例,采用加权平均的方法算出汽车维修的平均成本,再根据平均工时成本确定出合适的工时单价。工时单价的制定是一项与地域经济发展相关,涉及面广、政策性强的工作,在制定过程中应首先进行大量的调查、验证、测算。工时单价的制定一般由交通主管部门向物价管理部门提供调查资料,提出标准,经物价部门复测审定后公布执行。

材料费用是指维修过程中合理消耗的材料费用,包括汽车维修生产中消耗的材料、零配件以及辅助材料费用等。计费标准应按照交通主管部门和物价管理部门的规定进行。

其他费用包括厂外加工费和材料管理费等,计算方法前章已述。

通常工时费用中含管理费用成分。如果不含其费用,则将其计算在其他费用中。

汽车维修收费标准的制定要注意参照本区域财政、物价部门已有的规定;在制定过程中还应注意与本区域经济环境的协调,并与当地有关部门搞好配合。

(4)汽车维修费用结算方法。

①汽车维修费用的计算。如前所述,汽车维修费用主要包括工时费用、材料费用、其他费用,也就是说,汽车维修费用是此三项费用之和,即汽车维修费用 = 工时费用 + 材料费用 + 其他费用。

②汽车维修费用的结算。汽车维修费用的结算业务分为现金结算和转账结算,同城结算和异地结算。

2)汽车维修收费的管理

汽车维修收费的管理是一项十分重要的工作内容,其主要表现在对收费标准的贯彻执行中。收费标准有效地贯彻执行,可以实现对汽车维修市场的宏观控制,引导汽车维修行业以质求存、有序竞争、稳定发展。汽车维修收费的管理应从以下几个方面做好工作:

(1)建立健全汽车维修收费的管理机构、落实管理人员是保证抓好收费管理工作的前提。

(2)建立和健全收费管理法规。交通主管部门应根据有关法规制定实施细则,用法律手段增强收费管理的权威性,使管理工作有法可依。

（3）制定必要的管理工作制度。结合实际建立各项工作制度及账单卡,搞好内部管理基础工作建设,加强同其他管理工作的配合协调,提高管理效能。

（4）进行收费执行情况的监督检查。行政管理部门要把收费监督检查作为一项日常工作抓好,并及时做好纠错和违章处理工作。

（5）强化社会宣传、社会监督,实行收费标准公布制度。

（6）建立维修业户的承诺和保证制度,明确必须遵守的收费纪律。

（7）对于越权定价、调价、擅自提价、加价、乱收费、行贿、回扣等行为,应按有关规定予以处理,对触犯刑律者移交司法机关追究刑事责任。

（8）积极主动做好与相关部门的配合、协调。

第二章 汽车检测与诊断技术基础

第一节 基本概念

一、汽车检测

1. 汽车检测

汽车检测是指使用现代检测技术和设备对汽车进行的不解体检查与测试,其目的是确定汽车的技术状况和工作能力。

所谓汽车技术状况是指运用汽车检测设备和通过感官测得的汽车外观情况、各总成和分总成完好情况、整车各使用性能状态情况等。

汽车检测的目的是为汽车继续运行或进厂维修提供依据。

2. 汽车检测的主要内容

(1) 安全性:汽车安全性检测项目有制动、侧滑、转向和前照灯检测。

(2) 可靠性:汽车可靠性检测项目有汽车异响、磨损、变形和裂纹检测。

(3) 动力性:汽车动力性检测项目有最高车速、加速性能(加速时间)、底盘输出功率、发动机功率、转矩以及点火系统、供油系统的状况检测。

(4) 经济性:汽车经济性检测内容是燃油消耗量的检测。

(5) 法规适应性(环保性):汽车法规适应性检测项目有汽车噪声和尾气排放状况检测。

3. 汽车检测的分类

根据汽车检测诊断的目的,汽车检测可分为以下类型。

1) 安全性能检测

对上路行驶的机动车只检测汽车安全性、环保性和动力性中的车速的检测称为安全性能检测。

对汽车实行定期和不定期的安全性能检测,其目的在于确保汽车具有符合要求的外观、良好的安全性能并符合噪声、尾气排放法规标准的规定,强化汽车的安全管理。

我国汽车安全性能检测,根据道路交通安全法及其实施条例规定,依据 GB 7258—2012《机动车运行安全技术条件》等国家机动车安全技术标准和规程,由质量技术监督部门按照 GB 21861—2008《机动车安全技术检验项目和方法》实施。机动车安全技术检验项目由公安部门会同质量技术监督部门规定。

2) 综合性能检测

汽车综合性能是指在用汽车动力性、安全性、燃料经济性、使用可靠性、排气污染物和噪声以及整车装备完整性与状态、防雨密封性等多种技术性能的组合。

把检测汽车安全性、可靠性、动力性、经济性和环保性等 5 种主要性能的检测称为综合性能检测。

对汽车实行定期和不定期的综合性能检测,其目的是在汽车不解体的情况下,确定营运车辆的工作能力和技术状况,考察汽车是否符合以上 5 种性能的要求,以提高运输效能及降低消耗,使运输车辆具有良好的经济效益和社会效益。

我国汽车综合性能检测由交通管理部门按照 GB 18565—2001《营运车辆综合性能要求和检验方法》负责组织实施。

3) 与维修有关的汽车检测

我国汽车维修制度的原则是预防为主、定期检测、强制维护、视情修理。在汽车维修行业中,通过对汽车检测,确定是否需要修理,以实现视情修理。通过检测诊断查找故障的确切部位和发生故障的原因,确定排除故障的方法;同时,在汽车维修过程中,利用检测设备,可提高维修质量。

与维修有关的汽车检测又可分为汽车故障检测和汽车维修检测。

汽车故障检测是指对故障汽车的检测,其目的是在不解体(或仅卸下个别小件)情况下,查出汽车故障的确切部位和产生的原因,从而确定故障的排除方法,提高故障的排除效率,使汽车尽快恢复正常。

汽车维修检测包括汽车维护检测和汽车修理检测两类。

汽车维护检测主要是指汽车二级维护检测,它分为二级维护前检测和二级维护竣工后检测。二级维护前检测在汽车维修企业进行,其检测目的是诊断二级维护汽车的故障或实际技术状况,从而确定二级维护附加作业;二级维护竣工检测在汽车检测站进行,检测站根据二级维护竣工检测项目和检测标准检测送检汽车,其目的是监控汽车的二级维护质量,竣工后检测合格的车辆方可出厂,否则应返回维修企业重新进行二级维护,直至达到二级维护竣工检测合格为止。

汽车修理检测主要是指汽车大修检测,它分为修理前、修理中及修理后检测。修理前的检测,目的是找出汽车技术状况与标准值相差的程度,从而确定汽车是否需要大修或应采取何种技术措施,以实现视情修理;修理中的检测是局部检测、过程检测,目的是进行质量监控,有时还可确诊故障的具体部位和原因,从而提高修理质量及修理效率;修理后的检测在汽车检测站进行,检测站根据汽车大修质量竣工标准检测送检汽车,目的是检验汽车的使用性能是否得到恢复,以确保修理质量。

在汽车使用过程中,为了解在用汽车的技术状况,应对汽车进行适当的检测,每次检测的时机应根据最佳检测诊断周期而定,也可与汽车的正常维护、修理周期以及汽车年检相互配合。

二、汽车故障

1. 汽车故障

汽车故障指汽车零部件或总成,部分或完全丧失工作能力的现象。

2. 汽车故障的主要类型

从汽车故障存在性坏死的发生过程分析,汽车故障具有多种类型。

(1) 按照故障存在的时间可分为间歇性故障和持续性故障。间歇性故障是在引发其发生的原因短期存在的条件下才显现的故障;而持续性故障是只有在更换零部件后才能排除的故障。例如供油系统气阻就属于间歇性故障;发动机拉缸等故障则属于持续性故障。

(2)按照故障发生快慢可分为突发性故障和渐发性故障。突发性故障发生前无任何征兆,具有偶然性,不能通过诊断来预测;渐发性故障则是由于零件磨损、疲劳、变形、腐蚀、老化等原因导致技术状况恶化,故障有一个逐渐发展的过程。渐发性故障是能够通过早期诊断来预测的。

(3)按照影响汽车性能的情况可分为功能故障和参数故障。功能故障是指汽车不能继续完成本身的功能,即功能丧失或性能下降,如转向失灵、制动跑偏等;参数故障是指汽车的性能参数达不到规定的指标,如发动机功率下降、油耗增加、排放超标等。

(4)按照后果严重程度可分为轻微故障、一般故障、严重故障和致命故障。轻微故障只须作适当调整即可排除,如怠速过高、点火不正时、气门脚响等。一般故障可更换易损件或用随车工具在短时间内即可排除,如个别传感器损坏、来油不畅、滤清器堵塞等。严重故障会导致主要零件严重损坏,如拉缸、抱轴、烧轴承等。致命故障会导致恶性重大事故,如制动失效、活塞破碎、连杆螺栓断裂等。

(5)汽车故障还可分为人为故障和自然故障。人为故障是由于使用不当造成的,而自然故障是由于自然磨损、老化等因素造成的。

三、汽车诊断

1. 汽车诊断

汽车诊断包括对汽车进行检查、分析、判断等一系列活动,是对汽车技术状况进行的检验,目的是查明故障的原因与准确部位。

2. 汽车诊断的分类

汽车诊断分为人工经验诊断、仪器分析诊断和车载自诊断系统,或分为解体诊断和不解体诊断两大类。

1)人工经验诊断

传统的汽车诊断是建立在人工经验检查的基础上的,主要通过眼看、耳听、手摸、鼻闻等途径,依赖于人工观察、推理分析和逻辑判断,其诊断结果经常要结合解体作业的修理进行检验。

人工经验诊断凭诊断人员的经验进行,不需专用检测设备,可随时随地应用,投资少,见效快等。但速度慢、准确性差,不能定量分析,对诊断人员技术和经验性要求高。适用于中、小维修企业和汽车队。

2)仪器分析诊断

仪器分析诊断,是在汽车不解体的情况下进行的。利用各种检测仪器和设备获取汽车的各种数据,并据此来判断汽车的技术状况。其优点是诊断速度快、准确性高、能定量分析;缺点是投资大、成本高。

仪器分析诊断应用专用检测设备,诊断过程自动进行,检测速度快、准确性高,能定量分析。但投资大,占用厂房面积大,操作人员需要培训。适用于汽车检测站、大型维修企业和特约维修服务站等。

3)自诊断法

自诊断法是指利用汽车电控单元(ECU)的自诊断功能进行故障诊断的方法。自诊断功能就是利用检测电路来检测传感器、执行器以及微处理器的各种实际参数,并将其与存储器中的标准数据进行比较,从而判定系统是否存在故障。当判定系统存在故障时,电控单元将故障信息以故障码的形式存入存储器,并控制警告灯向驾驶人发出警示信号。自诊断法需要通过一定的操作方式,把汽车电控系统中电控单元的故障码提取出来,然后通过查阅相应的"故障码表"来确定故障的部位和原因。

在实际检测诊断工作中,上述3种方法并不相互孤立,而是相辅相成的。人工经验诊断法是检测诊断的基础,它在汽车诊断的任何时期均具有十分重要的实用价值,即使汽车专家诊断系统,也是把人脑的分析、判断通过计算机语言转化成计算机的分析判断。仪器分析诊断法是在人工经验诊断基础上发展起来的诊断方法,它在汽车检测诊断中所占的比例日益增大,使用现代仪器设备诊断是汽车检测诊断技术发展的必然趋势。自诊断法,对于汽车电子控制系统十分有效,而且快捷准确,这是其他方法无可比拟的,随着计算机控制技术的发展和在汽车上的广泛应用,自诊断法将会显示出更多的优势,发挥出更大的作用。

第二节 汽车检测

一、汽车检测制度

汽车检测站是指综合利用检测诊断技术从事汽车检测诊断工作的场所,是对机动车辆进行技术性能监督检测、汽车维修质量监督检测的技术服务机构。汽车检测站具备现代检测设备和检测方法,能在室内不解体检测出车辆的各种参数并诊断出可能出现的故障,为全面、准确评价汽车使用性能和技术状况提供可靠的依据。

汽车检测站是交通运输管理和交通安全管理的重要技术基础,我国已建立起了一套全国性的多层次、跨行业、不同类型的汽车检测网络。

1. 机动车安全检测制度

道路交通安全法及其实施条例规定:准予登记的机动车应当符合机动车国家安全技术标准,机动车安全技术检验由机动车安全技术检验机构实施。机动车安全技术检验机构应当按照国家机动车安全技术检验标准对机动车进行检验,对检验结果承担法律责任。

国家质量技术监督部门负责对机动车安全技术检验机构实行资格管理和计量认证管理,对机动车安全技术检验设备进行检定,对执行国家机动车安全技术检验标准的情况进行监督,并于2006年发布实施国家质量监督检验检疫总局87号令《机动车安全技术检验机构管理规定》。

机动车安全技术检验项目由国务院公安部门会同国务院质量技术监督部门规定,于2008年制定了机动车安全技术检验国家标准GB 21861—2008《机动车安全技术检验项目和方法》,替代了原有行业标准GA 468《机动车安全检验项目和方法》

机动车应当从注册登记之日起,按照规定期限进行安全技术检验。

2. 车辆综合性能检测制度

为掌握汽车运输业车辆技术状况,保障在用运输车辆完好和维修质量,健全车辆质量监控体系,交通运输部门建立了车辆综合性能检测体系。交通运输部门对车辆综合性能检测站的建立统筹规划、布局和管理。其检测结果证明可作为交运输管理部门发放或吊扣营运证依据之一和维修车辆的出厂凭证。

二、汽车检测站

1. 机动车安全检测站

机动车安全检测站是指在中华人民共和国境内,依法接受委托,从事机动车安全技术检验,并向社会出具公正数据的技术机构。它根据国家的有关法规,定期检查车辆中与安全和环境有关的项目;不进行具体的故障诊断和分析。其检测结果只显示"合格""不合格"两种,不作具体数据显示和故障分析。

国家对安检机构实施检验资格许可制度,检验资格分为常规检验资格和特殊检验资格。取得常规检验资格的安检机构可以承担申请机动车注册登记时的初次检验和定期检验;取得特殊检验资格的安检机构可以承担肇事、改装和报废等机动车的特殊检验。

机动车安全检测站必须拥有申报所承担的检测车辆类型和项目所需的侧滑、灯光、轴重、制动、排放、噪声、速度等必要的能够满足机动车安全技术检验的设备及其校准设备。安检机构独立接受委托、开展机动车安全技术检验活动,不受任何第三方影响。

2. 车辆综合性能检测站

车辆综合性能检测站既能担负车辆安全、环保方面的检测任务,又能担负汽车维修中的技术检测,还能承担科研、制造和教学等部门的有关汽车性能试验和参数测定。

其主要任务是:

(1)对在用运输车辆的技术状况进行检测诊断。

(2)对汽车维修行业的维修车辆进行质量检测。

(3)接受委托,对车辆改装、改造、报废及其有关新工艺、新技术、新产品、科研成果等项目进行检测,提供检测结果。

(4)按受公安、环保、商检、计量和保险等部门的委托,为其进行有关项目的检测,提供检测结果。

这种检测站设备多而齐全,自动化程度高,既可进行快速检测,以适应年检要求;又可进行高精度的测试,以满足技术评定的需要。

车辆综合性能检测站应具备的服务功能、管理、技术能力以及场地和设施的要求应满足国家标准 GB/T 17993—2005《汽车综合性能检测站能力的通用要求》,并按国家标准 GB 18565—2001《营运车辆综合性能要求和检验方法》对营运车辆进行检验。

车辆综合性能检测站作业、检测项目和设备见表2-1,诊断项目及设备见表2-2,表格所列是综合性能检测站应具备的基本能力要求,检测站可根据对外服务的需要增设相应检测设备。

3. 维修检测站

维修检测站通常由汽车运输企业或维修企业建立,其作用是为车辆维修部门服务。它以汽车性能检测、故障诊断和维修质量监控为主要内容。在汽车维修前,检测站通过对汽车技术状况的检测和故障诊断,可以确定汽车维护的附加作业、小修项目以及是否需要大修;在汽车维修中和维修后,通过检测可以监控汽车的维修质量。

车辆综合性能检测站作业、检测项目和设备　　表 2-1

项目	序号	作业、检测项目		检测设备手段	备 注
一	1	整车一般检查	车辆认定(核对外廓尺寸、车辆标识、原车配置等数据资料)	检视、手动工具	
	2		安全、防火、备胎等附设装置是否齐全有效		
	3		有无油、水、气渗漏部件		
	4		各零件、部件是否齐全、紧固		
	5		各种管路、导线的固定、磨损老化情况		
	6		燃油箱及支架的固定和完好情况		
二	7	发动机检诊	底盘输出功率(转矩)	底盘测功机、转速表	
	8		车辆排气污染物	废气分析仪、烟度计、不透光度计、ASM工况系统(小型车检测线用)	应采用"四组分"或"五组分"废气分析仪
	9		发动机异响	人工	
三	10	传动系统检诊	传动系统异响	人工	
	11		离合器踏板力,自由行程和离合器接合、分离情况	踏板力计、钢直尺、检视	
	12		传动轴、中间支撑、万向节是否完好及连接情况	检视	
	13		变速器换挡可靠性		
四	14	转向系统检诊	转向盘自由转动量	转向盘转角测量仪(或测力转向盘)	
	15		转向轮侧滑量	汽车侧滑检验台	
	16		前轮定位	前轮定位仪	转向轮侧滑量不合格时检诊
	17		转向拉杆及梯形机构旷量和裂纹及转向轮毂轴承、转向节主销松旷量	检视	
	18		转向轮最大转角时是否与直拉杆相碰		
五	19	制动系统检诊	各轴质量	轮(轴)重检测仪、制动检验台	
	20		车轮制动力		
	21		制动力平衡		
	22		车轮阻滞力		
	23		制动踏板力和踏板自由行程、踏板行程	制动踏板力计、制动试验台、钢直尺、检视	
	24		驻车制动力	制动检验台	
	25		驻车制动杆行程及储备值		
	26		制动踏板复位情况	检视	
	27		制动异响		
	28		空气压缩机的充气速率是否符合规定		
	29		储气罐安全阀的工作情况		
	30		踏板及操纵连杆的连接及磨损情况		

续上表

项 目	序号		作业、检测项目	检测设备手段	备 注
五	31	制动系统检诊	制动系统密封性	检视	
	32		制动距离或制动减速度	五轮仪或同类设备,减速度测试仪	必要时检测
	33		制动跑偏量	皮尺	
六	34	行走系统检诊	车轮动平衡	车轮动平衡机	必要时检测
	35		轮胎规格、轮胎花纹情况及磨损量	量具、检视	
	36		轮胎气压	检视、轮胎气压表	辅助项目必要时检测
	37		轴距及左右轴距差	检视、轴距尺	
	38		车架是否严重变形、锈蚀、开裂及铆接、焊接质量	检视	
	39		前后轴及各种拉杆变形、裂纹情况		
	40		悬架系统安装、变形或破损情况		
	41		备胎架完好情况		
	42		轮辋的完好情况		
	43		悬架特性	悬架检测台、平板检测台	小型车检测线配备
七	44	车厢驾驶室检查	车厢、驾驶室开裂、变形、锈蚀及漆膜损坏程度以及与车架连接、锁止机构的完好情况	检视、钢卷尺	
	45		车厢骨架、底板、内外蒙皮或栏板是否完好		
	46		车体周正性及左右对称点高度差		
	47		通道、安全门及各种安全出口是否符合规定及完好情况		
	48		风窗玻璃及其他门、窗玻璃是否有认证标志及完好情况		
	49		后视镜是否完好		
	50		门窗及各种罩盖开启、关闭及完好情况		
	51		座椅、扶手、卧铺、安全带、护栏、行李舱、架完好情况		
	52		车内、外是否有尖锐物		
	53		挡泥板完好程度		
八	54	仪表电气检查	车速表校正	车速表试验台	
	55		各种仪表(或相应的指示灯)气压及其他报警装置工作状况	检视	
	56		前照灯发光强度及照射位置	前照灯检测仪	远近光
	57		各种灯具是否符合规定及完好情况	检视	
	58		电喇叭声级	声级计	
	59		刮水器性能及效果	检视	
	60		各种开关是否灵活		

续上表

项目	序号	作业、检测项目	检测设备手段	备注
九	61	密封性 客车防雨密封性	喷淋装置、检视	
	62	货柜车厢防雨密封性		
十	63	专用车 半挂车牵引销磨损量	游标卡尺	未提及的检测项目按以上各有关项的要求操作
	64	集装箱角锁完好情况	检视	
	65	半挂车支撑装置完好情况		
	66	牵引车鞍座或其他牵引装置完好情况		
	67	挂车侧面和后下部防护装置		
	68	汽车列车的牵引连接装置完好情况		
	69	危运槽罐车：排气管安装位置是否符合要求、有无槽罐检验合格证、是否安装静电排放装置	检视、核对	

车辆综合性能检测站诊断项目和设备　　　　　表2-2

序号	诊断项目	检测设备手段	备注
1	燃料消耗量	底盘测功机、燃料消耗计	
2	机油压力	机油压力计	
3	空燃比	空燃比计	如已测燃料消耗量，本项免测
4	汽缸压力	汽缸压力表	底盘输出功率不足时检测
5	汽缸密封状态	汽缸漏气量检测仪	汽缸压力不足时检诊
6	点火系统状况	发动机综合参数分析仪	在车辆动力性、经济性不良时检诊
7	柴油车供油系统性能		
8	高压油泵性能试验	高压油泵性能试验台	必要时检测
9	喷油器性能试验	喷油器性能试验器	
10	转向轮最大转角	车轮转角检测仪	

第三节　汽车故障

一、汽车故障及汽车技术状况

1.汽车故障形成

汽车产生的故障是由某些零件失效引起的。引起汽车零件失效的因素很多，主要包括工作条件恶劣、设计制造存在缺陷以及使用维修不当等3个方面。

汽车零件工作条件包括零件的受力状况和工作环境。若作用于零件的载荷超过其允许承受的能力，则导致零件失效。在实际工作过程中，汽车零件往往不是承受一种载荷的作用，而是同时承受几种类型载荷的综合作用，绝大多数汽车零件是在动态应力工作，由于汽车起步、停车以及速度经常变化，使汽车零件承受着冲击、交变应力，从而加速零件的磨损或变形而引发故障。汽车零件在不同的介质和不同的温度下工作，容易引起零件的腐蚀磨损、磨料磨损以及热应力引起的热变形、热疲劳等失效。某些工作介质还可以使汽车零件材料脆化、高分子材料老化而引起故障。

设计制造缺陷主要是指零件因设计不合理、选材不当、制造工艺不良而存在的先天不足。设计不合理是汽车零件失效的主要原因之一,例如轴的台阶处过渡圆角过小,会造成应力集中,这些应力可能会成为汽车零件破坏的起源。花键、键槽、油孔、销钉孔等设计时如果没有充分考虑到这些形状对截面削弱而造成的应力集中,也将会引起零件早期疲劳损坏。材料选择不当及制造工艺过程中因操作不当而使零件产生的裂纹、较大的残余内应力以及较差的表面质量都将可能成为零件失效的原因。某些过盈配合零件的装配精度不够,可能导致相配合零件之间的滑移和变形,将会产生微动磨损,加速零件的失效。

汽车在使用过程中的超载、润滑不良、滤清效果不好、违反操作规程、汽车维护和修理不当等,都会引起汽车零件的早期损坏。

2.汽车技术状况

表征汽车技术状况的参数分为两大类,一类是结构参数,另一类是技术状况参数。结构参数是表征汽车结构的各种特性的物理量,如几何尺寸、声学、电学和热学的参数等。汽车技术状况参数是评价汽车使用性能的物理量和化学量。如发动机的输出功率、转矩、油耗、声响、排放限值和踏板的自由行程等。

汽车完好技术状况是指汽车完全符合技术文件规定要求的状况,即技术状况的各种参数值,即包括主要使用性能的参数值,也包括外观、外形等次要参数值,都完全符合技术文件的规定。处于完好技术状况的汽车,完全能正常发挥汽车的全部功能。

汽车不良技术状况是指汽车不符合技术文件规定的任一要求的状况。处于不良技术状况的汽车,可能是主要使用性能指标不符合技术文件的规定,不能完全发挥汽车应有的功能;也可能是主要使用性能指标完全符合技术文件之规定,仅外观、外形及其他次要性能的参数值不符合技术文件的规定,而又不致影响汽车完全发挥自身的功能,如前照灯的损坏并不影响汽车白天的正常行驶。

汽车技术参数达到了技术文件规定的极限值的状况称为汽车极限技术参数状况。

汽车技术状况变化往往是汽车处于工作能力状况又同时处在故障状况或者完全失去工作能力,汽车技术状况变差的主要外观症状有:

(1)汽车动力性变差。如接近大修里程的汽车的加速时间将增加25%~35%,发动机的有效功率和有效转矩低于原设计规定的75%。

(2)汽车燃料消耗和润滑油耗量显著增加。

(3)汽车的制动性能变差。

(4)汽车的操纵稳定性能变差。

(5)汽车排放值和噪声超限。

(6)汽车在行驶中出现异响和异常振动,存在着引起交通事故或机械事故的隐患。

(7)汽车的可靠性变差,使汽车因故障停驶的时间增加。

二、故障分析方法

1.故障树及故障树诊断法的概念

1)故障树

故障树是把故障作为一种事件,按其故障原因进行逻辑分析的树状图形,它是连接初始事件和顶事件,通过一定的逻辑关系把故障事件与直接原因之间的关系系统地表示出来的一种逻辑结构图。首先要进行分析的系统故障作为第一级,再将导致该事件发生的原因并列地作为第二级,用适当的事件(逻辑)符号表示各种原因之间的关系,并用适当的逻辑门把它们与故障事件连接起来;其次将导致第二级各故障事件发生的原因分别并列在第二级故障事件的下面作为第三级,用适当的故障符号表示之,并用适当的逻辑门与第二级相应的事件连接起来。如此逐级展开,直到把最基本的原因都分析出来为止,这样的一张表图就构成了故障树,如图 2-1 所示。

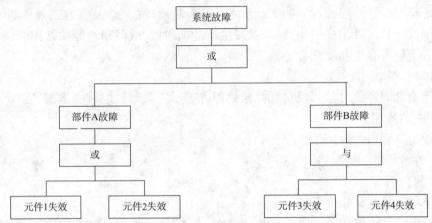

图 2-1 故障树示意图

故障树诊断法又称故障树分析法(Fault Tree Analysis, FTA)。它是一种将系统故障形成的原因由总体至部分按树枝状逐级细化的分析方法,其目的是查明基本故障,最终确定故障的具体原因、影响和发生概率。故障树诊断法属于一种可靠性分析技术,是对复杂的动态系统的失效形式进行可靠性分析的有力工具,因此故障树诊断法通常应用于汽车等复杂动态系统的故障分析。

故障树分析法在汽车诊断中的应用是根据汽车的工作特性与技术状况之间的逻辑关系构成的树状图形(故障树),来对故障发生的各种原因进行定性分析,并能用逻辑代数运算对每一故障出现的条件和概率进行定量分析。它可对汽车的故障进行预测和诊断,找出其薄弱环节,以便防患于未然,使汽车的技术状况处于良好状态。用故障树对汽车故障进行分析,可以用于分析系统组成中除硬件以外的其他部分。例如,可以考虑维修质量、人员因素的影响。同时,它不仅可以分析由单一缺陷所引起的系统故障,而且还可以分析有两个以上零件同时发生故障时才会发生的系统故障,因而在汽车诊断中被广泛采用。

2)故障树诊断法(FTA)的特点

故障树诊断法被广泛采用并不断发展,是因为它有以下特点:

(1)在清晰的故障树图形下,表示出系统内在的联系,并指出零件之间发生故障的逻辑关系,因此容易找出系统的薄弱环节。

(2)FTA 的分析过程也是一个对系统更深入认识的过程。通过故障树,使分析人员能把握系统的内在联系,弄清各种潜在因素对故障发生影响的途径和程度,在分析过程中便能发现问题,及时加以解决。因而它不仅分析了现有的问题,而且由于提出解决办法和改进措施,从而使分析人员对系统有更深入地认识,以至对系统进行改进设计。

(3)故障树诊断法可定量地计算复杂系统的故障概率以及其他可靠参数,为评估和改善系统可靠性提供有价值的数据。

(4) 灵活性大,故障分析中要考虑的许多因素,故障树诊断法都能考虑进去。它不限于对系统可靠性作一般分析,而且可分析系统的各种故障状态。不仅可分析零部件对系统故障的影响,还可对导致这些零部件故障的特殊原因(如环境、人为的因素等)进行分析,统一考虑。

(5) 故障树建成后,对不曾参与系统设计的管理和维修人员来说相当于有了一个形象的维修指南。

在系统早期设计阶段,故障树诊断法常用来判断故障的形式,并在设计中进行改进设计。在详细设计和设计出样机生产后,批量生产的前阶段,故障树诊断法常用来证明所制造的系统是否满足可靠性和安全性的要求。

3) 故障树分析法的步骤

其步骤通常因评价对象、分析目的、精确程度等不同而异。但一般步骤是:

(1) 建造故障树。

(2) 建立故障树的数学模型。

(3) 定性分析。

(4) 定量分析。

2. 故障征兆模拟试验分析法

在汽车电控系统的故障诊断中往往会遇到一种间歇性故障,它根据汽车的行驶条件、状况,时而出现时而消失。而当需要对这类故障进行诊断时,它又没有明显的故障征兆,但其故障又确实存在,这种特性给故障的诊断带来了一定的困难。此时,利用征兆模拟试验分析法诊断故障较好。

征兆模拟试验分析法是在充分分析和了解的基础上,采用与车辆出现故障时相同或相似的条件和环境进行试验模拟,再现故障,从而进行故障部位排查和原因诊断。故障征兆模拟试验分析法主要有如下几种。

1) 振动法

汽车在坏路面上运行时,电控系统容易出现故障,振动可能是产生故障的原因,此时可采用振动法模拟。对发动机电控系统的导线束、插接器、传感器、执行器等元器件,进行人为的敲打振动,如在水平、垂直方向上拉动摇摆,以检查其是否存在虚焊、松动、接触不良、导线断裂等故障,并根据被检测装置的反应来分析诊断。

2) 加热法

有些故障只在热车时出现,其电控系统的有关零部件受热温度过高可能是引起故障的原因,此时可采用加热法模拟。可用电吹风或类似的加热工具加热可能引起故障的零部件,如传感器、执行器等元器件,检查故障是否出现。当加热某个元器件时,故障出现,则表明该元器件为故障件,应维修或更换故障件。

3) 加湿法

有些故障在雨天或潮湿环境时出现,而干燥晴天又正常,此时可采用加湿法模拟。模拟时,可用水喷淋在发动机散热器前面,间接改变发动机电控系统的湿度和温度,检查发动机是否发生故障。

4) 电器全接通法

有些电器故障在电负荷过大时出现,此时可采用电器全接通法模拟。模拟时,可接通全车所有的用电设备,如音响、空调、前照灯等,检查是否发生故障。

5)电阻法或电压法

在电路诊断中,当怀疑电阻式传感器存在故障时,可采用电阻法模拟。模拟时,用电阻元件代替被怀疑的电阻式传感器,并根据代替后的反应来分析诊断传感器是否存在故障。例如:当怀疑冷却液温度传感器损坏时,可将一只与冷却液温度传感器阻值大小相当的电阻,串联在冷却液温度传感器的插接器上,进行模拟试验,以便诊断该冷却液温度传感器是否存在故障。

在电路诊断中,当怀疑某信号传感器损坏时,可采用电压法模拟。模拟时,以外接的合适电压或用合适的元器件,来代替被怀疑损坏的传感器,进行电压信号模拟试验,以便诊断该传感器是否损坏。

第四节 汽车诊断

一、汽车诊断参数

1. 诊断参数

汽车诊断参数是指提供诊断用的表征汽车、总成及机构技术状况的参数,它是汽车检测诊断技术的重要组成部分。在不解体条件下直接测量汽车结构参数常常受到限制,因此,在进行汽车诊断时,需要找出一组与汽车结构参数有联系并能足够表达汽车状况的直接或间接的诊断参数,并通过对这些诊断参数的测量来确定汽车技术状况的好坏。

通常,诊断参数与诊断对象的工作状况和外界条件有极大关系,而诊断对象的工作状况和外界条件往往受测试规范的制约。因此,测取某诊断参数时,一定要注意测试规范。没有测试规范,诊断参数值就没有意义。诊断参数值都是对一定测试范围而言的,如测量功率是针对一定转速、一定节气门开度和规定的测量条件而言;测量制动距离是针对一定制动初速度、一定载荷和规定的道路条件而言。为了提高诊断的正确性,必须严格掌握与规定要求一致的测试规范,应当把测试规范与诊断参数看成一个整体。

2. 诊断参数分类

汽车诊断参数按形成的方法可分为三大类:工作过程参数、伴随过程参数和几何尺寸参数。

(1)工作过程参数。工作过程参数是指汽车工作时输出的一些可供测量的物理量和化学量,或指体现汽车或总成功能的参数,如发动机功率、油耗、汽车制动距离等。它可反映汽车或总成技术状况的主要信息,能显示诊断对象的功能质量,是对汽车技术状况进行综合评价的主要依据,常用于汽车或总成的初步诊断。

(2)伴随过程参数。伴随过程参数是指系统工作时伴随工作过程输出的一些可测量的参数,如发热、声响、振动等。它具有很强的通用性,能反映有关诊断对象技术状况的局部信息,常用于复杂系统的深入诊断。

(3)几何尺寸参数。几何尺寸参数是指由各机构零件尺寸间的关系决定的参数,如间隙、自由行程、车轮定位参数等。它是诊断对象的实在信息,能反映诊断对象的具体结构要素是否满足要求。几何尺寸参数与其他参数配合使用,无论是在初步诊断,还是深入诊断,均可对汽车技术状况的评价或故障诊断起到重要作用。

虽然每一类诊断参数都有不同的含义,但它们都是用来描述汽车或总成技术状况的状态参数。这些状态参数与汽车总成的结构参数变化有一定的函数关系,因此可通过检测状态参数的变化来准确描述结构参数的变化,从而达到不解体诊断汽车的目的。在确定汽车技术状况或判断某些复杂故障时,需采用不同类型的诊断参数进行综合诊断。

3. 诊断参数选择

能够表征汽车技术状况的参数很多,而且同一技术性能可采用不同参数反映。究竟选择哪些参数作为诊断参数,如何选择合适的诊断参数,应研究诊断参数随汽车技术状况变化的规律,从技术上和经济上综合分析确定。具体选择时,其诊断参数应满足下列原则或特性。

1) 灵敏性

灵敏性通常用诊断参数的灵敏度来表示。灵敏度是指汽车诊断参数相对于汽车技术状况的变化率,可用下式表示:

$$K_1 = \frac{dT}{dy} \tag{2-1}$$

式中:K_1——诊断参数灵敏度;

dy——汽车技术状况参数微小变化量;

dT——汽车诊断参数 T 相对于 dy 的增量。

K_1 值越高,表明诊断参数的灵敏度越好。诊断汽车时,应优先选择 K_1 值高的诊断参数,以提高汽车诊断的可靠性。

2) 单值性

单值性是指汽车技术状况参数从初始值变化到了终了值的过程中,诊断参数 T 与技术状况参数 y 应具有单值对应关系,即诊断参数没有极值:

$$\frac{dT}{dy} \neq 0 \tag{2-2}$$

也就是说,诊断参数的曲线不应由上升变为下降,或由下降变为上升。否则,同一诊断参数对应两个不同的技术状况参数,使得汽车的技术状况无法判断。

3) 稳定性

稳定性是指在相同的测试条件下,诊断参数的多次测量值,具有的一致性程度。诊断参数的稳定性可用均方差来衡量,即

$$\sigma_r(y) = \sqrt{\frac{\sum_{i=1}^{n}[T_i(y) - \overline{T}(y)]^2}{n-1}} \tag{2-3}$$

式中:$\sigma_r(y)$——汽车技术状况为 y 状态下诊断参数测量值的均方差;

$T_i(y)$——诊断参数的第 i 次测量值,$i = 1, 2, \cdots, n$;

$\overline{T}(y)$——诊断参数 n 次测量值的平均值;

n——测量次数。

4) 信息性

信息性是指诊断参数包含的信息量,它表明通过测量所能获得的信息数量及其诊断的可靠程度。诊断参数的信息性越强,则诊断的结论越可靠。

诊断参数的信息性取决于诊断参数处于完好和故障状态时分布函数的分布情况。

对于诊断参数的信息性强弱可用下式进行定量描述:

$$I(T) = \frac{|\overline{T}_1 - \overline{T}_2|}{\sigma_1 + \sigma_2} \tag{2-4}$$

式中：$I(T)$——诊断参数 T 的信息性；

$\overline{T}_1$——无故障时诊断参数 T 的平均值；

$\overline{T}_2$——有故障时诊断参数 T 的平均值；

σ_1——无故障时诊断参数 T 的均方差；

σ_2——有故障时诊断参数 T 的均方差。

$I(T)$ 越大，说明诊断参数的信息性越好，越能表明汽车技术状况的特征，其诊断结果越可靠。

5）经济性

经济性是指所确定的诊断参数在用于实际诊断时，其投资费用的多少。诊断费用过高的诊断参数是不可取的。

6）方便性

方便性是指所确定的诊断参数在用于实际诊断时，其操作使用的方便程度。方便性好的诊断参数，其设备应简单，其工艺应简便，其测量应容易。若测量费时、费力，则再好的诊断参数，人们也会弃之不用。

4. 常用的汽车诊断参数

根据诊断参数选择原则确定的汽车常用诊断参数见表2-3。

汽车常用的诊断参数　　　表2-3

诊断对象	诊 断 参 数	诊断对象	诊 断 参 数
汽车整体	最高车速	冷却系统	冷却液温度
	加速时间		冷却液液面高度
	最大爬坡度		风扇传动带张力
	驱动车轮输出功率		风扇离合器分离、接合温度
	驱动车轮驱动力	润滑系统	机油压力
	汽车燃料消耗量		油底壳油面高度
	汽车侧倾稳定角		机油温度
	CO 排放量		机油消耗量
	HC 排放量		理化性能指标变化量
	NO_X 排放量		清洁性系数 K 的变化量
	CO_2 排放量		介电常数的变化量
	O_2 排放量		金属微粒含量
	柴油车自由加速烟度	传动系统	传动系统游动角度
汽油机供给系统	空燃比		传动系统功率损失
	汽油泵出口关闭压力		机械传动效率
	供油系统供油压力		总成工作温度
	喷油器喷油压力		
	喷油器喷油量		
	喷油器喷油不均匀度		

续上表

诊断对象	诊断参数	诊断对象	诊断参数
柴油机供油系统	输油泵输油压力	转向系统	车轮侧滑量
	喷油泵高压油管最高压力		车轮前束值
	喷油泵高压油管残余压力		车轮外倾角
	喷油器针阀开启压力		主销后倾角
柴油机供油系统	喷油器针阀关闭压力		主销内倾角
	喷油器针阀升程		转向轮最大转向角
	各缸喷油器喷油量		最小转弯直径
	各缸喷油器喷油不均匀度		转向盘自由转动量
	供油提前角		转向盘最大转向力
	喷油提前角	制动系统	制动距离
发动机总成	额定转速		制动减速度
	怠速转速		制动力
	发动机功率		制动拖滞力
	发动机燃料消耗量		驻车制动力
	单缸断火(油)转速下降值		制动时间
	排气温度		制动协调时间
曲柄连杆机构	汽缸压力		制动完全释放时间
	汽缸漏气量	行驶系统	车轮静不平衡量
	汽缸漏气率		车轮动不平衡量
	曲轴箱漏气量		车轮端面圆跳动量
	进气管真空度		车轮径向圆跳动量
配气机构	气门间隙		轮胎胎面花纹深度
	配气相位	其他	前照灯发光强度
点火系统	断电器触点间隙		前照灯光束照射位置
	断电器触点闭合角		车速表误差值
	点火波形重叠角		喇叭声级
	点火提前角		客车车内噪声
	火花塞间隙		驾驶人耳旁噪声
	各缸点火电压值		
	各缸点火电压短路值		
	点火系统最高电压值		
	火花塞加速特性值		

二、汽车诊断参数标准

为了定量评价汽车及总成的技术状况,确定维修的范围和深度,预报无故障工作历程。只有诊断参数是不够的,还必须制定合理的汽车诊断参数标准,以提供一个比较尺度。

1. 诊断参数标准

汽车诊断参数标准是指对汽车诊断参数限值的统一规定。它是从技术、经济的观点出发,表示汽车处于某种工作能力状态下所测的诊断参数界限值。

汽车诊断参数标准,一般都应包括:诊断参数初始标准、诊断参数许用标准和诊断参数极限标准。这些诊断参数标准既可以是一个值,也可以是一个范围。

诊断参数的初始标准相当于无技术故障的新车诊断参数的大小,往往是最佳值,可作为新车和大修车的诊断标准。

诊断参数的许用标准是指汽车无须维修可继续使用时,诊断参数的允许界限值,它是汽车维修工作中定期诊断的主要标准。当诊断结果超过许用标准时,即使汽车还有工作能力,也需要进行维修,否则,汽车的技术经济性能将会下降,故障率将会上升。

诊断参数的极限标准是指汽车即将失去工作能力或技术性能即将变坏时所对应的诊断参数值。当汽车技术状况低于极限标准后,汽车技术经济性能严重下降,甚至不能继续使用。在汽车使用过程中,经常对汽车进行检测,将检测结果与诊断参数极限标准进行比较,可以预测汽车的使用寿命。

2. 诊断参数标准分类

按检测诊断标准的来源可分为国家标准、行业标准、地方标准和企业标准四类。

(1) 国家标准。国家标准是国家制定的冠以中华人民共和国国家标准字样颁布的标准。国家标准一般由行业部门提出,由国家质量技术监督局发布,全国参照执行,具有强制性和权威性。国家标准又分为强制性标准和推荐性标准,如 GB 18352.3—2001《轻型汽车污染物排放限值及测量方法(中国Ⅲ、Ⅳ阶段)》中的排放限值标准就是强制性标准,而GB/T 18344《汽车维护、检测、诊断技术规范》中的标准就是推荐性标准。汽车诊断参数的国家标准很多,主要与汽车行车安全、环境保护、能源消耗有关,如制动距离、噪声、排放污染物含量、汽车燃油消耗量等限值标准。使用这些参数标准进行检测诊断时,只能从严,不可放宽,以保证国家标准的严肃性和权威性。

(2) 行业标准。行业标准是部级或国家委员会级制定的冠以中华人民共和国某行业标准字样颁布的标准。行业标准一般在部委系统内或行业内贯彻执行,具有强制性和权威性。我国交通部颁布的 JT/T 198—2004《营运车辆技术等级划分和评定要求》的有关规定,通常作为交通系统和运输行业的部分诊断标准。

(3) 地方标准。地方标准是省级、地市级、县级制定并发布的标准,在地方范围内贯彻执行,具有强制性和权威性。地方标准通常是根据本地具体情况制定的,其标准内容可能比上级标准更多,其标准限值可能比上级标准更严,以满足本地区的特殊要求。

(4) 企业标准。企业标准是汽车制造厂商或汽车维修企业根据自己的实际情况制定的标准,由于各自企业的性质不同,因而其企业标准也有差异。

汽车制造厂商提供的标准是根据其设计要求和制造水平,为保证汽车的使用性能和技术状况而制定的。它通过技术文件对汽车某些参数规定其限值,将其限值作为诊断参数标准,主要与汽车的使用性能参数、结构参数、调整数据有关,如发动机功率、汽车爬坡能力、汽缸间隙、连杆轴承间隙、配气相位等标准。它们通常可通过一定的函数关系与诊断参数进行换算,可以直接用诊断参数限值代替诊断标准。这些标准与汽车的可靠性、寿命和经济性的优化指标有关。

汽车维修企业提供的诊断标准是根据其技术素质、维修要求等具体情况,为保证维修质量而制定的。其维修诊断标准一般与汽车使用经济性和可靠性密切相关,其诊断标准限值往往比上级标准更严,要求更高,以确保汽车维修质量和树立良好的企业形象。

3. 诊断参数标准制定

诊断参数标准是评价汽车技术状况的依据,若诊断参数标准制定得不合理,就不能据此对汽车状况作出合乎实际的评价,其结果是过早维修造成不必要的浪费,或者是维修不及时使汽车带病运行,不能保证其技术经济指标和行驶安全性,因此应科学合理地制定诊断参数标准。

制定诊断参数标准是一项比较复杂的工作,既要考虑技术、经济、安全等方面的因素,又要考虑标准是否适应大多数汽车的诊断,同时还应注意与国际标准接轨。确定诊断标准的一般方法如下。

1) 统计法

统计法是指通过找出相当数量的在用汽车在正常状况下诊断参数测试值的分布规律,然后经综合考虑,并以大多数在用汽车合格为前提制定诊断参数标准的一种方法。

运用统计方法确定诊断参数分布规律的通常做法是,随机选择相当数量有工作能力的车辆,对所研究的诊断参数 T 进行全面测试,其测试值从 T_0 到 T_X,把 $T_0 \sim T_X$ 分成若干个区间,再计算对应各区间的汽车百分数,然后制成直方图,把各小区间中值所对应的百分数用曲线连接即得到诊断参数的分布规律。

在得到诊断参数分布规律后,对诊断参数允许分布的范围加以限制,即可求得诊断参数标准。诊断参数标准又可分为平均诊断参数标准、限制上限的诊断参数标准、限制下限的诊断参数标准3种情况。

2) 实验法

实验法是指在实际使用条件或实验室工作条件下,通过实验和测量制定诊断参数标准的一种方法。采用实车实验时,为使诊断参数标准制定合理,必须有足够数量的汽车,在不同使用条件下进行长期实车实验,因此其实验周期长、费用高。采用实验室台架实验时,往往通过控制实验条件,采取强化运行、加速损坏的手段来加速实验进程,获得诊断参数标准,但实验费用较高。

3) 计算法

计算法是指建立在理论分析的基础上,通过一定的数学模型计算获得诊断参数标准的一种方法。例如,通过理论分析,得知发动机汽缸压缩压力是压缩比的函数,当压缩比一定时,其汽缸压缩压力应有确定的数值。因此,通过计算分析可确定汽缸压缩压力的诊断参数标准。但由于汽车实际工作条件极为复杂,影响因素很多,计算法所依赖的数学模型还不能完全反映汽车工作的实际状况,因此计算法得到的一些数据,通常应作充分的修正才能作为诊断参数标准。

4) 类比法

类比法是指利用类似结构在类似使用条件下已建立的诊断标准,根据自己的实际情况加以比较,从而确定诊断参数标准的一种方法。它借鉴了以往的使用经验,具有经济、简便、实用的特点。类比法在实际工作中得到了广泛的应用,如我国 GB 18285—2000《在用车排放污染物限值及测试方法》中的加速模拟工况实验限值及实验方法是类比美国国家环保局标准 EPA-AA-RSPD-IM-96-2《加速模拟工况实验规程、排放标准、质量控制要求及设备技术要求　技术导则》制定的;又如我国机动车辆允许噪声国家标准(GB 1495—1979)就是类比国际标准化组织规定的测试方法(ISOR362)制定的。

5)相对法

相对法是指通过对正常汽车总成或零部件进行测试后,采用一定的处理措施确定诊断参数标准的一种方法。通常的做法是测定一定数量的正常汽车总成或零部件的运行参数,确定一个基准值,然后用一个适当的系数乘上基准值即可得到诊断参数标准。在实际工作中,这种方法具有实用价值。由于我国目前技术水平和经济实力的限制,一种产品投入使用后,不可能对一些渐变故障的破坏特征有十分清楚的了解。然而,为了能对一些重要部件进行监测与诊断,可用相对法确定诊断参数标准。

确定诊断标准的方法还有很多,但不管采用哪种方法,其制定的诊断参数标准内都要在实际中试用、修改后才能最后确定。且随着汽车技术的发展,经济实力的增强和人们对汽车使用性能要求的提高,诊断参数标准常常需要修正。

4.汽车诊断周期

汽车诊断周期是指汽车诊断的间隔期,以汽车行驶里程或使用时间表示。科学地确定诊断周期,对于经济、可靠地保障汽车技术状况具有重要的作用。

诊断周期如果过短,汽车的技术状况没有什么变化或变化很小,执行诊断就会造成浪费;反之,诊断周期如果过长,则有可能在下一次诊断到来之前,汽车的故障隐患引爆,导致汽车不能在安全、经济状况下运行,且错失汽车维修良机,使汽车因故障停驶的损耗费用增加。这样就会有一个最佳诊断周期,若按最佳诊断周期诊断汽车,则既能使车辆在无故障状态下运行,又能使车辆的检测诊断、维修费用降到最低。

最佳诊断周期是根据技术与经济相结合的原则进行定义的,它是指能保证车辆的完好率最高而消耗的费用最少的诊断周期。

最佳诊断周期的确定受到费用、不同构件的故障率、不同系统的重要性、技术状况、使用条件等因素的影响。

三、汽车诊断分析方法

汽车诊断分析以诊断参数标准为基础,诊断参数标准一般由初始值、许用值和极限值三部分组成。

(1)初始值。此值相当于无故障新车和大修车诊断参数值的大小,往往是最佳值,可作为新车和大修车的诊断标准。当诊断参数测量值处于初始值范围内时,表明诊断对象技术状况良好,无须维修便可继续运行。

(2)许用值。诊断参数测量值若在此值范围内,则诊断对象技术状况虽发生变化,但尚属正常,无须修理,按要求维护即可继续运行,超过此值,应及时进行修理。

(3)极限值。诊断参数测量值超过此值后,诊断对象技术状况严重恶化,汽车须立即停驶修理。此时,汽车的动力性、经济性和排放性大大降低,行驶安全得不到保证,有关零件磨损严重,甚至可能发生机械事故。

随着经济的发展和技术的进步,诊断参数标准将会不断修正,在使用各类标准时,应及时采用最新的版本。

第五节　汽车检测诊断与维修设备基础

随着科学技术的进步,汽车检测诊断技术也飞速发展,传统的检测方法已不能满足现代汽车检测需要,其他领域新技术的发展渗透也促进了汽车检测设备与手段的发展更新。目前人们已能依靠各种先进仪器设备,对汽车进行综合检测诊断,而且具有自动控制检测过程、自动采集检测数据等功能,使检测诊断过程更安全、更快捷、更准确。使用现代仪器设备诊断技术是汽车检测与诊断技术发展的必然趋势。

1. 汽车检测诊断设备基本组成

汽车检测设备(系统)通常是由传感器、变换及测量装置、记录与显示装置、数据分析处理装置等组成,有时还有试验激发装置。而智能化检测系统一般是指以微机为基础而设计制造出来的一种新型检测系统。它是以微处理器作为控制单元,能把系统中各个测量环节有机地结合起来,并赋予了微机所特有的诸如编程、自动控制、数据处理、分析判断、存储打印等功能。智能检测系统一般由传感器、放大器、A/D 转换器、微机系统、显示器、打印机和电源等组成。智能检测系统与一般检测系统相比具有自动零位校准和自动精度校准、自动量程切换、功能自动选择、自动数据处理和误差修正、自动定时控制、自动故障诊断、使用方便等特点。

目前,汽车检测参数大多是非电量。非电量的检测多采用电测量法进行检测,即首先将各种非电量转变为电量,然后经过一系列的处理,将非电量参数显示出来。汽车检测系统基本组成简介如下。

1) 传感器

传感器是一种能把被测对象的非电量信息检测出来,并将其转换成电信号的装置。在现代汽车上它是一种获得电信号的极重要的手段,在整个检测系统中占有首要地位,而且它处于检测系统的输入端,所以它的性能直接影响着整个检测系统的工作可靠性。传感器也被称为变送器、发送器或检测头,在生物医学及超声检测仪器中,常被称为换能器。

2) 变换及测量装置

变换及测量装置,其作用是把传感器送来的电信号变换成具有一定功率的电压或电流信号,以便推动下一级的记录和显示装置。这类装置常包括电桥电路、调制电路、调解电路、阻抗匹配电路、放大电路、运算电路等,在检测系统中是比较复杂的部分。在这一装置中,可对一些简单信号进行测量、比较,即把要测的量与某一标准量进行比较,获得被测量与标准量若干倍的数量概念,对于传感器送来的变化频率很低、近似直流的信号,为了传输方便,可在这一装置中把它调制成高频率放大信号等。

3) 记录及显示装置

记录及显示装置,其作用是把变换及测量装置送来的电压和电流信号不失真地记录下来和显示出来。这类装置有光线示波器,它可以实现记录和显示两种功能;电子示波器,它只能显示而不记录;磁记录器,它只具有记录功能而不能显示。记录和显示的方式一般有模拟和数字两种,前者是记录一条或一组曲线,后者是记录一组数字或代码。

4) 数据处理装置

数据处理装置,是用来对检测所得的结果进行分析、运算、处理,如对大量数据的数理统计分析、曲线的拟合、动态测试结果的频谱分析、幅值谱分析或能量谱分析等。

5）试验激发装置

试验激发装置是人为地模拟某种条件把被测系统中的某种信息激发出来，以便检测。如用激振器来模拟各种条件的振动，并将其作用在机械或构件上，把机械或构件产生的振动幅度、应力变化等信息激发出来，以便检测后对其在振动中的状态及特性进行研究分析。

2．汽车检测诊断设备发展趋势

目前我国汽车检测诊断技术的发展方向从汽车检测技术基础规范化、汽车检测设备智能化和汽车检测管理网络化等进行研究和发展。

1）汽车检测技术基础规范化

在检测技术发展过程中既要重视硬件技术，还要加强检测方法、限值标准等基础性技术的研究，随着检测手段的完善，与硬件相配套的检测技术软件的建设也进一步完善。为此应重点开展汽车检测技术的基础研究，其主要项目有：

（1）制定和完善汽车检测项目的检测方法和限值标准，如发动机排放、驱动轮输出功率、底盘传动系统功率损耗、滑行距离、加速时间和距离、发动机燃料消耗率、悬架性能、可靠性等。

（2）制定营运汽车技术状况检测评定细则，统一规范全国各地的检测要求及操作技术。

（3）制定用于综合性能检测站大型检测设备的认证规则。

2）汽车检测设备智能化

目前国外的汽车检测设备已大量应用光、机、电一体化技术，并采用计算机测控。有些检测设备具有专家系统和智能化功能，能对汽车技术状况进行检测，并能诊断出汽车故障发生的部位和原因，引导维修人员迅速排除故障。我国与国外差距较大，今后应加快发展速度。

3）汽车检测管理网络化

随着技术和管理的进步，今后汽车检测应实现真正的局域网络化，做到信息资源共享，使我国汽车综合性能检测更完善。

第三章 发动机的检测诊断与维修

发动机为汽车提供动力,是最重要的总成之一,常将其比喻为汽车的心脏,技术状况的好坏直接影响到汽车的动力性、经济性和排放性能。

由于发动机结构的复杂性,以及工作条件的恶劣性,尽管现代汽车发动机设计、制造中大量采用了新技术、新工艺、新材料,使发动机各项性能以及可靠性得到不断提高,但相对于汽车其他总成在使用中的故障发生率,发动机仍排在首位。因此,针对发动机技术状况的检测与诊断将作为重点予以介绍。

第一节 发动机综合性能检测

判断发动机技术状况的好坏并进行故障的诊断,不仅要对发动机总成整体性能进行检测,同时也需要对各系统进行检测,一般通过一系列的指标或诊断参数来判断。表征发动机性能的常用指标见表3-1。

发动机技术状况诊断参数　　　　　　　　表3-1

序号	诊断对象	诊断目的	诊断参数
1	发动机总成	发动机总体性能	功率,曲轴旋转加速度,单缸断火时功率下降率,单缸断火时转速下降率,油耗
2	汽缸活塞组	汽缸、活塞、活塞环的磨损	曲轴箱窜气量,曲轴箱气体压力,汽缸间隙,汽缸压力
3	曲柄连杆机构	主轴颈、连杆轴颈与轴承磨损	主油道机油压力,主轴承间隙,连杆轴承间隙
4	配气机构	气门间隙	气门热态间隙,气门行程,配气相位
5	汽油发动机供给系统	汽油泵状况 喷油器状况 油压调节器状况 汽油滤清器状况 空气滤清器状况 涡轮增压器状况	供油系统清洗前后的压差,电动汽油泵供油量,喷油器喷油量,喷油器喷油均匀性误差,有无真空作用的燃油压差,空气滤清器后进气管的压力,涡轮增压器的压力,涡轮增压器润滑系统的油压
6	柴油发动机供给系统	供油时刻、供油量 各缸供油均匀性 喷油泵柱塞与套筒间隙 喷油器喷油状况 滤清器状况	喷油提前角,单缸柱塞供油延续时间,各缸供油均匀度,每工作循环供油量,高压油管压力波增长时间,曲轴转角,喷油提前角的不均匀度,喷油器初始喷射压力,燃油细滤器出口压力
7	润滑系统	机油泵工作状况 机油散热器状况	机油压力,曲轴箱机油温度,机油中金属元素含量,机油的污染程度

续上表

序号	诊断对象	诊断目的	诊断参数
8	冷却系统	散热器工作状况 节温器工作状况 风扇工作状况	冷却液温度,散热器进出口冷却液温度差,风扇传动带张力,风扇转速
9	点火系统	初级电路电阻 火花塞电极间隙 点火线圈次级电压 高压导线电阻 断电器闭合角、点火提前角	初级电路电流,次级电路电压,相应曲轴转角
10	排放控制装置	燃油电控喷射系统 三元催化转换器 废气再循环(EGR)	一氧化碳(CO),碳化氢(CH) 氮氧化合物(NO_x),二氧化碳(CO_2) 氧气(O_2),空燃比(A/F)
11	起动系统	起动机工作状况 蓄电池工作状况	起动机工作电流,起动时蓄电池电压降
12	充电系统	发电机及其调节器 蓄电池工作状况	发电机输出电压,发电机输出电流,变速时发电机输出电压,蓄电池电压

发动机技术状况的检测和诊断,可以使用单一功能的检测设备,如发动机无负荷测功仪、汽缸压力表、点火正时仪、点火示波器等,也可以采用具有多种检测功能的综合检测仪——发动机综合分析仪(又称发动机综合性能检测仪)。发动机综合分析仪是汽车检测设备中功能最强大、检测项目和涉及系统最广的设备,也是结构较复杂、技术含量较高的设备。

一、发动机综合分析仪的基本功能

发动机综合分析仪的基本功能一般为:

(1)无负荷测功。

(2)检测点火系统。包括初级与次级点火波形的采集与处理,平列波、并列波和重叠角的处理与显示,断电器闭合角、点火电压值、点火提前角的测定等。

(3)机械和电控喷油过程各参数(压力、波形、喷油、脉宽、喷油提前角等)的测定。

(4)进气歧管真空度波形测定与分析。

(5)各缸工作均匀性测定。

(6)起动过程参数(电压、电流、转速)测定。

(7)各缸相对压缩压力测定。

(8)电控供油系统各传感器的参数测定。

(9)数字万用表功能。

(10)排放污染物分析功能(与废气分析仪或烟度计联机测试)。

发动机综合分析仪具有如下功能特点:

(1)动态测试功能。发动机综合分析仪的信号采集系统,能迅速、准确地获取发动机运转过程中各参数随时间变化的函数曲线,便于对发动机的工作性能和技术状况进行准确判断提供科学依据。

(2)普遍性和通用性。发动机综合分析仪的测试、分析过程只针对发动机基本结构和工作原理的实际情况,不受被测发动机控制、检测软件的影响。因此,检测结果具有良好的普遍性,检测方法具有广泛的通用性。

(3)主动性。发动机综合分析仪不仅能适时采集发动机的动态参数,而且还能主动地发出某些指令干预发动机的工作,以完成某些特定的试验程序,如发动机断火试验等,使检测结果更便于分析。

二、发动机综合分析仪的构成和作用

发动机综合分析仪外形如图 3-1 所示,其基本组成部分包括信号拾取系统(各种传感器)、信号预处理系统(前端处理器)和控制与显示系统。

1. 信号拾取系统

信号拾取系统如图 3-2 所示,其作用为测取发动机有关参数的信号,并把非电量转化为电量。因此,配备各类信号拾取器(夹持器、探针和传感器),与发动机被测部位直接或间接地连接以进行检测。鉴于被测部位的机械结构和参数性质不同,信号拾取器必须具有多种形式,以适应不同的测试部位。根据接触形式不同,大多数发动机综合分析仪的信号拾取器可以分为以下四类。

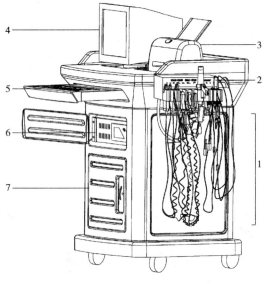

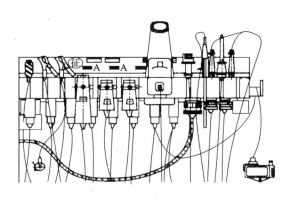

图 3-1 发动机综合分析仪外形图
1-信号拾取系统;2-信号处理系统;3-打印机;4-显示系统;5-键盘;6-PC 主机(内置高速采集卡、通信卡);7-排放仪柜

图 3-2 信号拾取系统

(1)直接接触式的拾取器。如探针、鳄鱼夹和各种接头。

(2)非接触式的拾取器。对于高电压和强电流等直接接触测量困难很大的信号,须采用非接触式拾取器。这类传感器主要有次级高电压传感器、标准汽缸压力传感器、卡式供油传感器和正时灯传感器。

(3)非电量转变成电量传感器。这类传感器与被测点直接接触,直接采集电信号或将非电量转换成电量后采集信号。这类传感器有汽缸压力传感器、油压传感器、异响传感器、振动传感器、真空度传感器和温度传感器。

(4)各种转接信号用的适配器。为了不中断计算机的控制功能,通过 T 形接头来提取信号。

2. 信号预处理系统

信号预处理系统也称为前端处理器,其作用是把各种传感器输出的发动机有关参数的信号经衰减、滤波、放大、整形,并转换成标准的数字信号送入中央处理器,即对采集来的信号进行预处理,并能把所有脉冲信号和数字信号直接输入 CPU 的高速输入端。信号预处理系统是发动机综合分析仪的关键部分。从发动机采集来的信号千差万别,不能被发动机综合分析仪的中央控制器直接使用,必须经过预处理、转换后,才能输入微机。

图 3-3 所示为某发动机综合分析仪的前端处理器,由部分信号预处理、32 路换线开关等组成,并承担与微机的并行通信。其前端处理器底面,有 8 个适配器插座、4 个航插插座和 1 个主电缆插座,以便与信号拾取系统连接。

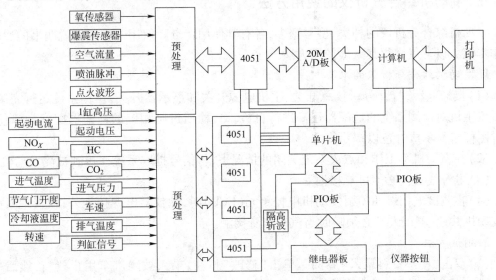

图 3-3 前端处理器

车载传感器的输出信号分为模拟信号和频率信号两种,其处理方法也相应不同。对于模拟信号,应根据其信号的特点进行相应的处理。

(1) 所测信号为模拟信号且幅值较小时,如氧传感器为 0~1V,废气分析仪的电器接口输出信号多为 0~50mV,需经信号放大、低通滤波和信号隔离后,才能进行 A/D 转换。

(2) 模拟信号的幅值较大时,应先经过信号衰减,再由低通滤波和信号隔离后才能进行 A/D 转换。如初级、次级点火信号,由于线圈的自感和互感作用,其电压幅值可达 300V 或 30kV,甚至更高,故须用电压衰减器进行衰减后再进行后续处理,由于其频率很高(可达 1MHz 以上),故须使用高速 A/D 转换器,才能保证转换后的信号不失真;起动电流的峰值可达 200A 以上,无法直接测量,须利用电流互感器转换成 0~5V 的电压信号再进行测量。

(3) 模拟信号为电荷量时,可采用电荷放大器作为前级放大,且要从频率非常丰富的振动信号中准确提取有效信号,必须对其进行带通滤波。车用爆震传感器和柴油机喷油压力传感器多用压电晶体作为敏感元件,其输出信号为电荷量,需进行上述处理。对于频率信号,如发动机的转速、车速信号等,由于多选用电磁式、霍尔效应式或光电式传感器,其输出信号本身即为数字脉冲。但由于传输过程中的衰减、交变电磁波辐射等原因,其输出易在一定程度上失真,故需对其进行整形。整形后输出的标准数字脉冲,再经高速光电隔离器送入后继电路,以消除其干扰,提高系统的工作可靠性。为了实现传感器的准确测量,不影响发动机的正常运转,进行信号拾取时必须保证电路有足够高的输入阻抗,同时为保证预处理系统的主板安全,对各输出信号均采取了限幅措施。

3. 采集、控制与显示系统

现代发动机综合分析仪多为微机控制式,为了捕捉高频信号(如喷油和爆震信号等),检测仪采集卡一般都具有高速采集功能,采样速率可达10M~20Mbit/s,采样精度不低于10bit,并行2通道;同时,现代采控与显示系统具有存储功能,以使波形回放或锁定,供观察、分析或输出、打印。现代发动机综合分析仪,不管是台型移动式还是手提便携式,其显示装置一般采用彩色CRT显示器或液晶LCD显示器,采用多级菜单操作,能实时显示被测发动机的动态参数和波形,使用十分方便,观察非常醒目。

三、发动机综合分析仪的使用方法

发动机综合分析仪的种类、型号繁多,各有其使用特点。使用时应遵循说明书的要求和操作步骤。以下仅介绍其一般使用方法。

1. 发动机综合分析仪的准备

(1)接通电源,打开分析仪总开关、主机电源开关和显示器开关,操作系统运行完毕后,分析仪主机对检测系统的适配器逐一进行自检。自检通过则相应的适配器图标为绿色,未通过图标将显示成红色以提示。

(2)在发动机不工作和点火系统关闭的情况下,将信号提取系统连接到被测发动机上。

(3)电源线负极必须可靠接地。

(4)在测试电控燃油喷射发动机电控单元(ECU)时,除仪器电源接地外,仪器地线必须与发动机共地,测试人员必须随时与汽车车身接触。

2. 测试方法

(1)双击"用户资料录入"界面。单击"修改"按钮,录入被测汽车用户资料,然后单击"确定"按钮,显示屏出现检测程序主、副菜单。

(2)在主菜单上选择要测试的"汽油机""柴油机""电控发动机参数"或"故障分析"等项中的其中一项,单击后进入下一级菜单。

(3)在下一级菜单中再选择要测试的项,单击后进入检测界面。

(4)按检测界面上的要求进行操作、读数、存储和打印。

(5)如需清除测试数据,按FZ键或单击显示屏下方的"清除数据"按钮即可。

第二节 发动机功率与油耗的检测

一、发动机功率的检测

发动机功率是发动机技术状况的综合评价指标。当点火系统、燃油供给系统、润滑系统、冷却系统技术状况不良或零件磨损,都会导致发动机输出功率的下降,从而造成汽车动力性不足,油耗增加。因此,检测发动机功率是汽车不解体检验最基本的项目之一。根据国家标准GB 7258—2012《机动车运行安全技术条件》和GB/T 15746.2—1995《汽车修理质量检查评定标准发动机大修》的规定:在用车发动机功率不得低于额定功率的75%;大修竣工后,发动机功率不得低于原设计标定值的90%。

发动机功率的测量属于间接测量,需检测有效转矩和转速并通过计算得到。

发动机有效功率 P_e(kW)、有效转矩 T_{tq}(N·m)和转速 n(r/min)之间有如下关系：

$$P_e = \frac{T_{tq} \cdot n}{9549.3} \quad (3-1)$$

式中：P_e——发动机有效功率，kW；

　　　n——发动机转速，r/min；

　　　T_{tq}——发动机转矩，N·m。

检测发动机的输出转矩时，其大小与外部施加的阻力矩是相互平衡的，根据外部提供阻力矩的方式，检测方法有稳态测功和动态测功之分。

稳态测功必须在专门的台架上进行。试验时，由试验台的测功器给发动机施加的阻力转矩（又称为负载）使其在规定转速下稳定运转，根据测功器施加的阻力转矩值和实际转速，利用式（3-1）便可得到发动机的有效输出功率值。稳态测功的结果比较准确和可靠，多为发动机设计、制造部门和科研单位用于发动机的研究开发和质量检测。其特点是：测定的功率比较准确，但需要专门的测功设备给发动机加载，设备复杂昂贵，检测前准备工作及检测过程复杂，检测成本高。

对于汽车使用、维修单位，经常需要在不解体条件下进行就车试验快速测定发动机功率。稳态测功需要将发动机从车上拆卸下后安装到测功机上，显然不满足需求。此时，一般采用动态测功方式，动态测功的特点是：所用仪器轻便，测功速度快，方法简单，但测功精度较低。由于动态测功无须对发动机施加外载荷，因此又称为无负荷测功。

二、发动机动态测功原理和检测方法

基于动力学的方法：当发动机与传动系统断开后，没有外界负载的发动机从怠速或某一低转速急加速至节气门最大开度，此时发动机产生的动力，在克服各种阻力矩和本身运动件的惯性力矩后，所剩余的有效力矩将使发动机迅速加速到空载最大转速。

对于相同结构的发动机而言，其运动件及附件的转动惯量可以近似为一定值，发动机的动力性越好，即输出的有效功率越大，其运动部件所得到的加速度就越大，加速过程也就越短。因而只要测出发动机在指定转速范围内急加速时的平均加速度或该转速范围内的加速时间，即可得知发动机的动力性；或者说通过测量某一定转速时的瞬时加速度，就可以确定发动机输出功率的大小，瞬时加速度越大，表明发动机输出功率越大。由此，按测功原理可将无负荷测功分为两类：用测定瞬时角加速度的方法测定瞬时功率；用测定加速时间的方法测定平均功率。

1. 瞬时功率测量原理

根据刚体定轴转动微分方程，发动机有效转矩与角加速度间的关系为：

$$T_{tq} = J\frac{d\omega}{dt} = J\frac{\pi}{30} \cdot \frac{dn}{dt} \quad (3-2)$$

式中：J——曲轴全部运动零件与附件对曲轴中心线的当量转动惯量，kg·m²；

　　$\dfrac{d\omega}{dt}$——曲轴的角加速度，rad/s²；

　　$\dfrac{dn}{dt}$——曲轴转速变化率，(r/min)/s；

　　ω——曲轴的角速度，rad/s。

将 T_{tq} 代入式(3-1)得

$$P_e = \frac{\pi}{30} \cdot \frac{J}{9549.3} n \frac{dn}{dt}$$

令：

$$C_1 = \frac{\pi}{30} \cdot \frac{J}{9549.3}$$

则：

$$P_e = C_1 n \frac{dn}{dt} \tag{3-3}$$

设动态测量时功率的修正系数为 k，这是因为在变工况下测试发动机时，发动机进气、燃烧状况与稳态时不同，其有效功率要偏小，则：

$$P_e = kC_1 n \frac{dn}{dt}$$

令：

$$C_2 = kC_1$$

则：

$$P_e = C_2 n \frac{dn}{dt} \tag{3-4}$$

式(3-4)表明，发动机在某一转速下的功率与该转速下的瞬时加速度成正比。因此，测定瞬时功率可转换为测量转速和角加速度或曲轴转速变化率。

2. 平均功率测量原理

根据动能原理，发动机无负荷加速过程中，其动能的增量等于发动机所做的功。即：

$$A = \frac{1}{2} J \omega_2^2 - \frac{1}{2} J \omega_1^2$$

式中：A——发动机所做的功，J；

ω_1、ω_2——测定区间起始角速度和终止角速度，rad/s。

若发动机曲轴转速从 ω_1 加速到 ω_2 的时间为 $\Delta T(s)$，则发动机在这段时间内的平均功率为：

$$P_{em} = \frac{A}{\Delta T} = \frac{1}{2} J \frac{\omega_2^2 - \omega_1^2}{\Delta T}$$

另有角速度 $\omega = \frac{\pi}{30} n$，则：

$$P_{em} = \frac{C_2}{\Delta T} \tag{3-5}$$

$$C_2 = \frac{1}{2} J \left(\frac{\pi}{30}\right)^2 \frac{n_2^2 - n_1^2}{1000} \tag{3-6}$$

式(3-5)和式(3-6)表明，发动机在某一转速范围 $n_1 \sim n_2$ 内的平均功率与加速时间 ΔT 成反比。即加速过程中，发动机由转速 n_1 克服自身阻力及惯性力矩加速到 n_2，所用时间越短说明发动机输出功率越大，动力性越好。因此，若已知发动机旋转件转动惯量 $J(\mathrm{kg \cdot m^2})$，测量出某一转速范围内的加速时间便可间接测得了发动机的动力性能。

与瞬时功率测量的情况类似，由于 $n_1 \sim n_2$ 范围内的平均功率也是在急加速变工况条件下测得，其测试值与稳态工况下的测试值有一定差异，需进行修正；同时，由于现代发动机具有类似的外特性功率曲线和动态特性，发动机发出的平均功率与外特性最大有效功率间有较为稳定的比例关系。因此，通过无负荷平均功率的测试值与台架试验发动机功率测试值的对比试验，找到动态平均功率与稳态有效功率间的关系，并对无负荷测功仪进行标定，以

便通过测定 $n_1 \sim n_2$ 转速范围内的加速时间 ΔT 测出发动机的功率值。

3. 无负荷测功仪的组成和电路原理

1）测瞬时加速度仪器的电路原理

发动机无负荷加速度测功仪一般由传感器、脉冲整形电路、时间信号发生器、加速度计数器、功率指示表和转速表等组成。从电磁感应传感器输出的转速脉冲信号,输入到整形放大电路整形放大后,变成矩形触发脉冲信号,并将脉冲信号的频率放大 2～4 倍以提高仪器的灵敏性。只有发动机转速达到规定值 n_1 时,整形装置才输出触发脉冲信号,该触发脉冲信号输入到加速度计数器。触发脉冲信号通过控制装置触发加速度计数器工作,计算一定时间间隔内整形电路输入到计数器的脉冲数,并把这些脉冲数累加起来。其时间间隔由时间信号发生器控制,每一时间间隔的脉冲数与发动机转数成正比,而这一时间间隔的脉冲数差值与发动机加速度成正比,加速度又与发动机功率成正比。

转换分析器把计数器输出的脉冲,亦即与发动机功率成正比的相对加速度脉冲信号变成直流电压信号,并把它输入到已按功率单位标定的电压表以显示被测发动机的功率。时间间隔取的越小,所测出的有效功率越接近瞬时有效功率。

2）测加速时间仪器的电路原理

发动机无负荷加速时间测功仪原理则是将发动机转速信号脉冲经整形电路整形为矩形触发脉冲,并转变为平均电压信号。在发动机加速过程中,当转速达到起始转速 n_1 时,此时与 n_1 对应的电压信号通过 n_1 触发器触发计算与控制电路,使时标信号进入计算器并寄存。当发动机加速到终止转速 n_2 时,与 n_2 对应的电压信号通过 n_2 触发器又去触发计算与控制电路,使时标信号停止进入计数器,并把寄存器中时标脉冲数经数模转换随时转换成电信号,通过显示装置显示出加速时间或直接标定成功率单位显示。

4. 无负荷测功方法

在国产发动机无负荷检测仪中,上述两种平均功率检测原理均有运用。无负荷测功仪既可以制成单一功能的便携式测功仪,又可以与其他测试仪表组合制成发动机综合检测仪。发动机综合检测仪是一种测试项目较多的综合性仪器,常具有无负荷测功的功能。

无负荷测功仪的一般使用方法如下：

（1）测试前的准备：调整发动机配气机构、供油系统和点火系统,使之处于技术完好状态；预热发动机至正常工作温度（80～90℃）；调整发动机怠速,使之在规定范围内稳定运转。

（2）接通电源,预热仪器并调零,把传感器按要求连接在规定部位。

（3）对测加速时间—平均功率的仪器,应按要求设置初始转速 n_1、终了转速 n_2。一般设置初始转速 n_1 比被测发动机的怠速转速高 400r/min 左右,可避免在节气门未达到全开其转速就已超过初始转速,导致提前开始检测,使检测结果偏小；终了转速 n_2 比额定转速低 200r/min 左右,避免被测发动机本身功率偏低而无法达到。

（4）需置入转动惯量的仪器,要把被测发动机的转动惯量置入仪器内。若被测发动机的转动惯量未知时,可通过相同类型的已知功率的发动机测定其转动惯量（通常采用同型号新发动机,其最大功率为额定功率 P,测定其转动惯量 J）。

具体方法如下：设置被测发动机转动惯量为 J_1,利用无负荷测功仪多次测量,得到功率为 P_1,按公式：$J = J_1(P/P_1)$,得到实际转动惯量 J。

（5）按仪器要求顺序操作其他必要的键位,如机型（汽油机、柴油机）选择键、缸数选择

(6) 常用的功率测试方法有起动法和急速加速法两种。

起动法：首先将节气门开至最大位置，再起动发动机加速运转，当转速达到确定值或超过终止转速后，仪表显示出测试值。

急速加速法：发动机在急速下稳定运转，然后突然将节气门开到最大位置，发动机转速急速上升，当转速达到所确定的测试转速（测瞬时功率）或超过终止转速 n_2 时，仪表显示出所测功率值。此后应立即松开加速踏板，以避免发动机长时间高速运转。记下或打印出读数后，按"复零"键使指示装置复零。该测试方法既适用于汽油机，又适用于柴油机。为保证测试结果可靠，一般重复测量3~5次，取其平均值。

利用无负荷测功法，单次测量的误差较大，其原因如下：

(1) 发动机转动惯量存在误差，其精度决定了测试的准确度。

(2) 除转动惯量外，发动机加速过程中的运转阻力也作为负载，包括运动件的摩擦阻力、进排气过程中的泵气损失和驱动发动机附件的阻力，这些阻力都取决于相关部件的技术状况，同型号发动机也存在差别，且同一发动机的不同时刻，也会有波动，所以导致测量结果的误差大、重复性差。

(3) 操纵过程中的人为因素导致的误差，主要是操纵者控制加速踏板的速度，其误差可高达20%。

三、单缸功率的检测方法

发动机正常工作情况下，发动机输出功率应等于各缸功率之和，各缸输出功率应大致相等。这样，发动机才能具有良好的动力性，其运转才能平稳。在测得的发动机有效功率较小时，测试发动机单缸功率，可以发现引起发动机动力性下降的具体原因和部位。

利用无负荷测功仪检测单缸功率的方法是：首先测出各缸都工作时的发动机总功率，然后在被测汽缸断火（或柴油机输油管断开）情况下，测出该汽缸不工作时的发动机功率，两功率之差即为断火汽缸的单缸功率。

另外，也可以利用断火试验或断油试验时的发动机转速下降值来判断单缸动力性。发动机以某一转速稳定运转时，如果交替使各缸点火短路或断油，则每次短路或断油后发动机均应出现功率下降，导致发动机转速下降。若各汽缸工作状况良好，则每次转速下降的幅度应大致相等。若某缸断火后，发动机依旧以原来的转速运转或下降幅度不大，则可以断定该缸不工作或工作状况不良。据此，也可以采用简单的转速表测定某缸不工作时的转速下降值来判断该缸的动力性好坏。

应该注意的是：由于汽油机某缸断火后，进入该缸的汽油混合气不参与燃烧，汽油会洗刷汽缸壁上的润滑油膜，使汽缸磨损加剧；同时流入油底壳的汽油会稀释润滑油。因此，进行断火试验时，其时间不能太长。

四、发动机油耗的检测

现代发动机主要以汽油或柴油作为燃料，两者均为石油产品。为了节省石油资源，减少能源消耗。发动机的经济性受到广泛关注。评价发动机经济性的指标常采用燃油消耗率，即以发动机输出固定功率时所消耗的燃油量来表示，其公式如下：

$$g_e = G_f \times 1000/P_e \tag{3-7}$$

式中：g_e——燃油消耗率，g/(kW·h)；
G_f——燃油消耗量，kg/h；
P_e——发动机功率，kW。

其中燃油消耗量的检测，可采用测定其容积、质量、流量和流速等方法，常用的是容积法和质量法，特别是容积法应用更为广泛。

发动机台架试验时，容积法和质量法是测定发动机消耗一定体积燃油或一定质量燃油所经过的时间，由燃油量和时间计算单位时间的燃油消耗量。汽车道路试验或整车在底盘测功试验台上检测燃油消耗量时，则是测试汽车通过一定路程时消耗的燃油量和经过的时间，然后由燃油量、路程和时间，计算试验车速下单位里程体积燃油消耗量、百公里体积燃油消耗量或单位体积油耗行程。在用车测定燃油消耗量时，一般采用车用油耗计。这种仪器体积小，质量轻，使用方便，能以蓄电池为电源，可随车使用。

1. 容积式油耗仪

容积式油耗仪按其结构不同可分为膜片式、量管式和活塞式3种，目前较为常用的车用油耗计为容积膜片式，适用汽油、柴油两种发动机。电源一般为直流12V、流量范围为2~30L/h，最大使用压力为±98kPa，精度为±1%，质量约为1.5kg。车用油耗计一般由传感器和计数器两部分组成，如图3-4所示。油耗计的传感器串接在待测的油道上（进出油口可以互换），计数器安装在便于

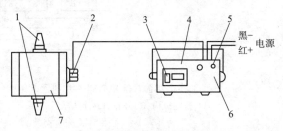

图3-4 车用油耗计
1-进出油口；2-磁敏开关；3-复位按钮；4-计数器；5-电源指示灯；6-电源开关；7-传感器

操纵及观察的地方，两者用专用电缆连接。当燃油流经传感器时，传感器能发生与流经传感器的液体体积成正比的脉冲信号，并将脉冲信号输送到计数器。计数器内有电子放大器将信号放大，并驱动电磁计数器进行记录，然后由数码管显示。实际测量时应经常检查仪器的计数器工作是否正常、传感器是否正常，然后正确安装及接线。需要注意的是，测出的油耗值必须乘以 k 值，k 的数值在该型号油耗计计数器标牌中已标定。

2. 质量式油耗仪

质量式油耗仪测量消耗一定质量的燃油所用的时间。燃油消耗可按下式计算：

$$G = 3.6\frac{W}{t} \tag{3-8}$$

式中：W——燃油质量，g；
t——测量时间，s；
G——燃油消耗量，kg/h。

质量式油耗计由称量装置、计数装置和控制装置构成。其结构如图3-5所示。

称量装置的秤盘上装有油杯1，燃油经电磁阀3加入油杯。电磁阀开闭由装在平衡块上的行程限位器8拨动两个微型限位开关6和7进行控制。光电传感器由两个光电二极管5、10和装在菱形指针上的光源9组成，用于给出油耗始点和终点信号。光电二极管5为固定式，光电二极管10装在活动滑块上，滑块通过齿轮齿条机构移动，齿轮轴与鼓轮12相连，计量的燃油量通过转动鼓轮12从该度盘上读出。计量开始时，光源9的光束照射在光电二极管5上，光电二极管发出信号使计数器13开始计数，随着油杯中燃油的消耗，指针移动，

当光束射到光电二极管10上时,光电二极管10发出信号,使计数器停止计数。

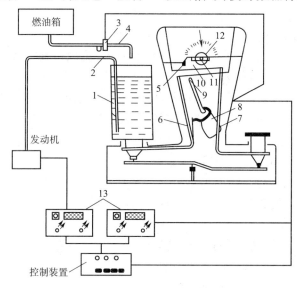

图3-5 质量式油耗仪

1-油杯;2-出油管;3-电磁阀;4-加油管;5、10-光电二极管;6、7-限位开关;8-限位器;9-光源;11-鼓轮机构;12-鼓轮;13-计数器

第三节 发动机密封性的检测与诊断

发动机的功率和转矩取决于各缸的工作压力,汽缸密封性是保证发动机缸内压力正常并有正常动力输出的基本条件。汽车发动机密封性是由活塞组、气门与气门座以及汽缸盖、汽缸体、汽缸垫等零件保证的。如汽缸密封性变差,则发动机动力性、燃油经济性和排放性能都下降,一般表现为:发动机起动困难、最高车速降低、加速无力、爬坡能力下降、燃料与润滑油消耗增加,排烟增多且有异常气味等,当密封性下降到极限直接导致发动机无法起动。

评价汽缸密封性的诊断参数有:汽缸压缩压力、汽缸漏气率、曲轴箱窜气量和进气管真空度。其中测量汽缸压缩终了的压缩压力是最常用的手段,使用的仪器简单,操作方便,所以运用广泛。

一、汽缸压缩压力的检测与诊断

汽缸压缩压力的检测是指被测汽缸活塞完成压缩行程运动到上止点时汽缸内的压缩气体的压力。

汽车发动机在压缩比已定的情况下,汽缸压缩行程终了的压力大小,能够反映汽缸与活塞组零件的磨损情况、汽缸垫的密封性、配气机构调整的准确性以及气门关闭是否严密等。此外还与燃烧室积炭、活塞顶积炭、润滑油黏度等因素有关。

1. 用汽缸压力表测定汽缸压力

1)汽缸压力表结构

汽缸压力表专门用于测定汽缸压力,有各种形式,但原理基本相同,如图3-6所示。汽缸压力表一般由表盘、导管、止回阀和接头等组成。表盘用于显示测量时的最大压力,接头用于连接火花塞或喷油器安装孔,有螺纹管接头和锥形或阶梯形橡胶接头两种;止回阀的作用是其关闭时将保持表盘上所测试的压力值,便于观察读数,当打开止回阀时压力表指针回零。

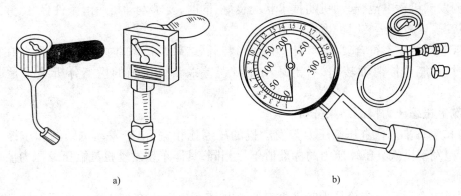

图 3-6 汽缸压力表
a)汽油机汽缸压力表;b)柴油机汽缸压力表

汽油发动机和柴油发动机由于压缩比不同,汽缸压缩压力差别极大,测量时应分别用各自的汽缸压力表测量。

2)检测方法

测量汽缸压力时,应在发动机运行至正常工作温度后进行。先将发动机熄火,拧出各缸火花塞或喷油嘴,使节气门和阻风门在全开位置,以减少发动机测试过程中的运转阻力。将汽缸压力表锥形橡胶接头压紧在被测汽缸的火花塞安装孔上(图3-7);柴油机则应将压力表接在喷油器安装孔上,用起动机带动发动机在一定转速下运转 3~5s,测量汽缸压力。为确保测量数据的准确性,每缸应测 2~3 次,取其平均读数进行分析。

对于不能起动运转的发动机,若需测汽缸压力,至少应用手摇柄摇转发动机数十圈,或用起动机带动发动机运转 20~30s,使汽缸、活塞零件得到润滑。

3)影响检测结果的因素

由于汽缸压缩压力与活塞在缸内压缩行程所持续的时间密切相关。为使汽缸压力表测得的压力值准确反映汽缸密封性,首先要消除发动机转速对测量结果的影响,图 3-8 所示为汽缸压缩压力与曲轴转速的关系曲线。

由图 3-8 可见,当起动机带动发动机在较低转速范围内运转时,即使是较小的转速变化 Δn,也能使汽缸压缩压力检测结果发生较大的变化 Δp。因此,检测时应确保发动机转速符合制造厂规定。

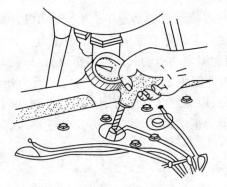

图 3-7 汽缸压力表测定汽缸压力

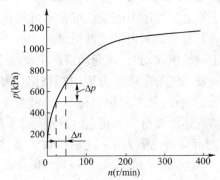

图 3-8 汽缸压缩压力与曲轴转速的关系

发动机转速高低取决于蓄电池和起动机的技术状况,以及发动机旋转时的摩擦阻力矩。要求被测发动机蓄电池、起动机的技术状况良好;同时,要求发动机润滑条件良好,并运转至正常热状况,以减小运转时的摩擦阻力。

由于起动转速不符合要求是用压力表所得测试结果误差大的主要原因。因此在检测汽缸压力时,如能监控曲轴转速,对于减小测量误差以获得正确的检测分析结果是非常重要的。

4) 汽缸压缩压力检测结果分析

(1) 检测标准。汽缸压缩压力与发动机的压缩比相关,由于发动机结构和压缩比的不同,各车型发动机汽缸压缩压力的标准值不尽相同,具体车型发动机汽缸压缩压力值可查询维修手册。

根据《汽车运输业车辆技术管理规定》,在用汽车发动机汽缸压缩压力不得低于原设计标准值的75%,否则应进行大修。

根据 GB/T 15746.2—1995《汽车修理质量检查评定标准 发动机大修》的规定,对于大修竣工后的发动机,汽缸压力应符合原设计规定:每缸压力与各缸平均压力的差:汽油机应小于8%,柴油机应小于10%。

对于营运车辆,要求更严格。GB 18565—2001《营运车辆综合性能要求和检验方法》的规定,营运车辆发动机汽缸压力应不小于原设计规定值的85%,每缸压力与各缸平均压力的差:汽油机应小于8%,柴油机应小于10%。

(2) 测量汽缸压力后,通常根据以下几种情况作出判断:

① 有的汽缸在2~3次测量中,压力读数时高时低,相差较大,说明该缸气门有时关闭不严密。

② 相邻两缸压力读数偏低或很低,而其他汽缸正常,是由于该相邻两缸间汽缸垫漏气或缸盖螺栓未拧紧所致。

③ 一缸或数缸压力读数偏低,可以用清洁而黏度较大的润滑油20~30mL,注入偏低缸,摇转曲轴数圈后使润滑油分布均匀,再测量汽缸压力,若压力读数上升说明汽缸与活塞组零件磨损过大;如读数基本上无变化说明气门关闭不严。

④ 一缸或数缸压力偏高,汽车行驶中又出现过热或爆震,则属于积炭过多,或汽缸垫过薄,或缸体缸盖接合面经多次修磨超过使用极限,或经几次大修因缸径加大而使压缩比变大所致。

2. 用电子汽缸压缩压力测量仪测量汽缸压力

电子汽缸压缩压力测量仪可在不拆卸火花塞或喷油器的情况下,测定发动机各缸的压缩压力。其原理是利用示波器记录起动机电流曲线来测定发动机各缸压缩压力。

由于发动机起动时,靠起动机产生驱动力矩克服发动机的起动阻力矩,稳定运转时两者相平衡。发动机的起动阻力矩由机械阻力矩、惯性阻力矩和汽缸压缩空气的反力矩构成。正常情况下,前两种阻力矩变化不大,可看作常数;而压缩空气反力矩是周期性波动的,在每一缸活塞到达压缩行程上止点时具有峰值。若阻力矩增大,起动机转矩则相应增加,起动机转矩 M 与起动机电流 I 有一定的函数关系,即

$$M = K_m \cdot \Phi \cdot I_s \tag{3-9}$$

式中:K_m——电动机常数,与结构有关;

Φ——磁通量,Wb;

I_s——电枢电流,A;

M——起动力矩,N·m。

由此可见,发动机起动时,压缩压力的波动会引起起动机起动工作电流的波动,电流波动的峰值与汽缸压缩压力成正比。

用示波器记录的起动机起动电流曲线如图3-9所示。由曲线可以看出,曲线的波动部分类似一个正弦波形,它是因压缩压力的波动而引起的,波形各段的峰值与各缸的最大压缩压力成正比。如果能确定某一电流峰值所对应的汽缸,则可按点火次序确定各缸所对应的起动电流峰值,其大小可代表相应汽缸最大压缩压力值。通常各缸电流波形峰值所对应的缸号是通过点火传感器或喷油传感器先确定第一缸波形位置而推得的。

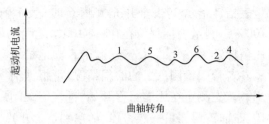

图3-9 起动机电流曲线

若检测时显示的各缸电流波形振幅一致,且峰值又在规定范围内,说明各缸压缩压力符合要求;若各缸波形振幅不一致,对应某缸电流峰值低于规定范围,则说明该缸压缩压力不足。应注意的是,该方法虽操作简单,但仅能出各汽缸的相对值,不能测其实际压缩压力的大小。

如果在测发动机起动电流的同时,在火花塞孔处安装缸压传感器,测出任一汽缸(例如1缸)的压缩压力值,则其他各缸的压缩压力值可按其起动电流波形峰值计算而得。

二、汽缸漏气量的检测与诊断

汽缸漏气量是指活塞处于压缩上止点附近时,通入一定压力的气体,检测是否从汽缸活塞组配合间隙处、活塞环开口处、进排气门、汽缸衬垫密封面等处泄漏及泄漏量的大小。因此,也可用于对汽缸密封性进行检测,并且该方法还能判明故障发生在上述哪一部位。

1. 汽缸漏气量检测原理

汽缸漏气量检测常采用汽缸漏气率测试仪,其结构及测量原理如图3-10所示。

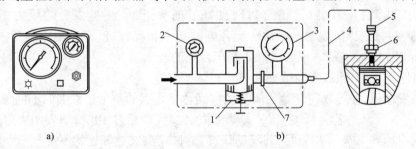

图3-10 汽缸漏气率检测仪

a)汽缸漏气率测试仪外形图;b)工作原理图

1-调压阀;2-进气压力表;3-测量表;4-像胶软管;5-快换接头;6-充气嘴;7-校正孔板

测量时,拆下被测汽缸的火花塞,并使该缸活塞处于上止点位置,把检测仪的充气嘴6安装在所测汽缸的火花塞孔上。外接气源的压力通过调压阀1调节至相当于汽缸压缩压力,一般为0.6~0.8MPa,其具体压力值由进气压力表2显示;压缩空气进入漏气量检测仪后,经调压阀调压至某一确定压力P_1(0.4MPa),然后经过校正孔板7上的量孔及快换管接头 5、充气嘴 6 进入汽缸。当汽缸密封不严时，压缩空气就会从不密封处泄漏，使校正孔板量孔后的空气压力 P_2 下降并由测量表 3 显示，其压力变化情况 $P_1 - P_2$ 即为汽缸漏气量，可反映该汽缸的密封性。

若将测量表 3 的标定单位由 kPa 或 MPa 变成百分数，密封充气嘴 6 时，漏气量为 0，测量表指针指示 0%，全开充气嘴 6 时，表示汽缸中的压缩空气全部漏出，测量表指针指示 100%。测量表指示值在 0% ~ 100% 之间均匀分度，并以百分数表示。这样，把原表盘的气压值标定为漏气的百分数，就能直观地指示汽缸的漏气率了。

若希望检测汽缸的磨损情况，可根据活塞在压缩行程不同位置时的汽缸漏气率间接测出。首先测定在压缩行程开始，进气门关闭后汽缸的漏气率，定为初始位置。然后曲轴每转 10°曲轴转角测量一次，直到活塞到达上止点为止，即可得到曲轴不同转角，也就是活塞在不同位置时的汽缸漏气率。对比新发动机的漏气规律，即可了解汽缸的磨损情况。

为了测试方便，通常制作一测定盘。对于有分电器的汽油发动机，可将测定盘套装在去掉盖的分电器上，并以指针取代分火头。测试时，摇转曲轴便可清楚地指示出活塞位置。测量盘的制作，可根据各车型发动机的点火顺序、进气门迟关角度等因素来决定。

2. 汽缸漏气量（率）检测方法

汽缸漏气量（率）检测的步骤：仪器调整完毕后，测量前应先将发动机预热，发动机温度达到 75 ~ 85℃，用压缩空气吹净火花塞周围，清除脏物，然后旋出所有火花塞或柴油机的喷油嘴，用手摇柄摇转发动机，直到第一缸活塞到达压缩行程上止点。接好压缩空气源，在检测仪出气口堵塞的情况下，用调压阀调节进气压力，使测量表指针指示 0.4MPa。为防止压缩空气推动活塞使曲轴转动，可将变速器挂高速挡，拉紧驻车制动器操纵杆。把 1 缸充气嘴接上快换管接头，向 1 缸充入压缩空气，此时测量表上的压力读数或漏气率百分比读数便反映了该缸的密封性。转动曲轴，使下一缸处于压缩上止点，按以上方法检测下一缸的漏气量（率）。为使检测结果可靠，各缸应重复检测一次。

3. 汽缸的漏气量（率）检测标准

对于汽缸漏气量，我国尚无制定统一的检测诊断标准，汽缸漏气量（率）检测标准应根据发动机种类、缸径、磨损情况等因素通过试验确定。对于缸径为 100mm 左右的汽油发动机，在确认进、排气门和汽缸衬垫密封性良好的前提下，若测量表上的压力指示值大于 0.25MPa，则密封性良好，说明汽缸活塞配合副的技术状况较好；而当测量表压力指示值小于 0.25MPa 时，密封性较差，说明汽缸活塞配合副的技术状况较差。当汽缸密封性不良时，应进一步查听漏气部位，找出故障原因。

对于新发动机，在排气门开始关闭至活塞到达上止点的整个过程中的不同位置，汽缸漏气率一般在 3% ~ 5%；若大修竣工后，发动机汽缸漏气率超过 10%，则表明大修质量不佳。当汽缸漏气率达到 30% ~ 40% 时，若能确认汽缸衬垫、汽缸盖等处均不漏气，则说明汽缸活塞摩擦副的磨损临近极限值。

通过汽缸漏气量（率）检测，发现某一缸的密封性不良后，可进一步在进气管、排气消声器出口、散热器加水口和机油加注口等处，倾听有无漏气声，以判断汽缸的漏气部位。当活塞到达压缩行程上止点位置时，若在进气管处能听到漏气声，说明进气门密封不良；在排气管处能听到漏气声时，表明排气门密封不良；若在散热器加水口有漏气声并出现水泡时，则属于汽缸垫漏气。若被测汽缸的相邻缸火花塞口有漏气声，则属于汽缸垫在相邻汽缸间烧穿。

三、进气管真空度的检测

进气管真空度是指进气歧管内的进气压力与外界大气压力之差。

通过检测发动机进气歧管真空度来评价发动机的汽缸密封性,主要是针对汽油机而言。汽油机负荷采用"量"调节,即依靠节气门开度变化控制进入汽缸混合气的量,改变发动机输出功率。急速时,节气门开度小,进气节流作用大,进气管中真空度较高;节气门全开时,进气管中真空度较小。由此可见,进气管真空度首先取决于发动机工作状态。检测进气管真空度,一般在急速条件下进行。因为技术状况良好的汽油机急速时,进气管真空度有一较为稳定的值;同时急速时进气管真空度高,对因进气管、汽缸密封性不良引起的真空度下降较为敏感。

进气管真空度还与发动机技术状况有关,可以反映汽缸活塞组和进气管的密封性。若进气管垫、真空点火提前机构等处密封不良,汽缸活塞组、配气机构因磨损或故障使间隙增大,以及点火系统的调整等都会影响发动机进气管的真空度。因此,通过对进气管真空度的检测也可发现这些部位的故障。

1. 检测方法

检测进气管真空度的真空表由表头和软管构成,软管一头固定在真空表上,另一头可方便地连接在进气管上的检测孔上(真空助力或真空控制装置从进气管取真空的孔,即可作为检测孔)。

具体检测步骤如下:

(1)发动机预热至正常工作温度。

(2)把真空表软管与进气歧管上的检测孔连接。

(3)变速器置于空挡,发动机急速稳定运转。

(4)在真空表上读取真空度读数。

(5)适当改变节气门的开度,观察进气管真空度的变化判断相关故障。

2. 检测结果分析

一般进气管真空度急速时都有规定的正常值,通过对进气管真空度检测结果的分析,可判断发动机的技术状况和故障。

(1)在海平面高度发动机急速运转时,若真空表指针稳定在57~70kPa,表明汽缸密封性正常,海拔每升高500m,真空度应相应降低4~5kPa;密封性正常时如图3-11a)所示(白针表示稳定,黑针表示漂移量)。

(2)急速时,指针在50~67.55kPa之间有规律地摆动,表示气门黏滞或点火系统有故障,如图3-11b)所示。

(3)当气门关闭时,指针有规律地迅速跌落10~16kPa,表明气门与导管卡滞。如图3-11c)所示。

(4)如果气门弹簧折断或弹力不足,发动机在500r/min左右运转,则真空表指针在33~74kPa范围内迅速摆动。某一只气门弹簧折断,指针将相应地产生快速波动,如图3-11d)所示。

(5)如果气门导管磨损松旷,则真空表读数较正常值低10~13kPa,且缓慢地在47~60kPa范围内摆动,如图3-11e)所示。

(6)如果活塞环磨损严重,突然打开节气门,发动机转速升至2000r/min以上时,真空表指针迅速跌落至 6~16kPa；当节气门关闭时，指针不能恢复到 83kPa，如图 3-11f)所示。当迅速开启节气门时，指针不低于 6~16kPa，则活塞环工作良好。

（7）如果汽缸垫窜气，真空表读数会从正常值突然跌落至 33kPa，当泄漏汽缸在工作行程时，指针又恢复正常值，如图 3-11g)所示。

（8）如果混合气过稀，则指针不规则跌落；如果混合气过浓，则指针缓慢摆动，如图 3-11h)所示。

（9）进气歧管衬垫漏气与排气系统堵塞。进气歧管漏气时，真空表指示值比正常值低 10~30kPa；排气系统堵塞时，发动机转速升至 2000r/min，突然关闭节气门，真空表指针从 83kPa 跌落至 6kPa 以下，并迅速回至正常，如图 3-11i)所示。

（10）如果点火过迟，则真空表指针稳定地指示在 47~57kPa，如图 3-11j)所示。

（11）如果气门开启过迟，则真空表指针稳定地指示在 27~50kPa，如图 3-11k)所示。

（12）如果火花塞电极间隙太小，则真空表指针缓慢地摆动在 47~54kPa 之间，如图 3-11l)所示。

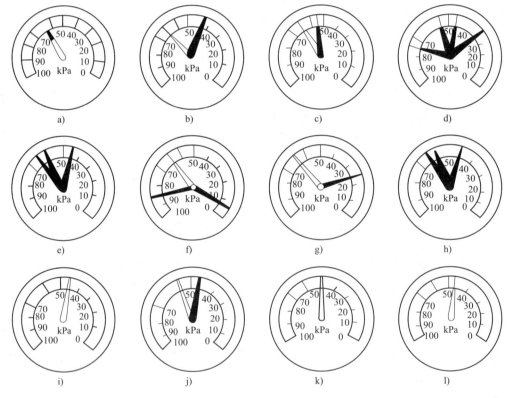

图 3-11 真空表检测结果

进气管真空度检测是一种综合性检测，能检测多种故障现象，而且检测时不需要拆下火花塞，因此是较实用、快速的检方法；但不足之处是由于涉及的故障太广，往往不易确定故障的具体原因。

3. 检测标准

根据 GB/T 3799.1—2005《商用车发动机大修竣工出厂技术条件》的规定，大修竣工的汽油发动机在怠速时，进气歧管真空度应在 57~70kPa 范围内。进气歧管真空度（大气压力以海平面为准）波动：六缸汽油机不超过 3kPa，四缸汽油机不超过 5kPa。由于进气管真空度随海拔升高而降低,海拔每升高500m,真空度降低5kPa,因此检测发动机进气管真空度时,应根据实际海拔高度予以修正。

四、曲轴箱窜气量的检测

测定曲轴箱窜气量也是检测汽缸密封性的手段之一。汽缸活塞组配合副磨损,间隙增大,或活塞环对口、断裂及拉缸时,窜入曲轴箱的气体量将会增加,发动机动力性会随之下降。在发动机确定的工况下,曲轴箱窜气量可反映汽缸活塞组总的技术状况和磨损程度。所以,以曲轴箱窜气量作为诊断参数,可间接了解汽缸活塞组结构参数的变化状况,并诊断其故障。

由于曲轴箱窜气量还与发动机的负荷、转速及曲轴箱的密封性有关,因而在测定这项参数时,应注意密封曲轴箱和选择适当的发动机负荷与转速范围。可利用测功机给发动机加载,可使发动机在全负荷工况下在最大转速至额定转速的任一转速下运转,用曲轴箱窜气量检测仪检测出任一工况下曲轴箱的窜气量。

1. 曲轴箱串气量检测仪基本原理与检测

1)基于节流原理的测头

测头和测量接头如图3-12a)所示,测量时将接头下端与加润滑油口严密相接,测头传感线与表相接。B孔与大气相通。当发动机曲轴箱有气体窜出时,窜气以速度v通过中心孔排入大气,由于中心孔有气体流过,A点压力P_a便低于大气压力,B点为大气压力P_0。于是,在支管中的A、B两端便产生压力差P_0-P_a,它使空气由B点流向A点。大气压力P_0是一个定值,而A点压力P_a是随中心孔窜气流速v的变化而变化。即窜气量的大小决定着支管中空气流速的大小,这样只要测出支管中空气流量的大小,便可得出曲轴箱窜气量。为达到这一目的,在支管中串联一个灵敏度很高的测头。

2)测头信号的转换

测头信号的转换原理如图3-12b)所示,其测头为热敏元件,当一恒定电流通过加热线圈时,其热敏元件内温度升高并于静止空气中达到一定数值。此时,其内测量元件热电偶产生相应的热电势,并被传送到测量指示系统。此热电势与电路中产生的基准反电势互相抵消,使输出信号为零,仪表即指在零位。若测头热敏元件有空气流过时,因热交换使热电偶热电势发生变化,并与基准电势比较后产生微弱差值信号,它经仪表内放大器放大推动表头工作,显示窜出气量的大小。因这种传感方式测头不接触发动机的窜气,可避免对测头的污染,同时保证了测量精度。

3)测量仪表

测量仪表由放大电路、表头、按键、微调器、指示灯和传感器线插孔等组成,如图3-12c)所示。放大电路的作用是将传感器的信号放大处理后传给表头并转换成窜气量值显示。当电源键按下时,电源指示灯亮,未检测时表头指针应指向零位。否则,可通过电源微调钮调整。按键分两挡,按低挡时测值在表头的上行刻度显示,按高挡则在下行刻度显示。

4)测试过程

(1)调整测量表头。按下电源键和低挡键,传感器线插入插孔,测量接头平放,中心孔无气流通过,将表头指针调整到零位。

(2)堵塞曲轴箱各通风孔、油尺孔等,仅保留加润滑油口为窜气孔。

(3)气压制动汽车的发动机须拆除空气压缩机,以免气体通过回油孔充入曲轴箱,影响窜气量的测量。

(4)起动发动机,在正常热状态下开始测试。

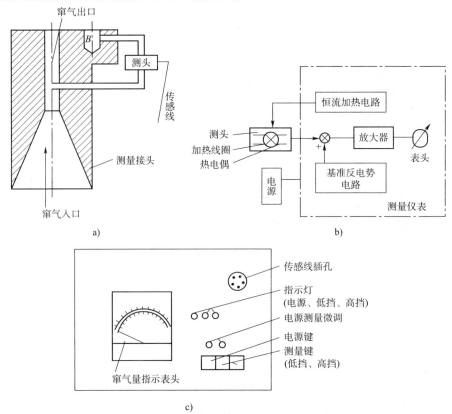

图 3-12 曲轴箱窜气量检测原理
a)测头及接头示意图;b)测头信号的转换原理;c)测量仪面板图

2. 气体流量计测试原理

曲轴箱窜气量的检测也可采用专用气体流量计进行。图 3-13 所示的玻璃气体流量计由 U 形管式压力计、流量孔板、刻度板和通往曲轴箱的胶管等组成。使用前,先将曲轴箱密封(堵住机油尺口、曲轴箱通风进出口等),再用胶管从加机油管口处将曲轴箱内的废气导出,接入气体流量计。当气体流过流量孔板时,由于两边存在压力差,使压力计水柱移动,直至气体压力与水柱落差平衡为止。压力计水柱高度可以确定窜入曲轴箱的气体量。流量孔板备有不同直径的小孔,可以根据窜气量的大小调节选用。

3. 测试结果分析

对于曲轴箱窜气量,目前还没有统一的检测标准。同时,曲轴箱窜气量还取决于发动机排量,因此也很难将不同车型发动机曲轴箱窜气量的标准统一。下列分析结果仅作为参考标准。

(1)与刚刚走合完毕的新发动机相比,在用发动机的曲轴箱窜气量有一使用极限。例如 EQ 6100-1 型发动机,稳定在 2000r/min 而空气压缩机不工作时,若曲轴箱窜气量达 70~80L/min,说明汽缸活塞组磨损

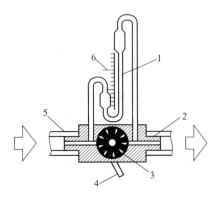

图 3-13 气体流量计筒体
1-压力计;2-通大气管;3-流量孔板;4-流量孔调节手柄;5-通曲轴箱胶管;6-刻度板

已到使用极限。

（2）在定期检测中，若某次窜气量测值突然明显增加，则可能是活塞环对口所致；在变动工况测试时，若稳定低速比高速时窜气量大，说明活塞环磨损已接近使用极限。

（3）在某一稳定转速检测时，若指针无规律按一定幅度摆动，说明有拉缸或断环故障。

第四节 起动系统的检测诊断与维修

发动机的起动性能也是其一项重要评价指标。发动机起动系统故障将导致不能起动或起动困难，起动系统性能的好坏主要取决于起动电流、蓄电池起动电压、起动转速以及其他零部件的技术状态，多因接触不良使线路电阻增加、蓄电池故障或起动机故障引起，诊断方法可采用经验诊断和借助仪表诊断。

一、起动电路的检测

判断起动电路的状态，常用的方式是进行起动电路电压降的测试。

起动机运转时，电流高达 400～500A，而起动电路中各接点的接触电阻所导致的总电压降一般不允许超过 0.1～0.2V。

电路中电压降的测试方法是将万用表接入有高电阻的电缆端头，然后运转起动机进行测量。图 3-14 所示为一般起动电路可能接触不良点测试处。起动电路电压降测量步骤如下：

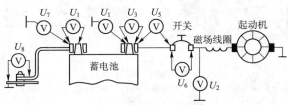

图 3-14 起动电路接触不良点

（1）将万用表的正极接线柱与电缆最接近蓄电池的正极端连接。

（2）将万用表的负极接线柱与所测电缆的另一端连接。如果没有电流流过，则读数为 0，因为在没有电流的情况下，两端的电位相同。

（3）起动起动机，万用表的读数应下降至低于 0.2V。

（4）评估测试结果。如果电压表的读数为 0，表明电缆电阻几乎为 0，电缆处于良好状态。如果读数超过 0.2V，就意味着电缆中电阻过大，应逐段检查是否有接触不良，或者更换电缆。

二、起动机的检测与调整

1. 电磁开关的检测

（1）触点和接触盘的检查。触点、接触盘平面应清洁，无烧蚀。轻微烧蚀可用细砂纸打磨，严重时需换用新件。

（2）吸拉线圈检查。对电磁开关可进行吸引动作试验：首先将起动机固定在台虎钳上，拆下起动机端子 C 上的磁场绕组电缆引线端子，用带夹电缆将起动机端子 C 和电磁开关壳体与蓄电池负极连接，如图 3-15 所示；用带夹电缆将起动机端子 50 与蓄电池正极连接时，驱动齿轮应向外移出。如果驱动齿轮不动,说明电磁开关有故障,应予以修理或更换。

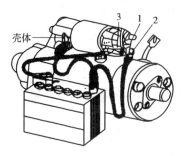 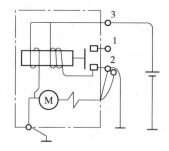

图 3-15　吸拉线圈的检查

1-电磁开关接蓄电池接线柱(电源端子 30);2-接起动机接线柱(磁场线圈端子 C);3-接起动开关接线柱(接线端子 50)

(3)保持线圈的检查。在吸引动作试验的基础上,当驱动齿轮在伸出位置时,拆下电磁开关端子 C 上的电缆夹,如图 3-16 所示,此时驱动齿轮应保持在伸出位置不动。如果驱动齿轮复位,说明保持线圈断路,应予检修或更换电磁开关。

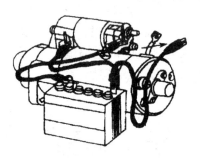 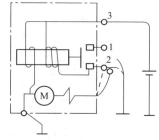

图 3-16　保持线圈的检查

1-电磁开关接蓄电池接线柱(电源端子 30);2-接起电机接线柱(磁场线圈端子 C);3-接起动开关接线柱(接线端子 50)

(4)电磁开关复位弹簧的检查。如图 3-17 所示,断开接线柱 3(端子 50)上的导线,驱动齿轮迅速退回,表明电磁开关复位弹簧良好,否则为弹簧损坏,应予更换。

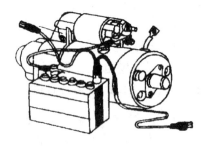 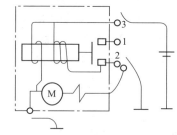

图 3-17　电磁开关复位弹簧的检查

1-电磁开关接蓄电池接线柱(电源端子 30);2-接起电机接线柱(磁场线圈端子 C);
3-接起动开关接线柱(接线端子 50)

2.传动机构的检修

1)驱动齿轮的检查

用游标卡尺测量驱动齿轮,两相邻的齿总厚度不小于 11.5mm,齿长应不小于 16mm,如有缺损、裂痕应更换。

2) 单向离合器的检查

首先检查单向离合器功能是否正常,如图3-18所示,一手捏住离合器壳体,另一手转动驱动齿轮,当沿顺时针方向转动驱动齿轮能被锁止时,沿逆时针方向转动齿轮应能灵活自如地转动,否则应予更换新品。

然后检测其传递转矩的大小,如图3-19所示将单向离合器夹在台虎钳上,用扭力扳手检测,滚柱式单向离向器应能承受25.5N·m的转矩、摩擦片式单向离合器应能承受117~176N·m的扭力而不打滑,否则应更换单向离合器。

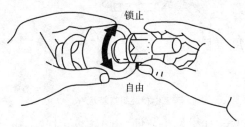 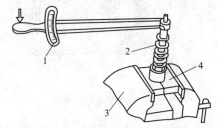

图3-18 检查单向离合器功能　　　　图3-19 检查单向离合器扭力
　　　　　　　　　　　　　　　　　　1-扭力扳手;2-单向离合器;3-台虎钳;4-夹板

3. 直流电动机的检修

1) 磁场绕组检修

(1) 磁场绕组断路故障。利用万用表电阻挡进行检查。检查方法如图3-20a)所示,两支表笔分别连接磁场绕组引线端头和正电刷,万用表指示阻值应当接近于零。如果阻值为无穷大,说明磁场绕组断路。断路故障一般都是磁场线圈与电刷引线连接部位焊点松脱或虚焊所致。

(2) 磁场绕组搭铁故障。利用万用表电阻挡进行检查。检查方法如图3-20b)所示,两支表笔分别连接磁场绕组引线端头和起动机壳体,万用表应不导通,即阻值应为无穷大。如果万用表导通,则说明磁场绕组绝缘损坏而搭铁,需更换新件。

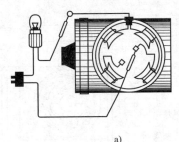 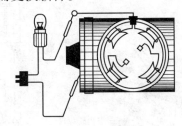

a)　　　　　　　　　　　　　　　b)

图3-20 检查磁场绕组

(3) 检查磁场绕组短路。可用图3-21所示方法进行。当开关接通时(通电时间不超过5s),用螺丝刀检查每个磁极的电磁吸引力是否相同。如某一磁极吸引力过小,说明该磁极上的磁场线圈匝间短路,应更换起动机。

2) 电枢组检修

(1) 断路故障:起动机电枢绕组采用截面积较大的矩形导线绕制,因此一般不会发生断路故障。如有断路故障发生,通过外观检查即可判断。

(2) 搭铁故障:可用万用表两支表笔分别连接电枢铁芯与换向器,万用表应不通,方法如图3-22所示,反之说明电枢绕组搭铁,应更换电枢总成。

(3) 匝间短路故障：电枢绕组流过电流较大，当绝缘层烧坏时就会导致匝间短路。除此之外，当电刷磨损的铜粉将换向片间的凹槽连通时，也会导致绕组短路。电枢绕组短路故障只能利用电枢检验仪进行检查，方法如图3-23所示。当测试仪通电后将钢片置于电枢铁芯上，并一边转动电枢一边移动钢片。当钢片在某一部位产生振动时，说明该处电枢绕组短路，应更换电枢。

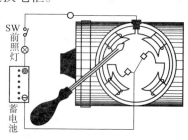

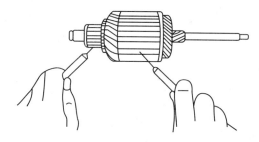

图3-21 磁场绕组短路检查　　　　　　　　图3-22 电枢绕组搭铁检查

(4) 电枢轴弯曲度检查：起动机的电枢轴较长，如果发生弯曲，电枢旋转时就会出现"扫膛"现象（即电枢与磁极发生摩擦现象），其摆差应不小于0.15mm，否则应予校直或更换电枢总成。

4. 起动机的性能检测

1) 空载性能试验

起动机的空载试验又称空转试验，应在专用试验台上进行。试验之前，应确保蓄电池电量充足。试验时，接通开关，待电动机运转稳定后，测量起动机消耗的电流、电压和转速等指标应当符合标准规定。

若无专门的检测台，为了检查起动机维修质量，修复后的起动机也可固定在台虎钳上，按图3-24所示连接线路进行简易的空载性能试验，主要目的是检查起动机有无机械故障，试验之前先将蓄电池充足电。试验方法如下：

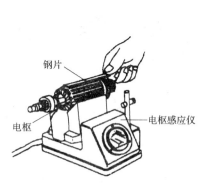

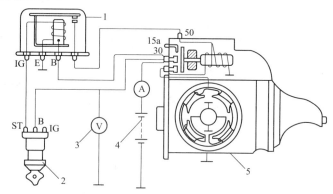

图3-23 电枢绕组短路检查　　　　　图3-24 起动机简易试验线路
　　　　　　　　　　　　　　　　　　1-起动继电器；2-点火开关；3-电压表；4-蓄电池；5-起动机

(1) 将磁场线圈引线电缆连接到电磁开关C端上。

(2) 用带夹电缆将蓄电池负极与电磁开关壳体连接，将量程为0～100A以上的直流电流表连接在蓄电池正极与电磁开关的端子30之间。

(3) 将点火开关拨到起动挡位置，待起动机转动平稳后，测量电流、电压和转速等各项指标应当符合标准规定。将测得参数与标准值进行比较，判断起动机有无故障。若电流大、转速低,说明起动机装配过紧使摩擦阻力矩过大或有电气故障。

机械故障原因有:轴承(或铜套)磨损过多使电枢轴与轴承不同心、电枢轴弯曲使电枢与磁极发生摩擦。

导致电流大、转速低的电气故障原因有:磁场绕组、电枢绕组匝间短路或搭铁。若电流和转速均低于标准值,则说明电动机电路接触不良或电源电力不足。

如果蓄电池存电充足,则故障原因是:电刷与换向器接触不良或电刷弹簧压力不足等。

2)制动性能试验

制动试验又称转矩试验,试验时要将起动机驱动齿轮锁止,起动机的制动性能试验一般在专用试验台上进行。

试验之前,先将蓄电池充足电。试验时,将起动机固定在专用试验台上,给驱动齿轮加上负载,接通开关S,测量电源电压、起动机电流和输出转矩等指标应当符合标准规定。由于起动机工作电流较大,因此制动试验应在2~5s内完成,以防烧坏线圈。

起动机在使用过程中进行制动性能试验的主要目的是检查起动机有无电气故障。如果制动转矩小、电流大,说明磁场绕组或电枢绕组有匝间短路或搭铁故障,导致产生转矩的有效线圈减少。如果转矩和电流都小于标准值,说明主电路接触不良,如电刷与换向器接触不良或电刷弹簧压力不足等。如果在驱动齿轮锁止的情况下电枢轴仍能缓慢转动,则说明单向离合器打滑。

三、起动机自保护电路故障诊断

为了防止发动机起动后,驾驶人将点火开关钥匙转动到起动挡;或在发动机已起动后钥匙放松缓慢;或因点火开关内部发卡,驾驶人虽已放松钥匙但在起动挡不能回位等原因从而引起起动机超速运转(飞车),损坏起动机,许多车辆增加了起动保护线路。

起动保护线路工作原理基本相同,以图3-25为例进行说明。组合继电器8的左边为起动继电器,右边为充电指示控制继电器。未通电和发电机未发电时,触点S_2常闭合。点火开关钥匙转至起动挡时,电流由点火开关,经SW接线柱,流过起动继电器磁化线圈和触点到E接铁。此时磁化线圈产生的磁力,使触点S_1闭合,接通起动机吸铁开关,起动机起动。发动机起动之后,发电机工作,中性点发出一定的电压。该电压经组合继电器的N接线柱,加到充电指示控制继电器的两端,使常闭触点断开,从而将起动继电器线圈电路自动断开,防止了因发动机起动后驾驶人未来得及放松点火开关,而造成起动机电枢"飞车"事故。

组合继电器中充电指示控制继电器的动作电压出厂时已经调整准确,使用中不得随意调整衔铁的反作用弹簧。

起动保护线路提高了起动机工作可靠性,但相应元件和导线可能导致相关的故障产生,其常见故障如下。

(1)点火开关钥匙在ON位置时,电源指示灯亮,转至起动位置时,起动机吸铁开关无动作

①原因:

a. 点火开关内部接触不良或接线插座松脱。

b. 组合继电器故障。

c. 起动机吸铁开关线圈断路。

d. 接组合继电器或起动机吸铁开关上的电线松脱。

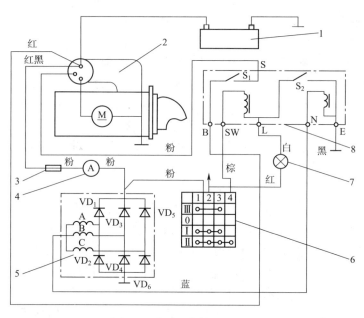

图3-25 起动机简易试验线路

1-蓄电池;2-起动机;3-30A熔断丝;4-电流表;5-发电机;6-点火开关;7-电源指示灯;8-组合继电器

②诊断。以图3-25为例,遇到这种情况建议先在起动机吸铁开关处进行检查:用导线或螺丝刀将吸铁开关上接有粉色线的接线柱与该开关上接蓄电池的接线柱搭接一下,如果起动机吸铁开关不能吸合,故障即在吸铁开关;如果吸铁开关动作,则故障在组合继电器或点火开关。这时可在组合继电器处用导线将B接线柱与SW接线柱搭接一下,如果能听到继电器触点闭合的声音,起动机吸铁开关动作,则故障在点火开关或相关的连接导线上,如果起动机吸铁开关不动作,故障在组合继电器,有可能是触点S_1间隙过大或线圈断路。进一步可拆开继电器验证。

(2)当发动机在最低稳定怠速运转时,在继电器附近可听到蜂鸣式异响。

①原因:

a. 组合器的控制继电器的电磁线圈是发电机中性点供电,汽车常闭触点断开时电压为6V左右,释放电压为1~3V。如上述两种电压调整偏高,则在怠速运转时继电器会频繁断开和闭合而发生蜂鸣声。

b. 发电机调节器调节电压偏低,不符合标准,因而中性点电压输出也偏低,因此也发生常闭触点振动现象。

②诊断。拆开组合继电器盖,用手轻触常闭触点处,如感到振动,此时应检测调节器调节电压,如偏低,则应调整到正常;如电压正常,则应调整组合继电器常闭触点断开和释放电压。

(3)将点火开关钥匙置于"ON"位置,指示灯不亮,再转至起动位置,起动机吸铁开关无吸合声。

①原因。

a. 有关导线松动脱落。

b. 发电机正极板的二极管被击穿。

②诊断。首先检查有关导线有无松动脱落,如完好,可拆开组合继电器盖,仍将点火开

关置于ON位置观察电源指示控制指示器,如常闭触点断开,说明此时发电机中性点有电流流过,磁力线圈的磁力吸开常闭触点。

从图3-25中可以看出,是发电机正极板二极管VD_1、VD_3和VD_5有一个或两个被击穿。因而点火开关置于ON位置时,蓄电池电流流经定子绕组,流过中性点,经组合继电器搭铁。因此产生不能起动和电源指示灯不亮故障,此时应检测或更换二极管。

第五节　点火系统的检测诊断与维修

汽油发动机属于点燃式发动机。在任何工况下,不仅需要均匀的供给各个汽缸适量且浓度合适的混合气,同时还需要靠点火系统按发动机工作顺序及时、准确地产生电火花可靠地点燃混合气。若点火系统技术状态不良,将直接影响发动机的动力性、经济性和排放性能,严重时将直接导致发动机无法正常工作。

在汽油机各系统中点火系统故障率最高,其特点是故障发生的比较突然,原因复杂。不论是传统的触点式点火系统、无触点电子点火系统还是现阶段普遍采用的电控单元控制点火系统,都是靠点火线圈通过互感作用把低电压转变为高电压,通过火花塞跳火点燃可燃混合气做功的。因此,在不解体情况下进行检测和诊断所采用的手段主要是点火波形的检测和点火正时的检测。

一、点火电压波形分析

1. 点火波形介绍

发动机工作时,点火系统的初级电路周期性的闭合和断开。当传统点火系统的触点闭合或电子点火系统的晶体管导通时,点火线圈初级绕组开始有电流通过并增强。此时,触点两端的初级电压接近于零;但初级电路从切断到闭合及初级电流的增长,使初级线圈产生的磁场强度由弱到强,初级绕组产生自感电动势;而次级绕组因互感产生逆电动势,在点火电压波形上表现为向下的振荡。

在初级电路切断的时刻,初级电流所能达到的大小与缸数和发动机转数有关,缸数增多,转速增高,都将导致初级电流的最大值降低;若闭合角增大,闭合时间比例相对增大,初级电流也增大。

初级电路切断后,初级电流及磁场迅速消失,初级电压迅速升高。由于磁场强度剧烈衰减,在次级绕组中感应出很高的感生电压,合理选择次级绕组与初级绕组的匝数比,可使次级电压的最大值可达15000～20000V。实际上,次级电压在小于某一数值时,即可把火花塞的电极击穿,此时的电压值称为击穿电压。电极被击穿后,初级电压和次级电压均迅速下降,电极间形成火花放电并延续一段时间,在次级电压波形上表示为火花线,即发火线后的一条起伏小而密的高频振荡曲线。当储存在点火线圈中的能量消耗到不足以继续维持放电时,火花终了,次级电压略有上升后又剧烈下降。此后,点火线圈和电容器中的残余能量以阻尼振荡的形式耗尽,在次级电压波形上出现低频振荡波形。由于初级线圈、次级线圈的互感作用,上述高频振荡和低频振荡波形也出现在初级电压波形中。通过放电和阻尼振荡消耗尽点火线圈的能量后,在初级电路接通之前,初级电压稳定于蓄电池的电压值,而次级电压降至零,直至初级电路接通后下一点火循环开始。

利用示波器可显示发动机点火过程的波形图,包括初级电流、初级电压和次级电压,如

图 3-26 所示。

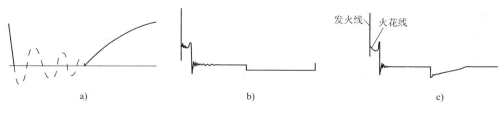

图 3-26 点火波形图
a) 初级电流；b) 初级电压；c) 次级电压

由于点火系统工作过程中,其线圈中的电流和电压的变化过程是有规律的。因此,在检测过程中,常采用汽车专用示波器或发动机综合性能分析仪的示波器功能,将上述波形显示出来并与正常工作情况下的点火波形进行比较、分析,以判断点火系统的技术状况好坏及故障所在。

上述三类波形中,初级电流波形所包含的诊断信息偏少,初级电压和次级电压波形随时间变化的规律是类似的,只不过初级波形与点火系统的结构有一定关系。实际检测诊断中,应用更多的是次级波形。

2. 示波器工作原理

示波器主要由示波管、传感器和电子电路等部分组成。其中示波管为阴极射线管,由电子枪、偏转板和荧光屏组成,如图 3-27 所示。在管内的电子枪将电子束射至管前的荧光屏上,能产生一个光亮点。在管子内部有两组金属板,水平的两块称为垂直偏转板,垂直的两块称为水平偏转板。当从示波器电路得到电荷时,水平偏转板会使电子束在管内的水平方向上产生弯曲,从而使在荧光屏上显示光亮点的电子束从左至右横掠屏幕扫过一条光亮的线条,然后再从右至左变暗回扫。由于光的运动非常快,以致光亮点以一条实线出现在观察者眼前。当示波器接上运转的发动机点火系统时,垂直偏转板可通过示波器电路接受到电荷,且此电荷的大小与点火系统电压的瞬时变化成比例。随着电子束从左到右的扫描,变化着的电荷使其在垂直方向产生弯曲,因而光亮点在阴极射线管的屏幕上扫出一条曲线图形。该曲线图形与点火系统电荷的大小相对应,并代表了点火系统中电压随时间的变化,显示了断电器触点开闭时每一点火循环的瞬时变化情况。

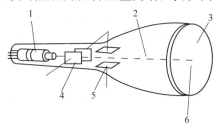

图 3-27 示波器上的阴极射线管
1-电子枪；2-电子束；3-荧光屏；4-水平偏转板；5-垂直偏转板；6-光亮点

示波器屏幕上的曲线图形,在垂直方向上表示电压,在水平方向上表示时间,走向从左至右。并且,以基线为准,向上为正电压,向下为负电压。

发动机诊断用的示波器,既可以制成单一功能的专用示波器,如采集点火信号显示点火波形的发动机点火示波器;也可以制成带有多种传感器显示多种波形的多功能示波器,如显示点火波形、柴油机高压油管压力波形、喷油器针阀升程波形、总成或零件的异响波形等;也可以和其他仪表,如转速表、电压表、电流表、无负荷测功仪、点火提前角测试仪、供油提前角测试仪、汽缸压力测试仪等组合成多功能综合测试仪。

3. 点火波形分析

在示波器上可显示如下四类点火波形,将其与标准点火波形进行比较,以判断点火系统的技术状况及故障部位。

1) 点火波形类型

(1) 多缸平列波：按点火次序从左至右首尾相连的波形，如图 3-28 所示。它用于诊断点火系统初、次级电路接触情况以及电容器、低压线、高压线和火花塞等元件的性能。

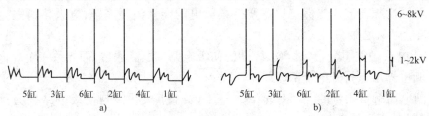

图 3-28　平列波
a) 标准一次平列波；b) 标准二次平列波

(2) 多缸并列波：按点火次序从下到上排列的波形，如图 3-29 所示。它可以比较火花线长度和一次电路闭合区间的长度。

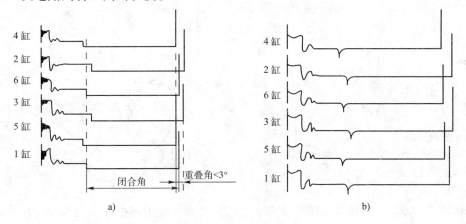

图 3-29　并列波
a) 标准一次并列波；b) 标准二次并列波

(3) 多缸重叠波：将多缸发动机各缸点火过程的曲线重叠到同一图形上的波形，如图 3-30 所示。它可以比较各缸点火周期、闭合区间和断开区间的差异。

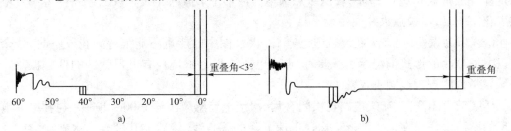

图 3-30　重叠波
a) 标准一次重叠波；b) 标准二次重叠波

(4) 单缸选择波：单独选择出某个缸的点火波形进行显示，可将其放大以观察各阶段电压的变化，特别是对火花线和低频振荡阶段的观察和分析非常有利。

图 3-31 所示为单缸直列波标准波形图的放大显示，它反映了一个汽缸点火工作的情况。

波形上各点的意义如下:
a——断电器触点打开,一次电流下降,而二次电压急剧上升。
b——火花通过时间。这时二次电压输送到火花塞上,一旦火花塞电极间放电,二次电压便随之下降,并保持在火花塞电极间放电所要求的电压值。
c——第一次振荡波。当保持火花塞持续放电的能量消耗完毕,电火花消失,点火线圈中的残余能量以阻尼振荡形式耗完。
d——断电器触点闭合,这时点火线圈的初级电路有电流通过,而导致一个反向电压。
e——断电器触点打开的全部时间。
f——断电器触点闭合的全部时间,水平直线表示点火线圈与初级电路接通,形成磁场和积蓄能量准备下一周期工作。
g——第二次振荡波,即点火线圈的磁化曲线。

2)点火波形故障反映区

如果所测波形曲线与标准波形有差异,这些差异可能出现在四个区域,如图3-32所示。

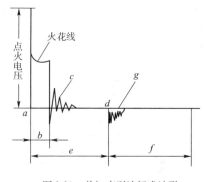

图3-31 单缸直列波标准波形

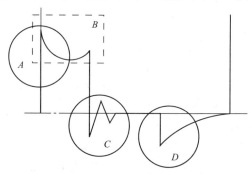

图3-32 常见二次波形异常区域

A区域为点火区:当初级电路切断时,点火线圈初级绕组内电流迅速降低,所产生的磁场迅速衰减,在次级绕组中产生高压电(15000~20000V),火花塞间隙被击穿时,次级电压随之下降。该区域异常说明初级电路、电容器或高压线不良。

B区域为燃烧区:当火花塞电极间隙被击穿后,电极间形成电弧使混合气点燃。火花放电过程一般持续0.6~1.5ms,在次级点火电压波形上形成火花线。该区域差异说明分电器或火花塞不良,以及点火线圈储能不足。

C区域为振荡区:在火花塞放电终了,点火线圈中的能量不能维持火花放电时,残余能量以阻尼振荡的形式消耗贻尽。此时,点火电压波形上出现具有可视脉冲的低频振荡。该区域异常说明点火线圈不正常。

D区域为闭合区:初级电路再次闭合后,次级电路感应出约1500~2000V与蓄电池电压相反的感应电压。在点火波形上出现迅速下降的垂直线,然后上升过渡为水平线。该区域异常多为分电器不正常。

3)典型故障波形和检测参数

(1)多缸发动机故障波形。以多缸发动机各缸点火状况的平列波为例,该波形可用于比较检测。如某四缸发动机波形按点火次序排列为:1→2→4→3,图3-33所示为该四缸发动机常见的几种故障波形。

①4缸发动机正常直列波形,如图3-33a)所示。

②各缸点火电压均高于标准值[图3-33b)],说明高压回路有高阻,多为点火线圈的高压线插孔、分电器高压线插孔及分火头等有积炭,或高压线内有高阻(断线、接插不牢固)等。个别缸在点火线下端出现多余波形,为该缸火花塞故障(如图中第2缸),火花塞电极烧毁或间隙增大。

③个别缸点火电压过高[如图3-33c)中第2缸],为该缸火花塞间隙偏大,或高压线接触不良,以及分火头与该缸高压线接触刷间隙过大。

④全部汽缸点火电压低于标准[图3-33d)],为火花塞脏污或间隙太小。

⑤个别缸点火电压低[图3-33e)中第4缸],为该缸火花塞间隙小或脏污,以及该缸高压线(绝缘损坏)或火花塞(瓷芯破裂)有漏电等情况。

⑥为诊断点火线圈发火能力,可拔掉某缸高压线[图3-33f)中第2缸]。此时,该缸点火电压应高达20kV以上为点火线圈性能良好,而且点火电压线下端伸长应为上端的1/2左右。

⑦全部直列波上下颠倒[图3-33g)],为点火线圈极性接反所致。

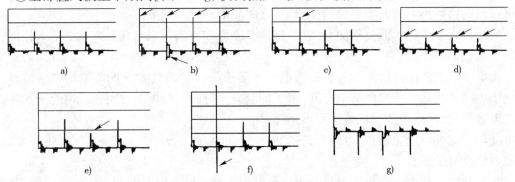

图3-33 四缸发动机常见故障波形

(2)闭合角检测。汽油机点火过程中,初级电路导通阶段所对应的凸轮轴转角称为闭合角。对于传统点火系统,闭合角为触点闭合时所占的凸轮轴转角;对于电子点火系统,则是控制电路导通所占的凸轮轴转角。

在闭合角相同时,发动机转速高则闭合时间短,转速低则闭合时间长。因此,为保证点火可靠,闭合角应随发动机转速而变化。电子点火系统中则可对闭合角的大小进行控制和调节:低速时,减小闭合角;高速时,增大闭合角。

利用初级并列波(图3-34)可方便地观测各缸的闭合角,其闭合角的大小应在以下范围内:4缸发动机:50°~54°,6缸发动机:38°~42°,8缸发动机:29°~32°。

对于传统有触点点火系统而言,若测出的闭合角过小,说明触点间隙太大,触点闭合时间短,初级电流增长不到需要的数值,会使点火能量不足;若闭合角太大,说明触点间隙小,会使触点间发生电弧放电,反而消弱了点火能量,不利于正常点火。

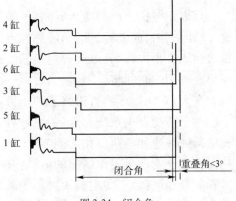

图3-34 闭合角

(3)重叠角检测。各缸点火波形首端对齐,最长波形与最短波形长度之差所占的凸轮轴转角称为重叠角(图3-35),重叠角不应大于点火间隔的5%,具体数据如下:4缸发动机不大于4.5°;6缸发动机不大于3°;8缸发动机不大于2.5°。

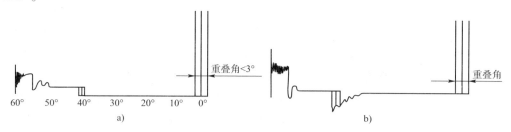

图3-35 多缸重叠波
a) 标准一次重叠波;b) 标准二次重叠波

重叠角的大小反映多缸发动机点火间隔的一致程度,重叠角越大,则点火间隔越不均匀。这不仅会影响发动机的动力性、经济性,还影响发动机运转的稳定性。重叠角太大是由分电器凸轮磨损不匀或分电器轴磨损松旷、弯曲变形等原因造成的。

电子点火系统用示波器检测其波形,其检测原理和方法与触点式点火系统基本相同,但有以下区别。

① 电子点火系统的初级和各种次级电压波形与传统的触点式点火系统的波形相似,由于电子点火系统除了少数配有电容器,用于抑制点火时的高频振荡波对无线电的干扰外,大都无电容器,故其振荡波会比传统点火系统少些。

② 电子点火系统无触点、电容等,有的电子点火系统无分电器。因此,与这些有关的故障原因就没有了。

③ 目前的一些电子点火器都具有闭合角可控功能,故在检测闭合角时,闭合角度变化是正常的,而不变化则说明电子点火器闭合角可控电路已失效。因此,在检测前应了解电子点火系统是否有闭合角可控功能。

④ 不同的电子点火系统其正常的电压波形会有一些差异,为在检测时判断迅速而又准确,平时应注意查看各型汽车维修手册上的点火电压波形说明,或用示波器记录下各型汽车在正常工作状态下的点火电压波形。

二、点火提前角的测试与调整

点火正时指正确的点火时间,一般用点火提前角表示。从点火开始到活塞到达上止点这一段时间内,曲轴转过的角度称为点火提前角。点火提前角对发动机的动力性、经济性和排放性能有很大影响,点火提前角随发动机转速增高而增大,因为转速升高后,曲轴转过同样角度所用的时间将会缩短;同时,点火提前角随发动机负荷(节气门开度)的增大而减小,因为在大负荷时,压缩行程终了的压力和温度增高,燃烧速度加快。

对于传统点火系统,分电器中具有离心点火提前机构和真空点火提前机构,以实现点火提前角随转速和负荷变化的调节。对于现代发动机上的计算机控制电子点火系统,各种传感器将关于发动机工作情况的信息传输至计算机,计算机计算出正确的点火时间,以控制三极管的导通或截止,实现点火时刻的调节。计算机控制点火时刻,除根据发动机转速和负荷两个因素外,还可以根据发动机的工作温度、海拔高度、爆震倾向等有关因素进行修正。

但不论哪一种点火系统,其实现点火提前角的基准位置必须准确,即点火初始角必须准确。点火正时的检测可以对此予以判断。虽然凭经验可对发动机的点火正时进行粗略检查并校正,但点火提前角的精确检测必须借助于仪器。常用的检测方法有频闪法和缸压法。

1. 频闪法

用频闪法检测点火提前角使用的点火正时仪又称正时灯,如图3-36所示。该仪器由闪光灯、传感器、整形装置、延时触发装置和显示装置构成,其基本工作原理建立在频闪原理的基础上。即:如果在精确的确定时刻,用一束短暂(约1/5000s)的且频率与旋转零件转动频率相同的光脉冲,照射相对转动的零件,由于人们视力的生理惯性,则会觉得零件是不转动的,并能看清其上标记。

1) 点火正时仪工作原理

在发动机飞轮或曲轴带轮上,一般都刻有正时标记,在与之相邻的固定机壳上也刻有标记。曲轴旋转至活动标记与固定标记对齐时,第一缸活塞刚好到达上止点。如果用第一缸的点火信号触发闪光灯,并使之发出短暂光脉冲,当用闪光灯照射刻有活动定时标记的飞轮或曲轴带轮时,若发动机转速稳定,则活动标记与闪光灯闪光在光学上是相对静止的,活动标记似乎不动。当闪光灯在第一缸点火信号发生的同时闪光时,一缸活塞尚未到达上止点,活动标记与固定标记尚未对齐,此时两标记之间所对应的发动机曲轴转角即为点火提前角。

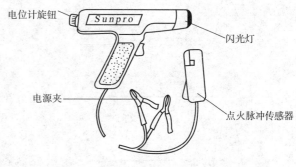

图3-36 点火正时仪

为了测出点火提前角的大小,点火正时仪具有延时触发电路,并可用电位计来改变延时常数,使闪光滞后于一缸点火一定的时间再发生。此时闪光照射于活动标记时,发现随延时常数增加,活动标记距固定标记转过的角度越来越小。当两标记对齐时,延时常数所对应的发动机曲轴转角即为点火提前角。

2) 点火正时检测方法

检测时,先将正时灯红色和黑色两个电源夹接到蓄电池正、负极上,再把点火脉冲传感器串接在一缸火花塞与高压线间或外卡在一缸高压线上(感应式传感器),擦拭飞轮或曲轴带轮使之清晰显露出正时标记。使发动机于怠速工况下运转,打开正时灯并使之对准正时标记,调整电位计旋钮,使活动标记与固定标记对齐,此时所显示的读数即为怠速工况下的点火提前角。

发动机怠速运转时,离心式和真空式点火提前装置未起作用或起作用很小,此时测得的点火提前角为初始提前角。测出的各工况下的点火提前角若符合规定,说明初始点火提前角调整正确,同时说明离心点火提前装置和真空点火提前装置工作正常。也可对各种工况下的离心提前角和真空提前角进行测试。拆下分电器真空提前装置的真空软管,用在真空提前装置不起作用时各种转速下的点火提前角减去初始点火提前角,即可得到在各种转速下的离心提前角;在连接真空提前装置真空软管的情况下,用在同样转速下测得的点火提前角减去离心提前角和初始提前角,则又可得到真空点火提前角。

对于计算机控制电子点火系统而言,其点火提前角的检测应按制造厂规定的校准点火正时的步骤进行。检测时,一般应先把发动机诊断接口中的点火正时检验接线柱搭铁,使计算机控制点火提前不起作用,以便准确测定点火初始角(即发动机自动控制点火提前装置不起作用时的点火提前角)。

2. 缸压法

当某缸活塞到达压缩行程上止点时,汽缸内压缩压力最高。用缸压传感器检测出这一时刻,同时用点火传感器检测出同一缸的点火时刻,两者间所对应的曲轴转角即为点火提前角。用缸压法制成的点火正时仪,由缸压传感器、点火传感器、处理装置和指示装置等构成。如果正时仪带有油压传感器,还可以用来检测柴油机的供油提前角。图 3-37 为缸压法检测发动机点火提前角或供油提前角的原理图。

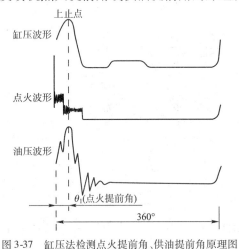

图 3-37 缸压法检测点火提前角、供油提前角原理图

用缸压法进行发动机点火提前角的检测步骤如下:

(1) 运转发动机使其达到正常工作温度后停机。

(2) 拆下某一缸的火花塞,把缸压传感器装在火花塞孔内。

(3) 把拆下的火花塞固定在机体上使之搭铁(注意:中心电极不能与机体相碰),并把点火传感器插接在火花塞上,连接好该缸的高压线。此时,该缸火花塞可缸外点火。

(4) 起动发动机运转,由于被测缸不工作,该缸压信号反映汽缸压缩压力大小,其最大值产生于活塞压缩终了上止点,连接在该缸火花塞上的点火传感器输出点火脉冲信号或点火电压波形信号。

(5) 按仪器使用说明书的要求操作,可从指示装置上测得怠速、规定转速或任一转速下的点火提前角。对具有打印功能的检测仪,在按下打印键后,还可打印出检测结果。

缸压法与闪光法一样,可测得初始点火提前角和不同工况下的总提前角、离心提前角、真空提前角以及计算机控制电子点火系统的基本点火提前角。检测点火正时时,一般只测一个缸(如 1 缸),其他缸的点火提前角决定于点火间隔,而点火间隔可从示波器屏幕上显示的并列波上得到。当各缸点火波形的重叠角很小时,可认为各缸的点火间隔相等,因而其他缸的点火提前角与被测缸相同,此时被测缸的点火提前角即是整台发动机的点火提前角。

三、传统点火系统的检测与诊断

通过前述方法,在不解体情况下初步判断故障部位后,需要进一步拆检诊断确认故障。按结构原理的不同,汽车点火系统分为传统点火系统、电子点火系统和计算机控制点火系统三种类型。随着汽车技术的发展,传统点火系统由于不能满足现代汽车的要求而逐步被淘汰,现存量极少,其中的点火线圈、分电器、火花塞等部件在电子点火系统和计算机控制点火系统又得以保持,故对该系统检测方法作简要介绍。

1. 断电器的检修

(1) 触点应平整光洁,无脏污、烧蚀;接触面积不得小于 85%,表面粗糙度不得大于 0.4μm,单个触点厚度不得小于 0.5mm,两触点的中心线应重合,不可歪斜,偏移不得超过 0.2mm。若上、下有偏移,可借活动触点臂的上、下垫圈加以调整;如左、右偏移,可用钳子扭动固定触点架加以校正。

(2) 触点间隙的检查与调整：触点间隙应为 0.35～0.45mm，若不符合规定，可松开固定螺钉，再拧转偏心螺钉进行调整，如图 3-38a) 所示。调整好后，拧紧固定螺钉即可。

(3) 检查触点臂弹簧张力：用弹簧垂直测量动触点臂弹簧张力，如图 3-38b) 所示。当触点刚刚分开时的读数应符合规定，一般为 4.9～6.9N。

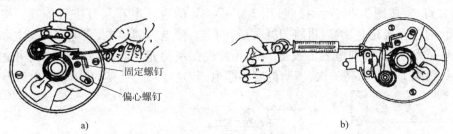

图 3-38 断电器的检查
a) 检查触点间隙；b) 检查触点臂弹簧张力

(4) 凸轮棱角的磨损不得超过 0.4mm，各棱角尖对轴中心的距离相差不允许大于 0.03mm，表面粗糙不得大于 0.8μm，径向游隙不大于 0.1mm，轴向间隙不大于 0.25mm。

2．配电器的检修

(1) 分电器盖应无裂损，各旁电极无烧蚀；中心电极碳触头应无磨损，压簧应良好；分火头应无裂损，导电片无烧蚀，与分电器轴插合稳固。

(2) 检查分火头与分电器盖是否漏电，可利用点火线圈的高压电进行跳火试验。如有裂损应更换，如受潮漏电，可烘烤。

3．离心提前机构检修

(1) 离心重块甩动应灵活平稳，所有销孔接合无卡滞和松旷现象，托板与分电器轴的板过盈配合应良好。

(2) 将分电器轴固定不动，使凸轮向正常旋转方向转至极限位置，在突然放松时，凸轮应立即返回原位，否则拉簧不合格。

4．真空提前机构的检修

(1) 膜片应无裂损，拉杆与弹簧应连接牢固，拉杆与随动板的销孔应不松旷，管接螺母的螺纹应良好。

(2) 用嘴吸吮管接螺母时，应无漏气。

5．分电器总成试验

分电器试验的目的，在于检查凸轮分火角均匀度以及点火提前机构的工作特性。试验可在万能试验台上进行，也可在自制的分电器试验台进行，如图 3-39 所示。

(1) 分火角度均匀性试验：将分电器的转速调到 50～100r/min，观察旋转放电指针与刻度盘之间出现火花的间隔角度是否均匀。4 缸发动机火花间隔角为 90°±1°，6 缸发动机为 60°±1°；否则说明分电器轴磨损或凸轮磨损，应进行修理。

(2) 离心提前机构试验：先将转速调到最低转速（50～100r/min），再将刻度盘的零点对准一个火花，然后提高转速，观察规定转速下点火提前角是否符合规定标准。若不符合标准，应扳动弹簧支架，校正弹簧拉力或更换弹簧。

(3) 真空提前机构试验：使分电器转速稳定在 100r/min，在离心提前机构提前角度不变的情况下，抽动真空泵，观察在规定真空度下，点火提前角是否符合标准。若不符合，可增减真空提前机构接头处的垫片,以改变膜片弹簧的张力。

6. 电容器的故障与检查

电容器常见的故障有:绝缘击穿(导致短路或漏电)、内部引出线断路以及容量过大或过小等。检查电容器的方法很多,通常是将电容器拆下进行单独检查,也可在发动机上与标准电容器进行对比试验。

(1)氖灯法:按图3-40所示接线,用200~300V的直流电和氖灯进行检查。将刀开关放在左面,向电容器充电,然后再将刀开关放在右边,使电容器放电,当电容器充电和放电的瞬间,氖灯若发生闪烁,则电容器良好。刀开关放在左面充电时,氖灯不亮,表明电容器断路;若氖灯每隔1~2s闪亮一次,表明电容器漏电;若氖灯一直是亮的,则表明电容器短路。

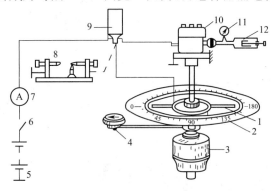

图3-39 分电器试验台
1-旋转放电指针;2-刻度盘;3-调速电动机;4-转速表;5-铅蓄电池;
6-开关;7-直流电流表;8-三针放电装置;9-点火线圈;10-被试分电器;11-真空表;12-真空泵

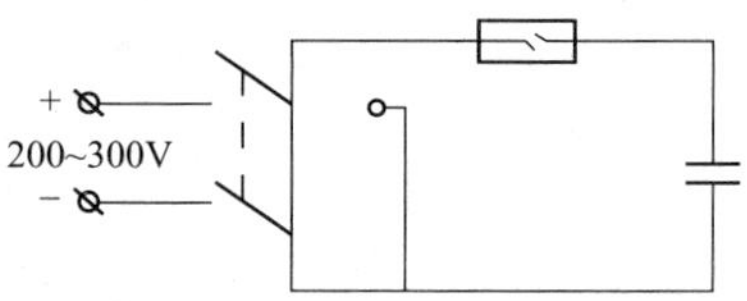

图3-40 氖灯法检查电容器的线路图

(2)试灯法:检查时将15~25W、220V灯泡的一个触针接电容器引线,另一触针接电容器外壳,若此时灯亮,表明电容器短路。若灯不亮,将触针移去,然后使电容器引线与外壳相碰:有强烈火花发生,表明电容器良好;无火花,表明电容器内部断路。

7. 点火线圈的故障、检查及试验

点火线圈的主要故障有:初级或次级绕组断路、短路或搭铁,绝缘盖破裂漏电,附加电阻烧断。检查与试验的方法如下:

(1)查看点火线圈的外表,若绝缘盖破裂或外壳碰裂,因容易受潮而失去点火能力,应予更换。

(2)用万用表电阻挡测量点火线圈的初级绕阻、次级绕组以及附加电阻的电阻值,通常初级绕组电阻为$1.4~3.2\Omega$,次级绕阻为$3600~7000\Omega$,附加电阻为1.4Ω左右,否则说明有故障。

(3)点火线圈发火强度的试验:点火线圈的发火强度可在汽车电气设备万能试验台上的三针放电器上进行试验,如图3-41所示。三针放电器可用来测量火花长度。它由主电极A、C以及辅助电极B组成。主电极A搭铁,主电极C接高压线,辅助电极B则不与其他线路相连,它和主电极C之间有$0.05~0.1mm$的间隙。增加辅助电极的目的,是促使电极间隙中的气体电离,使击穿电压稳定。移动主电极A可调整其与主电极C间的距离。

我国采用的三针放电器为垂直形,即辅助电极与主电极C垂直,如图3-41a)所示。在这种三针放电器中,击穿1mm的间隙所需电压为15kV。在国际标准中,规定使用的三针放电器为65°形,即辅助电极与主电极C之间成65°,如图3-41b)所示,击穿5.5mm的间隙,相当于12kV的电压。

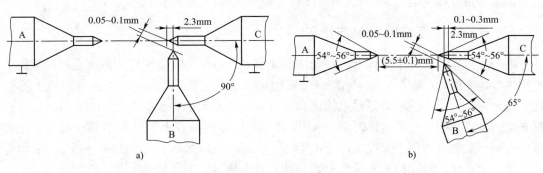

图 3-41 三针放电
a) 垂直形；b) 65°形
A、C-主电极；B-辅助电极

如不具备条件，也可按图 3-42 所示电路进行试验，将蓄电池、被试点火线圈、电容器、按钮开关等按图所示接好试验电路，接通按钮开关，然后使其迅速断开，此时点火线圈高压线端应产生强烈的电火花，否则为点火线圈性能不良。

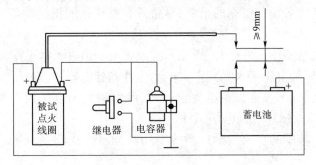

图 3-42 点火线圈试验电路

8. 火花塞的故障

火花塞的常见故障有积炭、积油、间隙过大、绝缘体出现裂纹、漏气和过热等。

火花塞积炭为热特性太冷、混合气过浓或润滑油过多所致。积炭将导致漏电，使点火线圈产生的高压降低，致使发动机停火或间歇断火。

火花塞积油常在长时间起动时发生，积留在电极间的油滴使火花塞的击穿电压增高，起动困难。

电极间隙过大常因电极烧蚀所致。间隙过大，火花塞击穿电压增高，使点火线圈工作在过负荷状态，高速时易断火；间隙过小则火花弱小，不能可靠点燃混合气。火花塞电极间隙应用圆形量规测量，其值应符合规定，一般火花塞间隙为 0.6 ~ 0.7mm，部分进口车型为 0.7 ~ 0.9mm，间隙不当时应用特制工具弯曲旁电极进行调整。

绝缘体的裂缝常因温度剧变或机械冲击而引起，炭碴嵌入裂缝会使火花塞短路。

火花塞密封垫圈损坏或安装太松时可能漏气。

火花塞特性太热，则会产生炽热点火导致敲缸。

9. 高压线故障

检查应仔细检查接线端子是否腐蚀，外皮绝缘层有无破损、老化，芯线有无断裂（尤其是纤维渗碳电阻线芯的高压线，使用中不能对折，以免折断），如有应予更换。对高压阻尼线，可用万用表测量其电阻，阻值应不大于 25Ω，否则应予更换。若工作中发现高压线与缸盖等金属接近处产生电火花,则说明高压线有漏电现象,应更换新线。

四、电子点火系统的检测与诊断

电子点火系统又称半导体点火系统或晶体管点火系统。它是在传统点火系统的基础上利用半导体元器件(如晶体管、晶闸管)组成的电子开关电路(即点火电子组件或点火器),代替传统点火系统中的断电器触点接通和断开点火线圈初级电路,而点火电子组件接通和断开点火线圈初级电路的具体时刻,则由安装在分电器内的点火信号发生器根据各汽缸的点火时刻产生的点火信号来控制。分电器、点火线圈、火花塞等的结构原理完全相同,因此对电子点火系统的故障检测和诊断主要是针对点火信号发生器和点火电子组件而言。

1. 电子点火系统使用和维护注意事项

电子点火系统如果安装、使用不当,某些检测方法沿用传统点火系的方法,会造成一些人为故障,甚至损坏点火系统。为此,在使用和维护过程中,应注意以下事项:

(1)安装时,接线必须正确、牢固,尤其注意电源极性不可接错,否则极易损坏点火电子组件。

(2)电子点火装置必须有可靠的搭铁,尽量减少搭铁处的接触电阻,以确保电路稳定可靠地工作。

(3)点火信号线与高压线应分开,以免干扰点火电子组件正常工作。

(4)洗车时,应尽量避免将水溅到点火电子组件和分电器内。

(5)发动机运转时,不可拆去蓄电池连接线,或用刮火的方法检查发电机的发电情况,以免产生瞬间过电压而损坏点火电子组件。

(6)电子点火系统中的点火线圈一般为专用高能点火线圈,应尽量避免用普通点火线圈代用。

(7)高压导线必须连接可靠、牢固。由于电子点火系统中点火线圈二次电压一般较高,若连接不好,易使分电器盖及点火线圈绝缘击穿而损坏。

(8)当需摇转发动机而又不需要发动机起动时,应从分电器盖上拆下点火线圈高压线,并将其搭铁,决不允许点火线圈在开路状态下工作,否则极易损坏点火线圈和点火电子组件中的功率开关晶体管。

(9)当需要拆、接电子点火线圈装置连接导线,或安装和拆卸检测仪器时,应先关断点火开关或断开蓄电池的搭铁线。

(10)点火电子组件应安装在干燥、通风良好的部位,并保持其表面的清洁以利散热。

2. 电子点火系统的故障检查

如果发动机不能起动是由电子点火装置引起的,常采用的检查方法是:从分电器盖上拔下中央高压线,并使其端部距离汽缸体5~7mm,然后起动发动机,观察高压线端是否跳火。如无火花,则说明电子点火装置有故障,应予以检查。

检查时,应首先对点火装置相关连接导线、搭铁线、电源线及工作电压等进行检查,因这些部位的故障率远比点火信号发生器和点火电子组件的故障率要高。如连接导线、搭铁线、电源线及电源电压正常(指给点火电子组件、点火信号发生器及点火线圈等提供的电压,一般不低于6V即可正常工作),则可进一步对点火线圈、点火高压电路、点火信号发生器以及点火电子组件进行检查。对电子点装置的点火线圈、高压电路(包括高压线、分电器盖、分火头、火花塞等)的检查与传统点火系统基本相同,下面主要就点火信号发生器及点火电子组件的检查方法作简要介绍。

1) 点火信号发生器的检查

根据点火信号发生器产生点火信号原理的不同,电子点火系统可分为磁感应式、霍尔效应式和光电式等。

(1) 磁感应式点火信号发生器的检查。

① 测量传感线圈的电阻值:先将分电器与线束之间的插接器拆开,然后用万用表电阻挡测量与分电器相连接的两根导线之间的电阻值,如图 3-43 所示。测量时还可用螺丝刀把轻轻敲击传感线圈或分电器壳,以检查其内部是否有松旷和接触不良等故障。若测量结果与标

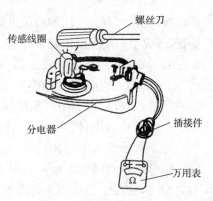

图 3-43 测量传感线圈的电阻值

准阻值相差较大,说明传感线圈已经损坏。如电阻值为无穷大,说明传感线圈有断路。一般断路点都在导线接头处,如焊点松脱等,可将传感线圈拆下进一步检查。如发现焊点松脱,可用电烙铁焊上即可。

② 检查、调整信号转子凸齿与线圈铁芯之间的间隙值:可用塞尺进行测量,如图 3-44 所示,该间隙的标准值为 0.2~0.4mm;如不符合,可松开紧固螺钉 A、B 作适当的调整,直至间隙符合上述规定,再将螺钉 A、B 拧紧即可。

(2) 霍尔式点火信号发生器的检查。霍尔式点火信号发生器是有源器件,需输入一定电源电压时才能工作,因此应先测量其输入电压是否正常。方法是用直流电压表的"+"、"−"表笔分别接触与分电器相连接的插接器"+"、"−"接线柱(红黑线端与棕白线端),如图 3-45 所示,接通点火开关,电压表应显示接近蓄电池电压,为 11~12V;否则,说明点火电子组件没有霍尔信号发生器提供正常的工作电压,应检查点火电子组件。

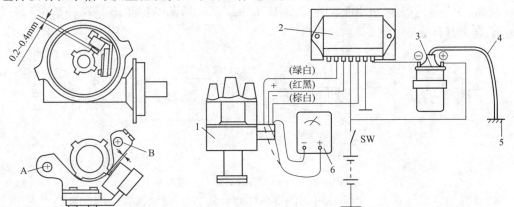

图 3-44 信号转子凸齿与铁芯间隙的检测与调整

图 3-45 霍尔信号发生器的检查
1-分电器;2-电子点火组件;3-点火线圈;4-高压线;5-搭铁;6-直流电压表

若电压表显示电压正常,可进一步测量点火信号发生器的输出信号电压。方法是用同一只电压表在点火开关接通时测量分电器的信号输出线(绿白线)与搭铁线(棕白线)之间的电压。当触发叶轮的叶片在霍尔传感器的空气隙中时,电压表应显示与输入电压值相近的电压,即 11~12V;而当触发叶轮的叶片不在霍尔传感器的空气隙中时,电压表所显示的电压应接近于零,为 0.3~0.4V。如经上述测量,电压表读数正常,可认为霍尔信号发生器无故障。

需注意的是,由于车型不同,或同种车型而生产年代不同,其霍尔式点火信号发生器的内

部结构、电路和有关工作参数也不完全相同,所以其工作电压、信号输出电压幅值也有所不同,检查时,应与同期生产的同种车型的测量值作对比,方可准确判断点火信号发生器是否合格。

(3)光电式点火信号发生器的检查。光电式信号发生器由于结构简单,工作可靠性较高,如光源和光接收器没有被人为损坏,一般很少出问题。检查时,只需查看光源和光接收器表面是否赃污,可利用酒精擦拭,保持表面清洁;并检查遮光盘片有无缺损和变形。

2)电子点火组件(点火器)的检查

对于电子点火组件,由于其配用的点火信号发生器形式不同,点火电子组件所采用的元件结构形式和电路也不相同。即使是同一种类型的点火器,生产厂家不同,电路结构参数也不会相同。因此,很难用一种简单而统一的方法对其进行检查及测量。常用的方法有以下几种,具体应用时需根据情况选择。

(1)一般检查。一般检查是将电子点火器从分电器或点火线圈中拆下后,松开连接线或插接器,仔细检查各引出端导线,看其是否良好,有无异常迹象。

测量电子点火器的输出电阻:各种电子点火器电路各不相同,但它们的输入端都是指接到传感器输出端子上去的那两个端钮,其输入电阻值因点火器电路不同而异。检测时,若发现此电阻值很大,应检查各插接件的焊点是否良好,其屏蔽线有无断路;若发现此电阻值过小,应仔细检查电路各个部分,尽快判明是因某处搭铁还是由于电子元器件击穿损坏而造成短路。

(2)用干电池检查。该方法适用于配用磁感应式点火信号发生器的单功能点火电子组件。例如图3-46所示,检测时,先把电压为1.5V的干电池与电子点火器的输入端接好,电池的"+"极接粉红色线,"-"极接白线,如图3-46a)所示,然后用万用表电压挡测量点火线圈次级绕组下端的"-"接线柱与搭铁之间的电压,此值应为1~2V;再按图3-46b)所示连接电池,即把其电源极性颠倒("+"极接白线,"-"极接粉红色线),此次再测量点火线圈初级绕组"-"端与搭铁之间的电压,其值应为12V。若检测的结果不是这种情况,则说明该电子点火器有故障。

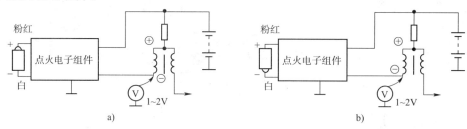

图3-46 利用干电池检测电子点火器

对于有些电子点火器,又可采用如图3-47所示的方法检测,将干电池的"+"极搭铁,"-"极接点火器白色引线,并按图示的方法接好点火线圈等,在接通点火开关后,将点火线圈中央高压线距离汽缸体5~10mm,查看高压电火花情况。若合上开关后无跳火火花,则表明该电子点火器有故障。

为了对电子点火器进行进一步的检查,也可采用加热的方法,对其边加热边检测。一般在电子点火器内部都填充有导热硅脂,若无这种硅脂,汽油机在冷起动时,其工作及检测结果虽不受影响,但在热起动后,汽油机会出现断火现象。

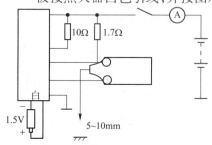

图3-47 利用干电池检测电子点火器

(3)替换法。最通用且简单有效的方法是采用替换法。若有与被测电子点火器相同型号的新组件,替换后故障消除,再换上原电子点火组件故障依旧,则可证明原电子点火组件有故障。

五、计算机控制点火系统的检测与诊断

计算机控制的点火系发生故障后,其点火线圈、点火器及高压电路元器件以及高压电路和部分低压电路的检测与诊断方法,与前述的电子点火系基本相同。这里仅介绍其电子控制部分的诊断与检测方法。

1.计算机控制的电子点火系电子控制部分故障检测与诊断方法

1)直观诊断

当计算机控制的点火系发生故障时,应先对与故障现象相关的部位、部件及其连接导线进行外观检查。查找各个插接器是否有污损、插接不到位而引起的接触不良;检查导线是否有断开,是否有磨损而引起导线间或搭铁短路烧坏的地方;检查各个传感器和执行器是否有零件松动、丢失、变形、卡死、磨损越限等机械故障;发动机工作时是否有异响;点火器、点火线圈温度是否正常;询问用户故障发生过程及现象等。

由于计算机控制的点火系结构原理复杂,工作可靠性也较高,发生故障后,除了电子元器件本身的损坏外,很多故障是由于线路短路、断路、插接器接触不良造成的,而与计算机控制系统无关。直观诊断法可以比较容易地发现这些故障,结合经验诊断方法,可以达到事半功倍的效果,是一种最简单最基本的故障诊断方法。

2)利用自诊断系统

当计算机控制的点火系统出现故障时,应首先利用汽车的自诊断功能调取存储在电控单元内的故障码,根据故障码和及其含义,可快速对电控系统自身故障的范围作出初步判断并进一步排除故障,因此是对计算机控制的点火系统电控部分最主要的诊断手段。

但这种方法不能诊断电控系统范围以外的发动机故障,如点火线圈、高压配电器等高压电路元器件以及高压电路的故障。关于故障码的读取、故障码的具体含义和故障码的消除,目前世界各汽车厂尚未完全统一,可通过车上的诊断接口利用专用的解码器或人工调码的方法读取。具体方法参见本章第十一节。

2.计算机控制的电子点火系故障检测与诊断步骤

(1)应首先确定故障在电子控制部分还是在高压电路部分。方法是:拔下中央高压线,并使其端部距离汽缸体 5~7mm,然后起动发动机,观察线端是否跳火,如有强烈的高压火花出现,说明故障在高压电路部分,可进一步检查各汽缸的分火装置及火花塞等有无故障。如无火花或火花很弱,则说明包括点火线圈、点火器在内的电子控制系统有故障,应予以检查。

(2)如果点火线圈的次级不能产生高压,则应在点火器点火信号输入端检查电控单元提供的点火脉冲信号是否正常。检查时,可在发动机起动旋转时,用示波器或万用表检查是否有 5~10V 的点火触发信号。如信号正常,则为点火器或点火线圈及其电路不良,而点火控制系统(点火电控单元及有关传感器)基本正常。

(3)如计算机提供的点火脉冲信号不正常,则说明点火控制系统(点火计算机及有关传感器)有故障。此时,应首先检查点火计算机及有关传感器工作电压是否符合要求,搭铁线有无断路或接触不良;再检查曲轴基准位置传感器(点火基准传感器)和曲轴转角与转速传感器及其有关电路是否正常,安装位置是否合适,连接导线和插接件有无不良,是否能够产生足够的信号电压。如点火计算机及有关传感器工作电压符合要求,曲轴基准位置传感器

（点火基准传感器）和曲轴转角与转速传感器及其有关电路也正常并能够产生足够的信号电压,则可初步认为点火计算机不良,可更换同型号点火计算机试验确认。

（4）若点火控制系统故障,即点火控制系统及其有关传感器和电路发生故障,一般计算机自诊断系统的故障报警灯将会点亮,这时应充分发挥计算机自诊断系统的功能以便进一步缩小故障检查范围。若自诊断系统的故障报警灯没有点亮,则应该从其他方面查找故障原因。

第六节　汽油机供给系统的检测诊断与维修

汽油机燃油供给系统的功用为:根据发动机各工况的要求,向汽缸及时提供一定数量和浓度的可燃混合气,以便在临近压缩终了时使发动机点火燃烧而膨胀做功,最后把燃烧产物排至大气,燃油供给系统是发动机较易发生故障的系统之一,其技术状况好坏直接影响着发动机的动力性、经济性和工作稳定性。

一、混合气质量的检测

无论化油器式燃油供给系统或电控燃油喷射供给系统,都必须根据发动机的工况供给汽缸高质量的混合气,只有这样,发动机才能正常工作并具有良好的动力性和经济性。因此,混合气质量是发动机燃油供给系统检测的综合性检测项目。混合气质量一般用空燃比(A/F)或过量空气系数(a)评价。空燃比指可燃混合气中空气的质量与燃油质量的比值。理论空燃比为14.7,即1kg汽油完全燃烧所需要的空气质量为14.7kg。过量空气系数是燃烧过程中实际供给的空气质量与理论上完全燃烧所需要空气质量的比值。

1. 空燃比的直接测定

利用空气流量计和燃油流量计分别测出形成混合气所提供的空气质量和燃油质量,空燃比可经过计算求得。

空气质量的测量有体积法和质量法两种。当采用体积法测量时,应考虑发动机工作温度、空气滤清器洁净程度、发动机工况、海拔高度等因素对测量结果的影响。

发动机工况改变时,由于化油器燃油供给系统混合气形成过程有较大惯性或滞后性,所以该测量方法仅适合于工况稳定时空燃比的测量。

2. 空燃比的间接分析

1) 汽油机排气成分与空燃比的关系

在保证发动机动力性的前提下,获得最佳经济性和排气净化,是发动机燃油供给系统技术状况良好、供给可燃混合气质量高的表现。随着世界各国制定的汽车排放法规逐步严格,汽车排放废气中的成分及含量也逐渐成为评价混合气质量的重要指标。

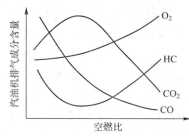

图3-48　汽油机排放物与空燃比的关系

在发动机一定转速和节气门开度下,空燃比或过量空气系数与发动机排放废气的成分及含量间存在一定关系,如图3-48所示。由图可见,当A/F值低时,混合气较浓,燃油在燃烧过程中缺氧,一部分燃油未经燃烧而排出,HC排放量较高;当A/F值高时,混合气较稀,若稀到一定程度,就会发生缺火现象,未燃的HC经排气管排出,HC排放量也增大。CO生成的主要原因是空燃比低,A/F值低时,混合气浓,燃油缺氧燃烧会产生大量CO;当A/F值高时,燃油在高氧含量状态下燃烧,排气中的 CO 含量降低。由图可见,CO 含量与空燃比的大小有极好的对应关系,因此可通过检测废气中 CO 的含量来判断空燃比的大小。汽车排气中的含氧量,是电控燃油喷射式发动机监测空燃比、控制排放量、保护三元催化转换器正常工况的重要信号。排气中氧的含量与空燃比也有很好的对应关系,但变化趋势与 CO 含量的变化趋势相反。

2) 空燃比的分析方法

根据发动机排气成分的检测结果可对混合气的空燃比是否适当进行分析。如果排出的废气中 CO、HC 的含量很高,CO_2 和 O_2 的含量很低时,表示空燃比太小,混合气过浓;如果 HC、O_2 的含量高,而 CO、CO_2 的含量均较低时,表明空燃比太大,混合气过稀。

O_2 的含量是最有用的诊断分析依据之一。发动机技术状况正常时,装有催化转换器的发动机所排出废气中氧的含量体积分数在 1.0% ~ 2.0%。小于 1.0% 时,说明空燃比太大,混合气过稀,易于导致缺火。由于发动机排气成分与空燃比具有直接关系,因此可在使用废气分析仪对发动机排放进行监测的条件下,对化油器或电控燃油喷射装置进行调整,改善混合气质量,使其达到各工况下的最佳空燃比,以提高发动机的动力性、经济性和排放性能。

二、汽油泵的检测

汽车上使用的汽油泵有机械膜片式和电动式两大类。检测其技术状况好坏时,均以泵油压力、密封性和泵油量为评价指标。检测方法如下。

1. 机械膜片式汽油泵的检测

1) 油泵压力和密封性检测

就车检测汽油泵油压力和密封性时,在化油器进油针阀密封性良好的情况下,用三通接头和软管把压力表安装在化油器与汽油泵间的管道上(图 3-49),使发动机在不同工况下运转,可测得汽油泵在不同工况下的泵油压力。发动机熄火,用手油泵泵油,由于此时化油器浮子室进满油后进油针阀关闭,因而可测得汽油泵出口的关闭压力。

测得关闭压力后,在停止泵油的同时起动计时器,观察压力下降情况。若 1min 后压力下降不大于 2.66kPa(单阀汽油泵)或不大于 5.33kPa(双阀或大阀径汽油泵),则密封性符合要求。

2) 泵油量的检测

泵油量指汽油泵单位时间内的供油量。准确测量时,需把汽油泵从发动机上拆下后再安装在汽油泵试验台上进行,以测得每小时或每分钟的泵油量。就车检测泵油量时,

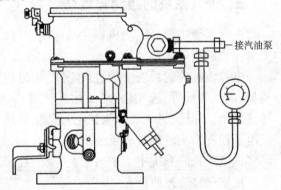

图 3-49 油泵压力和密封性检测

需采用专用流量试验装置。目前国外使用的汽油泵试验计,既能检测泵油压力和密封性,又能用三通接头安装在化油器与汽油泵之间的管道上,当检测完油压力和密封性后,使发动机以检测泵油量时的规定转速运转,然后操纵油路开关,在切断对化油器供油的同时,打开通往量瓶的开关并起动计时器,使汽油泵输出的汽油通过软管全部流入具有刻度的量瓶中,直至化油器中的燃油燃尽。根据汽油泵输出的汽油量和输油时间,可换算成单位时间内的输油量,即泵油量。在泵油压力和密封性正常的情况下,汽油泵的泵油量往往几倍于需要量,

因此也可不检测泵油量。

2. 电动汽油泵的检测

电动汽油泵用于电喷发动机上,给燃油系统提供具有一定压力的汽油。为满足电喷发动机在各种工况下所需要的燃油量,其供油量要比发动机要求的最大喷油量大。电动汽油泵按安装位置可分为油箱内安装油泵(箱内式)和油箱外安装油泵(串联式)两种,同串联式安装相比,箱内式安装具有燃油输送管路简单;不容易产生气阻和燃油泄漏;虽然自吸性能差,但具有工作性能良好等特点。因此,目前采用油箱内安装油泵者居多。

驱动油泵的电动机和泵做成一体,装在一个壳体内,工作时因泵内充满燃油故也称为湿式泵。因为电动机浸泡在燃油中,没有空气,不可能发生着火的事故,但在无燃油而汽油泵旋转时,会因冷却不良而烧毁。

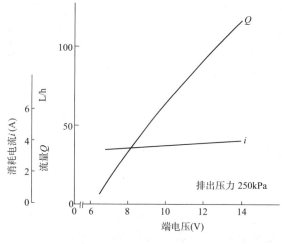

图 3-50 电动汽油泵的输出特性

1) 泵油压力和密封性检测

电动汽油泵泵油压力和密封性检测可就车进行,在燃油系统压力检测中测得的最高压力和保持压力,即可反映电动油泵的最大泵油压力和密封性,详见本节四、中"检测燃油压力"部分。

2) 泵油量的检测

通常使用的电动汽油泵,在外加电压为 12V,燃油排出压力为 250kPa 时,排出流量为 100L/h,消耗电流在 5A 以下。泵的排出流量随电压而改变,其典型特性如图 3-50 所示,当外加电压为 14V 时,排出流量为 115L/h 左右,这时消耗电流为 4A。

三、进气系统的检测与维修

进气系统主要为发动机提供清洁的空气。对于电控汽油喷射系统来说,进气系统还需要对提供的空气进行计量。

电控汽油喷射系统中的进气系统,可以将其分成两个部分:一是纯气道部件,由空气滤清器、进气连接管、进气总管(又称进气室)、进气歧管和空气阀等组成,这一部分的检测与传统发动机相同;另一部分为机电一体化部件,它们既是进气系统的一个重要组成部分,又是电子控制系统的测量装置或执行机构(如压力传感器、空气流量计、怠速控制阀等),其排障将在电子控制系统中集中讨论。

1. 空气滤清器的检查

空气滤清器多为粘纸型空气滤清器和平带型空气滤清器。

粘纸型空气滤清器滤芯只在定期维护时更换滤芯。更换前不需要进行任何清洁作业;刷擦或用压缩空气喷冲滤芯反而会使滤芯堵塞,混合气加浓,因此不应进行此类作业。

平带型空气滤清器滤芯应按照定期维护的规定进行清洁或更换。在多尘地区使用时,还应适当缩短维护周期。

2. 进气连接管、进气总管和进气歧管的检查

顾名思义,进气连接管是用于连接进气系统的管道,起着运送空气的作用。进气总管和

进气歧管也是连接管,进气总管位于节气门体后面,和进气歧管相连,起稳压的作用。在多点喷射式发动机中,为了消除进气脉动和改善各缸分配均匀性,进气总管的形状、容积都需要进行专门设计,每个汽缸都有单独的进气歧管,如图3-51a)所示。有些发动机进气歧管和进气总管是分开的,用螺钉连接起来,有些发动机上进气歧管是做成整体的,如图3-51b)所示。由于单点喷射发动机所采用的是中央喷射的方法,与装用化油器的发动机进气歧管形状大体相同,如图3-51c)所示。

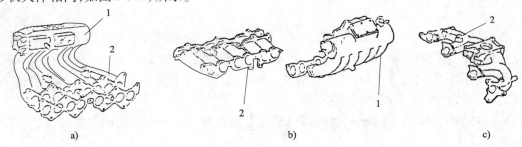

图3-51 进气总管和进气歧管构造图
a) 整体型;b) 分开型;c) 单点喷射型
1-进气总管;2-进气歧管

当管路连接不良时,进气管路将漏气,经空气流量计计量的空气的泄漏将导致可燃混合气变化。通过进气管真空度的检测可判断进气总管和进气歧管是否存在泄漏。

3. 节气门体的检查与清洗

节气门体位于空气流量计和发动机之间的进气管上,节气门体包括发动机正常工况运行控制进气量的节气门和怠速运行时少量空气通过的旁通道,怠速稳定阀可调节怠速旁通通道的截面积以调节怠速转速,节气门位置传感器也装在节气门轴上,用来检测节气门的开度。

节气门与驾驶人踩的加速踏板联动,并使进气通路面积变化,从而控制发动机运转工况的装置。发动机怠速时,节气门处于全关闭位置,怠速运转所需的空气量经旁通通路供给。检测时,需观察节气门在怠速状态下能否完全关闭,以及完全踩下加速踏板时能否达到全开位置。

使用一定的里程后,在节气门或怠速稳定阀处的表面会积累很多油泥,出现怠速不稳,特别是打开空调、前照灯时更加明显,严重时行驶过程中可能会出现熄火的现象。

主要原因是由于发动机的曲轴箱内的废气(含有汽油蒸气)都要经过节气门或怠速稳定阀后才能进入进气歧管,然后进入汽缸被燃烧掉;同时,经过空气滤清器后,空气中仍然含有少量的细微颗粒物(以尘土为主),这部分的颗粒物在经过节气门或怠速稳定阀时,极易和从曲轴箱来的废气中的汽油蒸气结合,附着在节气门或怠速稳定阀的表面,随着发动机工作时间的加长,积累的脏物越来越多,到一定的程度时就会直接影响到怠速,导致怠速不稳,同时也会增加油耗。

节气门体的清洗,需要用专门的清洗剂,不得使用硬物刮蹭,以防损伤节气门体表面。在清洗工作进行前,最好先拆掉节气门体上的节气门位置传感器,以防清洗剂对节气门位置传感器腐蚀而损坏。清洗时重点在节气门体腔、节气门及节气门轴等部位,直至没有污物为止。清洗后反复扳动节气门操纵机构,检查节气门开关是否灵活自如。另外,还要清洗进气道与节气门体的接合面,清洗前先拆下密封胶圈,以防被腐蚀。

四、电控燃油喷射系统的检测与维修

随着汽车电子技术的发展,装备电控燃油喷射系统的汽油机逐渐取代了化油器式汽油机,我国也已经禁止生产化油器轿车。一般来说,电喷汽油机供给系统与化油器式供给系统相比故障率较低,但检测难度大大增加。

电控燃油喷射系统的燃油压力和电子控制喷油器信号是两个基本诊断参数,可以反映其技术状况是否变化。当喷油压力异常,则可判断故障部位在燃油子系统或真空度有变化。反之,当喷油器状态和喷油压力正常时,喷油器信号出现异常,则电子控制系统出故障的概率较大,应结合自诊断系统首先判断。

1. 检测燃油压力

燃油压力和进气歧管压力的高低决定了喷油压力的大小,只有喷油压力保持恒定,发动机电控系统才能准确控制混合气浓度。燃油压力是燃油系统技术状况的综合反映,通过检测发动机燃油管路内的油压,可以判断电动汽油泵或油压调节器有无故障、进气管真空度是否异常、汽油滤清器及管路是否堵塞等。

检测燃油压力时,应准备一个量程为1MPa左右的油压表及专用的油管接头,按下列步骤检测燃油压力。

1)油压表的安装

(1)将燃油系统卸压。起动发动机,在发动机运转中拔下电动汽油泵继电器(或拔下电动汽油泵电源插头),待发动机自行熄火后,再转动起动开关,起动发动机2~3次,燃油压力即可完全释放,然后将点火开关置于OFF位置,装上电动汽油泵继电器(或插上电动汽油泵电源接线)。

(2)拆下蓄电池负极搭铁线。

(3)安装油压表。油压表也可以安装在汽油滤清器油管接头,或分配油管进油接头,或用三通接头接在燃油管道上便于安装和观察的任何部位(图3-52)。

(4)重新装上蓄电池负极搭铁线。

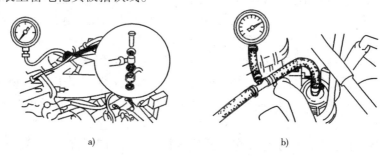

图3-52 油压表的安装

a)油压表安装在冷起动喷油器接头上;b)油压表安装在汽油滤清器接头上

2)测量静态油压

(1)用一根短导线将电动汽油泵的两个检测插孔短接。

(2)将点火开关转至ON位置(但不要起动发动机),让电动汽油泵运转。

(3)测量燃油压力。其正常油压应为300kPa左右。若油压过高,应检查油压调节器,其调节弹簧是否过硬;若油压过低,应检查电动汽油泵泵油能力及密封性,汽油滤清器是否堵塞,油压调节器弹簧是否过软或回油口密封不严。

(4)拔掉电动汽油泵检测插孔的短接线,将点火开关转至OFF位置。

3)测量保持压力

测量静态油压结束5min后,再观察油压表指示的油压。此时的压力称为燃油系统保持压力,其值应大于147kPa。若油压过低,应进一步检查电动汽油泵保持压力、油压调节器回油阀及喷油器有无泄漏。

4)测量运转时燃油压力

(1)起动发动机。

(2)让发动机怠速运转,测量此时的燃油压力[图3-53a)]。

(3)缓慢开大节气门(踩下加速踏板),测量在节气门接近全开时的燃油压力。

(4)拔下油压调节器上的真空软管,并用手堵住通往进气歧管的一侧(防止进气管漏气),如图3-53b)所示,让发动机怠速运转,测量此时的燃油压力。该压力应和节气门全开时的燃油压力基本相等。不同车型燃油系统的燃油压力各不相同,请参阅具体车型维修手册。

若测得油压过高,应检查回油管是否堵塞、真空管是否破裂及油压调节器状况;若测得的油压过低,则应检查燃油系统有无泄漏、电动汽油泵性能、汽油滤清器及管路是否堵塞及油压调节器状况。

5)测量电动汽油泵最大压力和保持压力

(1)将回油管夹紧阻止其回油。

(2)用一根导线将检测插座上的电动气油泵端子和电源端子短接。

(3)将点火开关转至ON位置,持续10s左右(不起动发动机),此时电动汽油泵工作,同时读出油压表的压力,该压力称为电动汽油泵的最大压力。它应当比发动机运转时的燃油压力高200~300kPa,通常可达490~640kPa。如不符合标准值,说明电动汽油泵供油能力变弱,应更换。

(4)将点火开关转至OFF位置,5min后再观察油压表的压力,此时的压力称为电动汽油泵的保持压力。其值应大于340kPa。如不符合标准值,说明电动汽油泵止回阀密封不良,应更换(图3-54)。

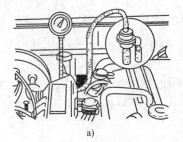 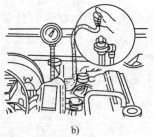 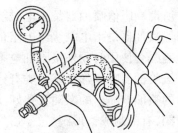

图3-53 燃油压力的测量
a)测量怠速及节气门全开的燃油压力;
b)测量拔下油压调节器真空软管后的燃油压力

图3-54 测量油泵最大压力和保持压力

6)油压表的拆卸

(1)释放燃油系统的油压。

(2)拆下蓄电池负极搭铁线。

(3)拆下油压表。

(4)重新装好油管接头。

(5)接好蓄电池负极搭铁线。

(6)再建立燃油系统的油压。

(7)检查油管各处有无漏油。

2. 检测喷油信号

对于电控燃油喷射系统而言,燃油压力由调节器控制,使其与进气歧管的压力之差为恒定值,则从喷油器喷出的燃油量仅取决于喷油器的开启时间,该时间是由微处理器向喷油器电磁线圈发出指令信号控制的,利用示波器检测,喷油控制信号是电压随时间变化的波形,得到喷油时间并与当前所处工况相比较,可判断控制信号是否有异常。

1) 喷油信号波形检测方法

为测得电控喷油系统的喷油压力脉冲信号,可拆开喷油器电路插头,中间接入专用T形接头。其一端接喷油器,另一端接电路插头,中间引出端接发动机综合检测仪(或示波器)的信号提取系统的信号探针,如图3-55所示。该T形接头有两种形式,图3-55a)为直接插头引出式,图3-55b)为鱼夹引出式,可供多种传感器(包括喷油器)信号引出之用。

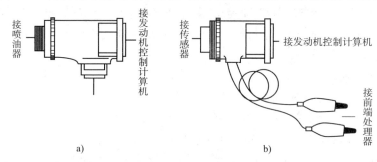

图3-55 T形接头的连接
a) 直接插头引出式; b) 鱼夹引出式

2) 标准喷油信号波形

可根据喷油器绕组电阻值和驱动喷油器的方式对其进行分类。根据喷油器绕组电阻值可分为高阻值喷油器和低阻值喷油器。根据喷油器的驱动方式分为电压驱动和电流驱动两种。

所谓高阻值喷油器是指电磁绕组电阻值为12~17Ω的喷油器,可直接由电压驱动;而低阻值喷油器是指电磁绕组电阻值为0.6~3Ω的喷油器,一般采用电流驱动,与电压驱动型线路配合使用时须外接附加电阻。

按喷油器喷口形式来分类有针阀型和孔型两种,针阀型喷油器的喷口不易堵塞,而孔型喷口的喷油器喷出的燃油雾化好。孔型喷口一般为1~2个孔,由于制造厂家不同,有的制成球阀,有的制成锥形阀。

喷油器的驱动方式不同,其喷油信号波形也不同。

(1) 电压驱动式喷油器信号波形。电压驱动式喷油器的电控系统ECU对驱动喷油器的喷油脉冲电压进行恒定控制。在喷油器控制电路中,ECU控制功率晶体管导通或者截止。导通时蓄电池电压加到喷油器电磁线圈上,喷油器喷油;截止时停止喷油。其喷油器标准喷油信号波形如图3-56a)所示。信号波形各线段的含义为:

A:喷油器关闭不喷射时的电压信号,通常为蓄电池电压12V。

B:是电子控制装置(ECU)给出喷油信号,开始喷油的时刻。此时,功率晶体管完全导通,电压迅速下降接近0V,喷油器开始喷油。B线应光滑平顺,无毛刺;否则,说明功率晶体管性能不良。

C:提供给发动机所需油量的喷油器喷射时间,此时针阀全开。其喷油长短由ECU根据传感器输送的空气流量、冷却液温度、气温、气压等信号计算确定,一般为 0.8~1.1ms。此时,喷油器驱动电路处于饱和导通阶段,波形电压接近 0V,喷油器电磁线圈电流由零迅速上升至最大,喷油器针阀迅速全开喷油。若 C 线波形异常,则多是喷油器驱动电路搭铁不良引起。

D:喷油信号终止时刻。此时,喷油器驱动电路断开,喷油结束,喷油器线圈因电流突变而产生感应脉冲电压。其电压尖峰高度与喷油器线圈匝数、喷油器电流有关。线圈匝数越多,电流变化越大,则尖峰电压越高;反之,则尖峰电压较小。通常,D 处的峰值电压不低于 35V。装有齐纳二极管保护线路的喷油器,尖峰的顶部应以方形截止;否则,说明其峰值电压未达到齐纳二极管的击穿电压,其原因可能是喷油器的电磁线圈不良。

H:喷油器针阀关闭,电压从峰值逐渐衰减到电源电压。

(2)电流驱动式喷油器信号波形。电流驱动式喷油器的电控系统 ECU 对驱动喷油器的电磁线圈电流进行调节控制。在电流驱动式控制电路中,功率晶体管除了基本的开、关作用外,还具有限流功能。在基本喷油时间内,功率晶体管导通,驱动电流不受限制;在加浓补偿喷油时间内,控制其电流迅速下降到能维持喷油器处于全开状态的较小值,以免喷油器电磁线圈过热损坏。电流驱动式喷油器标准喷油信号波形如图 3-56b)所示。

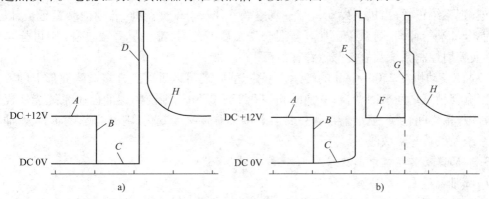

图 3-56 喷油器标准喷油信号波形

a)电压驱动式喷油器标准喷油信号波形;b)电流驱动式喷油器标准喷油信号波形

标准喷油信号波形各线段的含义为:

A、B 段与电压驱动式喷油器标准喷油信号波形含义相同。

C:喷油器提供给发动机的基本喷油时间。在实际波形中,由于电流增强时喷油器电磁线圈所产生的感应电压的影响,C 线向右逐渐向上弯曲也属正常现象。若 C 线波形异常,则多是喷油器驱动电路搭铁不良引起。

E:基本喷油时间结束线,同时也是电流限制起始线。由于在 E 时刻,喷油器针阀已达到最大开度,故只需小电流维持喷油器针阀开启,以便转入加浓补偿喷油期。此时,ECU 起动电流限制、减小驱动电路电流。由于电流强度骤减,导致喷油器电磁线圈感应出较高的电压脉冲。其电压脉冲峰值通常与喷油器的阻抗成正比,约为 35V。

F:补偿加浓时期,该时期长短由 ECU 根据各种传感器输送的有关转速、负荷、进气温度、进气歧管压力的信息计算确定;一般为 1.2~2.5ms。此时,喷油器处于电流限制模式状态,其功率晶体管在不停地截止与导通,使通过喷油器电磁线圈的电流强度为 1A 左右,喷油器针阀处于开启状态,以使喷油器进行加浓补偿喷油。曲线中的电压与电源电压接近。若波形发生畸变,则表明喷油器功率晶体管不良。

G：补偿加浓喷油信号截止时刻，喷油器驱动电路断开。由于电流强度突变，而在喷油器线圈中产生 30V 左右的自感电压脉冲。从喷油开始信号 B 至喷油截止信号 C 所对应的时间就是电流驱动式喷油器的总喷油时间。

H：喷油器针阀关闭，电压从峰值逐渐衰减到电源电压。

3）喷油信号波形诊断

从测得的喷油信号波形上，可以得到喷油器的喷油时间，即喷油信号开始至喷油信号截止所经历的时间，该时间由 ECU 根据各种传感器输送的有关发动机的空气流量、进气歧管压力、转速、节气门开度、进气温度、冷却液温度等信号计算确定，一般将其称为喷油脉宽。喷油脉宽越宽，喷油量越大。当检测得到的喷油脉宽与标准不同时，则表明喷射系统存在故障。通过改变发动机的工作状况、工作条件可以观测喷油信号波形的变化，从而诊断电控燃油喷射系统的故障。

（1）在怠速、高速及加速时观察喷油信号波形。在正常情况下，喷油脉宽应随转速提高和节气门开度加大而相应增长；否则，可能是喷油器、燃油喷射控制系统及氧传感器存在故障。

（2）在高速稳定运转时，通过改变混合气浓度来观察喷油信号波形。当遮盖发动机滤清器或从进气管中加入丙烷使混合气变浓的瞬间，若喷油脉宽也变窄，以试图对浓混合气进行修正，则系统正常；当拔下发动机某一真空软管使混合气变稀时，若喷油脉宽延长，以试图对稀混合气进行补偿，则系统正常。若混合气浓度变化时，喷油脉宽没变化，则可能是喷油器、燃油喷射控制系统及氧传感器存在故障。

（3）使发动机在 2500r/min 的转速下稳定运转，若可以观察到许多被测波形上的喷油时间在稍宽与稍窄之间来回变换，变换时间在 0.25～0.5ms，则说明燃油控制系统能使混合气在正常浓、稀之间转换，喷油器工作正常。若喷油脉宽毫无变化，则可能是喷油器、燃油喷射控制系统及氧传感器故障。

3. 喷油器及其控制电路检修

1）喷油器检查

检查喷油器一般按如下步骤操作：

（1）检查喷油器的工作情况。通过检查喷油器工作声音和发动机转速的关系来检查喷油器的工作情况。发动机运转时，用手指接触喷油器，来判断其有无工作。当然用听诊器（触杆式）来听更清楚。在发动机运转时应能听到喷油器有节奏的"嗒嗒"声——这是喷油器在电脉冲作用下喷油的工作声。若各缸喷油器工作声音清脆均匀，则各喷油器工作正常；若某缸喷油器的工作声音很小，则该缸喷油器工作不正常或不工作——可能是针阀卡滞，或其控制线路正常，则检查喷油器或 ECU 输出的喷油信号。

另外，还可通过检查喷油器的工作声音和发动机转速之间的关系来检查喷油器的工作情况，其具体方法如下：发动机热机时，使发动机转速达 2500r/min 以上，听喷油器的喷油声音（应该有喷油声音）。放开加速踏板后，在短时间内喷油声音应停止，发动机转速随即迅速下降到低于 1400r/min，接着，喷油声音又恢复，转速上升到 1400r/min。如不这样，应检查喷油器或 ECU 的喷油信号。

（2）电特性检查。拆卸下喷油器的电接头。用电阻表测量喷油器线圈的电阻。在 20℃ 时，高电阻型喷油器的电阻值应为 12～16Ω，低电阻型喷油器应为 2～5Ω。如果电阻值不符，应更换喷油器。

（3）喷油器喷油量、雾化和泄漏检查（如有条件使用喷油器试验台进行测试更好）。将喷油器安置在一个量筒上,如图3-57所示。为避免汽油喷出,可在喷油器出口安装一尼龙软管以防汽油喷出,但这样做无法观察喷油的雾化状况,最好使用一个较高的量筒。

用电缆连接到喷油器电接头上,并使喷油器负端通过电缆和蓄电池负极相连。接通点火开关,但不要起动发动机。使用短接线将检查连接器上的FP端和+B端相连,此时电动汽油泵开始工作。

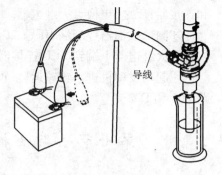

图3-57 喷油器检查图

使喷油器正端通过电缆和蓄电池正端相连15s,喷油器开始工作,测量并记录喷油容积。每一个喷油器重复2~3次。标准喷油量应为55~70mL。喷油误差应小于10mL。如不符合上述标准,则应更换喷油器。

卸下喷油器电接头的连线,可检查喷油器的泄漏情况。标准值为3min泄漏一滴或更少,反之应更换喷油器。

2)喷油器电路检查

喷油器电路比较简单,不论是同时喷射,还是分组喷射或独立喷射,应注意以下几点:

(1)在接通点火开关和空挡起动开关后,喷油器正端应为电源电压。

(2)由于喷油器是脉冲式、大电流的功率元件,为避免对ECU中电子线路造成不良影响,在ECU连接器上设有专门的引脚搭铁,以自成回路。应检查ECU中喷油器接点是否良好。

(3)检查喷油器工作是否正常。

喷油器线路如图3-58所示,其诊断步骤如下:

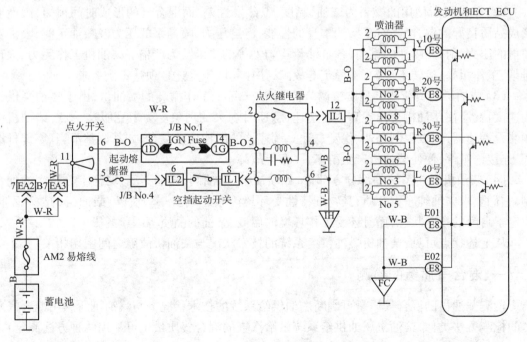

图3-58 喷油器线路原理图

①在接通点火开关和空挡起动开关后,测量点火继电器1端的电压,如为蓄电池电压,转步骤③。

②卸下点火继电器,检查点火继电器。如果正常,检查从蓄电池到点火继电器间的线束

和连接器；反之，更换点火继电器。

③测量喷油器控制端 10 号、20 号、30 号和 40 号的电压，应为 10~14V。如不正常，应检查点火继电器 1 端到 ECU 连接器上喷油器控制端间的线路。

④起动发动机进入怠速运转，再测量其电压，电压值应下降。如不正常，应检查搭铁线路 E01 和 E02。

第七节　柴油机供给系统的检测诊断与维修

柴油机具有热效率高、经济性好、较大的功率适应范围和排气污染少等优点，得到广泛的应用。与汽油机相比，柴油机在燃料供给和着火方式上有很大的区别。柴油机采用压燃方式，即在压缩行程接近终了时，由燃料供给系统将高压燃油喷入，并快速与空气混合形成可燃混合气，利用空气压缩所形成的高温高压，自行着火燃烧。因此，柴油机燃油供给系统的技术状况对于混合气的形成及燃烧过程的组织具有重要作用，是对发动机的动力性和经济性影响最大的因素。

这样的工作特点，使柴油机与汽油机的结构，以及在使用中常见的故障均有较大差别。有时，两者的故障现象虽然类似，但其成因却不相同。柴油机的故障成因特点如下：

（1）柴油机工作时须具有充分的压燃条件，否则，柴油机的起动就会感到困难。例如，压缩终了汽缸压力达不到 3MPa 以上，燃烧室内压缩空气的温度达不到柴油的自燃温度（200~300℃）、喷油器的喷油量或压力不足、喷油时间失准等，均可导致柴油机不易起动或不能起动。

（2）柴油机所使用的燃料为柴油，黏度大、蒸发性差，而混合气的形成时间很短，因而要形成品质良好的混合气，对于柴油本身的性能，汽缸压力，喷油泵的压力及喷油正时，喷油器喷射的压力、射程、喷注的锥角，各缸油量均匀性等的要求甚为严格。柴油机工作无力、大量排烟、工作粗暴、运转不均匀、不稳定等故障，往往起因于上述各项达不到要求。

（3）柴油机的负荷调节是质量调节，即取决于每个工作循环的喷油量，由于喷油泵供油的速度特性，使柴油机会出现高速时超速，怠速时熄火的现象。为了克服这一点，柴油机必须装设调速器，用以限制高速、稳定怠速。调速器的结构比较复杂，如其调整不当，零部件磨损、连接松旷等，便使柴油机产生游车、飞车等故障。

（4）柴油机燃料系统的部分零部件，如喷油泵、出油阀、喷油器等，均为十分精密的配合副，它们要求柴油纯净无杂质，其物理特性受环境因素影响要小。所以，柴油机的故障不但决定于自身的技术状态，而且还受工作环境的温度、柴油的品质等因素的影响。

从上述特点可见，柴油机燃油供给系统的技术状况与柴油机故障之间密切相关。

一、混合气质量的检测

检测柴油机的混合气质量可判断燃油供给系统的技术状况。与汽油机所燃用混合气质量的检测方法类似，柴油机燃油供给系统供给汽缸的混合气质量也可采用两种方法测定：

（1）直接测定，即分别测出进入汽缸的空气量和燃油量，计算出混合气的空燃比或过量空气系数。

（2）测试柴油机排放废气的烟度，根据空燃比或过量空气系数与烟度的关系对混合气质量进行分析评价。以下主要介绍第二种方法。

在一定工况下,发动机过量空气系数取决于进入汽缸的空气量和喷油器的喷油量。对于柴油机而言,过量空气系数 a 只能通过改变供油量调整,即 a 主要与供油量的多少有关,一般情况下,柴油机每一工况对应于一确定的 a 值(称冒烟界限)。低于该值时,混合气过浓,燃烧不完全,烟度增大。若进气系统工作状况正常,则由冒烟界限决定了柴油机在各种工况下的极限供油量。由于在不同转速下,冒烟界限有所不同,因此不同转速下的极限供油量也会有所不同。如果在任何转速下,喷油泵—喷油嘴的供油量均低于极限供油量,柴油机排放废气的烟度就较低。

图 3-59 所示为柴油机所排放废气中 CO 浓度和烟度(哈特里季烟度 R_H)的关系。由图 3-59 可见,烟度(RH)与过量空气系数几乎成线性关系,因此,可根据测得的柴油机排放废气的烟度值反映混合气质量好坏以及过量空气系数是否适当;同时,可在对排放烟度值进行检测的条件下,对喷油泵的循环供油量进行精确调整,以改善可燃混合气质量,提高柴油机的动力性、经济性和排放性能。

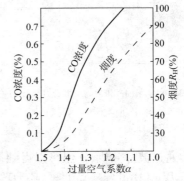

二、柴油机供油压力及波形分析

图 3-59 柴油机排放物与混合气浓度的关系

柴油机燃料供给系统工作性能的好坏,在很大程度上取决于喷油泵及喷油器的工作质量。而喷油泵和喷油器的工作质量,在不解体情况下,可以通过燃油喷射过程中高压油管中的压力变化反映出来。因为当燃油供给系统某一主要零部件工作不良时,必然会对燃油喷射过程产生影响,其喷油压力波形也就会发生变化。因此,用示波器观测高压油管中的压力波形与喷油泵凸轮轴转角的对应关系,观测喷油器针阀升程与凸轮轴转角及高压油管压力的对应关系,就可以判断柴油机供给系统的工作是否良好。

1. 燃油喷射过程

图 3-60 所示为在有负荷情况下实测得到的柴油机高压油管内压力 p 和喷油器针阀升程 s 随凸轮轴转角 θ 变化的关系曲线。由于在高压油管内靠近喷油泵端和靠近喷油器端的压力并不完全相同,因此分别给出了燃油喷射过程中该两端的压力变化曲线。图 3-60 中,高压油管中的压力:p_0 为针阀开启压力、p_{max} 为最高压力、p_b 为针阀关闭压力、p_r 为油管中的残余压力。

整个燃油喷射过程中,高压油管中的压力变化可分为三个阶段:第Ⅰ阶段为喷油延迟阶段,对应于从喷油泵泵油压力上升到超过高压油管内的残余压力 p_r,燃油进入油管使油压升高到针阀开启压力 p_0 的一段时间,即喷油泵泵油始点至喷油器喷油始点的一段时间。若针阀开启压力 p_0 过高、高压油管渗漏,出油阀偶件或喷油器针阀偶件不密封而使残余压力 p_r 下降,以及增加油管长度或增加高压油系统的总容积,均会使喷油延迟阶段增长。

第Ⅱ阶段为主喷油阶段,其长短取决于喷油泵柱塞的有效供油行程,并随发动机负荷大小而变化,负荷越大,则该阶段越长。

第Ⅲ阶段为自由膨胀阶段,当柱塞有效行程结束、出油阀关闭后,尽管燃油不再进入油管,但由于油管中的压力仍高于针阀关闭压力 p_b,燃油会继续从喷孔中喷出。若油管中最大压力 p_{max} 不足,则该阶段缩短,反之则该阶段延长。

由图 3-60 可见,喷油泵的实际供油阶段为第Ⅰ阶段和第Ⅱ阶段,喷油器的实际喷油阶

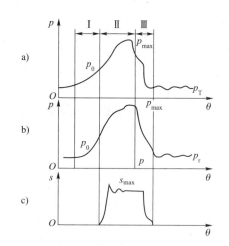

图 3-60 柴油机排放物与混合气浓度的关系
a) 喷油泵端压力曲线；b) 喷油器端压力曲线；
c) 针阀升程曲线

段为第Ⅱ阶段和第Ⅲ阶段。若循环供油量即柱塞有效行程一定，则第Ⅰ阶段延长和第Ⅲ阶段缩短时，喷油器针阀开启所对应凸轮轴转角减少，喷油量减少；反之，若第Ⅰ阶段缩短、第Ⅲ阶段延长，则喷油量增大。

因此，压力曲线上三个阶段的长短，对发动机工作状况的好坏会产生影响。对多缸发动机而言，若各缸供油压力曲线上的第Ⅰ、Ⅱ、Ⅲ段不一致，则对发动机工作性能的影响会更大。

2. 压力波形检测

采用柴油机专用示波器和柴油机综合测试仪、汽柴油机综合测试仪等，均能在柴油机不解体情况下，利用压电式油压传感器来获取油压信号，检测各缸高压油管中的压力波形和喷油器针阀升程波形。通过波形分析，不但可以得到最高压力 p_{max}、针阀开启压力 p_0、针阀关闭压力 p_b、以及残余压力 p_r，还可判断喷油泵、喷油器故障和各缸喷油过程的均匀性。

常用的压电式油压传感器有外卡式和串接式两种。检测时，检测仪经预热、自校、调试后，把串接式油压传感器按使用要求安装在高压油管与喷油器之间或把外卡式油压传感器按要求卡在高压油管上，将发动机转速稳定在 800～1000r/min，按使用说明书的要求通过按键选择，屏幕上即可出现被测发动机的供油压力波形。

与汽油机点火波形类似，高压油管内的压力波形，可选择全周期单缸波、多缸平列波、多缸并列波和多缸重叠波四种方式进行观测。

全周期单缸波是指喷油泵凸轮轴旋转 360°时某单缸高压油管中的压力变化波形，如图 3-61a) 所示；利用该波形可测出最高压力 p_{max}、开启压力 p_0、关闭压力 p_b、以及残余压力 p_r 的大小。

多缸平列波是指以各缸高压油管中的残余压力 p_r 为基线，按发火次序把各缸压力波形从左到右首尾相接所形成的波形[图 3-61b)]，利用该波形可比较各缸的 p_0、p_b 和 p_{max} 的大小是否一致；为使柴油发动机有良好的工作性能，在发动机各缸油压波形曲线上观测到的最高压力 p_{max}、针阀开启压力 p_0、针阀关闭压力 p_b 和油管中的残余压力 p_r 应基本相等，并符合规定要求。各机型的喷油器喷油压力（针阀开启压力）不同，可参看具体的车型维修手册。若喷油压力低于规定值时，应在油泵试验台上对喷油器进行调试。

多缸并列波是指把各缸压力波形首部对齐，按发火次序在垂直方向上自下而上展开所形成的波形[见图 3-61c)]，通过比较各缸压力波形三阶段面积的大小，即可判断各缸喷油量的一致性；波形比较时，先把发动机转速调整至中速、高速，而后利用并列波或重叠波比较各缸油压波形的一致性。若波形三阶段的重叠均较好，则说明各缸供油量比较一致，若某一缸波形窄，说明该缸供油量小，若波形宽，则说明该缸供油量大。

多缸重叠波指将各缸压力波形首部对齐重叠在一起所形成的波形[图 3-61d)]，利用重叠波可比较各缸压力波形的高度、长度、面积和判断各缸的 p_0、p_b、p_{max} 和 p_r 的一致性。

除了压力波形的观测外，还可进行针阀升程波形的观测。针阀升程是判断实际喷油情况的重要参数。通过对针阀升程波形的观测，可发现喷油器有无二次喷射、间断喷射和停喷等故障。

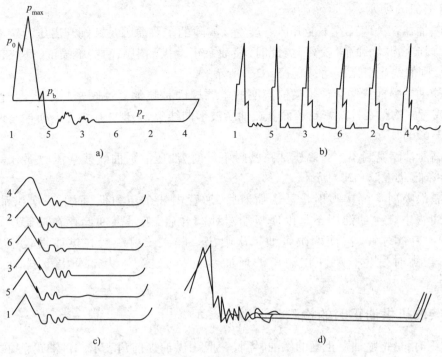

图 3-61 柴油机压力波形
a) 全周期单缸波 b) 六缸平列波 c) 六缸并列波 d) 六缸重叠波

3. 压力波形分析

分析压力波形可判断柴油机燃料供给系统的技术状况,供实测时参考,下面介绍几种常见的故障波形,如图 3-62 所示。

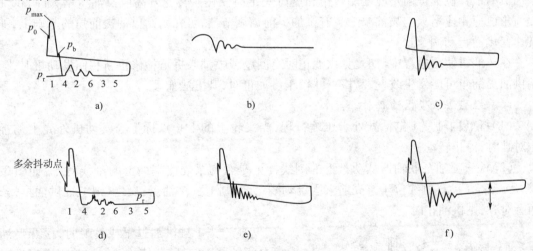

图 3-62 柴油机故障波形
a) 实测的典型供油压力波形 b) 喷油泵不供油或喷油器在开启位置"咬死"的故障波形 c) 喷油器在关闭位置不能开启的故障波形 d) 喷油器喷前滴漏的故障波形 e) 高压油路密封不严时的故障波形 f) 残余压力上下抖动的故障波形

(1) 喷油泵不泵油或喷油器针阀在开启位置"咬死"不能关闭。当喷油泵柱塞弹簧折断或因其他原因而使喷油泵不泵油或泵油很少时,高压油管内的压力很低;喷油器针阀在开启位置"咬死"不能落座关闭时,高压油管内同样不能建立起足够高的喷油压力,此时的故障波形如图 3-62b)所示。

(2) 喷油器在关闭位置不能开启。产生该故障的主要原因是针阀开启压力调整过高或喷油器针阀被高温烧蚀而"咬死"。此时,喷油泵正常供油但喷油器不喷油,反映在油压波形曲线上,则曲线光滑无抖动,如图 3-62c)所示。

(3) 喷油器喷前滴漏。产生喷前滴漏的主要原因是喷油器针阀密封不严,或者针阀磨损过度,或者脏物粘在针阀密封表面。在油压波形曲线上,表现为压力上升阶段有两个抖动点,如图 3-62d)所示。

(4) 高压油路密封不严。高压油路密封不严时,油压波形曲线残余压力部分呈窄幅振抖并逐渐降低,如图 3-62e)所示。

(5) 隔次喷射。隔次喷射指某次喷射后,油管内残余压力低,而下一次供油量又很小,高压油管中产生的油压不足以使喷油器针阀开启,于是燃油储存在油管中,直到第二次供油时针阀才开启,使两次供油一次喷出。隔次喷射一般在供油量较小、喷油器弹簧压力较高时发生。反映在油压波形曲线上,则残余压力部分上下抖动,如图 3-62f)所示。

三、柴油机供油正时的检测与调整

供油正时,是指喷油泵正确的供油时间,一般用供油提前角表示。供油提前角,是指喷油泵一缸柱塞开始供油时,该缸活塞距压缩终了上止点的曲轴或凸轮轴转角。供油提前角过大时,使发动机工作粗暴、功率下降、油耗增加、怠速不良、加速不灵及起动困难;当供油提前角过小时,也会使发动机功率下降、油耗增多、加速无力,同时会因补燃增多而使发动机过热。供油提前角的最佳值,应能在供油量和转速一定的情况下,获得最大功率和最小油耗。柴油机的最佳供油提前角应能随转速和负荷变化而变化。转速升高或供油量增大时,供油提前角也应相应增大。喷油泵上装有供油提前角调节器,可在初始供油提前角的基础上,随转速变化而自动调节。

在柴油机使用过程中,如发觉供油正时有问题或喷油泵拆下检修重新装回发动机时,初始供油提前角可能发生改变,需检查并校正供油正时,其方法如下。

1. 用经验法检查供油正时

(1) 摇转曲轴使 1 缸活塞处于压缩行程,当飞轮上的上止点标记与发动机外壳上的标记对准时,停止转动。

(2) 检查喷油泵联轴器从动盘上的刻线标记是否与泵壳前端面上的刻线对齐,如图 3-63 所示,若从动盘刻线位于泵壳前端固定刻线之前,则 1 缸供油迟;反之,则 1 缸供油早;若两者对齐,则供油正时。

(3) 当 1 缸供油过早或过晚时,松开喷油泵联轴器固定螺钉,使活动标记与固定标记对齐后紧固。

(4) 起动发动机进行路试,验证喷油正时的调整结果。选择平坦、坚硬的直线道路,汽车预热后以最高挡、最低稳定车速行驶,然后将加速踏板猛踩到底,使汽车急加速运行。此时,若能听到柴油机有轻微的敲击声,且随着

图 3-63 柴油机一缸供油标记

车速提高逐渐消失,则为供油正时正确;如果听到的敲击声强烈,且车速提高后长时间不消失,则为供油时间过早;如果听不着火敲击声,且加速无力,动力不足,则为供油时间过晚。

当路试判断供油时间过早或过晚时,停车松开喷油泵联轴器,在前调整基础上使喷油泵凸轮轴逆转动或顺转动少许后再测试。反复调试几次就可使供油正时变得准确。

以上是喷油泵第一缸柱塞供油提前角的检查和校正,其他各缸的供油正时是否正确,则决定于各缸间供油间隔是否正确。

2. 用缸压法检查供油正时

用缸压法检测柴油供油正时时,须拆下被测缸的喷油器,在其孔内安装上缸压传感器,拆下的喷油器仍应连接在原来的高压油管上,并在两者之间串接上油压传感器。对于有些型号的柴油机,缸压传感器也可以装在预热塞孔或空气起动活门处。检测中,缸压传感器可采集到被测缸的压缩压力信号,其最大压力点就是活塞压缩终了上止点;油压传感器还可以采集到供油开始信号,两者之间的曲轴转角即为供油提前角。

3. 用频闪法检查供油正时

在频闪原理基础上制成的柴油机供油正时仪,其组成及原理与汽油机点火正时仪基本相同。检测时,供油正时仪的油压传感器串接于 1 缸高压油管与喷油器之间或外卡于高压油管,使油压脉冲信号转变为电信号,并触发正时灯闪光。闪光一次,则 1 缸供油一次,两者具有相同频率。用正时灯对准 1 缸压缩终了上止点标记,并与供油时刻同步闪光时,若看到运转飞轮或曲轴带轮上的供油提前角标记位于固定标记之前,说明 1 缸供油时,活塞尚未到达上止点,供油时刻在活塞到达上止点前。为测得供油提前角的大小,可调整正时灯上的电位计,使频闪时刻延迟于供油时刻,逐渐使转动部件上的供油提前角标记接近固定标记,并使二标记对齐,闪光延迟的时间即为供油提前的时间,经仪器变换为供油提前角数值后,即可在指示装置上显示出来。调整供油提前角的方法如前所述,调整后的供油提前角应使其符合原厂规定,可采用供油正时仪边检测边调整,以使供油提前角达到规定值。

4. 供油间隔检测

一缸供油提前角检测出来后,如果按工作顺序各缸供油间隔相等,则各缸的供油提前角均等于一缸供油提前角。所以,必须检测各缸间的供油间隔,以确知各缸的供油提前角是否符合要求。

利用发动机综合测试仪示波器检测各缸供油间隔时,应在观测针阀升程波形之后接着进行。观测时,通过操作有关旋钮使屏幕上的并列线首端与屏幕左边的横标尺零线对齐,而尾端处于屏幕右边横标尺的 60°(喷油泵凸轮轴转角)左右。读取各线所占屏幕横标尺度数,即为各缸实际供油间隔。各并列线的长度可能是不相等的,其中最短并列线与最长并列线之间的重叠区所占凸轮轴转角,称为喷油泵重叠角,如图 3-64 所示。重叠角以接近零为好,即各缸供油间隔的误差越小越好。

柴油机各缸供油间隔角与缸数相关,6 缸柴油机的各缸供油间隔为 60°凸轮轴转角,而 4 缸、8 缸柴油机的各缸供油间隔分别为 90°和 45°凸轮轴转角,因此

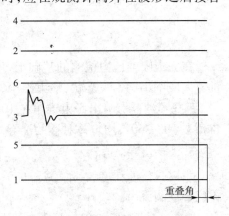

图 3-64　柴油机各缸供油间隔

读数时要注意选择横标尺。

各缸供油间隔也可以用曲轴转角表示。根据规定,实际供油间隔与标准供油间隔相比,其误差应在±0.5°曲轴转角的范围内。如果各缸供油间隔不符合要求,可通过调整喷油泵柱塞与滚轮之间的调整螺钉高度或更换不同厚度的调整垫片加以解决,直至符合要求。

四、喷油器技术状况检测

喷油泵和喷油器是柴油机供油系统中最重要且最容易发生故障的部件,采用发动机综合测试仪检测柴油机各缸高压油管中的压力波形和喷油器针阀升程波形,通过波形分析判断喷油泵和喷油器的技术状况和故障外,还可采用喷油泵试验台和喷油器测试器分别对两者进行检测,此外若发现喷油泵和喷油器技术状况发生变化需要调整,也必须依靠上述设备。

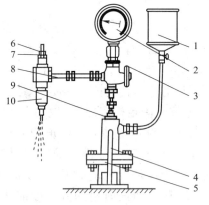

图3-65 喷油器试验台
1-油箱;2-压力表;3-开关;4-高压油泵;5-手柄;
6-调节螺钉;7-锁紧螺母;8-高压油管;9-放气螺塞;
10-喷油器

喷油器技术状况的检测在专用喷油器试验台上进行,如图3-65所示。试验台由手压泵、油箱及压力表组成。油箱内柴油经滤清器后流入手压油泵的油腔,压动手压油泵泵油时,高压油经油阀流入喷油器,使喷油器喷油,同时在压力表上显示出油压。

1. 喷油压力测试

拆下试验台的锁紧螺母,旋松调节螺钉,然后把喷油器装在试验台上,压动试验台手柄,排出留在油管和喷油器中的空气和污物。以60次/min的速度按压试验台手柄,同时观察喷油器喷油过程中压力表上的读数。各缸喷油器的喷油压力应相同,并应符合制造厂的规定标准。如果喷油器的喷油压力不符合规定,可通过增、减喷油器调压弹簧处的垫片或调整喷油器调压螺钉的旋入量调节喷油压力,旋入调压螺钉时,喷油压力应提高;反之,则应降低。

调整喷油器后,应拧紧试验台锁紧螺母,再次进行喷油压力试验,直至调整喷油器到符合标准值。

2. 喷雾质量检查

在完成喷油压力检测的基础上,以120次/min的速度按压试验台手柄,喷油器喷出的油雾束应细小均匀呈雾状,油束锥角、喷射方向应符合要求。

5孔喷油器应喷出5束锥角在10°~40°,均匀并对称的油雾;轴针喷油器应能喷出一束锥角在10°~60°,均匀并对称的油雾。

3. 喷油滴漏现象的检查

当以较慢的速度按压试验台手柄,或在低于标准喷油压力时停止按压时,喷油器喷孔处不应有油滴流出。

五、喷油泵检测和喷油泵试验台

1. 喷油泵试验台

由于喷油泵各项特性是在发动机动态情况下表现出来的,因此检测相关特性,必须真实模拟其工作环境。喷油泵试验台可满足上述条件。

喷油泵试验台由主传动系统、燃油油路系统、气路系统、量油系统等组成,如图3-66所示。

试验台主传动系统由主电动机、刻度盘和万向节构成,通过联轴器与高压油泵输入轴连接,模拟发动机驱动油泵运转,转速范围一般在0~4000r/min。现阶段该系统均采用变频无级调速技术,调速精度高、动静态特性稳定,可通过设定好的按键快速自动调节到所需要的测试转速。

图3-66 喷油泵试验器

试验台燃油油路系统具有低压、高压和温度屏显自动控制功能。低压压力范围为0~0.4MPa,为被测油泵提供规定压力的清洁燃油;高压压力范围为0~4MPa,用于检测油泵的密封性能。为确保测量结果准确,油路配有风冷、电加热自动控温系统,能够自动调节燃油的温度。

试验台气路系统由气泵、减压阀、气压表、真空表、节流阀和气路开关组成,可提供正负气压,为检测油泵增压补偿器性能和调试真空调速器提供条件。

试验台量油系统是测量被测喷油泵各缸供油量的机构。集油箱能够绕轴转动和改变高度,以适应不同喷油泵的要求。断油盘在电磁铁的带动下可以前后移动,打开或切断试验油进入量杯的通道,手动翻转量杯板选择量杯进行量油或倒油。

喷油泵试验台主要调试项目:

(1)检查机械调速器工作性能。
(2)测试喷油泵各缸供油量和供油均匀性。
(3)静态检查喷油泵供油间隔角度。
(4)进行喷油泵密封性试验。
(5)分配泵各种转速下回油量的测量。
(6)分配泵压力补偿器的检测。
(7)调试真空调速器的工作性能。

由于上述调速内容技术含量较高,在油泵的相关调整部位均加以铅封,在没有高压油泵生产厂家授权的情况下,不得随意调整,擅自调整则视为放弃三包等服务。所以本节仅对其中的喷油泵油量及均匀度调整作简单介绍。

2. 喷油泵供油均匀度的检测

由于喷油泵的供油量是直接受调速器控制的,应先检测调速器工作特性。试验时在油量控制齿条一端安装齿条行程检测设备,喷油泵正常运转时,观测转速及齿条行程检测设备的刻度,得到被测调速器性能,不同转速下的齿条行程应符合技术手册的要求。

当调速器的调速特性校准之后,喷油泵在各种工况下供油量之间的比例关系也就确定了,因为它们与对应的供油拉杆行程是成比例的。因此重点检查额定转速、怠速、起动、校正以及停车等工况的供油量是否达到规定值即可。一般起动供油量较额定供油量约高50%。

喷油泵测试时,在规定试验转速下,把喷油泵输出的燃油经由事先选定好的流量测试器送入喷油器,再把喷油器喷出的燃油导入量筒箱测量管内,即可测出一定转数内燃油的喷出量,应符合技术手册要求。

在供油量调整时,对于多缸柱塞式喷油泵的供油均匀度也应保证在规定的范围内,以使发动机能平稳地运转。各缸供油不均匀度可用下式计算:

各缸供油不均匀度 =(最大供油量 - 最小供油量)/平均供油量×100%

平均供油量 =(最大供油量 + 最小供油量)/2

供油量不均匀度的调整,以额定转速供油不均匀度为重点。因为柴油机额定转速机会最多,一般额定转速供油不均匀度,应不大于3%,怠速供油不均匀度,应不大于30%。柴油机起动和短时超负荷运转,由于运转时间短,所以不均匀度可以放宽些。

3. 喷油泵精密偶件的检查

喷油泵在使用过程中,精密柱塞偶件和出油阀偶件以及喷油泵操纵传动机构的零件均有不同程度的磨损。又因柱塞和出油阀偶件在燃油压力和流速很高情况下工作,以及燃油中存在一些机械杂质,对工作表面磨损有一定影响。因此,在一定齿条位置和凸轮轴转速下,由喷油泵输出的总油量将会减少,各组分油泵喷油量的不均匀度将增加,各喷油间隔时间的均匀度也遭到破坏,引起发动机起动困难、功率下降、工作粗暴、增加零件磨损等现象。

1)柱塞偶件的检验

(1)外部检查。将柱塞偶件清洗后,检查其圆柱形工作表面如有任何刻痕和腐蚀,或柱塞弯曲、头部变形和柱塞凹槽磨损等现象,应予以更换新件。

(2)柱塞偶件的检验。滑动试验:将柱塞偶件彻底清洗干净后,使其倒置并与水平线倾斜60°,如图3-67a)所示。轻轻抽出柱塞约1/3,然后松开,柱塞应能依靠自身重为沿套筒平稳下滑,落到套筒支撑面上,则可认为其状态是良好的。应将柱塞在套筒内转动几个不同位置,反复试验几次,每次均应符合上述要求。

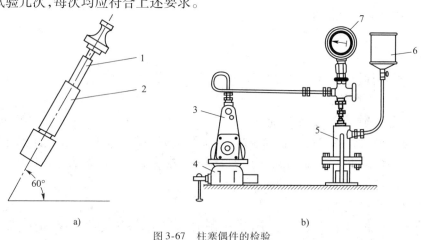

图3-67 柱塞偶件的检验

a)柱塞偶件滑动试验;b)柱塞偶件密封性试验

1-柱塞;2-柱塞套筒;3-被试喷油泵;4-台虎钳;5-喷油器试验器;6-油箱;7-压力表

密封性试验：应在喷油器试验台上进行,如图3-67所示。

试验时,将喷油泵中的出油阀拆去阀座后出油阀衬垫仍留在里面,上好出油阀接头；将喷油器试验器的高压油管接在出油阀接头上,并排尽内腔的空气。将柱塞调整到最大供油的中间行程位置,使手动泵泵油至19.61MPa停止泵油、测定油压下降至9.8MPa时的时间。一般车型新柱塞偶件要求不少于30s。同一喷油泵的柱塞偶件密封性彼此相差应不大。

在无设备的情况下,可用简易方法作密封性检验,如图3-68所示。用手指堵套筒上端孔和侧面的进油孔,另一手拉柱塞,应感到有显著的吸力,放松柱塞,柱塞应迅速回原位.应将柱塞在几个不同位置,反复试验几次,每次均应符合要求。

图3-68 柱塞偶件简易试验法

2) 出油阀的检测

(1) 外部检查。目测出油阀偶件的工作面应无刻痕及锈蚀现象,锥面密封光泽明亮、完整连续,无严重磨损,无刻痕,光亮带宽度一般不应超过0.5mm,出油阀垫片应完好无损,否则予以更换。

(2) 滑动性试验。用燃油浸润后的出油阀偶件在垂直位置时,拿住阀座,将阀体从座孔中抽出其配合长度1/3,松开时,阀体应能借自身重力均匀自由地落入阀座,不产生卡滞现象,将阀体旋转几个角度试验,其结果应相同。

(3) 密封性试验。密封性试验包括锥形密封面和圆柱形减压环两部分,如图3-69所示。将出油阀偶件装入专用工具中,并将专用工具连同出油阀偶件一起接在喷油器试验器的高压油管上。放松顶头螺钉,顶起出油阀0.30～0.50mm,测定圆柱形减压环的密封性。

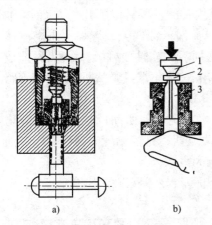

图3-69 出油阀偶件试验法
a) 出油阀偶件密封性试验用工具；b) 出油阀密封性试验
1-出油阀锥面；2-减压环；3-阀体

锥形密封面密封性的标准是：当油压从24.52MPa降到19.610MPa的时间不应小于60s。

圆柱形减压环密封性的标准是：当油压从24.52MPa下降到9.8MPa的时间不应小于2s。

出油阀密封性试验和柱塞密封性试验一样,应注意喷油器本身密封性对试验的影响。同一喷油泵的出油阀偶件,密封性应相同。

在无设备的情况下,锥形密封面的密封情况,可用简易方法试验。用大拇指和中指拿住出油阀座,食指按住出油阀体用嘴吸出油阀座下平面的孔,并移于嘴唇,若能吸住,说明是密封的。圆柱形减压环的密封性也可用简易方法试验。用手指抵住出油阀座下孔,如图所示将出油阀体放在阀座中,当圆柱形减压环进入阀座时,往下施加压力,应能将出油阀弹起。

第八节 润滑系统的检测诊断与维修

发动机润滑系统的功能主要是为发动机各零件的摩擦表面提供具有一定压力的连续而

清洁的润滑油,以达到减少零件磨损,保证发动机正常工作,延长发动机寿命的目的。当发动机润滑不良时,因摩擦阻力增大使机械损失增多,局部温度升高,发动机功率下降,并容易发生拉缸、曲轴抱死等故障。润滑系统主要由润滑油泵、润滑油滤清器、润滑油散热器和各种油阀组成。其评价指标有发动机工作过程中的润滑油压力、温度、润滑油的清洁度、润滑油消耗量和润滑油品质等几方面。润滑系统常见故障是机油压力过高或过低、润滑油消耗过多、润滑油温度过高和润滑油滤清器效能减弱等。

一、机油压力的检测诊断

1. 机油压力的检测

机油压力是发动机润滑系统技术状况的重要指标。发动机在不同工况下工作,其机油压力不同,不同车型的机油压力也不尽相同。机油压力的大小,一般可直接通过汽车仪表板上的机油压力表或油压信号指示灯显示而测得,虽然精度不太高,但能满足使用中的检测要求。常用的检测方法是,当打开点火开关时,机油压力表指针指示为"0",机油压力指示灯点亮。发动机起动后,油压指示灯在数秒内熄灭,机油压力表则表示为某一较高的数值,并随发动机起动逐渐指示正常。一般汽油机机油压力应为 180~392kPa,柴油机应为 204~588kPa。

2. 机油压力异常的诊断

机油压力异常有机油压力过低、机油压力过高两种情况。

1)机油压力过低的诊断方法

(1)现象。

①发动机在运转中,机油压力始终过低。

②发动机起动后,机油压力很快降低。

(2)原因。机油压力过低的原因有很多,与润滑系统相关的主要有以下几个方面:机油压力表失准;机油压力传感器效能不佳;机油黏度降低;汽油漏入油底壳或燃烧室未燃气体漏入油底壳,将机油稀释;油底壳油面太低;机油泵齿轮磨损、泵盖磨损或泵盖衬垫太厚造成供油能力降低;机油集滤器滤网堵塞;机油限压阀调整不当、关闭不严或弹簧折断;内外管路有泄漏之处。

此外,机油压力过低,还取决于发动机其他部分的技术状况。例如:曲轴主轴承间隙增加,机油压力便降低,据此也可以判断轴承的磨损情况。发动机冷却液温度的高低会影响油温的变化,而油温的变化又会通过机油黏度的大小来影响润滑效果。

因此,检查润滑系故障时,要充分考虑轴承间隙和冷却系统技术状况的影响。

(3)诊断。

①第一次起动发动机时,注意观察机油压力表的指示情况,若起动时压力正常,然后迅速下降至低于规定值,说明油底壳存油不足,可在停车数分钟后拔出机油尺检查确认。

②若刚起动时机油压力就低,说明润滑系统无法建立压力或压力表异常,可先检查润滑系统外露部分有无明显泄漏,再检查机油压力表和传感器的技术状况。

检查机油压力表技术状况时,可先检查机油压力表与传感器导线两端的连接状况。若无问题,再将导线从传感器上拆下,然后打开点火开关,使导线与机体搭铁(快速碰一下,时间要短,否则易损坏油压表);若机油压力表指针急速上升到头,说明压力表良好;若压力表指针不动或稍微动一下,说明压力表失效。若机油压力表良好,应检查传感器效能。

③如机油限压阀位于发动机机体外部,可使发动机熄火,检查限压阀的技术状况,若限压阀磨损严重、弹簧太软、弹簧折断或调整状况不佳,也将导致压力过低。

④若限压阀良好,可拔出机油尺,用手指粘试其上机油黏度,若机油太稀,说明机油黏度发生变化;若机油中有汽油味,说明机油被汽油或被汽油蒸气稀释。

⑤若机油黏度正常,导致机油压力过低的原因可能在机油泵、集滤器、内部管路或各处轴承间隙上,此时须拆下发动机油底壳才能诊断出结果。

⑥发动机在运转中,机油压力突然降低,应立即使发动机熄火,检查机油有无严重泄漏。如机油滤清器衬垫损坏,就会出现这种现象。

2)机油压力过高的诊断方法

(1)现象。

①冷车起动时,机油压力表指示压力过高。

②将点火开关转至ON位置,机油压力表即指示0.2MPa,起动后增至0.5MPa以上。

③发动机在运转中,机油压力突然增高。

(2)原因。机油压力过高的原因有:机油压力表失准,机油变稠或新换机油黏度太大,主油道及分油道内积垢太多或曲轴主轴承、连杆轴承、凸轮轴轴承间隙太小,限压阀调整不当等。

(3)诊断方法。发现机油压力过高,应查明原因,否则容易冲裂机油细滤器盖(如果有)或机油压力传感器。

①未起动发动机前,首先检查机油压力表指针能否回零,若不能回零,则故障在机油压力表。

②若压力表良好,拔出油尺,检查油面高度。若油面高度正常,可检查机油黏度,并与规定标号新机油进行对比。

③检查限压阀的技术状况,是否调整不当、球阀或柱塞发卡。

④发动机运行过程中机油压力突然变高,可首先检查机抽滤清器滤芯是否堵塞、旁通阀弹簧是否压缩过多或过硬、机油限压阀柱塞是否卡滞。若上述位置良好,则一般为润滑系统油道堵塞。

二、润滑油品质变化的检测与诊断

1.润滑油品质的检测

润滑油在使用过程中,由于杂质污染、燃油稀释、高温氧化、添加剂消耗或性能丧失等原因,其品质会逐渐变坏。在外观上,还表现为颜色变黑,黏度上升或下降。润滑油中的清净分散剂是润滑油的一种重要添加剂,具有从发动机摩擦表面分散、移走磨损微粒、积炭等的能力,使之悬浮在润滑油中而不沉淀在摩擦表面,以减轻摩擦表面的磨损。由于润滑油在使用过程中清净分散剂的消耗及性能降低,也会逐渐失去其清净分散作用。润滑油品质变坏会使发动机润滑变差、磨损加剧,甚至引发严重机械故障,因而应加强对发动机润滑油品质的定期检测与分析,实行按质换油,以保证发动机良好润滑。更为重要的是,通过对润滑油品质的检测,可分析并监控发动机技术状况的变化。

1)润滑油不透光度分析法

通过测量一定厚度的润滑油油膜的不透光度来反映润滑油内碳物质的含量,以表示润滑油的脏污程度。

润滑油污染不透光度分析仪的结构原理如图3-70所示。稳压电源为电桥和光源提供稳定的电源,光源发出的光通过放油样的玻璃油池而传到光敏电阻。光敏电阻作为电桥的一个桥臂,电桥的输出端接直流放大器,而直流放大器的输出端接一个指示读数的电流表——光电表,表头按百分刻度。油池中放入干净油时,表头指示为零;当润滑油污染程度达到极限允许值时,指针指80%。

测试前,先在油池中放入干净油样,调整表头指针为零,然后再换入需要测量的油样。由于测试油样与标准油样的透光度不同,照在光敏电阻上的光线强度就不一样,润滑油污染越严重,透光越弱,光敏电阻阻值变化越大,电流表指针指示也越大。这种仪器的优点是结构简单,使用方便。缺点是测量精度低,使用范围窄,而且不能测出有添加剂的润滑油其添加剂残余能力以及润滑油含杂质的成分。

2)润滑油介电常数分析法

润滑油是电介质,有一定的介电常数。介电常数是表示物质绝缘能力特性的系数,又称介电系数。在润滑油中,介电常数值取决于润滑油中的添加剂和存在的污染物。

清洁润滑油不含有污染物,有其较为稳定的介电常数。而当润滑油污染时,其介电常数则发生变化,通过对润滑油介电常数变化的测试比较,可用来分析润滑油的污染程度。

润滑油介电常数分析仪如图3-71所示。它采用了对污染物有较大灵敏度的平面电容器作为传感器,而润滑油试样如同电容的电介质,当润滑油的介电常数变化时,电容值也随之改变。通过专用的数字电路,将其变成数字信号,送入微机处理并与参考数字信号比较。当显示为零时,表明所测润滑油无污染;当显示不为零时,表明所测润滑油有污染;显示值越偏离零值,表明润滑油污染程度越大。

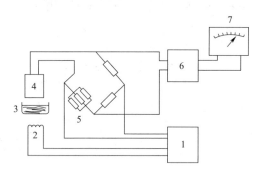

图3-70 润滑油污染不透光度分析仪原理图
1-稳压电源;2-光源;3-试样油池;4-光电管组成平衡电桥;5-电阻;6-直流放大器;7-透光度表

图3-71 润滑油介电常数分析仪
1-数字显示屏;2-润滑油传感器;3-清零按键;4-测量按键;5-电源开关;6-固定螺钉

3)滤纸油斑试验法

滤纸油斑试验法利用现代电测方法快速测定润滑油的污染程度和清净性添加剂的消耗程度及性能,但并不对润滑油中各种杂质的成分进行测定。主要用于监控和确定最佳换油时期。

测试时,把使用中的润滑油按规定要求滴在专用滤纸上,油滴逐渐向四周浸润扩散,最终形成中央有深色核心的颜色深浅不同的多圈环形油斑,如图3-72a)所示。若润滑油所含杂质的浓度和粒度及清净分散能力不同,所形成油斑每一环形区域的颜色深浅也不同。如果润滑油中杂质粒度小,且清净分散剂性能良好,则杂质颗粒就会扩散到较远处,中心区与扩散区的杂质浓度及颜色深浅程度差别较小；若润滑油中杂质粒度大，且清净分散剂性能丧失，则润滑油中杂质就越来越集中于中心区，中心区与扩散区的杂质浓度和颜色深浅程度的差别也就越大。因此，油斑上中心区杂质浓度反映润滑油的总污染程度，而中心区单位面积的杂质浓度与扩散区单位面积杂质浓度之差可反映润滑油中清净分散剂的清净分散能力。

油斑中心区和扩散区的杂质浓度可用两区域的不透光度或透光度评价。不透光度大，则杂质浓度大；不透光度小，则杂质浓度小。仪器标定时，光线完全通过时，不透光度为0；光线被完全阻挡时，不透光度为100。测试两区域不透光度所采用的滤纸油斑检验光度计的原理框图如图3-72b）所示。

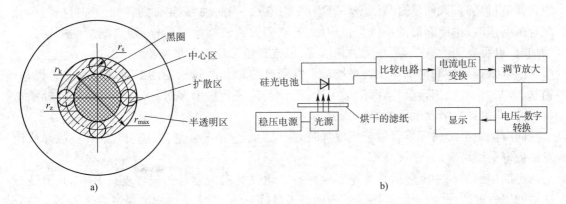

图3-72 滤纸油斑试验法
a）滤纸油滴斑痕；b）滤纸油斑检验光度计原理框图

4）光谱分析法检测

润滑油中金属微粒的含量，不仅能表明润滑油被机械杂质污染的程度，还可用来确定机件磨损的程度；同时，润滑油中金属微粒含量的变化速度又可反映有关零件摩擦表面的磨损速度。由于润滑油中金属微粒的含量很低且种类多，一般采用灵敏度高的光谱分析法测定润滑油中的金属微粒含量。

光谱分析法是利用润滑油中金属元素微粒受电能或热能激发后发出特征光谱的性质，根据金属元素发射出的相应特征光谱光线的强度，对润滑油中金属元素的种类和含量进行定量分析的方法，图3-73为润滑油光谱测定分析仪的原理图。

测试时，被测油样放于油样池中，回转石墨圆盘浸入油样并作为高压激发源的一个电极，其外圆表面距高压激发源杆式电极位的距离为1.5~2mm。当回转石墨电极圆盘回转时，润滑油不断地被带入到两电极之间，在高压激发源高电压（15000V）作用下，两电极间隙被击穿，产生电弧，使处于电极间电弧区的润滑油及其所含杂质一起焚烧，每种金属元素在焚烧中都发出具有一定特征光谱的光或辐射能。发射光谱由入口缝隙照射到凹面衍射光栅上，经光栅反射后把

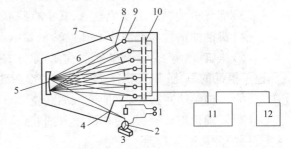

图3-73 光谱测定分析仪原理图
1-高压激发源；2-回转石墨盘；3-油样池；4-入口缝隙；5-光栅；6-特征光谱；7-焦点曲线；8-出口缝隙；9-光电传感器；10-信号积分仪；11-信号处理仪；12-打印机

入射光线分解成具有不同特征光谱的单色光光线,每种特征光谱对应于一种金属元素焚烧时发出的光谱。反射分解后的不同单色光线聚集于焦点曲线,经出口缝隙照在相应光电传感器上,传感器输出的电信号强度与具有相应特征光谱的光线强度有关,而不同特征光谱的光线强度取决于焚烧润滑油中相应金属元素的浓度。因此,传感器输出的电信号可反映润滑油中相应金属元素的浓度。光电传感器输出的电信号传输到信号积分仪、信号处理仪放大并处理后,可由打印机打印出油样中每种金属的浓度。

光谱分析只能确定所测油样中金属元素的种类和含量,并不能反映金属微粒产生的原因、部位及有关摩擦表面的磨损程度。因此必须对测试结果进行进一步分析。试验表明,发动机汽缸与活塞环配合副的磨损产物,约占润滑油中全部金属微粒的85%。所以,润滑油中含铁量过高时,说明汽缸与活塞环磨损严重;其次,当曲轴、凸轮轴的各轴颈和挺杆与凸轮配合副磨损时,也使润滑油中铁含量增加;若缸套镀铬或活塞环镀铬,则当润滑油中铬含量增加时,也可表明汽缸、活塞环的磨损情况,但铬含量远比铁含量要小。

活塞磨损可使润滑油中铝含量增加。发动机曲轴和凸轮轴使用的滑动轴承多为锡基、铅基、铜基、铝基巴氏合金,当润滑油中锡、铅、铜、铝等元素增多时,若可知发动机的轴承材料配方,即可判断滑动轴承的磨损情况。

润滑油中某金属元素含量突然增加时,应视为紧急情况处理,以免引起破坏性故障或使发动机寿命缩短。

定期用润滑油中金属微粒含量多少评价发动机磨损速度和磨损程度是有效的,但该方法对磨损程度的评价,只能表明摩擦表面磨损量的总值,而无法确知磨损量在具体部位的分布情况和磨损部位尺寸、形状及强度等方面的变化情况。

2. 润滑油变质的诊断

1) 故障现象

(1) 取样检查机油,将机油滴在洁白的吸纸上,机油呈黑色并有杂质,或者油滴外缘呈黄色而核心为黑色,用手粘搓,机油失去黏性并有杂质感。

(2) 含水分的机油呈乳浊状并有泡沫。

2) 故障原因

(1) 机油品质差,在发动机正常温度、压力工况下,早期变质、结焦、结胶。

(2) 外部灰尘、杂质和水蒸气渗入曲轴箱,油水被搅动后形成油泥;燃烧室内废气和未燃尽的油气渗入曲轴箱,凝结后稀释机油。

(3) 部分机油燃烧后变成蒸气,其中有些氧化物会变成腐蚀性极强的酸类,腐蚀机油。

(4) 机油滤清器堵塞或中心孔两端密封不良。

(5) 汽缸、活塞、活塞环磨损严重,间隙过大,或活塞环"对口",使高温气体漏进曲轴箱,加速了机油的氧化、积炭。

(6) 汽油泵膜片破裂,汽油进入油底壳。

(7) 发动机缸体破裂,冷却液滴入油底壳。

3) 故障诊断与排除

(1) 检查机油压力,排除导致机油压力过低的各种原因。若机油压力正常,再查看油质,包括黏度、颜色及有无汽油、水分和其他杂质。

(2) 检查机油滤清系统是否良好。先检查或更换机油滤清器,然后检查旁通阀和机油细滤器的效能。

(3)检查曲轴箱通风情况。曲轴箱通风不良,漏进曲轴箱的废气、可燃混合气、水蒸气和燃油等凝成有害化合物且稀释机油,使机油加速变质。

三、润滑油消耗量的检测与诊断

1. 润滑油消耗量的检测

润滑油消耗量的检测目前实际使用的是油尺测定法和质量测定法两种。

1)油尺测定法

测试前,汽车置于水平地面上,预热后停机,将润滑油加至油底壳规定的液面高度,然后在油尺上清楚地划上刻线,以记住这一油面位置。其后汽车投入实际运用,使润滑油消耗至油尺下限或行驶一定里程时,停止运行,仍置汽车于原地点,按原测试条件,向油池内加入已知量(质量或体积)的润滑油,使油面仍升至油尺上的原刻线,所加油量即为润滑油消耗量。此测定方法简单,但测量误差较大。

2)质量测定法

预热发动机至正常温度,按测试条件打开油底壳的放油螺塞,放出油底壳内的润滑油,至润滑油由流变成滴时,拧上油底壳的放油螺塞,记下放油时间,然后将已知质量的润滑油加入油底壳至规定的液面,使汽车投入实际运行。汽车行驶若干里程后,当需要测试润滑油消耗量时,只要按同样的测试条件和放油时间,放出油底壳内的在用润滑油,并称出其质量就可以了。加入和放出的质量之差即为润滑油消耗量。此测定法费力费时,但测量精度较高。

2. 润滑油消耗量过多的诊断

1)现象

(1)排气管冒蓝烟,机油加注口脉动冒烟。

(2)发动机积炭增多,湿储气筒放气时,油沫增多。

(3)发动机或空气压缩机有漏油处。

(4)每天检查机油量,均会有明显减少。

2)原因

(1)活塞、活塞环与汽缸配合不当,如活塞环装反、间隙过大、活塞环卡死或对口等。

(2)进气门导管磨损过量或气门导管挡油罩损坏。

(3)曲轴箱通风装置堵塞而造成通风不良。

(4)发动机曲轴后端漏油。

(5)发动机正时齿轮室盖处漏油。

(6)油底壳或气门室盖(罩)漏油。

(7)空气压缩机活塞与缸壁间隙过大。

(8)空气压缩机前后曲轴盖处漏油。

3)诊断

(1)检查有无漏油处。在主要的漏油部位中,应当特别说明的是曲轴前端和后端漏油。前端漏油常因油封破损、老化或曲轴带轮与油封接触表面磨损过甚所致。曲轴后端漏油,除因后油封密封不良外,对无后油封的发动机,还应检查后主轴承盖回油孔是否过小,凸轮轴后端油堵是否漏油。

(2)检查润滑油是否被吸入汽缸而燃烧。润滑油若被吸入汽缸而燃烧,其最明显的特征是当发动机高速运转时,排气管大量排出浓的蓝色烟雾,急加速时尤为强烈。润滑油能进入汽缸内有两个渠道:一是由于活塞环装反或活塞环的端隙、背隙及边隙过大所致;二是因为气门与导管的配合间隙过大或顶置式气门导管上端油封失效,使润滑油沿进气门与导管间隙吸入缸内。判断方法:发动机高速运转或急加速时,除排气管排浓烟雾外,同时在加润滑油口亦大量排出浓烟雾,则说明润滑油是由活塞组与汽缸工作不良而泵入汽缸的。加润滑油口若不排烟雾,则表明润滑油是沿进气门与导管之间的间隙被吸入汽缸的。

(3)检查曲轴箱通风情况。曲轴箱通风不良,将使曲轴箱内气体压力和润滑油温度升高。气体压力升高,不但造成润滑油渗漏、蒸发,还能使油底壳衬垫或气门室盖衬垫冲破,造成严重泄漏。此外,汽油机目前大都采用的强制封闭式曲轴箱通风装置,因某种因素还会导致润滑油被大量吸入汽缸而燃烧。

(4)当松开湿储气筒放水排污开关后若发现伴有大量油污排出,即表明空气压缩机的活塞环或活塞与汽缸配合间隙等出现问题,应予检修。

第九节 冷却系统的检测诊断与维修

车用发动机通常采用压力循环水冷却系统,这种系统主要由水泵、水套、散热器、节温器、风扇和百叶窗等组成。冷却系统使发动机在任何工况下,任何工作状态和任何可能的环境温度,都应保持在最合适的温度范围内工作。研究表明,发动机正常的工作温度保持在80~90℃为佳。如果冷却系统的技术状况变化,使发动机的工作温度不正常,会造成发动机动力下降或产生爆震,甚至造成活塞卡缸、拉缸等恶果。

一、冷却系统检测

1. 外观检查

外观检查主要是通过查看散热器、水泵、水管、水套、防水开关等部位是否漏水,冷却液量是否足够,风扇和散热器的距离是否正确,传动带两侧面是否磨损。外观检查应在静止的冷发动机上进行,因为冷却系统的外部渗漏在冷态时容易被发现;当发动机热态时,这种泄漏因蒸发而不易被发现。对那些不容易接近的部位(其缸体后部、放水阀以及水泵的密封圈等)可以通过留在地面上的水迹判断泄漏部位。检查风扇传动带松紧度可用拇指在风扇和发动机传动带中间的传动带上,施加20~50N的力,传动带压进距离应在10~15mm。

2. 压力试验

压力试验主要检查内部渗漏。一般常见的内部渗漏有:汽缸垫漏气、缸盖螺栓松脱以及缸盖或缸体上有裂纹等。下面介绍两种压力试验方法。

1)汽缸漏气试验

依次对每个火花塞孔或喷油器孔输给700kPa的压缩空气,被测汽缸活塞应处于压缩行程的上止点。如果将缸盖上的出水软管拆去,若汽缸向冷却水道漏气,则冷却液中将有气泡冒出,或从出水口水位升高反映出来。这种方法,也是检验气门漏气的有效方法。

2)冷却系统密封性试验

在发动机不工作时,将50kPa的压缩空气从散热器放水阀导入,如果气压不降低,表示散热器加注口密封正常。起动发动机,在发动机热起后,再通入20kPa的压缩空气,若冷却系统工作正常,气压表指针应抖动,不抖动表示节温器阻塞;若气压表指针迅速上升至

50kPa,可能散热器阻塞或汽缸垫漏气。发动机熄火后,压力表指针若不立即下降,则故障属于散热器水管阻塞;若指针迅速下降,则说明汽缸垫漏气。在检查中,应查看有无漏水处。

3. 水泵故障检查

水泵工作状态不正常或水泵叶轮打滑,或者水封泄漏,可使水泵的泵水量不能与发动机的转速成正比。

1)水泵工作状态检查

打开散热器加水口盖,使发动机缓慢加速,察看加水口内冷却液的循环;若不断加快,则水泵工作正常,叶轮也不打滑,反之,水泵有问题。当不易从加水口观察冷却液的循环情况时,可用另一方法,让发动机在冷却液温度高时熄火,并迅速拆下汽缸盖通往散热器上水室接头的胶管,再用布团将上水室接头塞住,从加水口向散热器内加注冷却液,再起动发动机,如汽缸水套内和散热器中的冷却液被水泵泵出胶管口外200mm左右,说明水泵工作正常,叶轮也不打滑。反之则异常。

2)水泵流量试验

水泵流量试验须在专用试验台上进行,由试验台驱动装置带动水泵转动,观察排水量是否符合制造厂的标准或者是否有漏水现象。

4. 节温器性能检查

把节温器从发动机上拆下,清洗后放在水中加热,用量程为100℃的温度计测量温度,按节温器主阀开启或侧阀门关闭的温度规定,检查其性能是否良好,工作是否可靠。当温度再提高10℃左右节温器阀应全开,其工作升程应大于9mm。

5. 冷却液温度表故障的检测与诊断

正常的冷却液温度表,在打开点火开关后,指针应从100℃向40℃方向偏转,然后逐渐指示正确冷却液温度。当打开点火开关,仪表板上的其余仪表正常,冷却液温度表如果不动,可能有两种情况:一是冷却液温度表坏;二是冷却液温度表正常而冷却液温度传感器坏。

将冷却液温度传感器接线柱与零件短路,若产生冷却液温度表指针从100℃向40℃转动,说明冷却液温度表正常,传感器有故障。如果冷却液温度表指针仍然不动,说明冷却液温度表本身有故障。

当打开点火开关,冷却液温度表指针能迅速从100℃位置移至40℃位置,但发动机温度升高后,指针仍然在40℃位置不动,此时可拆下传感器导线,如指针迅速从40℃位置回到100℃位置,则说明冷却液温度传感器内部有搭铁短路之处。

诊断时若发现传感器内部有故障,接线与发动机机体间发生断路,应立即关掉点火开关,以免烧坏冷却液温度表。

6. 散热器水管的检查

散热器水管因杂质、油污、积垢而导致堵塞时,就会因冷却液循环受堵而使冷却液温度过高。检查的方法是:打开散热器加水口盖,使上水室的水位低于加水口10mm左右,然后起动发动机,先以怠速运转,注意观察水流和水位,随后使发动机转速提高到1200r/min左右,仔细观察转速提高时的水位变化。如果比怠速时水位升高,甚至冷却液溢出加水口,说明管道堵塞;如果比怠速时水位略低,而且随着发动机转速的稳定,水位相对保持不变,则表示散热器畅通,水管无堵塞。

二、冷却系统典型故障诊断

1. 发动机过热

1）冷却液足量但发动机过热

（1）现象。

发动机冷却液容量符合标准，且无泄漏现象。但汽车在行驶过程中，冷却液温度超过90℃直到沸腾。

（2）原因。

①百叶窗关闭或开度不足。

②风扇传动带松弛或因油污而打滑。

③散热器出水管被吸瘪或内壁堵塞。

④水套水垢沉积过多。

⑤散热器散热片倾倒或水管堵塞。

⑥节温器大循环工作不良或分水管不良。

⑦风扇离合器失灵。

（3）诊断。先检查百叶窗是否关闭或开度不足。若开度足够，再检查风扇叶片的固定情况和传动带松紧是否适当。一般情况下，当用大拇指给风扇传动带施加 30~40N 的压力时，压下距离应为 10~15mm。若压下距离过大，说明传动带松弛。若传动带不松仍然打滑，说明传动带及传动带轮磨损或粘有油污，应予更换。装有传动带张紧轮的发动机，应检查其张紧功能是否失效。

风扇转动正常时，但发动机仍过热，则可检查风扇的风量。简单的方法是在发动机运转时，将一张薄纸放在散热器前面，若纸被牢牢地吸住，说明风量足够。否则应调整风扇叶片的角度，必要时可换新风扇。

如风扇正常，可触试散热器和发动机温度。若散热器温度低，而发动机温度很高，说明水循环不良。应检查散热器出水软管是否被吸瘪，内孔有无堵塞。若被吸瘪应查明原因排除，必要时换新软管。如果出水软管良好，则在拆下散热器进水软管后起动发动机试验时，冷却液应有力地排出。若不排液，说明水泵或节温器有故障。

节温器工作不良，是指大循环不良。在正常情况下，冷车发动时冷却液应进行小循环[图3-74a）]，当冷却液温度升高至76℃时，则应进行大循环[图3-74b）]。如果节温器伸缩筒锈滞或其内易挥发液体漏失，便推不开主活门，只能进行小循环，造成发动机过热。

节温器良好，则应检查水泵工作情况。若上述各部件均正常，可检查散热器和发动机各部分温度是否均匀，如果散热器自身冷热不均，说明其中有堵塞现象。发动机的温度若前端低于后端，则表明分水管堵塞，应予拆换。若非上述原因，则可能是水套内积垢过多，应予以清除。

在冷却系统正常的情况下，发动机仍然过热，则应考虑冷却系统以外系统和使用方面的影响。例如，点火时间是否过迟、排气门间隙是否过大、混合气成分是否过浓或过稀、燃烧室内积炭是否过多以及油底壳内润滑油量是否充足等。此外，汽车爬长坡、顺风行驶或在高温季节长时间低速行驶等，也会引起发动机过热。对装用风扇离合器的冷却系统，若发动机过热还应考虑风扇开始旋转的时间与发动机冷却液温度的关系是否符合技术要求。目前多采用硅油风扇离合器，正常时发动机冷却液温度低于70℃后，离合器自动分离使风扇停转，冷却液温度升到80℃以上又会自动接合使风扇旋转。硅油风扇离合器失灵的原因主要是：双金属片感温器脱落或双金属片间积污严重,离合器内腔硅油渗漏严重。

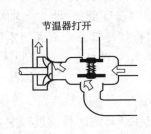

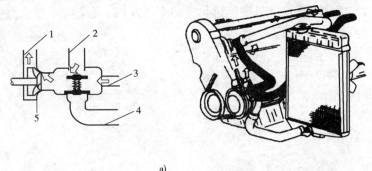

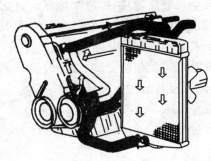

图 3-74 发动机冷却水循环
a)冷却液小循环;b)冷却液大循环
1-通向发动机;2-来自发动机;3-来自暖风机;4-通向散热器;5-水泵

2)冷却液不足使发动机过热

(1)现象。发动机冷却系统不能容纳规定的冷却液量,或在运行中冷却液消耗异常,而使发动机过热。

(2)原因。

①冷却水套或散热器积垢堵塞。

②散热器盖的进、排气阀失效。

③散热器漏水。

④水泵水封皮碗不良或叶轮密封垫圈磨损过甚而漏水。

⑤冷却系统其他部位漏水。

⑥汽缸垫水道孔与汽缸相通。

⑦个别进气通道破裂漏水。

(3)诊断。

①检查散热器是否漏水、堵塞、损坏。

②若散热器良好,应取下发动机水套,检查水套内水垢沉积情况。

③水泵泄水孔是用来排泄水封处渗漏的少量水滴,以防水泵腔内积水,破坏轴承润滑。泄水孔若漏水不止,则说明水封损坏。

④若冷却系统外部不漏水,而冷却液仍然消耗甚快,则应检查冷却系统内部有无漏水。拔出润滑油尺发现润滑油中有水,可能是进气通道内壁破裂漏水。冷却液蒸发损失过大时,则应检查散热器盖的排气阀失效与否。

3)发动机突然过热

(1)现象。正常行驶时,发动机突然过热或冷车发动时,发动机冷却液温度迅速升高并沸腾,在补足冷却液后才转为正常。

(2)原因。

①风扇传动带断裂。

②水泵轴与叶轮脱转。

③冷却系统严重漏水。

④节温器主活门脱落。

(3)诊断。

①行车中发动机突然过热,则应立即熄火,检查风扇传动带是否断裂;若传动带良好,用手触试散热器和发动机。若发动机温度甚高,而散热器内温度低,说明水泵轴与叶轮脱转,使水循环中断。若发动机和散热器温度差别不大,则应查找冷却系统有无严重漏水处。

②冷车初发动时温度很快升高,冷却液沸腾。多是因为节温器主活门脱落并卡在散热器进水管内,阻碍了冷却液的大循环所致。

2.发动机温度过低

发动机温度过低的故障,一般出现于寒冷的冬季或在高寒地区行使过程中。

(1)现象。

①温度表指示值低于发动机正常工作温度。

②发动机乏力,消声器时有放炮声,燃油消耗增加。

(2)原因。

①节温器损坏,冷却液只能进行大循环,引起散热过多。

②百叶窗不能关闭或关闭不严。

(3)诊断及排除。

①检查百叶窗是否开闭自如,若关闭后仍然不能升高温度,则应考虑用保温套。

②检查节温器是否失效,若失效,应及时更换。

第十节 发动机异响的检测诊断与维修

发动机技术状况良好时,其工作过程中也不可避免的会存在噪声,如在其怠速运转过程中,能够听到均匀的排气声音。在高速运转期间,则为平稳的轰鸣。而在加速运转时,将发出有力且过渡圆滑的轰鸣。如果在发动机运转过程中,还伴随有其他声响,如间歇发出金属敲击声、连续的金属敲击声、连续的金属摩擦声等,即表明发动机运转声响不正常。所伴随的声响,通常称为异响。异响可以表明发动机存在着不同性质和不同程度的故障。其中某些异响(例如连杆螺栓松动的连杆轴承响、气门座圈响),还可预告发动机将可能发生事故性损坏等。所以,异响仅是现象,故障才是本质。对发动机异响的诊断,就是透过现象看本质,是汽车故障诊断的一个重要方面。

一、发动机异响产生的原因及特性分析

1.发动机产生异响的原因

发动机产生异响的原因甚多,但是归纳一下,大致有如下几点:

(1) 爆震或早燃所引起的声响,它是一种金属敲击声。

(2) 某些运动件因润滑不良、自然磨损或调整不当使其配合间隙过大,并超出允许限度而引起异响。例如活塞与缸壁的敲击声响、连杆轴承与轴颈的敲击声响、气门与调整螺钉的敲击声响等。

(3) 某些运动件因紧固不良而引起撞击异响。例如飞轮固定螺栓松动、连杆盖螺栓松动、凸轮轴正时齿轮固定螺母松动等所导致的异响。

(4) 个别零件损坏而引起异响。例如气门弹簧折断、凸轮轴正时齿轮破裂等所引起的异响。

(5) 某些零件因修理不当或调整不当,使其配合间隙不准而引起异响。例如活塞销(浮式)装配不当、过盈量太大而造成的配合松动、气门间隙调整不当、点火时间过早等所引起的异响。

2. 发动机异响特性分析

诊断发动机异响的方法,传统上根据经验凭人耳听诊,这需有较长时间的实践才能掌握。如果在实践过程中,能用心分析所接触的各种异响故障,并且善于发现其中规律,即使实践时间短,也完全可以掌握。问题在于发动机异响故障,究竟有什么规律。实践表明,发动机的各种异响,因发响零件的形状、大小、材料、工作状态和振动频率不同而使其声音也各异。就是同台发动机某零件异响,也会因其技术状况变化不一而使声音不同。例如,发动机的连杆轴承松旷发响,当轴承松旷不甚严重时,其声调较尖锐。而当轴承松旷过甚时,其声调则变得沉重得多,以致与主轴承松旷发响难以区分。因而,仅凭异响的声音特征,是不可能绝对准确诊断的,但是各种异响却与发动机的工作循环、转速、负荷、温度和区域有着不同的关系,而且有些异响还伴随着其他故障现象发生,这为诊断异响提供了可靠的依据。

1) 异响与发动机工作循环的关系

对于四冲程发动机来讲,其异响故障,是否与发动机工作循环有关,要根据发响零件所处位置和工作状态而定。

(1) 与工作循环有关的异响。在发动机运转过程中,如果曲柄连杆机构内或配气机构中某些运动件发响,则明显与工作循环有关。例如,活塞与缸壁间隙过大所引起的敲击声,曲轴每转一转,就会发响一次。这是因为在做功行程中,作用在活塞上的力 P,将分解成为两个分力 T 和 N(图 3-75)。分力 T 传到连杆使曲轴旋转,分力 N 则将活塞压向汽缸壁的右边,引起活塞碰击缸壁。而在压缩行程中,分力 N 改变了方向,又将活塞压向汽缸壁左边,再引起活塞碰击缸壁,所以曲轴每旋转一转,就会发生一次敲缸声。同理可以推得与工作循环有关的各种异响,通常曲柄连杆机构引起的响声与工作循环有关时,均为火花塞跳火一次就发响两次,如活塞销敲击声、活塞顶碰汽缸凸肩声、连杆轴承松旷响等;而配气机构引起的响声与工作循环有关时,均为火花塞跳火一次就发响一次,如气门响、气门弹簧折断响、凸轮轴正时齿轮响等。

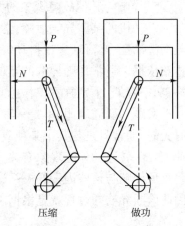

图 3-75 活塞受力简图

(2) 与工作循环无关的异响。在发动机运转过程中,有些异响的发响次数与曲轴转数不成规律。例如发动机怠速运转时所出现的间歇发响,或金属连续摩擦声音或金属连续敲击声响等。查听此类声响,应注意其发响区域。通常与工作循环无关的间歇发响,多为发动机附件故障,其异响常为发电机、水泵、空气压缩机等安装不良或其带轮固定螺母松动等所引起。此类异响,可根据发动机附件分别停转试验和异响特征予以诊断。

2) 异响与负荷的关系

在发动机运转过程中有些异响是与发动机负荷有关的,其表现是异响与缸位负荷有明显的关系,在诊断过程中,可采取逐缸解除负荷的方法进行试验。通常采用单缸或双缸断火,解除一到二缸负荷,以鉴别异响与负荷的关系。例如:某缸断火时,异响消失或减轻;某缸断火时,声响反而加重或原本无异响,反而异响复出等,均说明异响与负荷有关。如声响无变化,则说明异响与负荷无关。通常曲柄连杆机构某些故障所引起的声响与缸位负荷有比较明显的关系,如活塞敲缸响、活塞销响、连杆轴承松旷响、曲轴主轴承松旷响、活塞环漏气响。

3) 异响与发动机温度的关系

发动机有些异响与温度有关,其中某些异响低温严重而高温减轻或消失,如活塞与缸壁间隙过大而敲缸等;而另有一些异响,则因发动机温度的升高而加重,或低温时不响,而发动机温度升高后出现声响,如过热引起的早燃噪声、活塞不正常变形和活塞圆度过小及活塞与缸壁间隙过小发响等。这类异响特性主要是由于温度变化而导致零件配合间隙与变形程度、润滑油黏度、润滑条件、燃烧状况的变化引起的。

4) 异响与转速的关系

发动机异响与发动机的转速也有很大关系,有些异响将在发动机急加速时出现,如主轴承松旷发响、连杆轴承松旷发响等;而又有一些异响将在发动机急减速时更明显,如凸轮轴正时齿轮破裂损坏发响、凸轮轴轴向间隙过大或衬套松旷发响、活塞销衬套松旷发响等;而另有些异响,仅在发动机怠速或低速运转期间出现,当转速提高后则消失,如活塞与缸壁间隙过大、活塞销装配过紧或连杆轴承装配过紧引起的异响。

5) 异响与其他故障现象的关系

发动机的某些异响故障,常常伴随出现其他故障现象。例如主轴承松旷发响,往往伴随着润滑油压力降低、零件抖动等异常现象。因此,这些伴随现象就成为辅助诊断异响故障的重要依据。通常伴随异响的其他故障现象还有加润滑油口脉动冒烟、排气管冒烟且烟色不一、功率降低、个别缸不工作、加速迟缓、燃料消耗过大等。

实践和研究表明,不是每种异响故障与发动机工作循环、负荷、温度、转速和伴随现象均有关的,通常只是与其中某项或数项有关。例如活塞敲缸声响,将与发动机的工作循环、负荷、温度、转速和伴随现象有关。而连杆轴承发响,则只与转速、负荷、工作循环等有关。若将每种异响与这些因素的关系,系统归纳起来,就构成了每种异响的完整特征,即异响特性。因此诊断异响的过程就是根据声响特征,进行特性分析从而确定故障原因的过程。

二、发动机异响诊断仪及诊断方法

发动机异响诊断仪的基本工作原理建立在以上关于异响特征研究的基础上。它主要是根据异响的振动波形、振幅、频率来进行诊断的。异响诊断常用仪器有两种类型:便携式异响诊断仪和带相位选择的示波器显示异响诊断仪。许多发动机综合检测仪具有发动机异响诊断的功能。

1. 便携式异响诊断仪

便携式异响诊断仪由传感器、前置放大器、双T型选频网络、功率放大器和显示仪表五部分组成,其方案框图如图3-76所示。异响诊断仪的传感器通常采用压电式加速度计。其结构如图3-77所示。传感器由两片压电材料(如石英晶体或锆钛酸铅压电陶瓷)组成。压电材料片上置一铜制质量块,并用片簧对质量块预加负荷。整个组件装于金属壳内,壳体和中心引出端为二输出端。当压电材料受到外力作用时,不仅其几何尺寸发生变化,而且内部极化,表面上有电荷出现,形成电场;当外力去掉时,其又恢复到原来状态,这种现象称为压电效应。当加速度计受到振动时,质量块随之振动,同时会有一个因振动而产生的惯性力作用于压电材料片上,其惯性力 $F(N)$ 的大小与振动加速度 $a(m/s^2)$ 和质量块的质量 $m(kg)$ 有关,即:

$$F = ma$$

作用于压电材料片上的惯性力使表面产生电荷。在表面所集聚的电荷量与惯性力成正比,即:

$$q = DF$$

式中:q——电荷量,C;
F——惯性力,N;
D——压电常数,C/N。

因此:

$$q = Dma$$

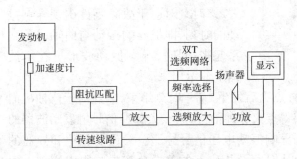

图3-76 便携式异响诊断仪方框图

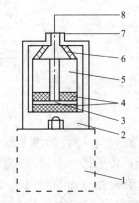

图3-77 压电加速度计结构示意图
1-磁座;2-外壳;3-中间隔片;4-压电陶瓷片;5-铜块;
6-片簧;7-搭铁;8-输出端

传感器结构一定时,D 和 m 均为常数,因此电荷量 q 与振动加速度成正比。显然,对于振动加速度来说,其大小、方向是周期性变化的,因此电荷量 q 也是周期性变化的。这样,带电表面与壳体间就会出现周期性变化的电压。其变化频率取决于振动频率。振幅越大,振动加速度越大,压电材料表面产生的电荷量越大,输出电压越高。因此,输出电压信号的变化频率可表示振动频率,而电压高低反映振动幅度。若振动由异响引起,则电压值就可反映异响的强弱。

压电加速度计常制成两种类型:一是具有磁座,可将其吸附在发动机壳体上;二是制成手握式,通过与加速度计相连的炭棒接触检测部位并传递振动。

为了诊断异响,必须把异响振动所产生的电压信号从各种不同噪声振动所产生的信号中分离出来。为此,压电加速度计输出信号经屏蔽导线连接到有高输入阻抗的前置放大器输入端,再经差动放大器放大后输入双 T 型选频网络。该网络实质上是一组具有不同中心频率的选频放大器,而且中心频率可用琴键开关变换对应于经试验研究确定的发动机各主要异响的特征频率。选频放大器的功能是放大电压信号中与中心频率相一致的部分,削弱或滤去与中心频率不一致的部分。经过选频放大,异响特征频率电压信号强度加强,再经功率放大输给扬声器或耳机,同时由电压表指示电压信号峰值,电压表又用作转速表。

便携式异响诊断仪使用方法:

(1)从发动机预热过程开始,即把压电加速度计放在发动机缸盖上部汽缸中心位置(或用探棒顶在该位置),在急速下用直放电路(不接通选频网络)检测有无金属敲击异常声响。

(2)左右移动加速度计,观察显示仪表指示值有无明显增加的异常部位。

(3)在异常部位上,依次按下琴键开关,观察在何种异响的特征频率下,仪表指示值显著增大。若检测部位于中心频率对应的异响部位相对应,则可初步判断该异响由该特征频率对应的部件引起。如果仪表的读数较大,但检测部位与中心频率所对应的异响部位不符,可上下移动加速度计,直至两者相符。

(4)在异响最为明显的转速、温度测试条件下及最有力的检测位置,仪表读数超过正常统计数据的位置即为异响振源。

2.示波器显示异响诊断仪

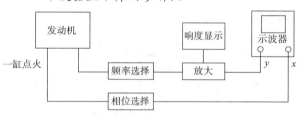

图 3-78 相位选择示波器异响诊断原理框图

图 3-78 是带相位选择的示波器显示异响诊断仪方案框图。其特点是相位选择在一定时刻让信号通过诊断装置,该时刻对应于故障零件出现异响振动的时刻,即把异响振动与曲轴转角联系起来;同时,异响振动波形可在示波器上显示出来。

由于某缸配合零件的敲击振动总在该缸点火后发生,某一时刻结束,因此对于汽油机而言,可用转速传感器从一缸点火高压线上获得点火脉冲信号,用点火脉冲信号触发示波器的扫描装置,在开始点火的时刻使经选频后的异响振动电压信号导通。导通的相位和导通的时刻可以均匀调节。这样,相位选择装置使从时间及相位上的差异分辨异响得以实现。通过选频的振动信号输送到示波器垂直偏转放大器输入端,同时来自一缸高压线的点火脉冲信号触发相位选择器以控制示波器的扫描装置,从而在示波器屏幕上显示出经过相、频选择的振动波形,可用于直接观察振动波形的振幅、相位和延续时间。

一般而言,在点火提前角正常的情况下,活塞销响的异响故障波形出现在整个波形的前部(或中部),活塞敲缸异响故障波形出现在整个波形的中部(或前部),连杆轴承响出现在中后部,曲轴轴承响出现在波形最后部。因各种异响对应着不同振动频率,同时振动中的振幅大小变化过程存在差异,因此显示在示波器上的振动波形所对应的凸轮轴转角和形状有所不同。图 3-79 所示是活塞销响、活塞敲缸、连杆轴承响和曲轴主轴承响的故障波形。

采用带相位选择的示波器显示异响诊断仪或具有异响诊断功能的发动机综合检测仪,可通过对异响振动波形的检测对发动机异响进行诊断。

在检测异响振动波形前,应首先阅读所使用仪器的使用说明书,按说明书的要求进行操作。异响波形的检测方法如下：

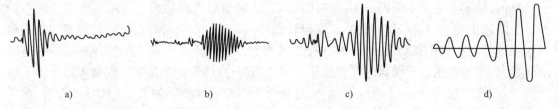

图 3-79 常见发动机异响故障波形
a) 活塞销响；b) 活塞敲缸；c) 连杆轴承响；d) 曲轴主轴承响

（1）在第一缸安装转速传感器。

（2）检测不同部位异响时，根据仪器要求输入相应代码，然后将压电加速度计探棒置于相应位置。如检测是否存在曲轴主轴承响时，键入操作码后，压电加速度计探棒垂直顶在振动最明显部位，一般应在油底壳上。先把发动机转速稳定在 600～800r/min，然后抖动加速踏板，若有明显瞬时波形，则说明曲轴轴承响。在抖动加速踏板的同时，按一下"存储"键，则主轴承响的振动波形存储在仪器中。随后按仪器说明读取存储波形，从中确定振动波形幅度最大的汽缸；再按下"单缸"键，可依次单独显示出各缸波形，以判断异响出现的部位及异响波形的幅度。按下"打印"键，还可打印出上述波形。

（3）检测连杆轴承响时，用加速度计探棒触在缸体侧面，对准缸套的上部。提高发动机转速，找到异响明显的转速，并在该转速下抖动加速踏板，若有瞬时高峰波形出现，则说明连杆轴承响。可按检测曲轴主轴承的方法进行波形存储、全缸波形重现和缸位判断，并可打印出波形。

（4）检测活塞敲缸响时，加速度计抵在汽缸体的上部。活塞敲缸响一般在冷车下较为明显，在低速下较为清晰。在 800r/min 以上的转速下轻抖加速踏板，若有明显瞬间波形，说明有活塞敲缸响。

（5）检测活塞销响时，加速度计抵在缸盖、缸体接合处，中高速下抖动加速踏板，若有窄而尖的瞬间波形出现，说明活塞销响。

（6）检测气门响时，加速度计触在进、排气门附近，发动机在 1200r/min 左右的转速下运转。若波形幅度明显增大，说明气门响。

发动机异响是较复杂的物理现象，尽管已经开发出了较为先进的检测仪器，但要准确的进行异响诊断，还需要在实践中不断观察、总结和比较各种异响振动波形，以积累丰富的异响诊断经验。

三、发动机异响故障的诊断

1. 异响故障的诊断原则

诊断发动机异响故障，应考虑新老发动机的不同特点。通常新发动机的技术状况比较好，运转过程中一般无杂乱声响。一旦因某种原因引起异常声响时，便会清晰而单纯地暴露出来，因而便于分析、诊断，可以对异响直接进行特性分析，查明原因。然而，使用较久，尤其接近大修时的老旧发动机，因自然磨损，各运动件的间隙都不可能保持标准，技术状况亦趋恶化，不可避免地要存在着各种声响，以致显得噪声嘈杂，其异响就不容易分辨，则应按一定的原则进行诊断。

首先，应区分哪些异响可以暂时忽视，哪些是必须确诊排除的。一般的原则是：声响仅在怠速运转期间存在,转速提高后即消失,而且在发动机长期使用过程中,这种声响又无明显变化的,就属于危害不大的异响,可暂时忽略,待适当时机再修理。若声响在发动机急加速或急减速出现,并且在发动机中、高速运转期间仍存在,同时机体振抖,一般属于应立即确诊排除的异响。若在发动机运转过程中,突然产生较重的异常声响,应立即停机,不可继续运转,否则将可能招致发动机的严重损坏。遇此情况,应逐步拆检排除。通常可以先拆下油底壳,对轴瓦进行检查,如未发现问题,可进而拆下汽缸盖检查汽缸壁、活塞等。然后,对异响进行确诊。确诊异响,就是对异响进行特性分析,查明异响的特征,然后断定其原因,予以排除。

2. 异响故障的诊断区域

发动机有异响存在时,在发动机某些部位就会产生振动,其振动频率与异响声音频率一致。由于不同发响零件所处部位不同,所以在发动机上的振动区域亦不一样。因此,寻找重点区域进行听诊,可以大致判明发响零件的部位。常见异响所引起的振动,在发动机的汽缸盖、气门室及其凸轮轴部位和曲轴箱分界面(即油底壳与缸体接合处)部位有所反应。

此外,在加润滑油口、正时齿轮盖处,也能听出异响。因此,常见异响在发动机上进行诊断的区域,可以分为四个区域两个部位,如图3-80所示。

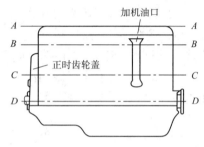

图3-80 发动机异响诊断区域

1) $A-A$ 区域

在该区域,可用螺丝刀接触汽缸盖各缸燃烧室部位或接触与主轴承、气门等相对的部位。这样可以辅助诊断活塞顶碰缸盖、汽缸凸肩(因磨损过甚所致)、气门座圈脱出、主轴承松旷等故障。

2) $B-B$ 区域

在该区域的气门室一侧,可听察气门组合件及挺杆等发响。在气门室对面,用螺丝刀触试,可辅助诊断活塞敲缸一类故障,拆下加润滑油口盖,用耳听察,可辅助诊断活塞销响、连杆轴承响、活塞环漏气等故障。

3) $C-C$ 区域

在该区域,用螺丝刀触试凸轮轴衬套部位或触试正时齿轮盖部位,可辅助诊断凸轮轴正时齿轮破裂或其固定螺母松动、凸轮轴衬套松旷等故障。

4) $D-D$ 区域

在该区域,用螺丝刀触试汽缸体与油底壳分界面处(凸轮轴的对面)可以辅助诊断主轴承发响等故障。

5) 两个部位

即加润滑油口部位和正时齿轮盖部位。

3. 常见异响故障的诊断

发动机常见的异响故障较多,下面仅举几例说明其故障诊断方法。

1) 活塞敲缸响

(1) 响声特征。发动机怠速或低速时在汽缸上部发出有节奏的金属敲击声,转速升高后响声减弱或消失;发动机温度变化时响声变化,多为冷车时较响而热车时响声减弱或消失,个别情况温升后响声加重或不变;其响声与发动机负荷有关,多为单缸断火后响声减弱或消失,个别情况单缸断火后响声不变或加重。

(2) 故障原因。

①活塞与缸壁间隙过大。

②活塞与缸壁间润滑不良。

③活塞圆度不合标准。

④活塞销与座孔装配过紧;活塞销与连杆衬套装配过紧。

⑤连杆轴颈与主轴颈不平行;连杆衬套轴向偏斜,连杆弯曲。

⑥活塞裙部圆柱度不合标准。

(3) 异响诊断。该异响的诊断部位,如图3-80所示的 $B-B$ 区域。

①发动机初起动时,低温运转,发出有节奏的"嗒、嗒、嗒"金属敲击声,将发动机转速控制在声响最明显的范围内,然后缓慢加速至中速及中速以上,若响声减弱或消失,可初步诊断该异响为活塞敲缸响。

②将发动机转速控制在声响最明显的范围内,然后逐缸断火试验,若某缸断火后其响声减弱或消失,则说明此缸响。若发动机温度升高后其响声减弱至消失,即可断定其活塞裙部与缸壁间隙过大。为进一步证实其诊断结论,可将该缸火花塞拆下,向汽缸内注入少量浓润滑油(20~25mL),慢慢转动发动机,使润滑油附于汽缸壁和活塞之间,立即装上火花塞再起动发动机查听,其敲击声减轻或消失,但运转短时间后又出现敲击声,则说明该缸活塞与缸壁间隙确实过大。

③若发动机温度低时不响,待温度上升后,在中高速时,发出急速而有节奏性的"嘎、嘎"的明显响声,温度越高,声响越大,并易分出前、中、后部位,作断火试验时,其声音没有多大变化,即可诊断为连杆轴颈与主轴颈不平行或连杆衬套轴向偏斜、连杆弯曲引起的活塞敲缸响。

④发动机怠速时发出"嗒、嗒"声,机体件有抖动,且温度升高后,响声加大。若某缸断火,响声加重,则该缸为故障缸。引起异响的原因可能是:活塞圆度不合标准;活塞与缸壁间隙过小;活塞销装配过紧而变形;活塞环背隙、端隙过小;缸壁与活塞润滑不良等。

⑤发动机低速时发出"嗒、嗒"的金属敲击声,转速提高后响声消失,而温度变化时其声不变。若某缸断火,响声反而加重,并由间隔发响变为连续发响,则该缸为故障缸。引起异响的原因是活塞裙部的圆柱度不合标准。

2) 活塞销响

(1) 响声特征。响声为较尖锐清脆的金属敲击声。怠速和中速时,响声比较明显、清晰;发动机转速变化时,响声周期也随着变化,加速时声更大;发动机温度升高后,响声不减;单缸断火时响声明显减弱或消失;略将点火时刻提前,声响加剧。

(2) 故障原因。

①活塞销与连杆衬套配合松旷。

②活塞销与活塞销座孔配合松旷。

③润滑油压力过低,润滑油飞溅不足,润滑条件差。

④活塞销锁环脱落,使活塞销自由窜动。

(3) 异响诊断。通常的检查方法是在发动机加油口处查听。将发动机转速控制在响声最明显的范围内,然后逐缸断火试验。若断火时其响声消失,而在复火的瞬间突然出现一响或连续两响声,则可诊断为活塞销响。这种响声在汽缸上、下部较为明显,如响声不明显,可略将点火提前一些,这时若响声较前明显,也诊断为活塞销响。

3)曲轴主轴承响

(1)响声特征。发动机急加速时,发出沉重的"哨、哨、哨"金属敲击声,严重时发动机发生振动;发动机转速越高,响声越大;发动机负荷越大,响声越明显;一般单缸断火,响声不变,而相邻两缸同时断火,响声会明显减弱;发动机温度变化时响声无变化;响声严重时润滑油压力明显降低。

(2)故障原因。

①主轴承盖螺栓松动。

②主轴承与主轴颈配合间隙过大。

③主轴承润滑不良,导致轴瓦合金烧毁脱落。

④主轴承瓦尺寸不符,或装配不当引起轴瓦转动或破裂。

⑤曲轴弯曲或轴向间隙过大。

(3)异响诊断。诊断时,通常在汽缸体下部靠近曲轴箱分开面处及润滑油加油口处查听。

①在润滑油加油口处查听,反复变更发动机转速,当突然加速或减速,如有明显沉重的"哨、哨、哨"金属敲击响声,则是主轴承响。

②若发动机高速运转时,机体有较大的振动;汽车载重爬坡时,驾驶室有振动感,润滑油压力显著下降,则说明主轴承间隙过大、轴瓦合金脱落。

③利用断火法查听响声。单缸断火时响声不变,进行相邻两缸的断火试验时,若响声明显减弱,则故障为该两缸之间的主轴承响。

④若怀疑曲轴轴向窜动发响时,可以踏下离合器踏板来查听其响声有无变化来诊断。如响声减轻或消失,则为曲轴轴向窜动发响。

⑤发动机怠速至中速运转时,"哨、哨、哨"的有节奏性而钝重的响声较明显,而到高速时响声杂乱,则异响可能是曲轴弯曲引起。

4)连杆轴承响

(1)响声特征。当发动机突然加速时,有"哨、哨、哨"连续明显、轻而短促的敲击声;怠速时响声较小,中速时较为明显;发动机温度升高后,响声无大变化;响声随负荷的增大而加剧;单缸断火后响声明显减弱或消失。

(2)故障原因。

①连杆轴承盖螺栓松动。

②连杆轴承与轴颈径向间隙过大。

③连杆轴承合金烧毁或脱落。

④连杆轴颈失圆,使轴与轴承之间接触不良。

⑤连杆轴承尺寸不符引起转动而阻塞油道或轴瓦破裂。

⑥润滑油油压不足,使连杆轴承润滑不良。

(3)异响诊断。连杆轴承异响时,在拆下堵盖后的加润滑油口处仔细查听,其响声较大,严重时在发动机附近就能听到。具体诊断方法如下。

①发动机温度低初起动时,由于转速不高,油压低,发动机发出"哨、哨、哨"有节奏性的清晰而明显的敲击声,而待油压上升后,若响声减弱或消失,则这种响声为个别连杆轴承间隙稍大或轴瓦合金层有剥落所致。

②发动机温度较高时,由低速突然加至中高速,其发出的敲击声明显加重,而转速再升高时,响声减弱或消失,此时进行逐缸断火试验,若某缸断火后响声减弱或消失,而复火后恢复,则故障为该缸的连杆轴承响,主要是连杆轴承间隙过大所致。如果尚未听准,可关闭阻风门使混合气加浓后再听,这样响声比较明显。

③诊断时,必须注意检查润滑油压力。如果响声严重,又伴随有润滑油压力低,可确诊为连杆轴承响,其原因为是连杆轴承间隙过大。这点往往是区别连杆轴承响与活塞销响、活塞敲缸响的重要依据。

5)气门响

(1)响声特征。发动机怠速时,发出有节奏的"嗒、嗒、嗒"响声;转速增高,响声也随之增大;发动机温度变化或作断火试验时,响声不变。

(2)故障原因。

①气门间隙过大。

②气门挺杆处润滑不良。

(3)异响诊断。

①对于侧置式气门在气门室一侧,对于顶置式气门则在气门室罩旁查听。若响声不随发动机温度、断火试验变化,而声响频率随发动机转速不同而变化,且高、中、低速时均有响声,则可诊断为气门挺杆响。

②为查明是哪一个气门挺杆,可将气门室盖拆下,在怠速时用适当厚度的塞尺插入气门间隙中,逐个试验。当插入某个气门间隙时,响声减弱或消失,即可诊断是该气门响,且由气门间隙过大造成。

第十一节 发动机电子控制系统的检测诊断与维修

发动机电子控制系统主要由电控单元(ECU)、各类传感器和执行器组成。其中电控单元由微型计算机和各种辅助电路组成,它是整个电控系统的核心,用来接收传感器的信息,并储存、计算、处理信息,输出执行命令以控制执行器。

传感器是一种转换装置,用来将物理量、化学量、电量等转换成ECU能接受的电信号,并及时将这些信息传送给ECU。汽车发动机电子控制系统中常用的传感器有空气流量传感器、曲轴转角与转速传感器、压力传感器、温度传感器、节气门位置传感器、氧传感器、爆震传感器等。

执行器则根据ECU发出的指令完成某项操作,对发动机进行控制。

汽车运行时,发动机电子控制系统的工作过程是:各类传感器将空气进气量或进气压力、进气温度、冷却液温度、发动机负荷、发动机转速、排放中的氧含量等运转参数输入ECU,而ECU则按设定的程序进行分析、判断和计算,并根据计算结果,向各种执行器发出指令信号。其执行器则控制最佳喷油量和点火时刻,使发动机在各种工况都处于优化的状态下工作。发动机电控系统一旦出现故障,发动机将会偏离其最佳工作状态甚至停机,则发动机的动力性、经济性将会下降。为保证发动机工作正常,应对发动机电控系统的故障进行检测与排除。而电子控制燃油喷射发动机是一个很复杂的机电一体化综合控制系统,排除故障时,可按照一定的程序,借助仪器检测,结合经验分析判断故障所在及成因,从而快速找出故障部位。

一、检测诊断的一般程序

发动机电子控制系统故障的检测与诊断,可按以下程序进行。

1. 客户调查

客户调查是向客户询问故障发生的时间、症状、条件、过程,是否已检修过什么部位等。进行客户调查时,可让客户认真填写有关故障的项目调查表,此表可作为发动机电子控制系统故障现象的记录,它与检测诊断结果一起构成查找故障源的依据。

2. 直观检查

直观检查的目的是为了在进行更为细致的检测和诊断之前,能消除一些一般性的故障因素。直观检查的内容包括如下项目:

(1) 检查滤芯及其周围是否有脏物,必要时更换。

(2) 检查真空软管是否破裂、老化或挤坏;检查真空软管经过的途径和接头是否恰当。

(3) 检查电子控制系统导线束的连接状况:传感器或执行器的导线接线器是否完好;线束间的接线器是否松动或断开;导线是否有断裂或断开现象;线束接线器是否插接到位;导线是否有磨损或线间短路现象;线束连接器的插头和插座有无腐蚀现象等。

(4) 检视每个传感器和执行器,是否有明显的损伤。

(5) 运转发动机(如可以),并检视进排气歧管及氧传感器处是否漏气。

(6) 对检查发现的故障进行必要的排除。

3. 深入诊断

可利用车载故障自诊断系统调出故障码,或用微机故障检测仪检查诊断以确定故障所在。进一步地深入诊断,或利用万用表、示波器等仪器检测线路的通断、传感器信号的正确性等,以判断故障的具体原因。

二、故障自诊断

发动机电子控制系统都包含有故障自诊断系统。ECU 的自诊断系统主要用于监测电子控制系统各部件的工作状况。它根据电子控制系统的配备情况确定诊断故障的数量。当它检测到一个故障时,一方面起用故障保护功能对控制系统进行保护,另一方面将故障用故障码的形式存储在存储器中,故障指示灯亮。只要不拆下蓄电池或按要求清除故障码,这些故障码将一直保存在 ECU 内。维修人员可按照规定的方法将故障码读取,为检测与诊断发动机电子控制系统提供依据,从而很快找到故障部位,以达到快速排障的目的,所以掌握如何利用自诊断系统进行排障非常重要。

自诊断系统具有如下功能:

(1) 能检测电子控制系统的故障。

(2) 将故障码存储在 ECU 的存储单元之中。

(3) 提示驾驶人 ECU 已检测到故障,应谨慎驾驶。

(4) 起用故障保护功能,确保车辆安全运行。

(5) 协助维修人员对故障进行寻找,为故障诊断提供信息。

车载故障自诊断系统到目前为止已经发展到第三代。1994 年以前采用的车载故障自诊断系统称为 OBD-Ⅰ。该系统是由各汽车制造厂家自行开发的,车辆的生产厂家、车型不同,其故障检测诊断插座、故障码的位数和含义、故障码的读取方法、故障诊断的内容也千差万别；故障码的读取既可以用人工方法进行，也可以利用微机故障检测仪进行，数据流功能较弱。

1994年美国汽车工程师协会提出第二代车载故障自诊断系统，即OBD-Ⅱ。OBD-Ⅱ将故障检测插座的形式、故障码的位数和含义、故障码的读取方法等均作了统一，并增加了较强的数据流检测功能。到目前为止，只有1996年以后美国生产的车辆、引进美国技术生产的车辆（如上海别克等）和销往美国的车辆等只采用OBD-Ⅱ，而完全抛弃了OBD-Ⅰ，其他车辆一般是OBD-Ⅰ和OBD-Ⅱ并存。

从1999年，汽车界又采用了第三代车载故障自诊断系统，即OBD-Ⅲ。其实质是在OBD-Ⅱ基础上，增强了汽车尾气排放检测功能，OBD-Ⅲ也只能用微机故障检测仪进行检测诊断。

1. 自诊断系统的结构原理

自诊断系统是建立在电控系统的基础之上的一个子系统，其主要作用是诊断电控系统的故障。它也可以分为两部分：硬件和软件。电控系统的硬件是自诊断系统的检测对象，它也是自诊断系统硬件的一部分，除此之外，有专门供自诊断系统使用的故障指示灯（有的称为发动机警告灯或发动机检查灯）和诊断接头线路。

自诊断系统所使用的软件是主系统的一部分，是专门设计用来处理车辆发生故障的程序。它由故障确认判断程序、故障码读取程序和故障码清除程序等几部分组成。ECU既是控制系统的核心，也是自诊断系统的核心，它就像人的大脑。

当接通点火开关时，ECU开始进入初始化程序，并对系统进行自检。此时故障指示灯点亮，如果故障指示灯不亮，则表示故障指示灯线路有故障。

自诊断系统常常使用此办法来检查其输出装置故障指示灯是否正常。起动发动机后，检查指示灯应该熄灭，如果它不熄灭，表示自诊断系统已检测到故障。同样，当车辆运行过程中，自诊断系统就一直在工作，当检测到一个故障时，ECU就将故障码存入存储器，并点亮故障指示灯。

电子控制系统是由输入电路、输出电路和电控单元（ECU）三部分组成。输入信号从传感器经线路连接进入ECU，经信号调理后，变为数字信号后供微机控制程序使用。所以在检查故障时，ECU也是按照信号线路来检测的，如它不能检测出故障是来自传感器、线路，还是ECU中的输入电路，它只能指出该线路有故障。

输入信号电路按使用情况可以分为三类：

第一类是描述发动机工况的各种参数，如空气流量、发动机转速、发动机冷却液温度、进气温度等描述发动机工况的线路。而氧传感器检测的废气含量，描述的是发动机的排放，这类信号的特点是在正常状态下有一工作区间，ECU可以通过输入信号判定其工作是否正常，从而确认故障是否发生。

第二类是描述车辆运用情况的信号，包括点火开关信号、起动信号和空调开关信号等。这类信号都是开关信号，若出现故障驾驶人能凭直觉判断出来，因而有些系统对它不进行诊断，但绝大多数系统仍对其进行诊断。

最后一类是来自于其他子系统的信号，如来自自动变速控制系统的信号，通过该信号告知其工作状态，使ECU协调动作，如有故障应报警。

输出控制电路可分为开环和闭环控制电路两大类，属于闭环控制的有氧传感器加热电路和点火器控制电路。ECU通过判别氧传感器的信号就可以判断其电路工作是否正常。

电子点火正常与否对发动机工作有很大影响,通常在点火器发送点火信号时反馈点火信号到 ECU 供查验,因此属于闭环控制的输出电路,如发生故障,ECU 能很快得到确认。

而其他输出控制电路中有一些输出信号线路如发生故障,ECU 可通过运算判断来确认故障。另一部分输出电路自诊断系统无法确认,ECU 也不会给出故障码,在这种情况下只能按照基本检查步骤进行排障。

在故障诊断过程中,如经诊断确认某一信号电路故障,则首先检查确认该信号电路外部线路是否有故障。尽管 ECU 在一般情况下很少出现故障,但在外部线路无故障的情况下,应该检查 ECU 对应信号线路和电源电路,如有相同的 ECU,可以更换同型号的 ECU 来进行检查。

诊断输出装置由故障指示灯和诊断接头(有的称为检查连接器)两部分组成。OBD-Ⅰ的故障指示灯形式多样,有的安装在 ECU 的外侧,用发光二极管显示代码;有的需要通过诊断接头外接发光二极管来显示故障码;有的需要通过诊断接头,利用百分表来读取故障码;有的在空调液晶显示屏上直接用数字显示故障码;但绝大多数安装在仪表板上,用英文"CHECK ENGINE"灯或"CHECK"和一个发动机的图样指示灯来表示。

诊断接头也多种多样,绝大多数车辆只有一个诊断接头(图3-81)。有的车辆除有专门用于检查发动机电子控制系统的诊断接头外,还有用于检查整车各种电子控制系统(如防抱死制动系统、牵引力控制系统、车身 ECU 等)的整车故障诊断接口,它也包括发动机电子控制系统。前者为发动机电子控制系统提供更为详细的信号。

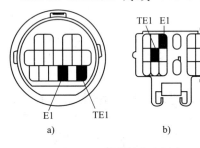

图3-81 诊断接头示意图
a) TDCL; b) 检查连接器

诊断接头有的位于仪表板右下侧,有的位于杂物箱内,有的在仪表板内,但绝大数位于发动机舱内。其主要作用是当故障发生时,为方便检查,提供电控系统重要的信号线接头,如电动汽油泵的电源电压、氧传感器的信号、搭铁线、蓄电池电压。有的系统还将故障指示灯所显示的故障码也引入到诊断接头供检查时使用。更为重要的是几乎所有故障码的读取和清除操作都是通过对诊断接头相关端子的短接和断开来完成的。

2. 故障码读取和清除方法

1) 准备工作

读取与清除故障码前,应做如下准备工作:

(1) 做好相应的安全准备工作,确认制动良好,变速杆置于驻车挡或空挡,固定驱动轮并断开点火开关。

(2) 先利用直观检查法,对发动机控制系统进行全面检查。如连线和连接器是否有故障,机械部件如真空管是否泄漏、阻塞、胶结等。

(3) 起动发动机,急速运转,暖机到正常工作温度。

(4) 检查蓄电池电压,电压值应在11V以上;检查节气门是否全闭;检查发动机检查灯是否工作正常。

2) 故障码的测试模式及故障码的分类

故障码的测试模式一般可分为两种:一种是静态测试模式,另一种是动态测试模式。其名称随生产厂家的不同叫法不一,如福特公司称静态测试模式为 KOEO 模式,动态测试模式为 KOER 模式,而在丰田公司雷克萨斯车种中分别称之为常规模式(Normal Mode)和测试模式(Test Mode),但其测试方法基本上相同。

目前绝大多数车系只有静态测试这一种模式,其特点是:接通点火开关,但不起动发动机。因此发动机没有运转,但传感器、执行器和 ECU 都已通电工作。如果 ECU 已检测到一个故障,并存储在存储单元中,则故障指示灯会亮。只要按照正确的步骤操作,就可读取故障码。

动态测试是在发动机在正常运转过程中进行故障诊断的一种测试方法。它能检测到许多静态测试无法判断的故障。驾驶人按照一定的程序驾驶车辆运行,ECU 不断地检测描述发动机运行工况的各种参数并和经验值进行比较,如经多次判断确认某一部件有故障,则将其存储在存储单中,故障指示灯亮。通常是在故障指示灯亮后,用静态测试模式来读取故障码,再用动态测试模式来检验其正确性。

故障码同样也可以分为两种:一种是硬码,另一种称之为软码。当发动机运转时,故障指示灯亮一直保持,表示 ECU 已检测到一个故障。由于该故障一直存在,故通常称对应故障码为硬码。当发动机运转时,故障指示灯亮,然后熄灭表示 ECU 已检测到一个间歇性故障,其对应代码俗称为软码。软码通常是由于线路接触不良引起的,应采取症状模拟法来排除。

3)故障码的识别方法

对于使用故障指示灯显示故障码的车辆来说,在读取故障码时,掌握故障码的识别方法是非常重要的。采用 OBD-Ⅰ自诊断系统的不同车系,其识别方法是不同的。同一车系不同车型所使用的故障指示灯的形式和故障码的识别方法也可能是不同的。绝大多数采用一个故障指示灯或发光二极管来显示故障码,所谓识别方法实际上就是故障码的闪烁方法,一般用波形图来表示,如图 3-82 所示。

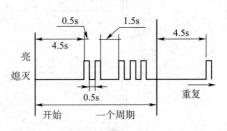

图 3-82 故障码闪烁波形图

故障码闪烁方式可以分为如下几类:

(1)直接计数法。故障码号等于发光二极管或故障指示灯的闪烁次数。若只有一个故障码时,将循环显示该故障码。循环显示中间有一时间间隔,称之为循环间隔时间。在有多个故障码同时显示时,两故障码之间,也有一定的时间时隔,称之为故障码间隔时间。一般来讲,循环间隔时间大于故障码间隔时间,并且维修人员可以辨认出来。

(2)十进制计数法。它由两位数组成,在十位数和个位数之间有一时间间隔以区分十位数和个位数,该时间间隔称为数位间隔时间,它比故障码间隔时间还要短。十位数和个位数的闪烁波形是相同的,首先显示十位数,中间熄灭,其熄灭时间等于数位间隔时间,接下来显示个位数。如前所述,丰田车系就是采用十进制计数法来识别故障码的。举例来说,故障码 23 的显示方法是:闪烁—闪烁—熄灭—闪烁—闪烁—闪烁。

(3)长/短法。它实际上也是一种十进制计数法,只不过是为了进一步区分十位数和个位数,在十进制计数法的基础上,将十位数亮的时间加长罢了,如故障码 23 的显示方法是:长闪烁—长闪烁—熄灭—闪烁—闪烁—闪烁。

(4)4-LED 法。它是一种用四个发光二极管显示故障码的方法,只有本田和雅阁采用。它实际上采用的是一种二进制计数法,每一个二极管代表一个数位,读取故障码时,将点亮的二极管对应的数位相加,即得到故障码。由于它所采用的不是闪烁显示,故每次只能读取一个故障码。

(5) 2-LED 法。它采用两个发光二极管显示故障码,只有日产公司使用。它实际上也是一种十进制计数法。其中红发光二极管代表十位数,绿发光二极管代表个位数。其闪烁次数分别代表十位数和个位数的数字。仍以故障码 23 为例,其显示方式是:红发光二极管闪烁两次,绿发光二极管闪烁三次。对于用液晶显示屏直接用数字显示故障码的车辆来说,不存在故障码的识别问题。

(6) 指针式万用表法。这种显示方法与用发动机故障指示灯显示故障码的原理基本相似,不同的是用指针式万用表的摆动代替发动机故障指示灯的闪烁,即在故障自诊断系统进入故障码显示状态后,用万用表的直流电压挡(内阻应大于 $50\text{k}\Omega$)检测故障,检测插座输出端的电压波动状态在采用指针万用表显示故障码时,由于万用表指针的摆动,不仅可以显示每次摆动时间的长短,而且还可以显示电压值的大小。因此,这种显示方式可以显示一位数至三位数的故障码,图 3-83 所示为一位数和二位数的故障码的显示方式。

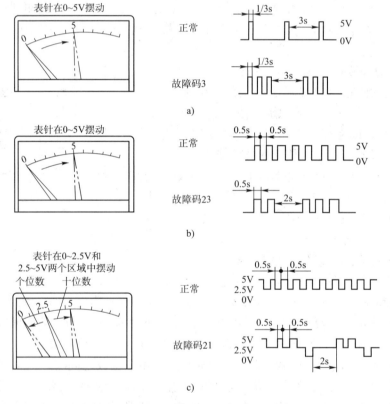

图 3-83 一位数和二位数的故障码的显示方式

4) OBD-Ⅰ系统故障码读取

由于 OBD-Ⅰ系统种类繁多,现仅以丰田系列轿车为例介绍其故障码读取方法。

(1) 故障码的识别。当电控系统出现故障时,ECU 将之记录在存储单元内。当触发自诊断系统时,ECU 通过警告灯"CHECK"的闪烁次数来显示故障码。故障码是通过警告灯"CHECK"的闪烁频率、间隔来表示的,通常用波形图来说明,"ON"表示灯亮,"OFF"表示灯熄灭。图 3-84 所示为正常时"CHECK"灯的闪烁波形,"亮 0.25s","熄灭 0.25s",再"亮 0.25s"……如此往复循环。

当电控喷射系统出现故障后,"CHECK"灯亮灭频率、间隔将发生变化,并根据其亮灭频率、间隔来读出故障码。图3-85所示为同时出现两个故障其故障码分别为12和31时,"CHECK"灯闪烁波形图。触发自诊断后,开始4.5s灯不亮,然后亮0.5s 1次(亮几次表示故障码十位数是几,亮一次则表示故障码十位数为1),灭1.5s,再以"亮—灭"各0.5s间隔闪烁2次(亮几次表示故障码个位数是几,亮2次则表明该故障码个位数为2),可读出故障码为"12"。接着灯灭2.5s,再以"亮—灭"各0.5s间隔闪烁3次(表示故障码十位数是3),尔后间隔1.5s,"亮"0.5s后"灭"0.5s各1次(表示故障码个位数是1),可读出该故障码为"31"。接下来"CHECK"再重复上述闪烁过程。

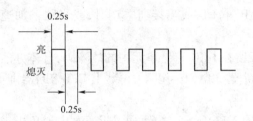 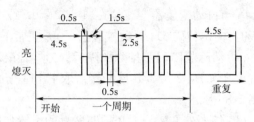

图3-84 系统正常时的显示波形　　　图3-85 故障码12和31的显示波形

上述故障码闪烁过程有如下规律:
①每次循环开始,"CHECK"灯先熄灭4.5s。
②故障码十位数和个位数闪烁波形间,"CHECK"灯熄灭1.5s。
③第一个故障和第二个故障码之间,"CHECK"灯熄灭2.5s,以示区别。
④如有多个故障时,故障码闪烁顺序是按故障码从小到大顺序依次进行的,如读出代号与之相背,则阅读有误。该顺序是丰田公司规定的。

由于故障码是以波形表示的,故在读取时一定要确保读取正确。读出故障码后,根据故障表便可查出故障所在。

(2)在静态模式读取故障码。进行检查时,首先应对发动机警告灯作如下检查:
①当点火开关接通,但不起动发动机时,警告灯"CHECK"亮。如果"CHECK"灯不亮,表明组合仪表部分有故障,应按常规排障。
②起动发动机后,"CHECK"灯应熄灭,如灯仍亮,表明诊断系统已检测到一个故障。

静态检查诊断的基本步骤如下:
①将检查连接器的TE1和E1相连。
②接通点火开关。
③根据"CHECK"灯闪烁信号次数读出故障码,如无故障码输出,应检查TE1端电路。
④使用故障码详细检查故障点。
⑤检查完毕,拆下TE1和E1连线,装好诊断接头。

(3)在动态模式读取故障码。动态模式检查的基本步骤如下:
①初始条件:电源电压大于11V;节气门全关(气门位置传感器的IDL点关闭);变速器处于空挡位置;空调关闭。
②关点火开关;将TE2和E1短接。

③接通点火开关,此时"CHECK"灯应闪烁一下表示处于试验模式,否则应对 TE2 线路进行检查。

④起动发动机,模拟由用户提供故障产生条件。

⑤在道路试验后,将 E1 和 TE1 短接。

⑥读组合仪表板"CHECK"灯所指故障码,使用故障码详细检查故障部位。

⑦检查完成后,拆下 TE2 及 TE1 和 E1 连线,装好诊断接头。

操作时应注意如下几点:

①接通点火开关后再将 TE2 和 E1 短接,仍将不能进入动态模式。

②当发动机不能转动时,显示故障码 43、17 和 18 是正常的。

③当自动变速器变速杆在"D""2""L"或"R"位时,或当接通空调时,或当踩下加速器踏板时,输出代码 51(开关控制信号)是正常的。

(4)清除故障码。排除故障后,必须清除保留在 ECU 存储单元中的故障码,具体办法是关点火开关,从 2 号 J/B 熔断器盒取下 EFI 熔断器(20A)10s 以上,再装上 EFI 熔断器即可,如图 3-86 所示。

EFI 熔断器在 2 号 J/B 熔断器盒的位置如图 3-86 所示。也可通过拆下蓄电池负极来清除故障码,但这样做同时也清除了其他记忆系统(如时钟、音响系统等)的设置,应谨慎使用。

因此修理发动机如需要拆除蓄电池端子时,首先应做一检查,看是否有故障码记录下来。排障后,如仍出现相同故障码,表明故障没有完全修理完毕。

5) OBD-Ⅱ自诊断系统

OBD-Ⅱ是 ON-BOARD DIAGNOSITICS-Ⅱ(随车诊断装置)的简称。1994 年以前的诊断系统为第一代诊断系统,各制造厂家采用的诊断座、故障码、诊断功能均各不相同,造成维修人员的困难。美国汽车工程学会(SAE)制定了一套标准规范,经由"环境保护机构"(EPA)及"加洲资源协会"(CARB)认证通过此一套标准,并要求各汽车制造厂家依照 OBD-Ⅱ标准提供统一的诊断模式、插座,由一台仪器即可对各车种进行诊断检测。

OBD-Ⅱ是美国加洲规定的标准,凡是销售到美国加洲的车,不论欧洲、美国、日本均需合乎该标准,中国台湾也采用这一标准。OBD-Ⅱ特点有如下特点:

(1)统一诊断座形状,为 16 针,如图 3-87 所示,装在驾驶室内,驾驶人侧仪表板下方。其端子有两个标准:ISO——欧洲统一标准(INTERNATIONAL STANDARDS ORGANIZATION 9141-2),利用 7 号、15 号脚传输资料。SAE——美国统一标准(SAE-J1850),利用 2 号、10 号脚传输资料。OBD-Ⅱ诊断座各端子功能见表 3-2。

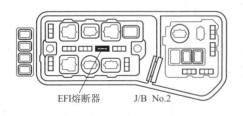

图 3-86 EFI 熔断器位置示意图

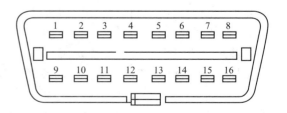

图 3-87 OBD-Ⅱ诊断座

(2)具有数值分析资料传输功能。

OBD-Ⅱ诊断座各端子功能　　　　表 3-2

端子	功用	端子	功用
1	供制造厂应用	9	供制造厂应用
2	SAE-J1850 资料传输	10	SAE-J1850 资料传输
3	供制造厂应用	11	供制造厂应用
4	车身直接搭铁	12	
5	信号回路搭铁	13	
6	供制造厂应用	14	
7	ISO-9141 资料传输 K	15	ISO-9141 资料输 L
8	供制造厂应用	16	接蓄电池"+"极

(3)统一故障码及意义。OBD-Ⅱ统一故障码,故障码由五位数(字)构成,第一个为英文字母,代表被测试的系统,例如:B(BODY)车身 ECU;C(CHASSIS)底盘 ECU;P(POWER TRAIN)发动机变速器 ECU;U 未定义,由 SAE 另行发布。

举例:如 FORD EEC-V(福特汽车第五代 ECU)故障码 P1352。

①第一位代表被检测的系统,P 代表发动机变速器 ECU。

②第二位数,代表汽车制造厂码,0 代表 SAE 定义的故障码,其他 1~9 代表各汽车制造厂自行定义的故障码。

③第三位数,由 SAE 定义的故障范围,见表 3-3。

SAE 定义的故障范围　　　　表 3-3

故障码	诊断内容	故障码	诊断内容
1	燃料和进气系统故障	5	怠速控制系统故障
2	燃料和进气系统故障	6	电控单元或执行元件系统故障
3	点火系统不良或发动机间歇熄灭	7	电控变速器控制系统故障
4	废气控制系统故障	8	电控变速器控制系统故障

④代表汽车制造厂原厂故障码:A 组高压、低压线圈不定。

(4)具有行车记录器功能。

(5)具有重新显示记忆故障码功能。

(6)具有可由仪器直接清除故障码功能。

1996 年全世界主要汽车制造厂(公司)都在其生产的汽车上采用了 OBD-Ⅱ型随机诊断装置。OBD-Ⅱ诊断装置必须使用专用仪器才能读出故障码。

三、电子控制系统的故障检测

1. 电子控制系统检修注意事项

电控汽油喷射发动机由于蓄压油路的存在和电子线路的复杂性与特殊性,在检修时应注意下列事项。

(1)蓄电池线没连接完好时,不能起动发动机。

(2)点火开关处于 ON 位置时,绝不可拆除或连接导线插头,尤其是 ECU 插接器。

(3)点火开关处于 ON 位置时,不能拆除或安装蓄电池线。

(4)拆开任何油路部分,首先应降低燃油系统的压力。

(5)不要轻易拆下ECU盒盖;拆装ECU连接线时,必须将点火开关置于OFF位置。

(6)对电控单元进行检修时,要注意人体静电对计算机芯片的影响,对电控系统的各个连接端子,不可用手触摸;电控单元的所有接头须连接牢靠,否则会损坏集成电路。

(7)电路断路或接触不良是电控系统常见的故障,决不可用搭火的方法来检查线路是否通断,因为搭火造成的电路瞬间短路可能引起电路中线圈电感的自感电动势过高,从而击穿电子元件。

(8)音响设备的天线应离ECU尽可能远些,其天线的连接线距ECU应不少于20cm。

(9)当拔下润滑油尺、拆开润滑油盖及曲轴箱通风管等时,可能会引起发动机运转不稳。

(10)进气系统管路不能有裂纹、漏气,否则会引起发动机运转不稳。

2. 电子控制系统的故障检测与诊断

电控发动机的故障中很大比例是由传感器、ECU及其连线的故障引起的。通常,发动机电控系统ECU出故障的概率较小,电控系统工作是否正常在很大程度上取决于传感器性能的优劣,应重点检测传感器及其线路。

1)线束和连接器的检查方法

连接器是一个连有线束的插座,传感器的接线端子使用连接器,ECU和外部所有部件的连接都是通过ECU上的连接器,线束中信号的转接使用的也是连接器。如果说线束是控制系统的神经网络的话,那么连接器是电路中线束的中继站,它具有拆装方便的特点,同时也带来了接触不良问题。

(1)连接器的拆装。拆出导线连接器时,要松开锁紧弹簧或按下锁扣;在装连接器时,应插到底并锁止,如图3-88所示。

(2)检查线束连接器。在用电阻表检查连接器导通时,表棒插入时不可对端子用力过大。图3-89a)所示是从带有配线后端插入表棒来检查连接器的通断;图3-89b)所示是从没有配线的前端用表棒来检查线束和连接器。

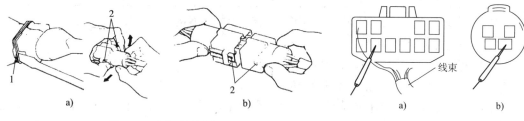

图3-88 连接器的拆装
a)拆出连接器;b)装上连接器
1—卡簧;2—锁卡

图3-89 检查线束连接器

检查外观和接触压力,检查步骤如下:

①拆下连接器的两端。

②检查连接器端子上有无锈蚀或脏污。

③检查端子片是否松动或损坏,端子固定是否牢靠。轻轻拉动时端子应无松动。反之,如果在哪一个座孔中的插头端子拔出比其他座孔容易,则该座孔可能会引起接触不良。

(3)检查线束。线束是电子控制系统的神经网络,某一导线或其对应连接器的不良将导致该线路不良,从而导致系统不良。其故障检查较为简单,一般为断路或短路两种。

断路可能是由导线折断、连接器接触不良、连接器端子拔出等造成的。检查时应注意如下几点：

①导线在中间断开是很罕见的，大都是在连接器处断开。因此尤其应仔细检查传感器和连接器处的导线。

②接触不良可能由于连接器端子锈蚀、外界脏污进入端子或连接器插头、插座间接触压力降低所致。把连接器拆下再重新插上，改变了它的连接状况，有可能会恢复正常接触。

③如果在故障诊断时，检查线束和连接器没有发生不正常情况，而检查以后故障消失，那么可认为线束或连接器有故障。

短路可能是由于线束与车身搭铁线之间或在开关内部短路而造成的。进行短路检查时，应仔细检查在车身内有无连接器，导线是否固定适当。

①检查导线通断。首先拆下 ECU 和传感器两侧的连接器，再测量连接器相应端子间的电阻。如电阻值不大于 1Ω，则说明导线正常。测量电阻时要在垂直和水平方向轻轻摇动导线，以提高准确性。表棒应从后端插入连接器。对于防水型连接器，表棒不能从后端插入，因此在插入时应小心，不可使端子弯曲变形。

②电阻值检查。首先拆下 ECU 和传感器两侧的连接器，再测量连接器所用端子与车身搭铁线间的电阻。阻值必须在连接器的两端检测，如电阻值大于 1MΩ，则说明该导线和车身无短路故障。

2）电控单元（ECU）的检测诊断

电控单元（ECU）及其控制线路的故障可用该车型的微机诊断仪或通用于各车型的汽车微机诊断仪（解码器）来检查，这些仪器可准确地检查故障所在之处。如果没有这些仪器，可用下列方法检测。

（1）用万用表检查 ECU。在规定的检测条件下，利用高输入阻抗的万用表测量 ECU 一侧插座上各端子的电路参数，如电压等，可判断 ECU 及其控制线路有无故障。用这种方法检测 ECU 及控制线路的故障，必须以被测车型的详细维修技术资料为依据。这些资料包括：该车型 ECU 线束插头中各端子与控制系统中的哪些传感器、执行器相连接；各端子在发动机规定工作状态下的标准电压值及其他电路参数。检测时，如 ECU 电路参数不符合标准，而在线束无故障的情况下，则表明 ECU 有故障。

检查 ECU 常用的方法是电压测量法。检测时，先将 ECU 连同其线束一起从车上拆下，不要拆下线束插头。在蓄电池充足电的情况下接通电路或在发动机运转时，用万用表在 ECU 线束侧连接器处测量 ECU 各端子的工作电压，将测量结果分别与其标准值进行比较，即可判断其故障所在。

（2）用改变输入信号的方法检查 ECU。ECU 是根据输入信号来控制供油量（喷油器喷油时间）和混合气浓度的，因此改变输入信号（特别是影响大的信号）时，喷油器的喷油时间和发动机的转速应发生变化。根据这一原理可以检查 ECU 的有关部分是否有故障。例如，起动发动机后，拔下发动机冷却液温度传感器线束侧接线器，按顺序将代表发动机冷却液温度传感器在冷却液低、中、高温时电阻值的 3 个电阻（分别为 15kΩ、3.3kΩ、270kΩ）接到发动机冷却液温度传感器线束侧接线器上，在线束无故障时，发动机转速应有明显的变化。否则，ECU 存在故障。

对 ECU 进行检测和排除故障时应注意如下几点：

（1）ECU 本身故障率很低。一则 ECU 通常安装在振动较小、环境较好的组合仪表板等处；二则 ECU 所采用的元器件都经高温老化等试验筛选，质量好，加之都是全自动生产，因而可靠性高。因此，当出现故障时切记不要盲目怀疑 ECU 有故障。

（2）应该收集整理有关电控系统的资料。其中最重要的有如下几部分：

①电控系统的基本结构、形式、特点以及其他重要配置。

②故障码的读取与清除方法。

③ECU 连接器端子的位置图和定义表。

④ECU 连接器端子标准电压值和电阻值表。

⑤电控系统主要检测数据表。

（3）在检查并确认为 ECU 故障时，原则上应更换 ECU。如若进行修理，则要求维修人员在电子技术和微机方面具备有良好的理论基础和实践经验。

3）传感器的检测诊断

当故障码指示或怀疑某传感器有故障时，应用示波器、万用表等对传感器进行测试。测试前要明确测试数据、测试方法和测试条件，具体可参考该车型维修手册。了解传感器的原理，有利于对传感器的检测与诊断。

（1）转速传感器。发动机转速传感器检测发动机转数作为确定基本喷油量的一个重要参数，尽管具有这种功能的传感器很多，但使用最多的是电磁式传感器。

磁阻式转速传感器是由永久磁铁定子、线圈和转子齿盘组成，如图 3-90a）所示。工作时，其转子齿盘与曲轴或分电器轴同轴旋转，定子与转子间的磁隙 d 交替变化，根据电磁感应定律，线圈中产生交变感应电动势，其波形如图 3-90b）所示。通过测取整形后矩形波的频率即可得到发动机转速。

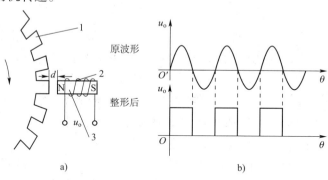

图 3-90　磁阻式转速传感器

a）转速传感器原理图；b）转速传感器输出电压波形

1-转子；2-线圈；3-定子

发动机转速信号也可直接由点火线圈负极检出，它是根据汽油机点火线圈初级电流的通断频率与发动机转速之间的关系获取转速信号的。对于六缸四冲程发动机而言，分电器轴转一圈，点火线圈次级产生六个点火脉冲，通过对电压脉冲信号进行处理，得到发动机转速信号。

转速传感器本身或连线发生故障时，可能会产生下列故障现象：发动机不能起动；发动机突然熄火；功率下降；油耗上升；有害气体浓度增加。

利用示波器检测转速波形信号或用电阻检验法、电压检验法可诊断转速传感器的故障。

(2) 位置传感器。曲轴位置传感器提供点火时刻和喷油时刻的参考点信号,有的曲轴位置传感器还可以提供发动机转速信号。其基本原理也是磁感应式,这种传感器采用信号盘,也可借助于飞轮齿圈,在信号盘上每隔4°加工一齿,共90个齿。此外,每隔120°布置一个导磁材料凸起,共三个。信号盘与带轮一起装在曲轴上,曲轴位置传感器盒内有三个磁头。发动机转动时,每个磁头输出交变电势信号。磁头②输出120°信号,反映各缸活塞基准位置(六缸发动机曲柄互成120°),磁头①、③信号合成输出转速和点火时刻控制所需1°曲轴转角信号,合成原理如图3-91所示。

曲轴位置传感器本身或线路不良时,可能会产生下列故障现象:发动机无法起动;发动机加速不良;发动机怠速不稳;发动机间歇性熄火。利用示波器检测其波形信号或用电阻检验法、电压检验法可诊断曲轴位置传感器的故障。

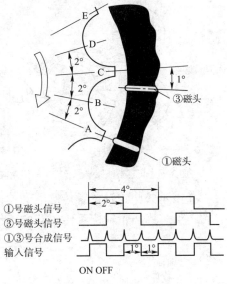

图3-91 曲轴1°转角信号合成原理

①磁脉冲式曲轴位置传感器的检测。

a. 拔下点火线圈上的中心高压线及各喷油嘴上的线束:该发动机曲轴位置传感器电路图如图3-92所示。

b. 轴位置传感器输出信号的检查:拔下曲轴位置传感器的导线连接器,将示波器输入接线与导线连接器上 $G_1—G_0$,$G_2—G_0$,$N_e—G_0$ 端子连接,用起动机带动发动机旋转(保持30s),示波器应有如图3-93所示波形,即 $G_1—G_0$,$G_2—G_0$,$N_e—G_0$ 端子间有脉冲信号输出;否则,需更换总成。

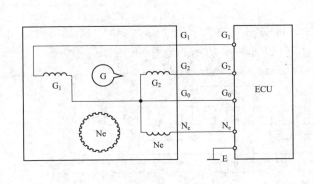

图3-92 曲轴位置传感器电路图

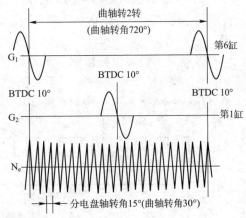

图3-93 G、N_e信号与曲轴转角的关系

c. 传感器线圈与信号转子的间隙检查:拆下分电器盖、分火头等,露出曲轴位置传感器,如图3-94所示,用塞尺测量信号转子与传感线圈凸出部分的空气间隙,应为0.2~0.4mm;否则,应更换。

d. 曲轴位置传感器线圈的电阻测量:如图3-95所示,用万用表电阻挡在分电器的接线插座上,测量曲轴位置传感器各感应线圈的电阻,测量值应符合技术手册要求。

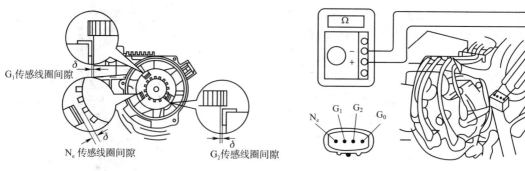

图 3-94　传感器线圈与信号转子的间隙检查　　　图 3-95　传感器感应线圈电阻的测量

②霍尔式凸轮轴位置传感器的检修。

a. 霍尔式凸轮轴位置传感器的工作电路及插座如图 3-96 所示。

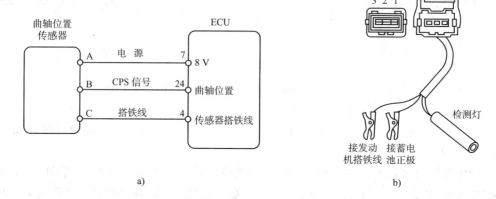

图 3-96　霍尔式凸轮轴位置传感器工作电路及插座

a) 霍尔式凸轮轴位置传感器工作电路；b) 霍尔式凸轮轴位置传感器插座

b. 霍尔式凸轮轴位置传感器的供电检测：将点火开关置于常电挡，用万用表电压挡测量传感器插座的 1 号端子和 3 号端子、2 号端子与 3 号端子之间的电压，电压值均应大于 9V。

c. 霍尔式凸轮轴位置传感器的性能测试：将喷油嘴的线束拔下，起动机带动发动机运转，用示波器测量 2 号端子与 3 号端子之间应有如图 3-97 所示的电脉冲，否则应予更换。

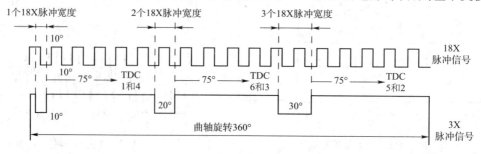

图 3-97　霍尔式凸轮轴位置传感器输出信号

(3) 进气压力传感器。进气压力传感器用于 D 型电控汽油喷射系统，它安装在发动机的进气管内，感知进气流量所形成的真空压力，并转换成电信号输入 ECU，经 ECU 计算后发出喷油量与喷油时刻信号。

进气压力传感器主要有压电式和应变式两种。其中应变式进气压力传感器是依据电阻应变效应原理制成的,其内部结构及原理如图3-98所示,4只丝式应变片分别布在硅片四周,并组成桥式电路,当进气压力变化时,硅膜片发生弯曲,电桥失去平衡,在输出端输出电压信号,该电压信号的大小反映气体压力的高低。

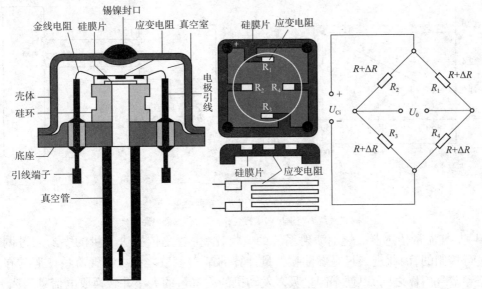

图3-98 应变式进气压力传感器内部结构及原理图

而压电式进气压力传感器则是依据压电效应原理制成,工作时,进气压力经半导体压电元件转换成电压信号,经放大后输出,其进气压力与输出电压信号之间呈线性关系。进气压力传感器本身或线路不良及PVC管破裂时,可能产生下列故障现象:发动机性能不良;起动困难;怠速不稳;油耗上升。

由于压力传感器是由半导体之类的电子部件组成,因此通常安装在振动较小的车体上。进气管压力从进气总管处测取,如图3-99所示。

也可将压力传感器安装在进气总管的上边,这样来自进气总管的窜气不会侵入压力传感器内。另外压力传感器从下边接受进气管压力可以防止信号传感部分不受污染。

直观上判断进气管路上某一部件是不是压力传感器可看其输入是不是和进气总管相接。输出电接头是不是三根导线。

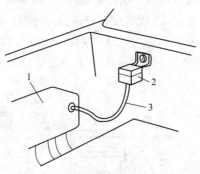

图3-99 压力传感器安装示意图
1-进气总管;2-压力传感器;3-橡胶管

利用万用表检测进气压力传感器的电压输出信号即可判断其传感器的好坏。进气压力变化和传感器的输出电压关系如图3-100a)所示。该传感器与ECU连接电路如图3-100b)所示。需要注意的是,该传感器测得的信号是经过放大电路放大后输出的,故测量其电阻值判断传感器状态毫无意义。

①传感器电源电压的检测:将点火开关置于"ON"位置,用万用表电压挡测量Vcc—E2间的电压,约5V;否则,应检查发动机ECU或ECU的Vc到传感器的Vcc间的导线。

②进气压力传感器输出电压信号的检测:将点火开关置于"ON"位置,不要起动发动机,拔下传感器真空软管,然后用真空泵向传感器内施加真空,分别测量PIM—E2端子间的

输出电压。测量值随着真空度的增加逐渐增加,应符合其特性曲线要求,如不符合应予更换。

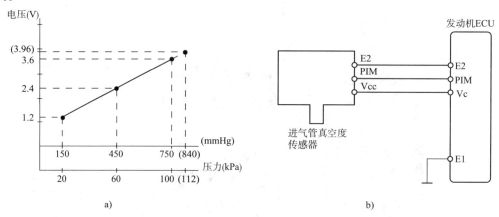

图 3-100　进气压力传感器检测
a) 进气压力与输出电压特性；b) 压力传感器电路图

(4) 空气流量传感器。燃油喷射系统的空燃比,主要是依据进气量的多少通过调节供油量进行控制的,因此进气量是燃油喷射量计算的基本参数之一。空气流量计通常在空气滤清器和节气门体之间,以便于测量吸入发动机的空气量的大小并转换成电信号送入 ECU。空气流量计电位计的电阻如不准确,将使其送给 ECU 的电压信号不能正确反映空气流量,从而使发动机起动困难、怠速不稳、容易熄火、加速不良、油耗上升,所以应对其电阻、输出电压进行检测。

根据测量原理不同,有叶片式、卡门涡旋式、热膜式及热线式空气流量计四种。

① 叶片式空气流量计的检测。叶片式空气流量计安装在节气门之前,工作时,吸入的空气流体动力作用到测量片上,使测量片旋转一定角度直至与复位弹簧相平衡,旋转角度与吸入空气量成对数关系。与测量片同轴的电位器由位于气道中的测量片带动,并以阻值变化的形式反映测量片的旋转角度,电位器将阻值变化转换成反映进气量的电压信号,并送入 ECU。

空气流量计的原理及检测如图 3-101 所示。

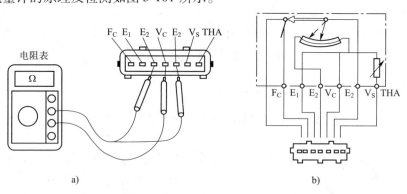

图 3-101　叶片式空气流量计的原理图及检测
a) 检测图；b) 原理图

a. 空气流量计电阻的检测。将点火开关置于"OFF"位置,拔下空气流量计的导线连接器,用万用表电阻挡测量空气流量计上各端子间的电阻,电阻值应符合技术手册规定,否则应予更换。注意,当改变进气温度时,THA—E_2 间的电阻应变化。

b. 空气流量计电压的检测。将点火开关转至"ON"位置,用万用表电压挡测量 V_c—E_2、V_s

E_2 间的电压。测量时将表笔换成针头插入端子。测量结果应符合技术要求,否则应予更换。

将喷油嘴的线束拔下,用起动机带动发动机转动,用万用表电压挡测量 V_s—E_2 间的电压,电压值应随叶片开度的变大而变小,否则应予以更换。

② 卡门涡旋式空气流量计的检测。卡门涡旋式空气流量计的电路如图 3-102 所示。

a. 空气流量计电阻的检测。将点火开关置于"OFF"位置,拔下空气流量计的导线连接器,如图 3-103 所示用万用表电阻挡测量空气流量计上 THA—E_2 端子间的电阻。应符合维修手册的要求,否则应予以更换。

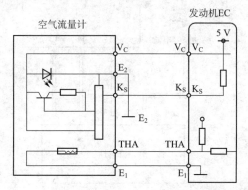
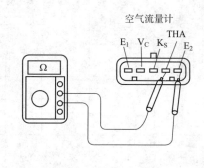

图 3-102　卡门涡旋式空气流量计的电路图　　图 3-103　空气流量计电阻的检测

b. 空气流量计电压的检测。插好空气流量计的导线连接器,将点火开关置于"ON"的位置,用万用表电压挡测量各端子间的电压。如果电压不符,应检查发动机 ECU,否则应更换空气流量计。

③ 热线式空气流量计的检测。热线式空气流量计与 ECU 连线如图 3-104 所示。

a. 点火开关置于常电挡,用万用表电压挡测量如图 3-104 所示流量计的 2 号脚与 3 号脚(搭铁脚)间应有约 5V 电压,4 号脚与搭铁间应有约 12V 的蓄电池电压;否则,应检查电源电路或 ECU。

b. 起动发动机,测量流量计的 1 号脚与 3 号脚间电压,怠速时为 1.2~1.8V,随转速升高电压升高,发动机以 2500r/min 运转时电压为 1.6~2.2V;否则应更换流量计。

c. 经步骤 a、b 的方法进行检测后,如果各插脚的电压正常,但发动机无法起动或无法加速,可拆下空气滤清器,从流量计的进气口吹风,风速越高,1 号脚与 3 号脚间电压越高,否则应更换流量计。

④ 热膜式空气流量计传感器的检测。热膜式空气流量计与 ECU 连线如图 3-105 所示。

a. 点火开关关闭(OFF),将插线连接器拔下,用万用表电阻挡测量,3 号脚与车身搭铁间电阻,应为 0Ω(搭铁脚)。

b. 插好导线连接器,将点火开关置于常电挡,用万用表电压挡测量 4 号脚与 3 号脚间应有的 5V 电压;否则,ECU 或 ECU 至流量计间导线有故障。

c. 起动发动机,测量 2 号脚与搭铁间应有 14V 的电压;否则,应检查油泵继电器至流量计导线。

d. 万用表电压挡测量 5 号脚与 3 号脚间的电压,发动机怠速时约为 1.4V,随着转速的升高,电压升高,最高转速对应的电压约为 2.5V,否则该流量计应更换。如发动机不能加速,应拆下空气滤清器,从流量计的进气口吹风,风速越高,5 号脚与 3 号脚间的电压越高,否则应更换该流量计。

（5）氧传感器。氧传感器用来检测发动机废气中氧的含量，并向 ECU 输送可燃混合气浓度信息。常用的氧传感器有二氧化锆（ZrO_2）和二氧化钛（TiO_2）两种传感器。应用最多的是二氧化锆氧传感器，一般将其安装在排气管处，二氧化锆氧传感器主要由 ZrO_2 管、铂电极、多孔氧化铝陶瓷组成，其结构原理如图 3-106 所示。如果氧传感器内外侧氧含量不等，氧离子就通过 ZrO_2 向氧含量低的一侧扩散，由于电荷在铂电极的积累和铂电极之间有电荷 O_2 一定向移动，因而在两电极之间产生电动势，形成一个微电池。

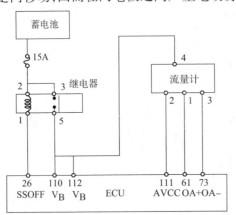

图 3-104　热线式流量计与 ECU 的连接　　图 3-105　热膜式流量计连接电路

从图 3-106c）所示的氧传感器的理论输出特性曲线可以看出，氧传感器在理论空燃比附近，输出电压发生骤变，当空燃比变高，在排气中氧的浓度增加时，氧传感器的输出电压减小；当空燃比变低，在排气中氧的浓度降低时，氧传感器的输出电压增大。而 ECU 则识别这一突变信号，对燃油喷射量进行修正，从而相应地调整空燃比，使其在理论值（14.7）附近。

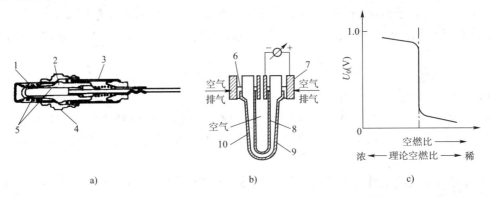

图 3-106　二氧化锆氧传感器
a）传感器结构；b）传感器原理；c）传感器理论输出特性
1-防护罩；2-二氧化锆管；3-外罩；4-外壳；5-镀铂的内外表面；6-导电的气密层；7-外壳；8-内电极；9-外电极；10-固态电解质

当氧传感器或线路不良时，容易产生下列故障：废气排放超标；怠速不稳；油耗上升。在发动机工作温度正常时，用数字式电压表测量氧传感器输出信号，并对照其标准数据可判断氧传感器故障。一般氧传感器输出电压在 0.1～0.9V 范围内变化，若电压表读数持续显示偏高电压，表明混合气过浓，或者是氧传感器被污染；若电压表读数显示持续偏低电压，表明混合气过稀，或者氧传感器与 ECU 之间导线电阻过大，或者是氧传感器故障。

氧传感器还可通过电阻检验法诊断其故障，测量二氧化锆式氧传感器在常温下的电阻，其值应为无穷大；对具有加热器的氧传感器，可测量其加热器的电阻来初步判断氧传感器的状况,加热器的电阻值一般为4～40Ω,具体数值可参照各车型维修手册。氧传感器的连接电路如图3-107所示。

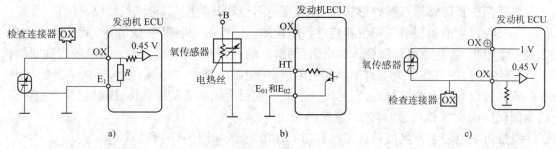

图3-107 氧传感器连接电路

①氧传感器加热器电阻的检测。拔下氧传感器线束插头,用电阻表测量氧传感器接线端中加热器端子与搭铁端子间的电阻,如图3-108所示,应为4～40Ω。

②氧传感器反馈电压的测量。

a. 将示波器调至电压挡。

b. 将发动机热车至正常工作温度。

c. 将正极表笔插入故障诊断座内的 OX_1 或 OX_2 插孔(或直接插入传感器的信号输出线),负极表笔接诊断座内的 E_1 插孔或蓄电池负极。

d. 让发动机以2500r/min左右的转速保持运转,同时检查电压能否在0～1V之间来回跳动,记下10s内跳动的次数。通常在0.45V上下不断变化,10s内变化次数应不少于8次,如图3-109所示,否则应予更换。

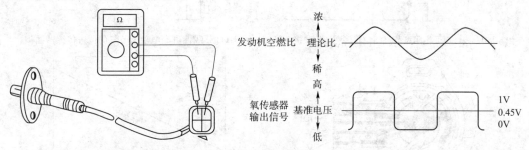

图3-108 氧传感器加热电阻的检测　　图3-109 氧传感器反馈电压的测量结果

③传感器功能检测。拔下氧传感器的线束,使氧传感器不再与电控单元连接,反馈控制系统进入开环控制状态。将电压表的正极表笔直接与氧传感器反馈电压输出端连接,负极表笔与蓄电池负极连接,运转发动机,脱开接在进气歧管上的曲轴箱强制通风管或其真空软管,人为地形成稀混合气,电压应下降;拔下冷却液温度传感器,形成浓混合气,电压应上升,否则应更换氧传感器。

④氧传感器的拆卸检查。拆下氧传感器,检查氧传感器外壳上的通气孔有无堵塞(二氧化锆元件型)、陶瓷芯有无破损;检查氧传感器的颜色,正常颜色为淡灰色。

(6)节气门位置传感器。节气门位置传感器安装在节气门体上,它为ECU提供节气门开度信号和怠速开关信号。ECU根据节气门开度输出信号或全负荷开关信号,用以感知发动机的负荷大小和加减速工况,增加喷油量以提高发动机的输出功率。怠速开关信号主要用于断油控制和点火提前角的修正。节气门位置传感器本身或线路不良时,会产生下列故障现象:发动机起动困难;怠速不稳;加速不良,容易熄火。

利用万用表检测节气门位置传感器的电阻值或电压输出信号及其特性曲线并与标准值比较，即可判断其传感器的故障，其标准值可参考被测车型的维修手册。

节气门位置传感器有两种形式：线性可变电阻型和开关型，其检测过程略有区别。

①线性可变电阻型节气门位置传感器的检测。线性可变电阻型节气门位置传感器实际上是一个电位器，其滑道是陶瓷薄膜电阻，两滑动触点相互连接，滑动触点与节气门轴联动，节气门转动时，触点在滑道上有不同的电阻值，将电阻值转换成电压信号，反映节气门的开度。该装置设有主副两组触点，它可提高检测节气门全闭状态的准确性，副触点只有在节气门全闭（急速）时才被接通，称之为急速触点。

线性可变电阻型节气门位置传感器与 ECU 的连接如图 3-110 所示。

a. 传感器端子电压检测：将点火开关置于"ON"位置，用万用表电压挡测量传感器各端子间电压，传感器端子导线插头一般如图 3-111 所示。测量结果应符合维修手册。在节气门全开至节气门全闭过程中，V_{TA}—E_2 间的电压应逐渐增大，如图 3-112b）所示。如测量结果不合格，应予以修理或更换。

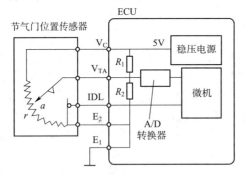

图 3-110 线性可变电阻型节气门位置传感器的连接电路　　图 3-111 线性可变电阻型节气门位置传感器插头

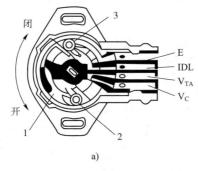 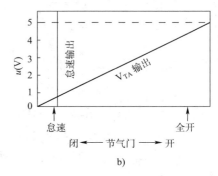

图 3-112 线性可变电阻型节气门位置传感器结构和特性曲线

1-电阻器；2-滑动触头（IDL 信号触头）；3-滑动触头（节气门全开触头）

b. 传感器端子的电阻检测：拆下传感器的导线插头，用万用表电阻挡测量各端子间的电阻应符合要求。V_{TA}—E_2 端子间的电阻值随节气门开度的增大，电阻值应线性增大，不应出现中断现象。如不符合以上规定，应更换。

②开关型节气门位置传感器的检测。开关型节气门位置传感器的构造如图 3-113 所示。传感器由沿导向凸轮沟槽移动的可动触点、固定的全负荷触点和急速触点构成。导向凸轮由固定在节气门轴上的控制杆驱动。急速触点和全负荷触点可检测发动机运行工况。急速信号输出低电平时，说明急速触点闭合，发动机处于急速工况运行；反之，全负荷信号输出低电平时，说明全负荷触点闭合，发动机处于大负荷区工作，如节气门开度在 50% 以上。

若节气门在介于怠速触点和全功率触点之间的中间开度时,可动触点同哪一个触点都不接触,此时怠速触点和全功率触点都输出高电平。

检测时利用万用表电阻挡判断上述状态下触点信号是否正常,如不符合应维修触点,或更换。

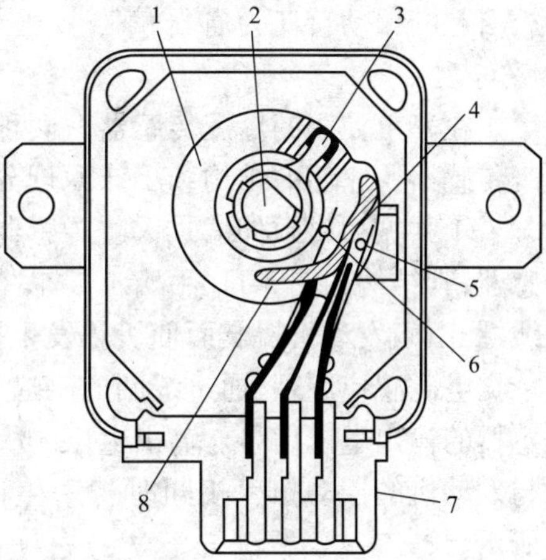

(7)温度传感器。温度传感器主要包括进气温度传感器、发动机冷却液温度传感器。其中进气温度传感器随时反映进气温度参数,而 ECU 则根据进气温度的高低,对喷油量进行修正,达到最佳燃烧状况。进气温度传感器通常安装在空气流量计内,或空气滤清器、进气压力缓冲器内。

发动机冷却液温度传感器感知冷却液温度而输出信号,其 ECU 则根据冷却液温度调整供油量。当发动机冷起动或需暖机时,ECU 则输出增加供油量信号,使混合气加浓,便于发动机冷起动和迅速暖机。冷却液温度传感器一般安装在冷却液出口处。

进气温度传感器与冷却液温度传感器有相似的敏感元件、电阻值、电压降和温度特性(负温度系数特性)。它们的工作原理相同,当温度下降时,其传感器电阻增大,传感器两端的电压降增大;当温度上升时,其传感器电阻减小,传感器两端的电压降减小。

图 3-113 开关型节气门位置传感器结构
1-导向凸轮;2-节气门体轴;3-控制杆;4-可动触点;5-怠速触点;6-功率触点;7-连接装置;8-导向凸轮槽

当进气温度传感器、冷却液温度传感器本身或线路工作不良时,可能会发生下列故障现象:发动机性能不良;怠速不稳;容易熄火;油耗上升。

利用万用表检测进气温度传感器、冷却液温度传感器在不同温度下的电阻值或电压输出信号及其特性曲线并与标准值比较即可判断其传感器的故障,其标准值可参考被测车型的维修手册。图 3-114 所示为热敏电阻式冷却液温度传感器的连接电路。

①就车电阻的测量:拔下冷却液温度传感器的线束插头,用万用表电阻挡测量 HW—E_2 间的电阻,其电阻值在温度低时大,温度高时小,在热机时应小于 1kΩ。

②从发动机上拆下冷却液温度传感器,将传感器置于热水中,用万用表的电阻挡测量其电阻,电阻值应符合图 3-115 中曲线,否则应予更换。

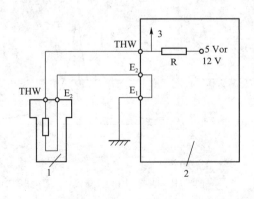

图 3-114 热敏电阻式冷却液温度传感器连接电路
1-冷却液温度,传感器;2-ECU;3-THW 信号

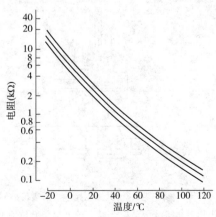

图 3-115 冷却液温度传感器特性关系曲线

(8)爆震传感器。为了使发动机功率最大程度地发挥而不发生爆震,点火提前角应控制在爆震发生的临界数值。爆震传感器安装在发动机缸体上,发动机爆震时,其传感器将爆震引起的振动转变为电压信号并送至 ECU,其 ECU 则发出指令以推迟点火提前角,消除爆震。

在车上使用的爆震传感器有两种类型:一种是共振型爆震传感器;另一种是非共振型爆震传感器。它们的结构和工作原理分述如下。

① 共振型磁致伸缩式爆震传感器。共振型磁致伸缩式爆震传感器是应用最早的爆震传感器,其结构如图 3-116 所示。高镍合金组成的磁芯外侧设有永久磁铁,在其周围绕着感应线圈,由于发动机爆震而使机体发生振动,磁芯受振偏移致使感应线圈内磁力线发生变化。依据电磁感应原理,通过线圈的磁通变化时,线圈将产生感应电动势,此电动势即为爆震传感器的输出电压信号。输出电压的大小与发动机振动的频率有关。当传感器固有振动频率与发动机的振动频率相同时将产生谐振。此时,传感器将输出最大电压信号,如图 3-117 所示。

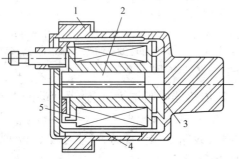
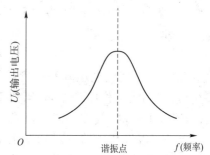

图 3-116 共振型磁致伸缩式爆震传感器
1-外壳;2-磁芯(高镍合金);3-永久磁铁;4-内盖;5-感应线圈

图 3-117 共振型磁致伸缩式爆震传感器输出特性

② 共振型压电式爆震传感器。图 3-118 所示为共振型压电式爆震传感器的结构。压电元件紧密地贴合在振荡片上,振荡片则固定在传感器基座上。振荡片随发动机的振动而振荡,并波及压电元件,使其变形产生电压信号。当发动机爆震时的振动频率与振荡片的固有频率相符合时,振荡片产生共振,此时,压电元件将产生最大的电压信号,如图 3-119 所示。因该爆震传感器在爆震时输出的电压比较高,因此无须使用滤波器即可判别有无爆震产生。

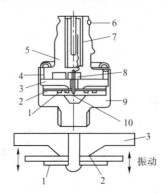
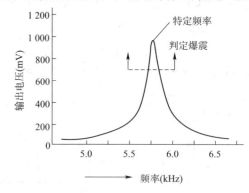

图 3-118 共振型压电式爆震传感器
1-压电元件;2-振荡片;3-基座;4、6-O 形圈;5-连接器;
7-接头;8-密封剂;9-外壳;10-引线端头

图 3-119 共振型压电式爆震传感器输出特性

③非共振型压电式爆震传感器。该类型的爆震传感器的结构如图3-120所示。它由平衡重、压电元件、壳体、电器连接装置等构成。两个压电元件同极性相向对接,平衡重将加速度变换成作用于压电元件上的压力,输出电压由这两个压电元件的中央取出,平衡重由螺钉固定在壳体上。该爆震传感器构造简单,制造时不需要调整。

当发动机爆震时,安装在发动机缸体上的爆震传感器内部平衡重因受到振动的影响而产生加速度,因此在压电元件上受到加速度时惯性力的作用而产生压电信号。在爆震产生时,这种传感器输出的电压不是很大,具有平缓的输出特性,如图3-121所示。因此,必须将反映发动机振动频率的输出电压信号送至识别爆震的滤波器中,判别是否有爆震产生的信号。

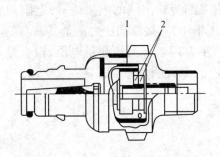

图3-120 非共振型压电式爆震传感器
1-平衡重;2-压电元件

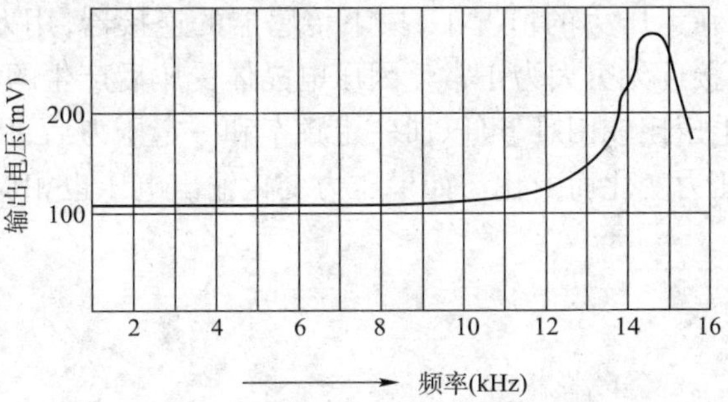

图3-121 非共振型压电式爆震传感器输出特性

该爆震传感器的突出优点是其检测频率范围宽,可设计成由零至数千赫兹,可检测很宽频带的发动机振动频率。该类传感器用于不同的发动机上时,只需调整滤波器的过滤频率即可使用,而不需更换传感器。

爆震传感器的输出波形如图3-122所示。其特点是:从共振型爆震传感器的输出波形可以直接观察出爆震的波形(爆震点),而从非共振型爆震传感器输出的波形需经滤波器才能检出爆震的信号。

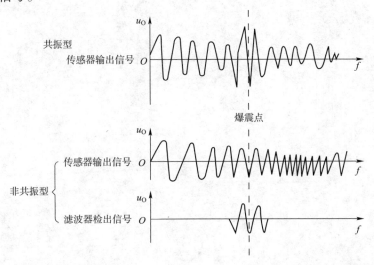

图3-122 共振型和非共振型爆震传感器输出波形比较

④爆震传感器的检修。爆震传感器出现故障时会产生下列故障现象:点火时刻不正确;

发动机加大节气门时有爆震声;油耗上升。

若发动机故障显示系统检测出爆震传感器的故障,应先检查从传感器到 ECU 的连接器接口中间的连线及部件是否有断路或短路的现象发生,如果中间线路无故障再检查传感器。

对于磁致伸缩式爆震传感器,则应拔下该传感器的连接器,用万用表测量信号线圈的电阻值。如果电阻为零或无穷大,则说明线圈有短路或断路现象发生;如果电阻正常,则可以使发动机运转,用万用表的交流电压挡测量输出电压情况。如果在发动机运转时有电压输出,不运转时无电压输出,则说明传感器基本上是完好的。

共振型爆震传感器和非共振型爆震传感器都是用压电材料制成的,检查方法是查看连接器及中间连线是否有短路或断路发生。其次是检查压电晶体,它的等效电路是一个电容器,在无压力的情况下,拔下传感器的连接器,用万用表测量输出线的电阻,一般电阻值很大,接近无穷大为正常。因压电晶体受压后产生的电压很小,直接施加压力测量其两端的输出电压比较困难,可以加一定频率和一定压力后,用数字万用表直流挡测量电压,检查是否随压力变化而变化。如果压力变化输出电压也相应变化,则说明传感器正常。

第四章 汽车底盘的检测诊断与维修

汽车底盘技术状况的优劣,关系到车辆行驶时的操纵稳定性和安全性,也影响到发动机动力传递和燃料消耗量。因此及时、准确地诊断并排除底盘部分出现的故障是非常重要的。本章将分别从传动系统、行驶系统、转向系统、制动系统和底盘辅助电子装置等几部分,介绍检测诊断的意义及原理、指标及标准、方法及步骤以及测诊断设备结构原理、使用及注意事项等。

第一节 底盘输出功率的检测

利用检测设备在室内测量汽车动力性时,一般以驱动轮输出功率或驱动力为测量参数,在底盘测功机上进行测试。底盘测功试验也称为在用车的动力性台架试验。其主要目的是测量驱动轮的输出功率和驱动力,用以评价汽车的动力性,而且通过测量驱动轮的输出功率或驱动力,再与测量出的发动机输出功率比较,可以间接地判断发动机所发出的功率经过传动系统传递后是否有所下降及下降的程度,也就是说可以计算出从发动机到驱动轴动力传动的效率及传动系统的功率损耗,从而判断传动系统的技术状况。

一、底盘测功机

1. 底盘测功机的功能

汽车底盘测功机的基本功能为:测试汽车驱动轮输出功率;测试汽车的加速性能;测试汽车的滑行能力和传动系统的传功效率;检测校验车速表;辅以油耗计、废气分析仪等设备,对汽车的燃油经济性和废气环保性能进行检测。

2. 底盘测功试验台的结构与工作原理

汽车底盘测功试验台,一般由滚筒及机械装置、功率吸收装置(即加载装置)、测量控制装置、辅助装置四部分组成。图4-1所示为汽车底盘测功机机械部分的结构示意图。该设备是一种采用美国Intel公司生产的单片机作为系统的控制核心,适用于轴质量不大于10t、驱动车轮输出功率不大于150kW车辆的检测。

1) 滚筒装置

(1) 滚筒。滚筒相当于连续移动的路面,被检汽车的车轮在其上滚动,滚筒有单滚筒和双滚筒两种,如图4-2所示。双滚筒结构,其中的两个滚筒又分为主动滚筒、从动滚筒。左右两个主动滚筒通过联轴器彼此连接并与测功器相连接,而左右两个从动滚筒处于自由状态。滚筒和其他机械部件都安装在机械框架之内,并整体坐落在事先挖好的地坑内固定好。

这种双滚筒式试验台滚筒直径比较小,一般在185~400mm,安装和使用都很方便,且成本低,因而在汽车检测维修部门得到了广泛的应用。但双滚筒结构的试验台滚筒不能制作太小,否则将会增大滑转率、滚动阻力和滚动损失功率,还会提高轮胎的温度,特别是高速转动时这些不利影响会更加显著。因此,在试验车速达到160km/h时,滚筒直径应不小于300mm,当试验车速达到200km/h时,滚筒直径应不小于350mm。

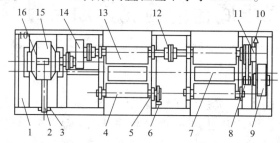

图4-1 底盘测功试验台机械部分结构示意图

1—框架;2—测力杠杆;3—压力传感器;4—从动滚筒;5—轴承座;6—速度传感器;7—举升装置;8—传动带轮;9—飞轮;10—电刷;11—离合器;12—联轴器;13—主动滚筒;14—变速器;15—电涡流测功器;16—冷却液入口

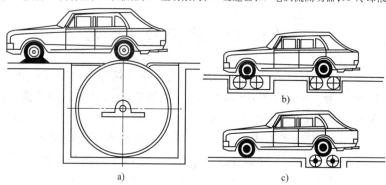

图4-2 滚筒式底盘测功试验台
a)单轮单滚筒式;b)双轮双滚筒式;c)单轮双滚筒式

另外图4-2a)所示的那种大直径、单滚筒的形式,其滚筒直径多在1500~2500mm。滚筒直径越大,模拟路面的效果就越好。但直径过大则设备太笨重,占地面积大,安装也不方便。这种大滚筒的试验台主要在汽车制造厂或科研部门使用,不适用于汽车维修和检测部门。

滚筒表面一种是光滑的,加工简单,但表面摩擦系数较低;另一种是表面带有涂覆层的,摩擦系数与路面接近,使用效果很好,但成本略高。

(2)飞轮。为了能够在试验台上检测汽车的加速性能和滑行性能,需要模拟汽车行驶时的惯性。为此可以在测功机上安装一套飞轮组(图4-1中9),按照不同汽车的质量配以相应质量的飞轮。飞轮与滚筒的接合与断开由电磁离合器(图4-1中11)控制。

(3)举升器。与滚筒式制动试验台和车速表试验台一样,底盘测功机也需要在前后滚筒之间安装举升器,以便汽车平稳进入和离开试验台。

2)功率吸收装置(即加载装置)

功率吸收装置由测功器、测力装置及测速装置组成。

(1)测功器。测功器又称功率吸收装置,它是给汽车的驱动轮加载的装置。在作台架试验时,为了模拟汽车在路面行驶时的各种阻力,就必须人为地给汽车驱动轮施加大小可调节的负载。

测功器是底盘测功机特有的关键部件。下面以电涡流测功器为例,介绍其结构和工作原理。电涡流测功器是以转子旋转时产生的涡流阻力矩为负载的装置,它具有体积小、运转平稳和测量精度较高等特点。

电涡流测功器工作原理示意图如图 4-3 所示。

电涡流测功器主要有定子和转子两大部分。定子是一个钢机壳,其内部圆周方向上安装有若干个带铁芯的励磁线圈。转子是一个钢制的、很厚实的圆盘,固定在转轴上,与转轴一起在定子内转动。定子、转子之间,以及转子圆盘和线圈铁芯之间都只有很小的间隙。

当在励磁线圈中通入直流电时,其周围会产生磁场。磁场的磁力线将经过铁芯、转子盘及定子外壳的一部分形成闭合回路,如图 4-3 中的虚线所示。当转子转动时,转子盘将切割磁力线而感应很强的(电)涡流。涡流与励磁线圈的磁场间的相互作用,将使转子的转动受到一定的阻力或制动转矩。汽车驱动轮要带动涡流测功器的转子转动,就必然要克服这种涡流阻力而消耗能量。调节励磁线圈的电流,就能改变磁场和涡流的强度,也就可以轻而易举地改变驱动轮的负载。

电涡流测功器运行时要吸收几十千瓦到上百千瓦的功率,涡流部件很容易发热,需采用冷却措施。

(2)测力装置。为了测量上述转子所受涡流力矩,根据作用力和反作用力的原理,当转子转动受到电涡流的阻力矩时,定子也会受到大小相等、方向相反的力矩。所以只要测得定子所受的反力矩,就可以知道转子受的涡流力矩。

常用的测力装置有机械式、液压式和电测式三种。应用较多的是电测式。电测式与反力滚筒式制动试验台的测力原理一样,电涡流测功器的定子不是固定安装的,而是在定子表面固定一个测力杆,并将测力杆压在一个压力传感器上面。定子受到反作用力矩时则会通过测力杆对传感器施加一个压力,然后由指示装置显示出来。

机械平衡锤式测力装置工作原理如图 4-4 所示。

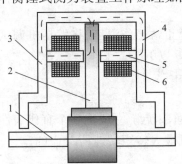
图 4-3　电涡流测功器工作原理示意
1-转轴;2-转子;3-定子;4-磁力线;5-铁芯;6-线圈

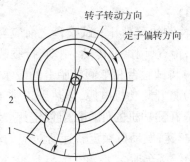
图 4-4　机械平衡锤式测力装置工作原理
1-刻度盘;2-平衡锤(与定子一起偏转)

机械平衡锤式测力装置的定子不是固定安装的,而是可以在一定范围内偏转。一个较重的金属平衡锤与定子固定连接。当转子转动时,定子受到反作用力矩,但因平衡锤较重,定子及平衡锤不会像转子那样无限旋转下去,而只是偏转一个角度。偏转角度可在刻度盘上直接指示出所测力的大小。定子、转子间作用力矩越大,指示出的偏转角度也越大。

(3)测速装置。测速装置是在测功机上检测相应车速的装置,一般由传感器、中间处理装置、指示装置等组成。传感器有霍尔元件式、光电编码式及使用测速发电机等,它们都安装在从动滚筒端部,随滚筒一起转动,直接测试滚筒的转速(r/min),再换算成汽车行驶的车速(km/h)。

3)测量控制装置

测量控制系统与显示装置集中在一个控制柜内。控制系统的核心是一台计算机。它承担底盘测功机的数据采集、数据处理、显示打印和操作控制等项任务。测量结果经计算机处理后,可以实用单位直接显示出车速(km/h)、驱动轮的驱动力(N)、驱动轮的输出功率(kW)等。

测力装置为机械式和液压式时,其指示装置只能显示驱动力,此时,驱动轮输出功率要由驱动力和车速按下式计算(3600为单位换算系数):

$$P_k = \frac{Fv}{3600} \tag{4-1}$$

式中:F——驱动轮的驱动力,N;

v——试验车速,km/h;

P_k——驱动轮输出功率,kW。

4)辅助装置

除上述基本设备外,汽车在底盘测功机上试验时,为了使驱动轮在滚筒上稳定地运转,防止汽车可能出现的前后左右移动或者万一冲出试验台,必须加以一定的约束。因此,测功机还设置有约束装置,用钢索拉紧或者在从动轮前后用三角木块(或挡铁)顶住汽车,使汽车能够在纵向和侧向固定。另外,汽车在底盘测功机上试验时,没有迎面吹来的风来冷却发动机,发动机很容易过热。因此,测功机还设有风冷装置,以便对发动机、驱动轮等进行冷却。

3. 底盘测功机的使用

1)测试前的准备工作

试验应当在环境温度为0~40℃、环境湿度不大于85%、大气压力为80~110kPa的条件下进行。

被检测的车辆开上试验台之前应当路试运行至正常工作温度,将发动机调试到正常工作状态,检查、调试好传动、制动、行驶装置,然后做好以下准备工作。

(1)将试验台和车辆轮胎上的泥水等杂物清理干净。

(2)打开测功机电源,预热到正常工作温度。

(3)在测功机的计算机上设定好要检测的若干车速点。一般选3个有代表性的工况所对应的车速;发动机额定转速所对应的车速;发动机最大转矩转速所对应的车速;汽车常用车速,如经济车速。

2)基本测试(功率测试)步骤

(1)升起举升器托板,将车开到试验台上,对车辆进行纵向及横向约束。

(2)起动发动机,逐步加速并换至直接挡,同时调节测功器的负荷,并将汽车加速踏板踩到底,以最大功率附近的转速运转。

(3)转速稳定后,记下仪表所指示的功率和车速值。

(4)保持发动机节气门全开,底盘测功机的计算机能够自动增大激磁电流给发动机加载。最后,通过自动调节激磁电流(也就是调节发动机的负载),即可使发动机在预定的车速点上稳定运行,并测量发动机全负荷情况下的底盘输出功率和驱动力。

(5)连续测量若干车速点之后,就可以得到所需要的驱动轮输出功率和转矩随转速变化的曲线并找出最大值。

(6)全部检测完毕后,待驱动轮停转再切断冷却装置电源,去除约束装置,升起举升器托板,将被测车驶出试验台。

二、驱动轮输出功率的检测

不同形式的底盘测功机,其使用方法有所区别,以下介绍的是一般的操作方法。

1. 检测前的准备

底盘测功机的准备。使用试验台之前,按厂家规定的项目对试验台进行检查、调整、润滑,在使用过程中,要注意仪表指针的复位、举升器工作导线的接触情况。发现故障,及时清除。

被检汽车的准备。汽车开上底盘测功机以前,调整发动机供油系统及点火系统至最佳工作状态;检查、调整、紧固和润滑传动系统及车轮的连接情况;清洁轮胎,检查轮胎气压是否符合规定;汽车必须运行至正常工作温度。

2. 汽车驱动轮功率的检测方法

1)驱动轮功率检测点的选择

测功试验时,应选择几个有代表性的工况测试汽车驱动轮的输出功率或驱动力,如发动机额定功率所对应的车速(或转速),发动机最大转矩所对应的车速(或转速),汽车常用车速或经济车速,或根据交通管理部门的要求选择检测点。

2)驱动轮功率的检测方法

(1)接通试验台电源,并根据被检车辆驱动轮输出功率的大小,将功率指示表的转换开关置于低挡或高挡位置。

(2)操纵手柄(或按钮),升起举升器的托板。

(3)使被检汽车的驱动轮与滚筒处于垂直状态。操纵手柄,降下举升器托板,直到轮胎与举升器托板完全脱离为止。

(4)用三角木抵住滚筒之外的一对车轮的前方,以防止汽车在检测时从试验台滑出去,将冷却风扇置于被检汽车正前方,并接通电源。

(5)检测发动机额定功率和最大转矩转速下的输出功率或驱动力. 将变速器挂入选定挡位,松开驻车制动器,踩下加速踏板,同时调节测功器制动力矩对滚筒加载,使发动机在节气门全开情况下以额定转速运转。待发动机转速稳定后,读取并打印输出功率(或驱动力)值、车速值。在节气门全开情况下继续对滚筒加载,至发动机转速降至最大转矩转速稳定运转时,读取并打印驱动力(或输出功率)值、车速值。

如需测出驱动车轮在变速器不同挡位下的输出功率或驱动力,则要依次换入每一挡按上述方法进行检测。当发动机发出额定功率时,换入直接挡,可测得驱动车轮的额定输出功率;当发动机发出最大转矩时,换入"1"挡,可测得驱动车轮的最大驱动力。

发动机全负荷选定车速下输出功率或驱动力的检测,是在踩下加速踏板的同时调节测功器制动力矩对滚筒加载,使发动机在节气门全开情况下以选定的车速稳定运转进行的。发动机部分负荷选定车速下输出功率或驱动力的检测与此相同,只不过发动机是在选定的部分负荷下工作的。

3)检测汽车驱动轮功率应注意的事项

(1)超过试验台允许轴荷或轮荷的车辆一律不准上试验台进行检测。

(2)检测过程中,切勿拨弄举升器托板操纵手柄。

(3)车前方严禁站人,以确保检测安全。

(4)检测额定功率和最大转矩相应转速工况下的输出功率时,一定要开启冷却风扇并密切注意各种异响和发动机的冷却液温度。

(5)走合期间的新车和大修车不宜进行底盘测功。

(6)试验台不检测期间,不准在上面停放车辆。

滚筒式底盘测功机,除能检测驱动车轮的输出功率或驱动力外还能检测车速表指示误差,行驶油耗量等。在测得驱动车轮输出功率后,立即踩下离合器踏板,利用试验台对汽车的反拖还可测得传动系统消耗功率。将测得的同一转速下的驱动车轮输出功率与传动系统消耗功率相加,就可求得这一转速下的发动机有效功率。

三、汽车动力性检测分析

汽车的动力性是指汽车在良好路面上直线行驶时,由汽车受到的纵向外力决定的,所能达到的平均行驶速度。汽车是一种高效率的运输工具,其运输效率的高低主要取决于汽车的动力性,该性能是汽车最基本最重要的使用性能之一。动力性越好,汽车就会具有较高的行驶速度,较好的加速能力和爬坡能力。所以评价汽车动力性的指标:汽车的最高车速、汽车的加速时间和汽车的最大爬坡能力。汽车动力性评价指标可通过道路试验测定。

1. 汽车最高车速的检测

汽车最高车速是指汽车满载时在良好的水平路面上行驶所能达到的最大速度。汽车的最高车速越高,其平均行驶速度就越高,运输效率就越高。

对汽车进行最高车速的测定,应满足汽车试验的一般条件,并检查汽车的转向机构、各部紧固件的紧固情况和制动系统的状况,以确保试验的安全。测定时应关闭好车辆的门窗。

1)检测方法

(1)在符合规定的试验道路上,选定中间一段200m为测试路段,并用标杆作好标志。

(2)根据汽车加速性能的好坏,选定充足的加速区段,使汽车在驶入测量路段前能够达到最高的稳定行驶车速。

(3)测试汽车在加速区间以最佳加速状态行驶,在到达测量路段前保持变速器(及分动器)在汽车设计最高车速的相应挡位,加速踏板踩到底,使汽车以最高的稳定车速通过测量路段。

(4)记录汽车以最高车速通过测速路段的时间。

(5)测试往返各进行一次,取其平均值。

2)检测结果处理

根据选定路段距离与通过该路段的时间,按下式计算汽车的最高车速:

$$v_{\max} = \frac{200}{t} \times 3.6 = \frac{720}{t} \quad (4\text{-}2)$$

式中:$v_{\max}$——汽车的最高车速,km/h;

t——汽车各次通过200m路段的平均时间,s。

2. 汽车加速性能的检测

汽车的加速能力对汽车的平均行驶车速有很大的影响。汽车的加速能力通常用加速时间来评价。加速时间又分为原地起步加速时间和超车加速时间两种。汽车原地起步加速时间是汽车由"1"挡或"2"挡起步,以最大的加速度且选择恰当的换挡时刻逐步换至最高挡后,加速到某一预定的距离或车速时所需的时间,小型乘用车通常用从 0km/h 加速到 100km/h 所需时间表示。超车加速时间是汽车用最高挡或次高挡由某一预定的车速全力加速至另一预定的距离或车速时所需的时间,例如计算从 50km/h 加速到 80km/h 所用时间。超车加速试验通常采用直接挡。超车加速能力越好,汽车超车时并行的行程越短,有利于行车安全。

试验时,应满足汽车试验的一般条件,并保证汽车技术状况良好。

1) 超车加速性能的检测

(1) 在符合试验条件的道路上,选取合适长度的路段作为测试路段,在两端设立标记。

(2) 汽车变速器挂入预定的挡位,以稍高于该挡最低稳定车速为初速(例如 50km/h) 作等速行驶。当车速稳定后驶入试验路段,急速将加速踏板踩到底,使汽车加速行驶至预定车速(例如 80km/h),记录所用时间。

(3) 试验往返各进行一次,取其平均值。

2) 原地起步加速性能的检测

(1) 试验路段与超车加速性能试验路段相同。

(2) 汽车停于加速试验路段起点,变速器挂入起步挡位,迅速起步并将加速踏板快速踩到底,使汽车以最大的加速度行驶。当发动机达到最大功率转速时,迅速换挡,换挡后立即将加速踏板踩到底,如此换至最高挡。直至加速到预定车速(例如 100km/h) 或预定距离,记录所用时间。

(3) 试验往返各进行一次,取其平均值。

3. 汽车爬坡能力的检测

汽车爬陡坡能力是指汽车满载,在良好的路面上用"1"挡行驶时所能克服的最大坡度。试验时,应满足汽车试验的一般条件,而且汽车要求有足够的爬坡能力,并保证汽车技术状况良好。载货汽车的 i_{max} 在 30% 左右,越野汽车的 i_{max} 在 60% 左右。

1) 测试方法

(1) 试验坡道的坡度应与试验车的最大爬坡度相接近。坡度长度不小于 25m,坡前应有 8~10m 的平直路段。

(2) 变速器使用最低挡,如有副变速器也置于最低挡,爬坡过程中不得换挡。

(3) 汽车经预热后,停于接近坡道的平直路面上。起步后,加速踏板踩到底,全力爬坡。如第一次爬不上去,可进行第二次,但不得超过 2 次。

(4) 如果坡度不合适(过大或过小),可用增减装载质量或使用变速器较高一挡(如"2"挡) 进行试验。

2) 检测结果处理

将试验结果折算为汽车生产厂额定最大总质量,变速器使用最低挡时的最大爬坡度。通常最大爬坡度用 i_{max} 表示。

$$i_{max} = \tan\alpha_{max} \tag{4-3}$$

$$\alpha_{max} = \sin^{-1}\left(\frac{G_{实} i_1}{Gi_{实}} \cdot \sin\alpha_{实}\right) \tag{4-4}$$

式中: i_{max} ——汽车的最大爬坡度,%;

α_{max}——汽车所能越过的最大坡度,(°);
$\alpha_{实}$——坡道的实际坡度,(°);
G——汽车厂额定最大总质量,kg;
$G_{实}$——试验时汽车实际总质量,kg;
i_1——汽车最低挡总传动比;
$i_{实}$——汽车试验时实际总传动比。

在室内检测汽车动力性时,采用驱动车轮输出功率或驱动力作为诊断参数,需在汽车底盘测功试验台上进行。

汽车驱动轮输出功率的检测通常称为底盘测功,其目的是评价汽车的动力性,同时对驱动轮输出功率与发动机输出功率进行对比,可求出传动效率以评价汽车底盘传动系统的技术状况。

第二节 传动系统的检测诊断与维修

传动系统是汽车底盘的主要组成部分,一般由离合器、变速器、传动轴、主减速器、差速器及半轴等构成。其作用是把发动机输出的动力传递给驱动车轮。

传动系统技术状况的好坏,直接影响到汽车的动力性和燃油经济性;同时,起步能力变坏和超车能力不足,易于造成安全行车隐患;离合器、变速器等主要部件性能的好坏将影响汽车的操纵方便性。因此,汽车的离合器应接合平稳、分离彻底,工作时不得有异响、抖动和不正常打滑等现象;变速器(或分动器)换挡时齿轮离合灵便,互锁和自锁装置有效,变速杆不得与其他部件相干涉,变速器挡位位置的标志明显;传动轴在运转时不得发生振抖和异响,中间轴承和万向节不得有裂纹和松旷现象等。

汽车传动系统的整体性能应经常检测,对传动系统出现的故障应及时诊断排除,确保传动系统具有良好的技术状况。

一、传动系统功率损失和传动效率的检测

发动机发出的功率 P_e 经传动系统传至驱动轮的过程中,若传动系统摩擦阻力消耗的功率为 P_t,则传动系统的传功效率 η_t 为:

$$\eta_t = \frac{P_e - P_t}{P_e} \tag{4-5}$$

由此可知,只要测取 P_e 和 P_t,即可求出传功效率 η_t。通常,送检汽车的发动机功率 P_e 及其传动损失功率 P_t 可在底盘测功机上间接测得。需要指出的是,在底盘测功机上测功时,驱动车轮在滚筒上的滚动会产生功率损失,同时底盘测功机在传递动力时也会产生阻力功率。因此,在计算时应考虑底盘测功机的测试效率。设底盘测功机测试效率为 η_c,驱动轮输出功率为 P_k,汽车传动系统损失功率及底盘测功机测试损失功率为 P_r,则传功效率 η_t 的计算式为:

$$\eta_t = \frac{P_e - P_t}{P_e} = \frac{P_k}{(P_k + P_r)\eta_c} \tag{4-6}$$

底盘测功机正常时,η_c 可取 0.80 ~ 0.85,P_k 由测功机测得,而 P_r 可利用底盘测功机对传功系统进行同转速的反拖试验测出,由此,可求出传动系统的传动效率 η_t。

传动系统传功效率可反映汽车传动系统的总技术状况。其传动效率的正常值见表4-1。若被检汽车传动系统传动效率低于表4-1中的数值，则传动系统技术状况较差，说明消耗于传动系统的功率增加。其损耗的功率主要消耗在各运动件的摩擦和搅油上。

汽车传动系统传动效率　　　　　　　　　　　表4-1

汽车类型		传动效率 η_t
轿车		0.90~0.92
载货汽车和公共汽车	单级主减速器	0.90
	双级主减速器	0.84
4×4越野汽车		0.85
6×4越野汽车		0.80

二、汽车滑行距离的检测

汽车滑行距离是指汽车加速至某一预定车速后换入空挡，利用汽车具有的功能来行驶的距离。汽车滑行距离的长短可反映汽车传动系统阻力的大小，据此可判断汽车传动系统的总体技术状况。汽车传动系统传动效率越高，汽车的滑行距离越长，则表明传动系统总的技术状况良好。滑行距离可用路试法或底盘测功机检测。

1. 用路试法检测滑行距离

滑行距离路试，用汽车五轮仪作为检测仪器。汽车通常以30km/h或50km/h的车速进入良好的水平路面后空挡滑行，同时启动测试仪器，测出汽车滑行距离。为提高检测精度，实测时，一是要确保试验的初始车速为规定车速，二是在试验路段需往返各进行一次滑行距离的检测，取两次检测的算术平均值作为检测结果。

滑行距离的检测标准，与空挡滑行的初始车速、汽车整备质量及汽车的驱动轴数有关，见表4-2。

车辆滑行距离要求　　　　　　　　　　　表4-2

汽车整备质量(kg)	单轴驱动车辆滑行距离(m)	双轴承驱动车辆滑行距离(m)
$m<1000$	≥130	≥104
$1000\leqslant m\leqslant 4000$	≥160	≥120
$4000<m\leqslant 5000$	≥180	≥144
$5000<m\leqslant 8000$	≥230	≥184
$8000<m\leqslant 11000$	≥250	≥200
$m>11000$	≥270	≥214

2. 用底盘测功机检测滑行距离

在惯性式底盘测功机上可以进行滑行距离的检测。检测前汽车应运行至正常工作温度，检测时，汽车驱动轮带动滚筒及其飞轮旋转，当驱动车轮达到预定车速时，空挡滑行，则储存在底盘测功机旋转质量中的功能、驱动轮及传动系统旋转部件的功能释放出来，使汽车驱动轮及传动系统旋转部件继续旋转，直至滑行的驱动轮停转。此时，测功机滚筒滚过的圆周长即为汽车的滑动距离。它可通过底盘测功机的测距装置测出。

底盘测功机测出的滑行距离的精度，在很大程度上取决于底盘测功机旋转部件及汽车驱动轮的旋转功能是否与路试时汽车在相应车速下的功能相一致。因为底盘测功机进行滑行距离检测时,尽管汽车驱动轮驱动滚筒旋转,但整车仍处于静止状态。因此,底盘测功机应具有相应转动惯量的飞轮来模拟行驶汽车的动能。根据行驶汽车的功能与底盘测功机检测时旋转部件功能相等的原则推出的飞轮转动惯量 J 为:

$$J = mv^2 + j_k w_k^2 - j_o w_o^2 - J_n w_n^2 / w^2 \tag{4-7}$$

式中:J——飞轮的转动惯量,kg·m²;

w——飞轮角速度,rad/s;

j_o——滚筒的转动惯量,kg·m²;

w_o——滚筒角速度,rad/s;

J_n——测功器转子的转动惯量,kg·m²;

w_n——转子角速度,rad/s;

j_k——从动车轮的转动惯量,kg·m²;

w_k——车轮的角速度,rad/s;

m——汽车质量,kg;

v——汽车车速,m/s。

当检测不同车型时,可以通过采用不同的飞轮或飞轮组合来改变底盘测功机旋转质量功能,使其符合要求。

当轮胎气压符合标准,传动系统润滑油温度不低于 500℃、底盘测功机飞轮转动惯量与被检车辆相适应时,用底盘测功检测滑行距离,以初速 30km/h 空挡滑行,其滑行距离应满足表 4-2 的要求。

三、离合器打滑的检测

离合器踏板自由行程过小,离合器弹簧弹力减弱或折断,离合器摩擦片粘有油污,离合器压盘与飞轮发生翘曲,离合器摩擦片烧蚀或硬化等都势必导致离合器打滑。离合器打滑将使动力传递受到影响,并使离合器磨损加剧、过热、烧焦甚至损坏。使用离合器频闪测定仪可检测离合器是否打滑。

1.测定仪的结构与工作原理

离合器打滑频闪测定仪主要由透镜、闪光灯、电阻器、电容器、传感器和电源等组成,如图 4-5 所示,电源可采用汽车蓄电池。

该仪器由发动机火花塞的高压电极输入电脉冲信号,火花塞每跳火一次,闪光灯就亮一次,闪光频率与发动机转速成正比。

2.离合器打滑的检测方法

离合器打滑的检测可以在底盘测功试验台上或车速表试验台上进行,无试验台的可支起驱动轮进行。

(1)检测时,在传动轴上作一标记,变速器应挂入直接挡并踩下加速踏板,使车轮原地运转,必要时可给试验台滚筒增加负荷或使用行车制动器,以增加驱动论和传动系

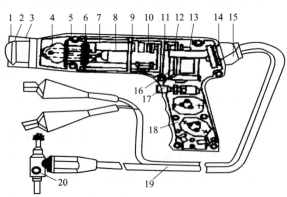

图 4-5 离合器打滑频闪测定仪
1-环;2-透镜;3-框架;4-闪光灯;5-护座;6、9、11、12、18-隔板;7-电阻器;8、10-电容器;13-二极管;14-支持器;15-座套;16-变压器;17-开关;19-导线;20-传感器接头

统的负荷。

(2) 将闪光灯发出的光亮点投射到传动轴的标记处,若离合器不打滑,传动轴上标记点与光亮点同步。

(3) 离合器打滑则传动轴上标记点与光亮点不同步。

离合器打滑时,汽车将出现起步困难、加速缓慢,严重时会散发出焦糊昧等,也可从汽车的这些特征上进行诊断。

3. 离合器故障的判断方法

(1) 踩下离合器踏板、变速器在起步挡位置时起动发动机,车辆如果移动,则故障是离合器分离不彻底。

(2) 拉紧驻车制器操纵手柄、用起步挡起步时,若发动机熄火缓慢或能闻到糊昧,则故障为离合器打滑。

(3) 按正常的操作规程起步时很不平稳,整车出现抖动,则故障为离合器发抖。

(4) 在车辆起步或离合器分离瞬间出现尖叫声,则故障为离合器摩擦表面出现硬化层。

(5) 踩离合器踏板时感觉有沉闷的"咯噔"声,而且离合器踏板的自由行程难以调整,则故障是发动机曲轴窜动(曲轴的轴向间隙过大)。

(6) 刚踩动离合器踏板就有"沙沙"声,则为离合器分离轴承异响。

(7) 起动发动机后,不踩离合器踏板时有异响,踩下离合器踏板后异响消失,故障在变速器。

(8) 起动发动机后,离合器有非常严重的金属摩擦声,且伴随有离合器分离不彻底和打滑现象,说明离合器从动盘方向装错。

(9) 若离合器出现既分离不开又打滑现象,则故障是离合器从动盘与曲轴不同轴引起的。

(10) 如果车辆的加速性能和滑行性能均非常好,但车辆的燃料经济性差,故障一般为离合器有轻微打滑。

(11) 如果踩离合器踏板时有弹性感,且离合器分离不彻底,则故障为液压系统有空气。

(12) 如果离合器踏板一次就可踩到底,说明液压主缸内泄漏严重。

四、传动系统游动角度的检测

汽车传动系统游动角度的检测使用游动角度检测仪进行,常用的游动角度检测仪有指针式和数字式两种。

1. 使用指针式游动角度检测仪检测

1) 检测仪的结构与工作原理

指针式游动角度检测仪是由指针、刻度盘、测量扳手等组成。在测量过程中,指针固定在驱动桥主动轴上,刻度盘固定在主减速器壳上,如图4-6a)所示。测量扳手一端带有U形卡嘴,以便卡在十字万向节上。为了适应多种车型,卡嘴上带有可更换的钳口。测量扳手另一端有指针和刻度盘,可指示转动扳手的力矩值,如图4-6b)所示。

检测传动系统游动角时,将检测扳手在万向节上,用不小于30N·m的力矩转动,使之从一个极端位置转到另一个极端位置,刻度盘上指针转过的角度即为所测游动角度值。

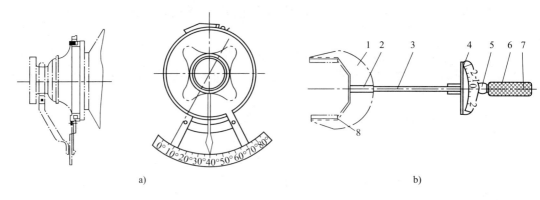

图 4-6 指针式游动角度检测仪
a) 指针与刻度盘的安装；b) 测量扳手
1—卡嘴；2—指针座；3—指针；4—刻度盘；5—手柄；6—手柄套筒；7—定位销；8—可换钳口

2) 游动角度的检测方法

(1) 检测驱动桥的游动角度。变速器变速杆置于空挡，松开驻车制动器，驱动轮制动，将测量扳手卡在驱动桥主动轴万节的从叉上，即可测得驱动桥的游动角度。

(2) 检测万向传动装置的游动角度。与测驱动桥游动角度的方法基本相同，只是扳手卡在变速器后端万向节的主动叉上。此时获得的游动角度减去驱动桥的游动角度，即为万向传动装置的游动角度。

(3) 检测离合器和变速器的游动角度。放松制动踏板，离合器处于接合状态，视必要可支起驱动桥。测量扳手仍卡在变速器后端万向节的主动叉上，依次换入各挡，即可获得不同挡位下从离合器到变速器的游动角度。

对上述三段游动角度求和，即可获得整个传动系统的游动角度。

2. 使用数字式游动角度检测仪检测

1) 检测仪的结构与工作原理

数字式游动角度检测仪的检测范围为 0°～30°，使用的电源为直流 12V，检测仪由倾角传感器和测量仪两部分组成，两者以电缆相连。

(1) 倾角传感器。倾角传感器的作用是将其外壳随传动轴游动之倾斜角转换为相应频率的电振荡。传感器外壳是一个长方形的壳体，其上部开有 V 形缺口，并配有卡扣的尼龙带，因而可方便地固定在传动轴上。传感器壳内的装置如图 4-7 所示。图中弧形线圈固定在外壳中的夹板上，弧形铁氧体磁棒通过摆杆和心轴支撑在夹板的两轴承上，因此可绕心轴轴线摆动。在重力作用下，摆杆与重力方向始终保持某一夹角 α_0。当传感器外壳倾斜角度不同时，弧形线圈内弧形磁棒的长度也随之不同，产生的电感量也不同，因而也就改变了电路的振

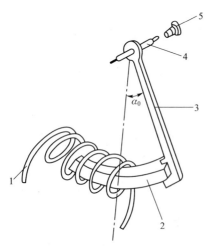

图 4-7 倾角传感器结构示意图
1—弧形线圈；2—弧形铁氧体磁棒；3—摆杆；4—心轴；5—轴承

荡频率。可见，传感器实际上是一个倾角—频率转换器。为使传感器摆动后能迅速处于平

衡状态,传感器外壳内装有变压器油。

(2) 测量仪。测量仪是一台专用的数字式频率计,由于采用了与传感器特性相适应的门时和初始置数的措施,因而能直接显示传感器的倾角。

仪器采用 PMOS 数字集成电路。由传感器送来的振荡信号经计数门进入主计数器,在置成的补数基础上累计脉冲数。计数结束后,在锁存器接收脉冲作用下,将主计数器的结果送入寄存器,并由萤光数码管将结果显示出来,将游动范围内两个极端位置的倾角读出,其差值即为游动角度。

2) 游动角度的检测方法

将测量仪接好电源,用电缆把测量仪和传感器连接好,先按仪器使用说明书的要求对仪器进行自校,再将转换开关扳到"测量"位置上,即可进行实测。在汽车传动系统中,最便于固定倾角传感器的部位是传动轴。因此,在整个检测过程中,该传感器一直固定在传动轴上。

(1) 万向传动装置的游动角度检测。把传动轴置于驱动桥游动范围的中间位置或将驱动桥支起,拉紧驻车制动器操纵手柄。左、右旋转传动轴至极端位置,测量仪便直接显示出固定在传动轴上的传感器倾斜角度,将两个极端位置的倾斜角度记下,其差值即为万向传动装置的游动角度。此角度不包括传动轴与驱动桥之间的万向节的游动角度。

(2) 离合器与变速器各挡的游动角度检测。放松驻车制动器变速手柄,将变速杆挂入选定挡位,离合器处于接合状态,传动轴置于驱动桥游动范围中间位置或将驱动桥支起。左、右旋转传动轴至极端位置,测量仪便显示出传感器的倾斜角度。求出两极端位置倾斜角度的差值,便可得到游动角度值。该游动角度减去已测得的万向传动装置的游动角度,即为离合器与变速器在该挡位下的游动角度。按同样方法,依次挂入各挡位,便可测得离合器与变速器各挡位的游动角度。

(3) 驱动桥的游动角度检测。变速器变速杆置于空挡位置,松开驻车制动器操纵手柄,踩下制动踏板将驱动轮制动。左、右旋转传动轴至极端位置,即可测得驱动桥的游动角度。该角度包括传动轴与驱动桥之间万向节的游动角度。

对于多桥驱动的汽车,分别将传感器固定在变速器与分动器之间的传动轴、前桥传动轴、中桥传动轴和后桥传动轴上,可以检测每段传动轴的游动角度。

在测量仪上读取数值时应注意,显示的角度值在 0°~30°内有效,出现大于 30°的情况,可将固定在传动轴上的传感器适当转过一定角度。若其中一极限位置为 0°,另一极限位置超过 30°,说明该段游动角度已大于 30°,超出了仪器的测量范围。

3. 诊断参数标准

目前我国尚无游动角度的诊断参数标准,根据国外资料,中型载货汽车传动系统游动角度及各分段游动角度应不大于表 4-3 所列数据(仅供诊断时参考)。

游动角参考数据　　　　表 4-3

部　位	游动角度(°)	部　位	游动角度(°)
离合器与变速器	≤5~15	驱动桥	≤55~65
万向传动装置	≤5~6	传动系统	≤65~85

五、振动声学法诊断传动系统故障

传动系统有故障，如传动轴弯曲或扭曲，轴承磨损间隙增大，齿轮啮合不良及齿轮其他故障等，将会引起零件的振动和发出各种异常响声。研究表明，每种故障引起的振动都有其特征频率，由于故障程度有差异，因此任何一种故障的特征频率都在某一频率范围。利用振动声学方法诊断可以得到准确的结论。

振动声学方法诊断的本质是：当配合副因磨损间隙过大而继续工作时，零件间就会产生碰撞（如啮合齿轮因轮齿侧向间隙过大产生的碰撞、滚动轴承因间隙过大滚动体与轴承架间产生的碰撞等）。在冲击时，传动系统零件产生的声学信号是衰减振动形式，即：

$$S(t) = \alpha e^{\delta t}\sin\omega_0 t \tag{4-8}$$

式中：α——信号振幅，由冲击强度决定，mm；

δ——衰减系数，表示振动能量扩散的速度特征；

ω_0——零件的固有频率，Hz。

参数的 ω_0 和 δ 是传动系统零件所固有的，不取决于技术状态。振幅 α 值与运动副的状况有关，并由其工作状态决定，因此振幅可以作为诊断参数。因传动系统工作时，有连续不断的碰撞发生，因此信号的振幅应由机构在高速工作时产生的、连续不断的强迫振动频率为 f_B 的衰减振动的脉冲总和来决定。

该诊断方法需借助于异响测听仪、频谱分析仪来检测传动系统状况，探查故障所在。

第三节　自动变速器的检测诊断与维修

汽车自动变速器能自动变换传动比，调节或变换发动机的动力输出特性，较好地适应外界负载与道路条件的需要。自动变速器（AT）的种类很多，按变速形式可分为有级变速器和无级变速器，无级变速器又可分为液力变矩式自动变速器、机械式自动变速器以及"电动轮"无级变速；按变速系统的控制方式可分为液控液动自动变速器、电控机械式自动变速器（AMT）、电控液动自动变速器（ECT）、无级自动变速器（CVT）等。

目前广泛使用的液力自动变速器通常由液力变矩器、行星齿轮机构以及液力控制系统组成，如图4-8所示。电子控制液力自动变速器由 ECU、液力变矩器、行星齿轮变速系统、换挡执行机构、液力自动操纵系统组成。

一、自动变速器的检测

自动变速器的检测一般可分为修前检测和修后检测。修前检测是为了判断故障并确定修理部位，通常在车上进行，是自动变速器故障诊断的基础。修后检测是为了检查修后质量是否达到技术性能指标而进行的检测，一般在专用台架上进行。

自动变速器的检测内容可分为基础检查、失速试验、挡位试验、液压试验和道路试验等。

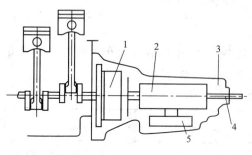

图4-8　自动变速器的基本组成
1-液力变矩器；2-行星齿轮机构；3-壳体；4-输出轴；5-液力控制装置

1. 基础检查

自动变速器的一般故障都是由于使用、维护和修理不当所造成的。最常见的原因主要有油位不当、油质不佳、操纵机构调节不当以及发动机怠速不正常。通常把这些部件的检查与重新调整称为自动变速器的基础检查。通过基础检查,可以大致判断出故障的技术状况,为进一步故障诊断提供有用的信息。

进行基础检查时,汽车发动机必须工作正常、底盘性能良好,特别是制动性能良好,否则有可能将发动机的加速不良、车轮制动器的拖滞或其他的一些问题误认为是变速器的故障。

1)发动机的怠速检查

发动机怠速应符合厂家规定,怠速过高或过低,均可能导致自动变速器工作不正常,都应予以调整。在进行怠速检查时,发动机应处于正常工作状态,发动机温度达到正常工作温度以后,自动变速器置于空挡开始进行检查。当怠速过低时,换挡手柄从"N"位换至"R""D""2""1"位时,会引起车身振动,严重时可能导致发动机熄火;而怠速过高时,则会产生过渡挡冲击,会引发异常的车辆蠕动。

2)节气门全开的检查

节气门的开度直接影响发动机输出功率。当加速踏板踩到底时,节气门应全开,否则会引起发动机加速不良、全负荷时发动机功率不足或汽车最高车速下降等现象。松开加速踏板,节气门应回到怠速位置。

3)节气门阀拉索的检查

节气门阀拉索连接于气节门阀与发动机节气门,通过节气门阀的位移量变化,将发动机节气门开度信号转换成节气门的油压信号。如果拉索调整过松,节气门阀控制的液压会低于正常值,引起换挡点过低而导致功率消耗过大;如果拉索调整过紧,则会使节气门阀控制的液压过高,引起换挡点过高,从而导致换挡冲击。检查的方法主要有目视检查法、手感试验法、记号检查法、断开连接检查等。

4)空挡启动开关的检查

检查时,点火开关置于 ON,将换挡手柄拨至各个挡位,观察挡位位置指示灯与换挡位置是否一致。将换挡手柄依次置于各个挡位,观察自动变速器换挡手柄处于"N"或者"P"位时发动机能否起动,换挡手柄处于"R"位时,倒车灯是否亮起。

在正常情况下,挡位位置指示灯应与换挡手柄位置一致,换挡手柄只有在处于"N"或者"P"位时,发动机才能起动,而其他位置都不能起动。换挡手柄处于"R"位时,倒车灯应亮起。检查时如果不符合上述要求,应予以调整。

5)超速挡控制开关检查

检查的目的主要是确认自动变速器超速挡是否正常。检查时,自动变速器油液温度应处于正常状态(70~80℃),然后发动机熄火,打开点火开关,按动超速挡(O/D)控制开关,查听位于变速器内的响应电磁阀有无动作发出的"咔嗒"声。如果有,则说明被检查的自动变速器的超速挡电控系统工作正常。

6)强制降挡开关检查

一般的强制降挡开关都安装在加速踏板下面的底板或者加速踏板杠杆上端的支架上。先检查强制降挡开关是否良好固定在地板或者支架上,导线连接是否良好,然后用万用表对线路的电阻和电压进行测量,开关的电阻值在正常情况下只有小阻值(3~10Ω)和大阻值

(30Ω以上)两种状态。开关接通与断开时,电压值应有明显的改变。

7)自动变速器油面高度检查

油面的高低对自动变速器的性能影响很大。油面过低,变速器油泵吸入空气,使空气混入到自动变速器油里,会降低被压控制装置的压力,从而导致变速器中的离合器和制动器容易打滑,使加速性能变坏;油面过低还会导致自动变速器油的氧化加速、品质降低,影响变速器内齿轮的润滑。油面过高,容易造成自动变速器异常发热,使油质变差,导致润滑不良,从而加速变速器内齿轮的磨损。过多的变速器润滑油容易引起控制阀体上排油孔的阻塞而造成排油不畅,影响离合器、制动器的平顺分离,使换挡不稳定。另外油面过高,当车速很高时,自动变速器内部压力将会很高,使变速器油容易泄漏。

自动变速器油面高度一般是通过油位尺或其上的溢油孔进行检查。油位尺有双刻度线式、三刻度线式和四刻度线式。

双刻度线式在检查时应保证自动变速器的油温在50~90℃,然后将车辆放置在平坦的地面上,分别将换挡手柄置于各个挡位片刻,在"N"或者"P"位怠速运转1min后,用油位尺进行检查,此时的油位应处于两刻度线之间。

对于三刻度的油位尺,中间刻度线与上下两条刻度线组成两个区域,有些油位尺上在此两区域内还标注有"COOL"和"HOT"的字样。这种油位尺在检查时下刻度区域("COOL"区域)表示自动变速器的油温处于冷态(50℃以下)时,油面高度应处的范围;上刻度区域("HOT"区域)表示自动变速器的油温处于热态(90℃左右)时,油面高度应处的范围。

对于四刻度油位尺,则将油位尺分为3个刻度区域,最下面为冷态区,中间为正常油温区,最上面为热态区。

在油面高度检查时,油面应处在规定的刻度范围内,过高时应将多余的油液放掉,过低时应添加适当油液。

8)自动变速器油品质的检查

变速器油质变差将会使自动变速器不能正常工作或者导致变速器损坏。自动变速器油液的状况是自动变速器工作状态的集中反映,因而可根据自动变速器油品质的变化情况,判断自动变速器是否有故障。

(1)当自动变速器油液有黑色金属屑或者黑色颗粒时,说明变速器齿轮、离合器或者制动器有严重磨损。

(2)当自动变速器油有烧焦味时,说明自动变速器工作时油液的工作温度过高,应检查油面是否过高或过低,自动变速器油冷却器、滤清器或者管路是否堵塞,自动变速器离合器及制动器是否打滑。

(3)当自动变速器油变为深褐色、棕色时,说明自动变速器部件高负荷运转,或者某些部件打滑、损坏,引起变速器过热;或说明自动变速器油使用时间过长。

上述三种情况均表明自动变速器的油质恶化,应及时更换。自动变速器壳内有少量金属颗粒或者摩擦材料属正常现象,但金属颗粒过多,油液烧焦较为严重时,则说明自动变速器技术状况恶化,应更换自动变速器总成。

在检查自动变速器油面的同时,可以检查其油品质,先观察油位尺带出油滴的颜色,再闻一下油液的气味,然后用手指捻一下油液,则可根据油液的颜色及其污染程度判断自动变速器油液的品质。当油液透明、呈粉红色且不含杂质或者颗粒物时,油质正常。

2. 失速试验

失速试验是为了检测发动机处于失速工作状况下所能达到的最高转速,即失速转速。失速工作状况是指把换挡手柄置于"D"或者"R"位时,踩住制动踏板并完全踩下加速踏板时发动机运转所处的工作状况。很显然,在失速工作状况下,自动变速器的输出轴转速为零,而变矩器及泵轮随发动机飞轮一起转动,因此发动机处于最大转矩工作状况。

失速试验主要是检查发动机的输出功率、变矩器的性能、自动变速器的离合器及制动器是否打滑,根据失速转速来诊断发动机的整体性能和自动变速器的综合性能。

不同车型的自动变速器都有其失速转速的标准值。若失速转速与标准值相符合,说明自动变速器的油泵、主油路油压及各个换挡执行元件工作基本正常。

如果"D"或者"R"位的失速转速相同,均低于规定值时,则有可能是发动机功率不足,或者变矩器导轮单向离合器工作不良。如果转速低于600r/min,则变矩器可能已经损坏。

如果"D"或者"R"位的失速转速高于规定值时,则有可能是主油路压力过低、油质过差、离合器打滑、超速挡单向离合器工作不良。

如果"D"位的失速转速高于规定值时,则有可能是主油路压力过低、前进挡离合器打滑、单向离合器工作不良或者制动器打滑。

如果"R"位的失速转速高于规定值时,则有可能是主油路压力过低、直接挡离合器打滑、倒挡制动器打滑。

3. 挡位试验

挡位试验即为检查自动变速器各个挡位的工作情况是否良好,包括手动选挡试验、挡位接合时滞试验、前进挡换挡试验、手动换挡试验等。

1) 手动选挡试验与挡位接合时滞试验

手动选挡试验主要是检查按正常驾驶时用换挡手柄的操纵方法操纵,在用手移动换挡手柄到正确的挡位后有明显的到位锁定感。

挡位接合时滞试验主要是检测从选挡到执行动作命令发出后,到变速器内部执行机构活塞动作这一过程所需的时间。为防止安全事故发生,此试验要在汽车的驻车制动和行车制动正常的情况下进行。

变速器油温正常后,将汽车停放在平地上,拉紧驻车制动器操纵杆,在"N"挡时起动发动机,踩住制动踏板,将换挡手柄推入到"R"或"D"挡的瞬间用秒表开始计时,直至感到有振动时按下秒表终止计时,然后将换挡手柄置于"N"位,放松制动踏板。反复进行几次后取平均值作为测量结果。一般车辆自动变速器的时滞,"N"位至"D"位应小于1.2s,"N"位至"R"位应小于1.5s。

2) 前进挡换挡试验

前进挡换挡试验主要是检查变速器内自动换挡功能是否正常。试验可采用空负荷试验或负荷试验进行。

3) 手动换挡试验

手动换挡试验是将自动变速器的自动换挡功能去掉,变成手动换挡,主要是用来区分是变速器液压系统与机械系统的故障,还是电控部分的故障。操作时断开换挡电磁阀线束插头,使电磁阀失去控制功用,此时变速器各前进挡位便固定于某一挡不发生变化。

4. 液压试验

液压试验是在自动变速器运转时,对被压控制系统油路中的压力进行测量,来判断液压控制系统是否工作正常的一种试验,为分析自动变速器的故障提供依据,以便于有针对性地进行修复。

在液压试验中,通过测量液压压力判断自动变速器各种泵、阀的技术状况、密封性能以及节气门阀拉索的调整情况。

液压试验的方法因其试验内容及自动变速器型号的不同而略有差异。其试验内容多为测量主油路油压、速控阀油压、节气门阀油压、"R"位制动器油压及各挡离合器油压。标准的油路压力是自动变速器正常工作的先决条件。油压过高,会使自动变速器出现严重的换挡冲击,甚至毁坏控制系统;油压过低,会造成换挡执行元件打滑,加剧其磨损。不同的车型有不同的规定油压,通常以厂家提供的数据为标准。将测量的压力与相应的标准值进行比较,若油路压力不正常,说明其油泵、阀或者控制系统有故障。

5. 道路试验

道路试验是驾驶汽车在道路上行驶,让故障重现,由此判断汽车的技术状况。道路试验是分析诊断自动变速器故障的最有效手段之一。道路试验的目的是为了检查自动变速器的换挡点、换挡冲击、振动、噪声和打滑等方面的情况。检查修复后的自动变速器的工作性能和修理质量也需要进行道路试验。

道路试验的主要内容和步骤如下。

1)"D"位试验

把换挡手柄置于"D"位(检查四速自动变速器时应打开 O/D 开关),让加速踏板保持在节气门全开的位置进行检查。注意:若是电控自动变速器,要在行驶模式选择开关位于不同位置的情况下,各进行一次完整的"D"位试验。

(1)检查升挡点,观察升挡点速度是否与自动换挡规律相吻合(可以参考由厂家提供的自动换挡规律表)。

(2)检查升挡品质,观察升挡过程中是否有振动或者打滑现象。

(3)检查超速开关,关闭超速开关,观察汽车是否还能升至超速挡。

(4)检查变速器在最高挡或者次高挡行驶时是否会出现不正常的噪声或振动。

(5)检查降挡点,观察降挡点速度是否与自动换挡规律相吻合。

(6)检查降挡品质。

(7)检查锁止系统,当汽车以"D"位最高挡在一定车速下稳定行驶时,如果节气门开度的变化幅度较小,发动机转速不应有很大的变化,否则说明锁止系统工作不正常。

2)"2"位试验

将换挡手柄置于"2"位,使节气门保持在全开的位置(电控自动变速器可任选一种行驶模式)。

(1)检查有无升挡或升挡点速度,此时自动变速器只能升至某一挡位,且升挡点应满足自动换挡规律。

(2)检查有无发动机制动效果。

(3)检查加速、减速过程中是否有异常噪声。

(4)检查换挡过程中是否有振动。

3)"1"位试验

将换挡手柄置于"1"位：
(1)检查在"1"位时能够升挡,自动变速器应被锁止在此位,无法升入高挡。
(2)检查有无发动机制动效果。
4)"R"位试验
检查当换挡手柄置于"R"位时是否出现打滑现象。
注意：以上四项试验均应在水平路面上进行。
5)"P"位试验
将汽车停在不小于5°的坡道上,将换挡手柄置于"P"位。放松制动手柄,检查停车锁止机构是否能可靠工作。在试验过程中要注意防止汽车的滑移,试验汽车周围不能站人。
通过以上试验,自动变速器的工作情况得到了较为全面的检查。

二、自动变速器的故障诊断与维修

1. 自动变速器的故障诊断原则及维修注意事项
1)故障诊断的原则
自动变速器在长期工作以后免不了会出现故障,出了故障就需要排除。但自动变速器是一个比较复杂的系统,在进行故障诊断和维修时,应遵循一些必要的原则,快速、准确地将故障排除。
(1)应首先了解故障发生的过程：通过对汽车的使用情况、维修情况以及故障的表面特征(如故障在何种温度出现、出现的频率、与负荷有无关系等)进行了解,以做到心中有数。
(2)应分清故障引起的部位,区别故障的性质：发动机、ECU、汽车底盘或变速器本身都会影响变速性能,尤其是发动机调整不当导致加速不良、制动不复位等现象都容易被误诊为自动变速器的故障。因此,在进行检查之前,首先必须确定故障发生的部位、故障的性质,是维修方面的还是需要拆卸彻底修理的。
(3)坚持先简后难、逐步深入的原则：按故障的难易程度首先从最简单的开始,如开关、拉索、自动变速器油的状况等,从那些最易接近的部位、易于忽视的部位和影响因素开始,最后深入到实质性的故障。必须在拆检后才能确诊的故障应是故障诊断的最后程序。
2)故障维修注意事项
检修自动变速器必须注意以下事项：
(1)根据检修程序进行检查,确认发生故障的部位,以免出现误诊。
(2)一定要按照给定的部位升举或者支撑汽车,如果只需要顶起汽车的前(后)端,必须用三角木塞住车轮。
(3)拆卸变速器前应对其外部进行彻底清洗,防止拆卸时污染内部零件,因为很小的异物都会造成液压系统的油路堵塞等新故障。
(4)在拆卸过程中最好使用专用工具。
(5)需要同时拆卸多个总成时应分组进行,将每个总成的零件集中在一起,不同总成分开放置。这样有利于区别外形相似的零件,以免安装时造成混淆。
(6)拆卸单个总成时,要将各零件按原顺序放好,小零件可以用凡士林粘在相应的位置上,以便于安装。拆卸阀体总成时,最好将弹簧及其相应的阀门放在一起。

(7)用同型号的变速器油或煤油将所有零件清洗干净,液压回路和油孔要用压缩空气吹通。清洗后,用风干的方法使其干燥。不允许用抹布擦干,以免纤维损伤零件,影响工作性能。

(8)一次性使用的零件,如开口销、密封元件等,每次修理时都要更换。

(9)更换磨损的衬套时,必须更换带有该衬套的零件总成。

(10)总装前仔细检查各个零件和总成,发现损坏零件应立即更换。若发现总成损坏,应进行分解维修。

(11)更换新离合器和制动器时,在装配前必须将其放入变速器油中浸泡15min以上。

(12)所有密封圈、离合器摩擦副元件、旋转元件和滑动表面,在装配时都要涂抹变速器油。

(13)所有滚针轴承与座圈轨道都应保证正确的位置和安装方向。

(14)密封件上不能使用密封胶。

(15)确认卡簧两端没有对准任何切口后再将其装入定位槽。

(16)重要的螺纹连接件应使用定力矩扳手以标准力矩拧紧。

(17)拆卸电子元件时,应先取下蓄电池负极接线。

(18)更换熔断丝时,新熔断丝的电流强度必须与原熔断丝一致。

(19)检查电子元件时,必须选择量程合适的数字式万用表,以免损坏元件。

整个检修过程必须按照上述要求进行,以确保检修的顺利完成和工作过程的安全性。

2. 自动变速器电控系统的故障诊断

如果手动换挡试验表明自动变速器的机械系统工作正常,可以判断故障存在于电子控制系统。

电子控制系统的ECU接收到错误信号,其自诊断系统能够判断出该信号的异常,并能找出发生故障的部位。随后,错误信息被储存在ECU,只要采用适当的方法,就可以获取这些是信息,即故障码。掌握了故障码,就能迅速确定可能发生故障的部件。电子控制系统故障大多出现在传感器、电磁阀或电子回路的连接处,以及在工作过程中位置发生变动的地方。检查时首先要注意这些部位是否有松脱、弯曲,运动是否灵活。电子控制单元发生故障的可能性往往比较小。

特别需要注意的是,只能使用厂家推荐的方法进行电子控制系统的检修。由于电控系统大部分元件允许通过的电流量只有几毫安,因此许多试验仪器的大电流强度会损坏电子元件,绝对不能使用。检查电子控制系统常用的仪器有带发光二极管的专用故障检查灯、电阻表和电压表(或万用表)。这种故障检查灯具有较高的阻抗值,对电控系统绝对安全。电阻表和电压表有数字显示型和模拟型两种类型。其中,数字显示型仪表内阻较高,更适合检查电子线路。选择仪表时,应选择量程比预计值大的仪表,保证仪表和电子元件都不被损坏。

1)自动变速器故障自诊断测试

电控自动变速器都具有自诊断功能,若自动变速器在进行初步检修后仍存在故障,可通过自诊断系统进行检测。不同公司生产的不同车型,其故障自诊断测试方法也不尽相同。有些车辆是用仪表板上的指示灯闪烁情况显示故障码,如丰田车系是以仪表板上的"O/D OFF"(或"POWER")指示灯闪烁表示;本田车系用仪表板上的"S"故障指示灯与自动变速器控制单元上的"LED"灯结合显示故障码;奥迪车用"LED"灯跨接于诊断插座进行闪烁显示故障码。一些车辆则用专门的扫描仪或者故障阅读器进行诊断,如上海别克轿车指定的扫描仪为 TECH2,一汽捷达王轿车使用的是 V.A.G1551 故障阅读器。

2)电控系统元件的故障诊断

(1)传感器故障诊断。自动变速器 ECU 是依赖传感器提供的信号进行控制的,而一旦传感器损坏或工作不正常,则变速器电控系统将会工作失常,出现故障。因此传感器故障是电控系统故障诊断的重要一环。

①车速传感器。车速传感器损坏或有故障时,可能使自动变速器只能以一个挡位行驶,不能升挡;或有时能升挡有时不能升挡,严重时出现频繁跳挡。

其损坏的形式和原因主要是:由于外界的碰撞及挤压、自然老化等,造成传感器线圈短路、断路或接触不良;维修时受伤、异物撞击使传感器轮齿缺损;由于固定螺栓松动或者轮齿摇摆等传感器的磁性与轮齿齿顶间隙发生变化。

检查时首先目测有无受伤变形等,然后用万用表测量传感器线圈的电阻是否正常。其电阻标准值因车型不同而不同,一般在几百欧姆到几千欧姆。

②气门位置传感器。节气门位置传感器多为滑片电阻式电位计,其输出的信息取决于节气门的开度。当节气门关闭时,它传送给 ECU 很少的电压,当节气门逐渐打开时,其输出电压逐渐增加。节气门位置传感器常见的故障是:内部接触不良、信号线路有断路或者短路故障。故障诊断时,可使用指针式万用表,因为传感器电阻或电压随节气门位置的变化通过指针反应非常明显。节气门位置传感器有三线式和四线式两种,但故障诊断的方法基本相似,下面以三线式节气门位置传感器为例(图 4-9),说明其故障诊断的常规步骤。

a.检查节气门位置传感器。将点火开关置于"OFF"位置,拔开节气门位置传感器插头,使用万用表的电阻挡在 B、C 两端测量传感器电阻,并观察从缓缓踩下加速踏板直到踩到底时传感器电阻的变化,以及仪表指针的波动情况。检查时轻轻拍一下传感器,若指针波动过大,说明传感器有故障。

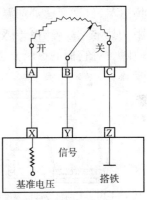

图 4-9 节气门位置传感器

各种节气门位置传感器都有其标准的电阻值。其电阻标准值因车型不同而有所差异,通常在汽车维修手册中可以查到。检测时,如果电阻为∞,说明节气门位置传感器内部断路,宜将其更换。如果电阻值不正常,或者加速踏板在缓缓踩下过程中,电阻值忽大忽小不连续变化,则说明传感器内部接触不良,应将其更换;若传感器电阻的测量值及其与节气门开度的变化规律符合其维修标准,说明节气门位置传感器本身没有故障,此时可进行下一步诊断。

b.检查节气门位置传感器电源。将点火开关置于"ON"位置,用万用表的电压挡测量三孔插座的 X、Z 端子之间的电压。其标准电压可根据车型从维修手册中查到。

若测出的电压值为规定的数值,说明符合要求;若无电压或者不正常,则故障可能在节气门位置传感器线路或者自动变速器 ECU,可进行下一步诊断。

c.检查节气门位置传感器线路。将点火开关置于"OFF"位置,拔开自动变速器 ECU 插接器,再将点火开关置于"ON"位置,测量 ECU 节气门位置传感器基准电压输出端子 X 的搭铁电压,其基准电压应符合原车的标准。

若测得的电压为零或者不正常,应检查 ECU 电源;若 ECU 电源正常,则故障在自动变速器 ECU;若测得的电压在标准范围内,则说明故障在节气门位置传感器至自动变速器

ECU之间的线路，此时可用万用表对该段线路的断路或短路故障进行确诊。

③变速器输入轴、输出轴转速传感器。自动变速器的转速传感器多为磁电式传感器。其常见故障是：传感器感应线圈短路或者断路；传感器信号线短路或者断路。自动变速器输入轴和输出轴转速传感器检测信号的原理基本相同，其结构和参数因车型的不同而略有差异，但对其故障的诊断方法却基本相同，下面以输出轴转速传感器为例说明其常规诊断步骤。

a. 检查传感器的动态信号。将汽车驱动桥用举升装置举起，在自动变速器ECU相应传感器信号端子之间接上电压表，使发动机运转后，将换挡手柄置于"D"位。若电压表指针摆动，其电压在0.5V以上（电压随车速提高而增加），说明传感器有输出脉冲，其工作正常；若无电压或信号太弱，则进行下一步诊断。

b. 检查转速传感器。将点火开关置于"OFF"位置，拔出转速传感器的两芯插头，然后用万用表电阻挡测量传感器两端子之间的电阻。传感器电阻的标准值通常因车型不同，从几百欧姆到几千欧姆。其标准值可通过维修手册获得。

若测出的电阻为0，说明传感器有短路故障；若电阻为∞，说明存在断路故障。只要阻值不符合标准，都应更换传感器。若测量值符合标准，则说明传感器本身没有故障。

转速传感器还有多种形式，通常可根据其工作原理来确定诊断方法。对于弹簧式转速传感器，可用万用表电阻挡测量传感器工作时簧片触点的开关情况进行故障诊断，从而检查传感器工作是否正常。

④温度传感器。向自动变速器ECU发送温度信号的温度传感器（如发动机冷却液温度传感器、自动变速器油温传感器）工作原理相同，它们的敏感元件均是负温度系数的热敏电阻。其常见故障有：传感器内部断路故障、电阻特性不良故障、传感器信号电路短路或断路故障。对它们的诊断方法基本相同，下面以发动机冷却液温度传感器为例，说明其常规诊断步骤。

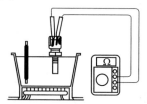

图4-10 发动机冷却液温度传感器故障诊断

a. 检查温度传感器。将点火开关置于"OFF"位置，拔出发动机冷却液温度传感器的两芯插头，拆下发动机冷却液温度传感器，再按图4-10所示的方法置于加满水的容器中，然后将水加热，并测量在不同温度下传感器两接线端之间的电阻，最后将测量的电阻值与标准值进行比较。

若测出的电阻随温度的变化不符合标准，则说明发动机冷却液温度传感器有故障；若测量值符合标准温度，则传感器正常，故障可能在传感器线路或者ECU，可进行下一步诊断。

b. 检查传感器线路。将点火开关置于"ON"位置，测量发动机冷却液温度传感器插头电源两端子电压，所测值应符合要求。

若无电压或者电压过低，则应检查传感器与ECU之间的线路。

（2）控制电磁阀故障诊断。自动变速器ECU是通过各种控制电磁阀的通、断电，使其产生动作改变液压系统中的控制油路或控制压力的。因而控制电磁阀产生故障时，其自动变速器不能正常工作。导致控制电磁阀不能正常工作的原因主要是：电磁阀线圈断路或者短路、电磁阀阀芯卡滞、电磁阀电源或者控制信号异常。自动变速器控制电磁阀的类型有脉冲式（如压力调节电磁阀）和开关式（如换挡电磁阀）两种。尽管它们的工作方式不同，但对其故障的诊断方法基本相似，下面以开关式电磁阀为例说明其常规诊断步骤。

①检查电磁阀的电阻。将点火开关置于"OFF"位置,拔开电磁阀插头,测量电磁阀的电阻。其电阻标准值因车型不同而不同,一般是 10~40Ω,具体标准值通常可以在维修手册中获得。

若电阻值不正常,说明电磁阀存在短路或者断路故障;若电阻值符合标准,则进行下一步诊断。

②检查电磁阀的动作。将蓄电池电源串联一个 20A 的熔断丝,并按照规定的极性将电磁阀的两端子与蓄电池的正负极作通电和断电测试,注意是否听到"咔嗒"声。

若无声音,则表示电磁阀不能动作,原因是阀芯卡滞或者损坏,存在机械故障;若有"咔嗒"声,动作灵敏,则表示电磁阀的机械性能正常,其电磁阀本身无机电故障,可进行下一步诊断。

(3)检查电磁阀插头电源。将点火开关置于"ON"位置,测量换挡电磁阀插头电源端子的搭铁电压,其标准电压应为蓄电池电压。

若电压符合要求,则故障可能是 ECU 或者电磁阀的控制信号不正常;若无电压或者电压很低,则进行下一步诊断。

(4)检查电磁阀线路。将点火开关置于"OFF"位置,拔开自动变速器 ECU 的插接器,再将点火开关置于"ON"位置,测量 ECU 用来控制其电磁阀端子的搭铁电压,应为蓄电池电压。

若电压无或者很低,则应检查 ECU 电源;若 ECU 电源正常,则需更换 ECU 后重试;若电压正常,则电磁阀至 ECU 之间的线路存在断路或短路故障。

(5)路试检查。当上述诊断正常或者故障排除后,可进行路试检查。有的电磁阀在节气门开度小的时候工作很好,但当压力增加后会渗漏。路试中,自动变速器若在节气门开度小的时候换挡优良,而在重载或者节气门全开时换挡粗暴,则电磁阀可能存在渗漏故障。

注意:脉冲式电磁阀由于其线圈电阻较小(为 1~6Ω),因而在进行电磁阀的动作检查时,应将蓄电池电源串联一个 8~10W 的灯泡,不可直接与蓄电池电源相连,否则会烧坏电磁阀的线圈。

(6)变速器 ECU 故障诊断。

ECU 通常具有较高的工作可靠性,出现故障的概率较小。但 ECU 出故障时,将导致自动变速器电子控制系统完全失常。ECU 故障诊断的常用方法如下。

①利用 ECU 端子标准参数进行诊断。ECU 端子标准参数是指自动变速器处于正常工作状态时,在规定的测量条件下,其 ECU 各端子具有的电压值。利用 ECU 端子标准参数进行诊断,就是通过测量 ECU 端子的工作电压来判断 ECU 工作是否正常的一种方法。通常,ECU 端子标准参数由原厂家提供,各种车型的标准参数不尽相同。因此,利用这种方法诊断,需要有详细的技术资料为依据。为了便于诊断,这些资料应包括被测车型的 ECU 端子标准参数、电路图和检测规范。其诊断方法如下:

a. 将点火开关置于"ON"位置;按照规定的测量条件操作自动变速器;用电压表测试笔从 ECU 插接器的背部(即线束侧)插入,测试各端子与搭铁线间的电压。

b. 将测试值与各自相应的标准值进行比较从而诊断故障。若在检测中发现某一端子的实际电压与标准值不符,则表明 ECU 或控制电路存在故障;通过检测,若输入传感器、开关部分、执行器或控制线路正常,则表明 ECU 有故障。

在测试 ECU 端子的工作电压时应注意:检测前,应将各插头、ECU 电源确切可靠搭铁,并确保蓄电池电压正常;必须使用高阻抗电压表,低阻抗电压表可能损坏 ECU。

②通过比较法诊断。所谓比较法是指利用性能良好的同型号的自动变速器 ECU 替换可疑的 ECU 而进行故障诊断的一种方法。替换后,若控制电路的工作状态由异常变为正常,则表示原 ECU 有故障;若换上良好的 ECU 之后,其电控系统仍然工作不正常,则原 ECU 可能没有故障。该法是诊断 ECU 的主要方法,在实际检测中得到了广泛的应用。

③通过检测 ECU 输出信号诊断。若 ECU 的输入信号正常而输出信号不正常,则 ECU 可能存在故障。ECU 输出信号有时可通过万用表进行检测。正常情况下,ECU 发出的换挡信号电压与换挡的挡位有严格的对应关系。其规律是随着挡位的升高,万用表的指示电压将作阶跃性增大,每次电压增大的时刻即为 ECU 发出升挡信号的时刻。若换挡时测出的信号电压与规定的标准电压不符,则说明换挡信号不正常。若 ECU 输入信号正常,则可能 ECU 存在故障或者控制电路存在故障。

3. 机械及液压系统的故障诊断

在确认自动变速器电控系统无故障后,而自动变速器仍然不能正常工作,则表明机械或液压控制系统存在故障。机械及液压控制系统的故障多集中在液压控制机构的堵、漏、卡和执行元件的磨损、失调等方面。通常,其故障可通过机械试验,即失速试验、液压试验、时滞试验及道路试验加以区分和诊断。

尽管每种车型的电子控制自动变速器的具体结构有所差异,但它们的工作原理及控制方法是基本相同的,造成每种故障的原因,特别是一些常见故障的原因,都有一定的具体范围,因此可通过参考常见故障的诊断方法来进行各种故障诊断。通过将自动变速器机械及液压控制系统常见故障的诊断方法制成诊断表,就可以缩小故障的诊断范围,减少故障的诊断时间,提高故障诊断的效率。

有些机械及液压控制系统故障可能是多种原因引起或者说有多个产生故障的部位,其故障的诊断通常比较复杂,因而要做到真正的确诊故障,必须要熟悉其结构、原理、诊断标准及故障机理分析。

4. 自动变速器常见故障维修

汽车自动变速器的故障主要有:汽车不能行驶、自动变速器打滑、换挡冲击、升挡过迟、不能升挡、频繁跳挡、不能强制降挡、挂挡后发动机易怠速熄火、无超速挡、无前进挡、无锁止、无倒挡、自动变速器异常等。下面介绍几种常见故障的现象、原因及诊断维修方法。

1)汽车不能行驶

(1)故障现象。无论换挡手柄位于倒挡、前进挡还是前进低挡,汽车都不能行驶;汽车起动后能行驶一小段路程,但稍一热车就不能行驶。

(2)故障原因。

①自动变速器油底壳被撞坏,自动变速器油全部漏。

②自动换挡手柄及手动滑阀摇臂之间的连杆或拉锁松脱,手动滑阀保持在空挡或停车位置。

③油泵进油滤网堵塞。

④油路严重损坏。

⑤油泵损坏。

(3)故障诊断与维修。当出现汽车不能行驶故障时,按图 4-11 所示流程进行故障诊断与维修。

2) 自动变速器打滑

(1) 故障现象。变速器打滑即驱动无力,表现在汽车起步时踩下加速踏板,发动机转速很快升高,但车速升高缓慢;行驶中踩加速踏板加速时,车速不能随发动机转速上升而迅速提高;汽车在平坦道路上行驶基本正常,但上坡无力,且发动机转速异常高。

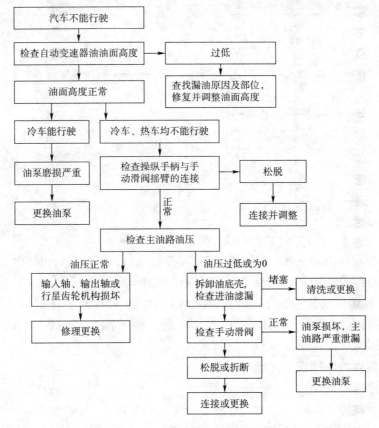

图 4-11 汽车不能行使的诊断与维修流程图

(2) 故障原因。

① 自动变速器油面太低。

② 自动变速器油面太高,运转中被行星齿轮机构剧烈搅动后产生大量气泡。

③ 离合器摩擦片和制动器摩擦片、制动带磨损过甚或烧焦。

④ 油泵磨损过度或主油路泄漏,造成供油压力过低。

⑤ 单向离合器打滑。

⑥ 离合器或制动器活塞密封圈损坏,导致漏油。

(3) 故障诊断与维修。首先对自动变速器做基本检查,然后按照图 4-12 所示的程序进行故障诊断与维修。

3) 自动变速器换挡冲击过大

(1) 故障现象。在汽车起步时,由停车挡"P"位或空挡"N"位挂入前进挡"D"位或倒挡"R"位时,汽车自动变速器的动作不良,汽车产生很大的冲击振动现象;在汽车行驶过程中,汽车自动变速器各挡的升挡或者降挡过程中出现较大的冲击现象。

(2) 故障原因。

① 发动机怠速过高。

②节气门拉索或节气门位置传感器调整不当,或者主抽路调压电磁阀有故障,使主油路压力过大,液压系统工作不良。

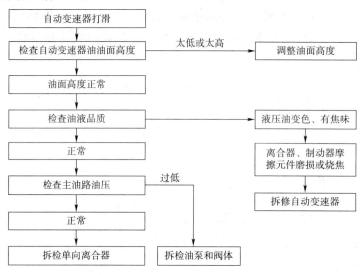

图 4-12　自动变速器打滑的诊断与维修流程图

③变速器与发动机的支撑胶垫损坏,连接螺栓松动,传动系统的间隙过大或者松旷。

④蓄压器故障及作用在蓄压器背部的减振缓冲油压不正常。

⑤换挡执行元件故障:有关制动器、离合器的摩擦元件的工作间隙不正确;有关单向离合器打滑或者锁止不良而出现运动干涉;换挡前的离合器或制动器的分离时间过长或分离不彻底。

⑥自动变速器的换挡点不正确。

⑦油压电磁阀不工作。

⑧电控部分故障。

(3)故障诊断与维修。导致自动变速器换挡冲击的故障原因很多,情况也较为复杂。故障原因可能是调整不当等,对此只需要作调整即可排除;也可能是自动变速器内部的控制电磁阀或换挡执行元件有故障,对此则需要分解自动变速器予以修理;也可能是自动变速器电子控制系统故障,则需要对电控系统进行检修。因此,在故障诊断过程中,必须循序渐进,对自动变速器各部分进行认真检查,一定要在全面检查的基础上,有针对性地进行分解处理,切不可盲目拆修。

4)自动变速器异常

(1)故障现象。在汽车运转过程中,自动变速器内始终有异响;汽车在行驶中有异响,而停车挂空挡后异响消失。

(2)故障原因。

①油泵磨损过度,自动变速器油面过高或过低。

②液力变矩器的锁止离合器、导轮单向离合器等损坏。

③行星齿轮机构问题。

④换挡执行元件异响。

(3)故障诊断与维修。自动变速器的异响主要发生在机械和液压两个系统上。异响源有齿轮机构、轴承、油泵、液流噪声,摩擦片及压板的振动声,液力变矩器、主减速差速器以及共振的轰鸣声。诊断时首先确定异响的声源,然后进行相关零件的故障排除。异响故障诊断与维修流程如图4-13所示。

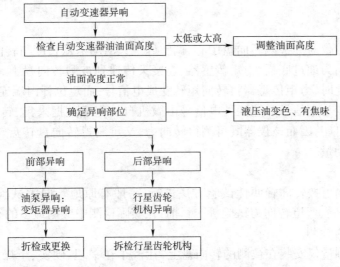

图4-13 自动变速器异响的诊断与维修流程图

第四节 转向系统的检测诊断与维修

转向系统性能的好坏直接关系到汽车行驶的安全性和操纵稳定性,因此在汽车使用过程中应加强对转向系统的检测诊断与维修。

一、转向盘转向力的检测

操纵稳定性良好的汽车,必须有适度的转向轻便性。如果转向沉重,不仅增加驾驶人的劳动强度,而且因不能及时正确转向而影响行车安全。如果转向太轻,又可能导致驾驶人路感太弱或方向发飘等现象,同样不利于行车安全。

转向轻便性可用一定行驶条件下作用在转向盘上的转向力(即作用在转向盘外缘的最大切向力)来表示。通常采用转向参数测量仪或转向测力仪等仪器,可以测得转向力及对应转角。如图4-14所示,国产ZC—2型转向参数测量仪,是以计算机为核心的智能仪器,可测得转向盘自由转向量和转向力。

1. 仪器组成

ZC—2型转向参数测量仪主要由操纵盘、主机箱、连接叉和定位杆四部分组成,如图4-14所示。操纵盘由螺栓固定在三爪底板上,底板经力矩传感器与连接叉相接,每个连接叉上都有一只可伸缩长度的活动卡爪,以便与被测转向盘相连接。主机箱为圆形结构,固定在底板中央,其内

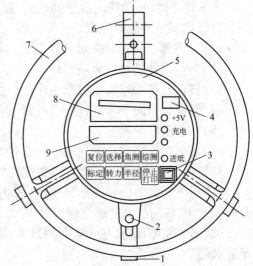

图4-14 ZC-2型转向参数测量仪
1-定位杆;2-固定螺栓;3-电源开关;4-电压表;5-主机箱;6-连接叉;7-操纵盘;8-打印机;9-显示器

装有接口板、微机板、转角编码器、打印机和电池等,力矩传感器也装在其内。定位杆从底板下伸出,经磁力座吸附在驾驶室内的仪表板上。定位杆的内端连接有光电装置,光电装置装在主机箱内的下部。

2. 工作原理

当把转向测量仪对准被测转向盘中心,调整好三只活动卡爪长度与转向盘连接牢固后,转动操纵盘的转向力通过底板、力矩传感器、连接叉传递到被测转向盘上,使转向盘转动以实现汽车转向。此时,力矩传感器将转向矩转变成电信号,而定位杆内端连接的光电装置则将转角的变化转变为电信号。这两种电信号由微机自动完成数据采集、转角编码、运算、分析、存储、显示和打印,因而该仪器既可测得转向力,又可测得转向盘转盘转角,当然也可测得转向盘自由转动量。

3. 检测方法

转向力的检测可按转向轻便性试验方法进行,一般有原地转向力试验、低速大转角(8字行驶)转向力试验、弯道转向力试验等。目前,在实际检测中应用最多的有如下两种。

1)路试转向力检测

将转向参数测量仪安装在被测的转向盘上,让汽车在平坦、硬实、干燥和清洁的混凝土或沥青路面上以 10km/h 的速度在 5s 内沿螺旋线从直线行驶过渡到直径为 24m 的圆周行驶,测出施加于转向盘外缘的最大切向力数值,该数值即为转向盘转向力。

2)原地转向力检测

(1)将转向参数测量仪或测力弹簧安装在被测车辆的转向盘上。

(2)将汽车转向轮置于转角盘上。

(3)通过测力装置转动转向盘,使转向轮能达到原厂规定的最大转角。

(4)在转向盘转动的全过程中,用测力装置测得的最大数值即为车轮原地转动的转向盘转向力。

4. 故障检测与诊断

1)转向沉重的故障现象

汽车转弯时,转动转向盘感到吃力,且无回正感。

2)转向沉重的故障原因

(1)齿条和小齿轮啮合间隙过小。

(2)转向轴的轴承过紧或损坏。

(3)转向拉杆的球头销与球头座配合过紧。

(4)转向轴万向节十字轴配合过紧。

(5)前稳定杆变形等。

(6)转向沉重还与轮胎气压不足及悬架、车轴、转向轮定位的故障有关。

3)转向沉重的故障诊断与排除方法

(1)拆下转向节臂并转动转向盘,若仍感到转向沉重,说明转向器存在故障,如齿轮接合间隙过小,转向柱轴套严重磨损等。

(2)若感觉不沉重,应检查拉杆球头间隙是否过小、车身是否变形、前轮定位角是否满足要求等。

二、转向盘自由转动量的检测

转向盘自由转动量是指汽车转向轮处于直线行驶位置静止不动时,转向盘可以自由转动的角度。它是转向系统向内部各传动连接部件间隙的总反映。过大的转向盘自由转动量,一方面将直接导致汽车转向不灵敏,影响行车安全;另一方面由于转向系统内存在着较大的传动间隙而削弱了对转向轮的约束,从而导致汽车直线行驶不稳定。因此对转向盘的自由转动量应进行检查和调整,使其符合要求。

转向盘自由转动量可采用转向参数测量仪进行检测。

检查方法:

(1)将转向参数测量仪安装在被测在转向盘上。

(2)停放汽车,使前轮处于直线行驶位置,并接好仪器电源。

(3)将转向盘转至自由转动的一侧极限位置,按下"角侧"按钮,再按相反方向缓慢转动转向盘,直至另一侧自由转动极限位置时停止转动,则仪器显示的角度即为转向盘自由转动量。

在没有转向参数测量仪的情况下,可用简易的转向盘自由转动量测量仪进行检测。这种简易测量仪由刻度盘和指针组成,如图4-15所示。检测时将刻度盘和指针分别固定在转向盘轴管和转向盘边缘上,使前轮位于直线行驶位置,在转向盘转至自由转动的一侧极限位置时调整指针对零,再向另一侧轻轻转动转向盘,当手感变重时指针所扫过的角度即为转向盘的自由转动量。

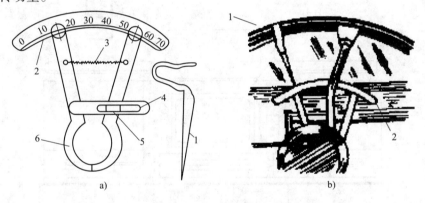

图4-15 简易转向盘自由转动量测量仪

a)简易转向盘自由转动量测量仪的结构;b)简易转向盘自由转动量测量仪在转向盘上的固定方式

1-指针;2-刻度盘;3-弹簧;4-连接板;5-固定螺钉;6-夹臂

转向盘自由转动量的检测标准应符合 GB 7258—2012《机动车运行安全技术条件》的要求:机动车转向盘的最大自由转动量从中间位置向左或向右均不得大于 $10°$(机动车最大设计车速≥100km/h)或 $15°$(机动车最大设计车速<100km/h)。转向盘自由转动量是转向系统各部件配合间隙的总反映,当自由转动量超过规定值时,说明从转向盘至转向轮的传动链中一处或几处的配合松旷,存在故障。

三、四轮定位仪

汽车为什么要做四轮定位?因为轿车的转向车轮、转向节和前轴三者之间的安装具有一定的相对位置,称为转向车轮定位,又称前轮定位。前轮定位包括主销后倾(角)、主销内倾(角)、前轮外倾(角)和前轮前束 4 个内容。对两个后轮来说也同样存在与后轴之间安装的相对位置,称后轮定位。后轮定位包括后轮外倾(角)和后轮前束。这样前轮定位和后轮定位总起来说称为四轮定位。

四轮定位的作用是使汽车保持稳定的直线行驶和转向轻便,并减少汽车在行驶中轮胎和转向零件的磨损。换句话说,当驾驶人感到方向转向沉重、发抖、跑偏、不正、不自动复位或者发现轮胎单边磨损、波状磨损、块状磨损、偏磨等不正常磨损以及驾驶时车感飘浮、颠颤、摇摆等不正常的驾驶感觉,行驶中转向盘不正或行车方向的跑偏现象出现时,就应考虑做四轮定位了。做四轮定位就是通过四轮定位仪,由于汽车行驶速度越来越高,汽车的操纵稳定性对行车安全影响越来越大。如果能对汽车四轮定位参数进行检测,不仅能确定所有车轮定位正确与否,还能确定前轴、后轴、悬架、车架等的技术状况,为底盘不解体诊断提供可靠依据,所以四轮定位仪使用越来越广泛。

四轮定位仪是专门用来测量车轮定位参数的设备。四轮定位仪可检测的项目包括前轮前束、前轮外倾角、主销后倾角、主销内倾角、后轮前束、后轮外倾角、轮距、轴距、推力角和左右轴距差等。

目前使用的四轮定位仪有光学式和微机式,它们的测量原理基本是一致的,但不同类型的四轮定位仪的使用方法有一定的差异,因此应严格按使用说明书的要求和方法进行操作。图4-16所示为同产 KD-120 型四轮定位仪外形图,图4-17所示为该型四轮定位仪框图。

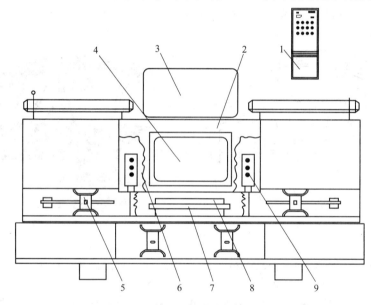

图4-16 KD-120型四轮定位仪外形图

1-红外线遥控器;2-主机柜;3-上车镜;4-显示器;5-传感器;6-微机;7-键盘;8-打印机;9-控制箱

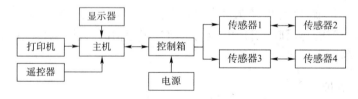

图4-17 KD系列四轮定位仪框图

四轮定位仪由主机、显示器、打印机、前后车轮检测传感器、传感器支架、转盘、制动锁、转向盘锁及导线等零件构成。配有专用软件和数据光盘,可读取近10年来世界各地汽车四轮定位参数,且可更新。还配有数码视频图像数据库,显示检查和调整位置等。

为便于检测和调整,被检汽车需放在地沟上或举升平台上,地沟或举升平台应处于水平状态,四轮定位仪则安装在地沟两旁或举升平台上,图4-18所示是四轮定位仪安装在举升平台上的情况。

1. 利用四轮定位仪检测车辆前的准备

(1)把汽车开上举升平台,托住车轮,把汽车举升0.5m(第一次举升)。

(2)托住车身,把汽车举升至车轮能自由转动(第二次举升)。

(3)拆下各车轮,检查轮胎磨损情况,要求各轮胎磨损基本一致。

(4)检查轮胎气压,使其符合标准值。

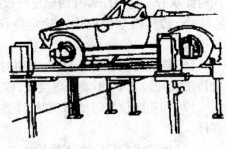

图4-18 四轮定位仪安装在举升平台上

(5)作车轮动平衡试验,动平衡完成后,将车轮装回车上。

(6)检查车身高度,检查车身四个角的高度和减振器技术状况,如果车身不平应先调平,同时检查转向系统和悬架是否松旷,如松旷则应先紧固或更换零件。

2. 利用四轮定位仪检测车轮定位的步骤

(1)把传感器支架安装在轮辋上,再把传感器(定位校正头)安装到支架上,并按使用说明书的规定调整。

(2)开微机进入测试程序,输入被测汽车的车型和生产年份。

(3)进行轮辋变形补偿,转向盘位于直驶位置,使每个车轮旋转一周,即可把轮辋变形误差输入微机。

(4)降下第二次举升量,使车轮落到平台上,把汽车前部和后部向下压动4~5次,使各部位落到实处。

(5)用制动锁压下制动踏板,使汽车处于制动状态。

(6)将转向盘左转至微机显示"OK",输入左转角度数;然后将转向盘右转至微机显示"OK",输入右转角度数。

(7)将转向盘回正,微机显示出车轮的前束及外倾角数值。

(8)调整转向盘,并用转向盘锁锁止转向盘,使之不能转动。

(9)将安装在四个车轮上的定位校正头的水平仪调到水平线上,此时微机显示出转向轮的主销后倾角、主销内倾角、转向轮外倾角和前束的数值。微机将比较各测量数值,得出"无偏差"、"在允许范围内"或"超出允许范围"的结论。

(10)若"超出允许范围",按微机提示的调整方法进行针对性调整。调整后仍不能解决问题,则应更换有关零部件。

(11)再次压试汽车,将转向轮左右转动,观察屏幕上数值有无变化,若有变化应重新调整。

(12)拆下定位校正头和支架,进行路试,检查四轮定位调整的效果。

3. 四轮定位仪的使用注意事项

因四轮定位仪是一种较精密的检测设备,要求操作人员在使用前需经过专业培训,并且在使用定位仪前应先查阅四轮定位仪的产品说明书,以便更好地了解四轮定位仪的操作过程。应注意事项:

(1)使用前,检查四轮定位仪所配附件是否与说明书上列出的清单相符。

(2)在安装四轮定位仪时一定要按照产品说明书上的要求去做。

(3)对于光学式四轮定位仪中的投影仪(或投光器),需要细心维护,并经常进行调整。

(4)在四轮定位仪的安装地点,应在墙上(或其他的地方)安装一个带熔断丝的开关盒,同时要求开关盒内配带有四轮定位仪的过载保护装置。

(5)传感器是微机式四轮定位仪的核心元件,在使用前需要进行校正,以保证测试精度。

(6)传感器安装要妥当,在不用时应妥善保存,避免受到损害,电测类传感罩在通电前应该接线安装完毕,不要带电接线,以避免电子振荡,冲击损坏器件。

(7)四轮定位仪需要移动时,注意不要使其受到振动,否则可能会损坏传感器及微机等部件。

(8)四轮定位仪应半年检验标定一次,标定工作应该在专用标定器具上进行;注意,在购买四轮定位仪时应带专用标定器具和标定程序。

四、车轮定位的检测

车轮定位的检测,包括转向轮(通常为前轮)定位的检测和非转向轮(通常为后轮)定位的检测,统称四轮定位的检测。汽车前轮定位是评价汽车前轮直线行驶稳定性、操纵稳定性、前轴和转向系统技术状况的重要诊断参数。后轮定位主要评价后轮的直线行驶稳定性和后轴的技术状况。因此,要对使用中的汽车适时地进行车轮定位的检测,并根据检测结果进行调整,以保证其使用性能。

1. 检测方法

汽车车轮定位的检测方法有静态检测和动态检测两种。

1)静态检测

车轮定位的静态检测是在汽车静止的状态下,根据车轮旋转平面与车轮定位角间存在的直接或间接的几何关系,用专用的检测设备对车轮定位进行几何角度的测量。使用的检测设备有气泡水准式、光学式、激光式、电子式和微机式等前轮定位仪或四轮定位仪。

静态检测一般所用仪器结构简单,车轮定位参数值不能一次测定,需要取多次测量的平均值,因此,不适合快速检测诊断。

2)动态检测法

动态检测是在汽车以一定车速行驶的状态下,用检测设备检测车轮定位产生的侧向力或由此引起的车轮侧滑量。使用的检测设备有滑动板式侧滑试验台和滚筒式车轮定位试验台两种。

动态检测设备不需要辅助安装作业,测试速度快、精度高,但仪器设备结构比较复杂,需专用的场地较大。

2. 车轮倾角仪

气泡水准式转向轮定位仪按适用车型分为两种。

适用大、中、小型汽车的称为光束水准车轮定位仪,一般由一套水准仪、两套聚光器、两套支架、两套转盘、两套杆尺、两套标杆和一个制动踏板抵压器组成,带有两个定位销,以便插入支架中心孔固定在支架上。

适用于小型汽车的永久磁铁式水准仪,其结构如图 4-19 所示。它由水准仪、固定装置等组成。固定支架用来将水准仪固定在车轮轮辋上,支架结构如图 4-20 所示。检测时,其端部的永久磁铁吸附在车轮的轮毂上,水准仪上的三个气泡式水准器用来分别测量车轮外倾角、主销后倾角和主销内倾角。

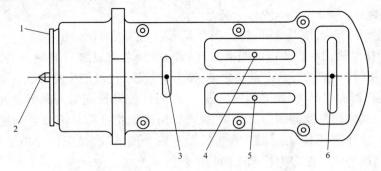

图 4-19 永久磁铁式水准仪
1-永久磁铁;2-定位针;3-水平校正水泡管;4-后倾角测量水泡管;5-外倾角测量水泡管;6-内倾角测量水泡管

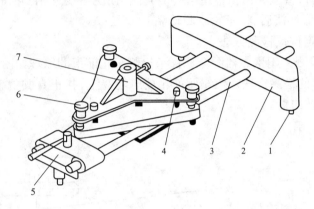

图 4-20 支架
1-支架固定脚;2-固定支架;3-导轨;4-定位螺栓、螺母;5-活动支架;6-调节螺钉;7-调整支座

1）检测前的准备

（1）汽车轮胎及气压应符合规定。

（2）车轮轮载轴承、转向节衬套与主销的配合符合要求。

（3）汽车制动可靠。

（4）场地水平且平整。

（5）检测时，应保证前后车轮接地面处于同一水平面上。

（6）将汽车两前轮处于直驶位置，分别放置在各自的转盘上，并使主销中心线的延长线通过转盘中心。

（7）确定前轮直驶位置后，将转盘扇形刻度尺调整到零位，对准游动指针，然后固定。当再转动转向盘时，前轮的转角可从转盘刻度尺上读取。

（8）先将固定支架的两个固定脚卡在轮辋适当部位，再移动活动支架，使其固定脚也卡在轮辋上，然后用活动支架的偏心卡紧机构将三个固定脚卡紧在轮辋上。此时，三个固定脚的定位端面贴紧在轮辋的边缘上。

（9）松开调整支座弹性固定板的固定螺栓，使调整支座沿导轨滑动，通过特制心棒使调整支座安装聚光器或水准仪的孔中心与前轮中心重合，然后拧紧螺栓，将调整支座固定于导轨上。经验表明，当支架中心与车轮中心偏离 2~3mm 时，对测量结果影响甚微，故也可以目视对中，而不使用心棒。

(10)将聚光器定位销轴插入支座孔中,使销轴定位端面与支座定位端面贴合,然后拧紧弹簧卡固定螺钉,使聚光器不致从支座上滑落。

(11)顶起被测车轮,使其离开转盘,当在其圆周上施力时能自由转动。

(12)将标杆以轮辋半径7倍的距离放在所测车桥之前或之后的地面上,一般而言,测前轮轮辋变形量时,可把标杆放于前桥之前;测后轮轮辋时,可把标杆放在后桥之后。

(13)将聚光器通以电源,聚光器发出强光束指针,转动聚光器的调节盘,使光束指针的扇形缺口朝上,调整聚光器伸缩套筒,使光束指针清晰地指在标杆上带有刻度的标牌上,用手把持聚光器,松开弹簧卡固定螺钉,缓慢转动车轮一周,读出光束指针指示的最大值与最小值,最大值与最小值之差即为轮辋端面的摆差。

(14)当摆差大于3mm时,一般认为轮辋是不合格的,应予更换。

(15)对于有摆差的车轮轮辋,为了消除对检测车轮定位角度值的影响,可转动调整支座上的滚花调节螺钉,直至光束指针指示的最大值与最小值之差在3mm之内为止。

(16)轮辋的变形补偿后,将车轮放回转盘上。

2)气泡水准式定位仪检测方法

(1)前束值的检测。用聚光器配合标杆来检测车轮前束的原理如图4-21所示。以前轮前束为例,讲述前束的检测方法。汽车两前轮放于转盘上,找正直驶位置后,在检测前束的过程中不得再转动转向盘。

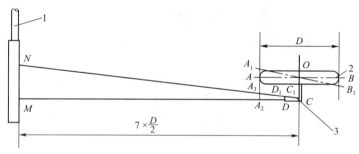

图4-21 前束检测原理图
1-标杆;2-前轮;3-聚光器

调节标杆长度,使同一标杆两标牌之间的距离略大于被测轮距,并能使聚光器光束指针大致投射到标牌的中间位置。两套标杆一定要调整到等长,特别是标牌之间的距离一定要相等,否则将影响检测结果。

将已调好的两套标杆放置在被测车桥的前后两侧,并平行于该车桥。每一标杆距车轮中心的距离为车轮上规定前束测点处半径的7倍。车轮上规定前束测点依车型而定,有的测点在胎面中心处,有的测点在胎侧凸出处,而有的测点在轮辋边缘处,检测前束应注意查阅汽车使用说明书。

先将车轮一侧聚光器的光束投向前标杆的标牌上,使光束指针指于某一整数位置上,如图4-22所示。再将该聚光器的光束向后投射到后标杆的标牌上,并平行移动后标杆使光束指针落在与前标牌同一数值上。然后,将另一侧聚光器分别向前标杆、后标杆投射光束,读出光束指针指示值,计算前束。若前标杆指示值为25mm,后标杆指示值为28mm,则前束值为28mm − 25mm = 3mm。若前杆指示值为28mm,后标杆指示值为25mm,则前束值为 −3mm,即为负前束。

汽车后轮前束的检测方法与此相同。

(2)车轮外倾角的检测。在车轮保持直驶位置不动的情况下,将水准仪黑箭头指示的定位销插入车轮上支架的中心孔内,并使水准仪在左右方向上大致处于水平状态。轻轻拧紧弹簧卡锁紧螺钉,固定水准仪,如图4-23所示。

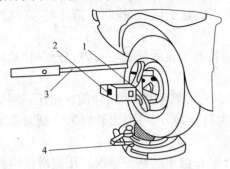 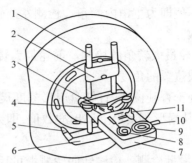

图4-22 检测车轮前束值
1-支架;2-聚光器;3-标杆;4-转盘定

图4-23 检测车轮外倾角和主销后倾角
1-导轨;2-活动支架;3-调整支座;4-调节螺钉;5-固定脚;6-支架;7-水准仪;8-A调节盘;9-BC调节盘;10-定位销;11-旋钮

转动水准仪上的A调节盘,直到对应气泡管内的气泡处于中间位置为止,然后在黑刻度盘上读出A盘红线所指角度值,该角度值即为前轮外倾角。用同样的方法可检测其他车轮的外倾角。

显然,若转向轮仅有外倾,则在纯滚动时,车轮将向外运动,如果在转向轴约束下作直线运动,车轮与地面必然会产生边滚边滑现象;另外,如果转向轮仅有前束,则车轮纯滚动时,将向内运动,若在车轴约束下作直线运动,车轮与地面间也会产生边滚边滑现象。只有使具有外倾的转向轮具有适当的前束值,才能使两者在运动学上产生的不良效应相互平衡,使汽车直线行驶时,转向轮作纯滚动而不产生边滚边滑现象,从而提高了汽车的操纵稳定性,并大大减小了轮胎磨损和行驶阻力。

(3)主销后倾角的检测。前轮外倾角测定后,可不动水准仪,接着进行主销后倾角的检测。

将前轮向内转20°(左前轮向左转,右前轮向右转,下同),松开弹簧卡锁紧螺钉,使水准仪左右方向处于水平状态,然后拧紧锁紧螺钉。

转动水准仪上的BC调节盘,使其上红线与蓝、红、黄刻度盘零线重合。调整对应气泡管的旋钮,使气泡居中。

将前轮向相反方向转40°,转动BC调节盘使气泡在管内居中,在蓝盘上读出BC盘红线所示值即为主销后倾角。

(4)主销内倾角的检测。检测前应使前轮处于制动状态,以防止转动转向盘时前轮滚动。将红黄箭头所指的定位销插入支架中心孔内,轻轻拧紧锁紧螺钉,如图4-24所示。将被测前轮向内转20°,松开锁紧螺钉,使水准仪在左右方向上处于水平状态,然后拧紧锁紧螺钉。

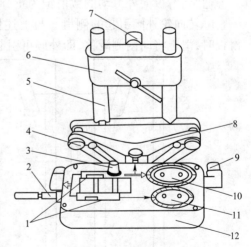

图4-24 检测主销内倾角
1-水泡管;2-定位销;3-旋钮;4-调节螺钉;5-导轨;6-活动支架;7,9-固定脚;8-调整支座;10-BC调节盘;11-A调节盘;12-水准仪

转动 BC 调节盘,使其红色刻线与蓝、红、黄刻度盘零线重合。调节对应气泡管旋钮,使气泡居中。

将前轮向外转 40°,调节 BC 盘使水泡管内气泡居中。此时,BC 盘红线在红刻度盘或黄刻度盘所示值即为主销内倾角。检测左前轮时,在黄刻度盘上读数;检测右前轮时,在红刻度盘上读数。

(5)前轮最大转角的检测。前轮最大转角是指前轮处于直线行驶位置时,分别向左、向右转至极限位置的角度。

前轮处于直驶位置,置转盘扇形刻度尺于零位并固定。转动转向盘,使前轮向任一侧至极限位置,从扇形刻度尺上读出的数值,即为该侧最大转角,同理可测出转向另一侧的最大转角。

(6)侧滑量检测。检测转向轮侧滑可反映转向外倾和前束的匹配情况。用侧滑仪检验前轮的侧滑量,其值不得超过 5m/km。

①侧滑量检测原理。目前国内广泛采用滑板式侧滑试验台检测汽车转向轮的侧滑量。其基本原理是:若转向轮外倾和前束配合不当,则汽车直线行驶时,转向轮将处于边滚边滑状态,轮胎与地面间由于滑动摩擦的存在而产生相互作用力;若使汽车驶过可以横向自由滑动的滑板,则该作用力将使滑板产生侧向滑动,侧滑量大小则反映了汽车转向轮外倾和前束的匹配情况,但并不能表示外倾和前束的具体数值。

a. 转向轮前束引起的侧滑。若转向轮仅有前束而没有外倾角,则汽车直线行驶时,两转向轮具有向内收缩靠拢的趋势。假定将两个只有前束而没有外倾的转向轮用一根可自由伸缩的轴连接起来,则车轮向前直线滚动一段距离后,由于前束的作用,两只车轮将向里收拢、互相靠近。而实际上,汽车前轴不可能缩短,转向轮由于前轴约束而保持直线行驶。此时,若使两转向轮驶过底部装有滚轮可自由滑动的滑板,意味着地面可以横向伸缩,则由于车轮与滑板间存在着相互作用力而使滑板反方向移动,即左、右滑板分别向外滑移,如图 4-25 所示。

通常,滑板向外滑动的数值记为正,而向内滑动的数值记为负。因此,前束可引起侧滑。

b. 转向轮外倾引起的侧滑。与上述情况相反,若转向轮只有外倾而没有前束,当通过滑板时,滑板将向内侧滑移,即外倾可引起负前束,如图 4-26 所示。

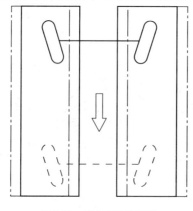
图 4-25 前束引起的侧滑

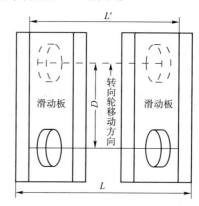
图 4-26 外倾引起的侧滑

c. 侧滑量检测的意义。侧滑量反映转向轮外倾与前束相互配合的综合结果。两者匹配情况理想时,侧滑量为零,汽车行驶时转向处于纯滚动状态。因此,轮胎磨损轻,行驶阻力小,转向轻便,操纵稳定性好。所以,通过检测和调整,使侧滑量在标准规定范围内是非常必要的。应明确说明的是:转向轮外倾和前束均合格时,侧滑量合格;反之,当侧滑量合格时,却不一定保证外倾和前束都合格。

②侧滑试验台的构造。目前国内采用的大多数侧滑试验台是双板联动式侧滑试验台,检测时汽车两转向轮分别驶过左、右滑板,用测量滑板左、右位移量的方法检测汽车的侧滑量。

双板联动式侧滑试验台由主体(或称检测装置)、指示装置和报警装置构成。

试验台主体由框架、左右侧滑板、杠杆机构、复位装置、滚轮装置、导向装置、锁止装置和位移传感器等构成。图4-27为侧滑试验台主体示意图。

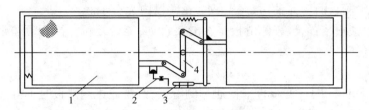

图4-27 侧滑试验台主体
1-滑板;2-锁止机构;3-位移传感器;4-联动杠杆

侧滑板的长度一般有500mm、800mm和1000mm三种。为增大轮胎与滑板间的附着系数,侧滑板常用花纹板制造。侧滑板下部用滚轮支撑,滚轮可在滑道中左右自由滑动,因此侧滑板受力后可左右摆动;侧滑板下部还装有导向装置,限制侧滑板的纵向位移,但允许侧滑板的左、右面位移。为使汽车的侧滑量被检测后,侧滑板能够回到初始位置,侧滑板或杠杆机构上装有复位弹簧。锁止装置用于在不工作时限制侧滑板的左右位移,以防止意外损坏。由于杠杆机构的运动学关系,双滑板侧滑试验台的左右滑板只能作同时向内或同时向外的等量位移。位移传感器装于其中一块滑板上,常见的传感器类型有电位计、差动变压器和自整角电动机三种形式,用于将位移量转变为电信号传输给指示装置。

指示装置有机械式和电气式两类。目前大多数采用电气式,采用指针指示、数码管显示或液晶显示,并有峰值保留功能,有些侧滑试验台还可打印检测结果。从传感器传来的反映侧滑板位移量的电信号,经放大处理后传送给指示装置。指示装置标定时,按汽车直线行驶1km每侧滑1m为一格刻度。若侧滑板长度为1000mm,则侧滑板侧向位移1mm时,显示1个刻度;侧滑板长度为500mm时,测滑板每侧向位移0.5mm,则对应于1个刻度。在指示装置上,转向轮正、负侧滑分别对应有7个以上刻度。检测人员从指示装置上就可获知转向轮侧滑量的定量数值和侧滑方向。

报警装置能根据侧滑板限位开关发出的信号,用蜂鸣器信号灯报警,因而无须再读取仪表数值,以节省检测时间。

③影响侧滑量检测结果的因素和侧滑试验台的使用方法。

a. 影响因素。转向轮外倾与前束匹配不当。一般情况下,侧滑量超标时,调整前束就能使侧滑量合格。但在某些特殊情况下(如因汽车前部碰撞使转向轮定位角发生较大变化时),调整前束使转向轮定位角合格,汽车行驶时驾驶人反而觉得难以操纵。此时,应检查转向轮定位的其他三个参数是否满足要求。侧滑量不合格时,不能一味只用改变前束的方法调整。

汽车轮毂轴承间隙过大,左右松紧度不一致;转向节主销和衬套磨损过度;横、直拉杆球头松旷,左右悬架性能差异;前、后轴不平行等,都会影响侧滑量。因此,检验侧滑前,应首先消除上述因素,而当车辆的侧滑量不合格时,也应在这些方面查找原因。

轮胎气压不符合规定:左、右轮胎气压不等,花纹不一致;轮胎磨损过大及严重偏磨;轮胎上有水、油,或花纹中嵌有小石子,都会影响轮胎与滑板间的作用力,影响侧滑量。

汽车通过侧滑板的速度:车速过快时,由于冲击作用,侧滑量检测结果会显著增加,一般试验车速以 3~4km/h 为宜。

转向轮通过侧滑板方向是否与侧滑板垂直。当不垂直时,侧滑量检测结果显著增大。

b. 使用方法(侧滑检测方法):

• 准备工作。

轮胎气压符合规定。

清理轮胎,轮胎表面应无油污、泥土、水,花纹槽内无石子嵌入。

打开试验台锁止装置,检查侧滑板是否滑动自如,能否复位。滑板复位后,检查指示装置是否指示零点。

• 检测方法。

汽车以 3~5km/h 的速度垂直平稳通过侧滑板,汽车通过侧滑板时不得转向和制动。

转向轮完全通过侧滑板后,读取仪表显示值或打印侧滑量读数。

检测结束后,锁止侧滑板并切断电源。

• 注意事项。

避免侧滑试验台超载。

不允许汽车在侧滑板上转向、制动或停放。

保持侧滑试验台内、外及周围环境的清洁。

第五节 制动系统的检测诊断与维修

汽车制动系统是保障汽车行车安全,提高汽车运用效率和运输生产率的必要装备。随着汽车速度的不断提高和对安全性要求的增强,对汽车制动性能的要求也越来越严格。除保证汽车根据工况减速、停车和驻车外,还应能保证汽车行车制功、紧急制动和驻车制动的其中一个或两个系统的操纵机构的任何部件失效时,仍具有制动功能。制动系统必须经久耐用,不能因振动或冲击而损坏。

为了保证汽车能在安全的条件下具有高速行驶能力:制动距离、制动力、制动减速度和制动协调时间应符合要求;制动时不跑偏、不侧滑,在制动试验台上进行制动性能检验时,左右轮制动力差符合规定的标准;操纵制动系统的力不能过大,行车制动在产生最大制动作用时的踏板力,对于座位数小于或等于 9 座的载客汽车应不大于 500N,对于其他车辆应不大于 700N。即制动系统的零部件必须十分可靠并保证在遇到特殊情况时能够有足够的应急制动性能。

汽车制动系统一般由四个基本部分组成,:供能装置(包括供给、调节制动所需能量以及改善传能介质状态的各种部件)、控制装置(包括产生制动作用和控制制动效果的各种部件)、驱动装置(包括将制功能量传输到制动器的各个部件)、制动器(产生阻止车辆运动或运动趋势的力的部件,其中也包括辅助制动系统中的缓速装置)。

除上述基本部分外,较为完善的制动系统还具有制动力调节装置、报警装置、压力保护装置等附加装置。

制动系统有多种分类方式,按制动能源不同可分为人力制动系统、动力制动系统和伺服制动系统。人力制动系统是以驾驶人的肌体作为唯一制动能源；动力制动系统完全由发动机的动力转化而成的气压或液压形式的势能进行制功，它的制动源可以是发动机驱动的空气压缩机或油泵；而伺服制动系统则是兼用人力和发动机的动力进行制动。

按操纵制动器的方式可分为行车制动和驻车制动。

按驱动装置制动能量的传输方式可分为机械式、液压式、气功式和电磁式等。同时采用两种以上的能量传输方式的制动系统称为组合式制动系统，如气液综合式驱动装置制动系统。

除上述外，随着高速公路的出现和汽车行驶速度的提高，出于增强汽车安全性的需要，对汽车制动系统提出了越来越高的要求。随着电子技术的进步，数字电子技术、大规模集成电路的发展和微型电子计算机在汽车上的运用，在电子控制的汽车上 ABS 的装车率大幅度提高，并得到快速的普及应用。

一、汽车制动性能的检测指标及检测标准

汽车制动性能是指汽车行驶时，能在短距离内停车且维持行驶方向的稳定和下长坡时能维持一定车速，以及保证汽车长时间停驻坡道的能力。制动性能的好坏，可通过其检测指标与检测标准的比较加以评价。

1. 检测指标

汽车制动性检测指标体系应能全面评价汽车的制动性能，充分反映汽车制动系统的技术状况。汽车制动性能的检测指标主要有汽车制动力、制动距离、制动减速度、制动时间及制动稳定性。

1）汽车制动力

汽车制动力是指汽车制动时，通过车轮制动器的作用，地面提供对车轮的切向阻力。汽车在制动力作用下能迅速降低车速以至停车。汽车制动力作为检测指标，是从汽车制动过程的实质出发的，是评价汽车制动性能的最本质因素。显然，汽车制动力越大，则汽车的制动减速度就越大，汽车的制动性能就越好，为此应保证汽车有足够大的制动力。然而，汽车制动力的增加，首先取决于制动器制动力，同时又受到地面附着力的限制。因此，汽车制动力的大小与汽车制动系统的结构、技术状况及轮胎与路面的附着条件有关。

2）制动距离

制动距离是指汽车在规定的道路条件、规定的初始车速下紧急制动时，从脚接触制动踏板起至汽车停住时止汽车驶过的距离。它包括制动系统反应时间、制动力增长时间和最大制动力持续制动时间所行驶的距离。其制动距离可按下列关系式估算：

$$S = \frac{v_0}{3.6}(t_2' + t_2''/2)v_0 + v_0^2/25.92j \tag{4-9}$$

式中：S——汽车制动距离，m；

v_0——汽车制动初速度，km/h；

j——制动减速度，m/s^2；

t_2'——制动系统反应时间，s；

t_2''——制动力增长时间，s。

若车轮在最大制动力持续时间内抱死拖滑，则其制动距离可用下式估算：

$$S = \frac{v_0}{3.6}(t_2' + t_2''/2)v_0 + v_0^2/25.92g\psi \tag{4-10}$$

式中：ψ——路面附着系数；
g——重力加速度，m/s^2。

当制动器作用时间和制动初始车速一定时，汽车制动力越大，其制动减速度则越大，而制动距离则越短，制动效果就越好，因此常用制动距离作为检测指标。制动距离与行车安全有着直接关系，它是评价汽车制动性能直观的检测指标。

3）制动减速度

制动减速度是指汽车制动时，汽车速度下降的快慢程度。其制动减速度 J 与汽车制动力 F_x 的关系可用下式表示：

$$J = gF_x/\delta G \tag{4-11}$$

式中：δ——汽车旋转质量换算系数；
G——汽车总重力，N。

对某一具体车辆而言，汽车制动力越大，则制动减速度越大，制动效果就越好，因而汽车减速度与汽车制动力具有等效的意义，因此常用制动减速度作为汽车制动性能的检测指标。制动减速度在一次制动过程中是变化的，在制动器作用时间内，其制动减速度由小变大，而当车轮抱死拖滑时，所能达到的最大减速度为 $J_{max} = g$。在我国的安全法规中，采用充分发出的平均减速度（FMDD）作为评价汽车制动性能的检测指标。其 FMDD 的表达式如下：

$$FMDD = \frac{v_b^2 - v_e^2}{25.92(S_e - S_b)} \tag{4-12}$$

式中：FMDD——充分发出的平均减速度，m/s^2；
v_b——车辆的速度，km/h，为 $0.8v_0$；
v_e——车辆的速度，km/h，为 $0.1v_0$；
S_b——在速度 v_0 至 v_b 时车辆驶过的距离（v_0 为制动初速度），m；
S_e——在速度 v_0 至 v_e 时车辆驶过的距离，m。

FMDD 是车辆在制动过程中较为稳定的数值，能够真实地反映汽车制动系统的实际情况。

4）制动时间

制动过程所经历的时间即为制动时间，如图 4-28 所示。t_1 为驾驶人反应时间，从接受需要制动的信号起至脚踩到制动踏板止，一般为 0.3~1.0s；t_2 为制动器作用时间或滞后时间，是制动系统消除传动间隙反应时间，为 t_2' 与制动力增长所需时间 t_2'' 之和，其长短取决于驾驶人踩制动踏板的速度、制动系统的结构形式及技术状况，一般为 0.2~0.7s；t_3 为持续制动时间，当车辆抱死拖滑时，t_3 的长短只取决于初始车速和路面附着系数；t_4 为制动释放时间，一般为 0.2~0.8s。

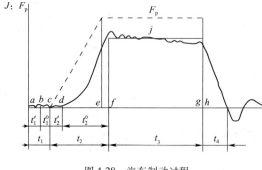

图 4-28 汽车制动过程

制动时间 t_2 和 t_3 具有间接评价汽车制动性能的能力。其制动时间越短，制动性能越好。但一般情况下，制动时间不单独作为检测指标。在我国安全法规中，将制动协调时间作为辅助性检测指标。制动协调时间是指在紧急制动时，从制动踏板开始动作至车辆减速度（或制动力）达到标准规定的充分发出的平均减速度（或标准中规定的制动力）75% 时所需的时间。显然，制动协调时间是制动器作用时

间 t_2 的主要部分。

5）制动稳定性

制动稳定性是指汽车在制动过程中维持直线行驶的能力或按预定弯道行驶的能力。制动稳定性差的汽车，汽车路试时会产生偏离规定宽度通道的现象。因此，在我国安全法规中，路试时制动稳定性的检测指标是试车道的宽度。由于汽车左右车轮制动器制动力增长快慢不一致或左右车轮制动力不等，容易造成汽车制动跑偏，使汽车制动稳定性变差。因此，在我国安全法规中，台试时制动稳定性的检测指标是同轴左右轮制动力差。

2. 检测标准

汽车的制动性能与行车安全紧密相关，因而制动性能的检测标准应根据国家的有关法规制定。目前，汽车制动性能的检测标准均取自于 GB 7258—2012《机动车运行安全技术条件》，根据该文件的规定，可以用台试法或路试法检测汽车制动性能，只要检测指标符合检测标准，则认为汽车制动性能合格。

1）台试检测标准

台试检测制动性能的方法有：制动力法、制动距离法和制动减速度法，但常用的是制动力法。制动力法的检测标准如下：

（1）行车制动检测标准。

① 制动力：汽车、汽车列车在制动试验台上测出的制动力应符合表 4-4 的要求。制动力检测时，其制动踏板力或制动气压应符合表 4-5 的要求。

台试检验制动力要求　　　　　表 4-4

车辆类型	制动力总和与整车质量的百分比（%）		轴制动力与轴荷的百分比（%）	
	空载	满载	前轴	后轴
汽车、汽车列车	≥60	≥50	≥60	—

注：空、满载状态下测试均应满足此要求。

制动性能检测时制动踏板力或制动气压要求　　　　　表 4-5

检测参数		空载	满载
气压（压力系统气压表的指示气压）（kPa）		≤600	≤额定工作气压
液压制动系统踏板力（N）	座位数≤9 的载客汽车	≤400	≤500
	其他汽车	≤450	≤700

② 制动力平衡：在制动力增长全过程中，左右轮制动力差与该轴左右轮中制动力大者之比对前轴不得大于 20%，对后轴不得大于 24%。

③ 制动协调时间：汽车单车制动协调时间应不大于 0.6s，汽车列车制动协调时间应不大于 0.8s。

④ 车轮阻滞力：汽车各车轮的阻滞力不得大于该轴轴荷的 5%。

⑤ 制动释放时间：汽车制动从松开制动踏板到制动消除所需要的时间，对单车不得大于 0.8s。

（2）驻车制动检测标准。当采用制动试验台检查车辆驻车制动时，车辆空载，乘坐一名驾驶人，使用驻车制动装置，驻车制动力的总和应不小于该车测试状态下整车质量的 20%；

对总质量为整备质量1.2倍以下的汽车,此值应为15%。

台试检测时,若对空载检验制动力有质疑,则用表4-4中规定的满载检验制动力要求进行检验;若对台试检测的制动性能有质疑,则用路试检测方法进行复检,并以满载路试的检测结果为准。

2) 路试检测标准

(1) 行车制动路试检测标准。路试检测行车制动性能的方法有:制动距离法和制动减速度法。

① 制动距离法检测标准。

a. 制动距离:汽车在规定的初速度下急踩制动踏板时,其制动距离应符合表4-6的要求。制动距离检测时,其制动踏板力或制动气压应符合表4-5的要求。对空载检验制动距离时,可用表4-6中规定的满载检验制动性能的要求进行检验。

b. 制动稳定性:汽车在规定的初速度下急踩制动踏板时,车辆任何部位不得超出表4-6规定的试车道宽度。

制动距离和制动稳定性要求　　　　　表4-6

车辆类型	制动初速度(km/h)	满载检验制动距离(m)	空载检验制动距离(m)	制动稳定性要求:车辆任何部位不得超出的试车道宽度(m)
座位数≤9的载客汽车	50	≤20	≤19	2.5
其他总质量≤4.5t汽车	50	≤22	≤21	2.5*
其他汽车、汽车列车	30	≤10	≤9	3.0

注:* 对3.5t<总质量≤4.5t的汽车,试车道宽度为3m。

c. 应急制动距离:汽车在满载和空载状态下,按规定的初速度进行应急制动,其制动距离及操纵力应符合表4-7的要求。

应急制动性能要求　　　　　表4-7

车辆类型	制动初速度(km/h)	制动距离(m)	$FMDD$(m/s^2)	允许的操纵力(N)	
				手操纵	脚操纵
座位数≤9的载客汽车	50	≤38	≥2.9	≤400	≤500
其他载客汽车	30	≤18	≥2.5	≤600	≤700
其他汽车	30	≤20	≥2.2	≤600	≤700

② 制动减速度法检测标准。

a. 制动减速度:汽车在规定的初速度下急踩制动踏板时$FMDD$应符合表4-8的要求。检测时,其制动踏板力或制动气压应符合表4-5的要求。对空载检验制动性能有质疑时,可用表4-8中规定的满载检验制动性能的要求进行检验。

b. 制动协调时间:汽车单车制动协调时间应不大于0.6s,汽车列车制动协调时间应不大于0.8s。

c. 制动稳定性。检测时,车辆任何部位不得超出试车道宽度,应符合表4-6的要求。

d. 应急制动减速度:汽车在满载和空载状态下,按规定的初速度进行应急制动时$FMDD$

及操纵力应符合表4-7的要求。

制动减速度和制动稳定性要求　　　　　　　　　　　表4-8

车 辆 类 型	制动初速度（km/h）	满载检验 FMDD(m/s²)	空载检验 FMDD(m/s²)	制动稳定性要求：车辆任何部位不得超出的试车道宽度(m)
座位数≤9的载客汽车	50	≥5.9	≥6.2	2.5
其他总质量≤4.5t的汽车	50	≥5.4	≥5.8	2.5*
其他汽车、汽车列车	30	≥5.0	≥5.4	3.0

注：* 对3.5t＜总质量≤4.5t的汽车，试车道宽度为3m。

（2）驻车制动路试检测标准。在空载状态下，驻车制动装置应能保证车辆在坡度为20%（总质量为整备质量的1.2倍以下的车辆为15%）、轮胎与路面附着系数不小于0.7的坡道上正、反两个方向保持固定不动的时间应不少于5min。检测时，其操纵力应符合表4-9的要求。

驻车制动性能检测时操纵力要求　　　　　　　　　　　表4-9

车 辆 类 型	手操纵时操纵力	脚操纵时操纵力
座位数≤9的载客汽车	≤400	≤500
其他汽车	≤600	≤700

在汽车制动性能检测中，其检测指标只要符合制动力法、制动距离法和制动减速度法其中之一的标准要求，即可判为合格。

二、汽车制动性能的检测设备

与路试法检测制动性能相比，试验台检测制动性能具有迅速、准确、经济、安全、不受自然条件的限制，以及试验重复性好和能定量地指示出各轮的制动力等优点，因此在国内外得到了广泛的应用。

1. 制动力检测原理

汽车制动时制动力取决于制动器动力和车轮与地面间附着力中的较小者。其中制动器制动力取决于制动系统压力和车轮制动器技术状况，而车轮与地面附着力由车轮垂直载荷和轮胎与地面间的附着系数决定。

测力式制动试验台在试验台轮胎支撑面高附着系数的前提下，测出制动全过程中车轮所受制动力的反作用力——轮胎对试验台支撑装置的作用力，进行分析，给出制动系统技术状况的评价。

目前应用较广泛的测力滚筒式制动试验台制动力的检测原理如图4-29所示。将被检车的车轮置于两个滚筒上，用电动机通过减速器驱动滚筒从而带动车轮旋转，当车轮制动时，车轮给滚筒一个与其旋转方向相反的力，该力大小与滚筒对车轮的制动力相等，并通过浮动的电动机减速器体、杠杆传给测力秤，并由测力秤的指示表显示出来，从而测出了车轮的制动力。

2. 测力式制动试验台

测力式制动试验台按车轮支撑形式不同可分为滚筒式和平板式两种。

测力滚筒式制动试验台有单轮式、单轴式和双轴式三种。

图4-30所示为单轴测力滚筒式制动试验台的结构示意图,它由框架、驱动装置、滚筒装置、测量装置、举升装置和指示与控制装置等组成。

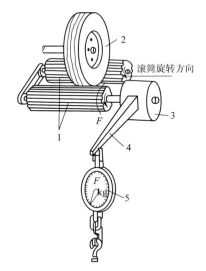
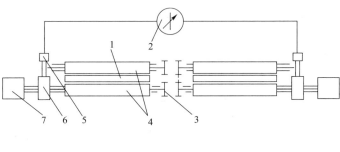

图4-29 制动力检测原理
1-滚筒;2-车轮;3-电动机;4-测力杠杆;5-测力秤

图4-30 单轴测力滚筒式制动试验台
1-举升装置;2-指示装置;3-链传动;4-滚筒装置;5-测量装置;6-减速器;7-电动机

1)驱动装置

驱动装置由电动机、减速器(或扭力箱)和传动链条等组成。电动机通过减速器增扭后驱动主动滚筒,主动滚筒又通过链传动把动力传给从动滚筒。减速器与主动滚筒共用一轴,其壳体处于浮动状态。车轮制动时,该壳体能绕轴摆动,把制动力矩传给测力杠杆。

2)滚筒装置

滚筒装置由4个滚筒组成,左右各一对单独设置。被测车轮置于两滚动之间。滚筒相当于一个活动路面,用来支撑被检车轮并在制动时承受和传递制动力。

3)测量装置

测量装置由测力杠杆和传感器等组成。测力杠杆一端与减速器主体连接,另一端与传感器相连。传感器的形式很多,如油压式、自整角电动机式、电位计式、差动变压器式和电阻应变片式等。传感器能把测力杠杆的移动量或受力变成电信号,送入指示与控制装置。

4)举升装置

举升装置由举升器、举升平板和控制开关等组成。汽车驶入、驶出时,举升器将举升平板托起,使汽车平稳出入两滚筒之间,减少冲击。举升器有液压式、气压式和电动式等形式。

5)指示与控制装置

指示装置有电子式和微机式两种。电子式指示装置多配以指针式仪表。这种仪表有一轴单针式和一轴双针式两种形式。单针式只指示一个车轮的制动力,左右车轮需分别设置;双针式可同时指示左右轮制动力。微机式指示装置多配以数字显示器,目前制动试验台多为微机式。控制装置有手动式和微机自动式两种。

汽车制动试验台微机式指示与控制装置组成如图 4-31 所示,主要由放大器、模数转换器(A/D)、数模转换器(D/A)、继电器、微机、显示器和打印机等组成。在键盘和脚踏开关的控制下,微机控制举升装置的升降、滚筒电动机转动与停止、测力传感器信号的采集、存储和处理。它不仅能指示左右轮制动力,还能输出左右轮制动力的和与差值、车轮阻滞力、制动协调时间和制动释放时间,并能将检测结果与检测标准对照,做出技术状况评价。

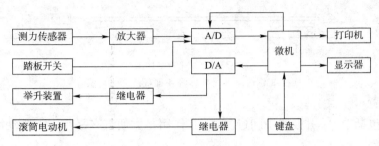

图 4-31 微机式指示与控制装置框图

另外有些试验台在两滚筒之间装有直径较小的第三滚筒,其上带有转速传感器。其作用是一旦检测时车轮制动抱死,其上的转速传感器送出的电信号可使滚筒立即停转,防止轮胎剥伤。由于制动力诊断标准是以轴制动力和占轴荷的百分比为依据,因此,有些测力式滚筒制动试验台有内藏式轴荷测量装置。

3. 平板式制动试验台

测力平板式制动试验台是凭借汽车左测试平板上的实际紧急制动过程来测定汽车前、后轮制动力的。它有单轮式、单轴式和双轴式三种。图 4-32 所示为意大利 VAMAG 公司的双轴测力平板式制动试验台结构简图。该试验台主要由测试平板、控制和显示装置、过渡板及前后引板组成。

1)测试平板

测试平板共 4 块,一次制动试验可同时检测 4 个车轮的制动力、车轮质量和悬架工作状况。4 块测试平板结构相同,如图 4-33 所示,主要由面板、底板、钢珠、压力传感器和拉力传感器组成。

当汽车以一定速度驶上测试平板并进行紧急制动时,车轮对测试平板作用一大小与车辆制动力相等,方向与汽车行驶方向相同的作用力,该力通过纵向拉杆传到拉力传感器。拉力传感器将此作用力转变为相应大小的电信号,并将该信号送入放大器。车轮作用于平板的垂直作用力由分布于面板四角的压力传感器转变为电信号,送入放大器。

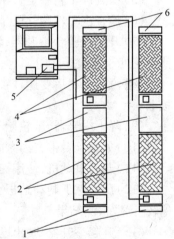

图 4-32 双轴平板式制动试验台
1-前引板;2-前测试平板;3-过渡板;4-后测试平板;5-控制和显示装置;6-后引板

2)控制和显示装置

控制与显示装置是一个以单片机为核心的数据采集、分析、处理和显示系统。单片机对拉力传感器放大器和压力传感器放大器中的各路输出信号进行高速采样,并将其转换为数字信号,然后对这些数字信号进行处理、计算,按要求显示出各轮制动力、左右轮制动力差、全车制动力、制动协调时间、制动释放时间等测试结果;同时还能给被检车驾驶人提供操作停车后前、后轮胎对面板垂直作用力的变化过程的分析,获知汽车车身振动衰减情况,从而判断汽系统技术状况。

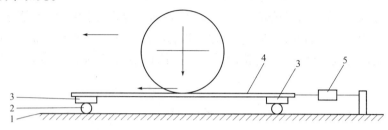

图 4-33 测试平板结构图
1-底板;2-钢珠;3-压力传感器;4-面板;5-拉力传感器

3）辅助装置

辅助装置包括前、后引板和中间过渡板,其作用是方便汽车平稳上下制动测试平板。

4. 检测方法

1）测力滚筒式制动试验台检测方法

(1) 将试验台指示与控制装置上的电源开关打开,按使用说明书要求预热至规定时间。

(2) 如果指出装置为指针式仪表,检查指针是否在零位,否则应调整。

(3) 检查并清洁试验台滚筒表面。

(4) 核实汽车各轴荷,不得超过试验台额定轴荷。

(5) 检查汽车轮胎是否粘有泥、水、砂、石等杂物,若有,应清除。

(6) 检查汽车轮胎气压是否符合汽车制造厂的规定,若不符合,应充气、放气至规定值。

(7) 升起试验台举升器,汽车尽可能沿垂直于滚筒的方向驶入试验台,先前轴,再后轴,使车轮处于两滚筒之间。

(8) 汽车停稳后变速杆置空挡位置,驻车制动为完全放松状态,把脚踏开关套在制动踏板上。

(9) 降下举升器,至轮胎与举升器完全脱离为止。

(10) 如试验台带有内藏式轴荷测量装置则应在此时测出轴荷。

(11) 起动电动机,使滚筒带动车轮转动,先测出车轮阻滞力。

(12) 用力踩下制动踏板,一般试验台在 1.5～3.0s 后或第三滚筒发出信号后,滚筒自动停转,读取检测结果。

(13) 升起举升器,驶出已测车辆,驶入下一车辆,按上述同样方法检测制动力。

(14) 当与驻车制动相关的车辆在试验台上时,检测完行车制动后应重新起动电动机,在行车制动完全放松的情况下,用力拉紧驻车制动器操纵杆,检测驻车制动性能。

(15) 车辆所有的行车制动及驻车制动性能检测完毕后,升起举升器,汽车驶出试验台。

(16) 切断试验台电源。

2）测力平板式制动试验台检测方法

(1) 将试验台指示与控制装置上的电源开关打开,按使用说明书要求预热至规定时间。

(2) 检查并清洁制动试验台平板面。

(3) 核实汽车各轴荷,不得超过试验台额定轴荷。

(4) 核实汽车轮胎是否粘有泥、水、砂、石等杂物,若有应清除。

(5)检查汽车轮胎气压是否符合要求,若不符合应调整至规定值。

(6)被测车以5~10km/h车速驶上试验台,前方指示灯闪亮时,驾驶人施以紧急制动。

(7)汽车重新起步,当指示灯再次闪亮时,立即拉紧驻车制动器操纵杆,然后再起步驶离试验台。

(8)切断试验台电源。

从以上介绍可知,与可测力滚筒式制动试验台相比,测力平板式制动试验台具有结构简单、检测过程更接近实际行驶中制动状况和检测效率较高的特点。

5. 制动试验台的维护

1)测力滚筒式制动试验台的维护

测力滚筒式制动试验台的维护按表4-10的规定进行。

测力滚筒式制动试验台的维护　　　表4-10

维护周期	维护部位	维护要领	调修方法
1周	滚筒轴承盖螺栓和扭力箱内大齿轮轴端螺钉	检查各处螺栓是否松动	各处螺栓如有松动应予紧固
3个月	滚筒轴承处	检查滚筒轴承润滑脂润滑情况	如有脏污或干涸时,应按厂家规定加注润滑脂
6个月	滚筒及滚筒轴承	检查滚筒有无运转杂音或损伤部位	滚筒有杂音或损伤时,应进行修理
6个月	扭力箱、缓冲器及链条	拆下链条罩盒,检查链条脏污和张紧情况	链条脏污时,要彻底清洗,并重新润滑;链条伸长时,应予更换
1年	接受设备检定部门的检定		

注:试验台不使用时,应保持试验台机器周围环境的清洁,及时清除泥、水、砂、石,并防止浸入试验台。

2)测力平板式制动试验台的维护

测力平板式制动试验台的维护按表4-11的规定进行。

测力平板式制动试验台的维护　　　表4-11

维护周期	维护部位	维护要领	调修方法
1个月	测试平板	检查测试平板移动是否灵活	如不灵活应进行清洁和润滑
1个月	拉力传感器	检查拉力传感器元件两端连接是否松动	如松动应紧固
6个月	测试平板	拆下测试平板,检查上下V形槽、钢球及测力杠连接磨损情况	对磨损严重的零件应视情更换
1年	接受设备检定部门的检定		

注:试验台不使用时,应保持试验台机器周围环境的清洁,及时清除泥、水、砂、石,并防止浸入试验台;试验台上不要停放车辆或堆放重物,防止测试平板变形。

三、汽车制动性能的检测

汽车制动性能除通过制动试验台检测制动力进行评价外,还可以通过道路试验检测制动距离和制动减速度进行评价。

1. 用路试法检测制动距离

坡度小于或等于1%、干燥和清洁的硬路面(轮胎与路面之间的附着系数为0.7%)上进行。检测时,被检车在规定宽度的试验车道上沿着车道的中心线行驶至高于规定的初始速度后,置变速器于空挡,当滑行到规定的初速度时,急踩制动踏板,使汽车停止,借助于第五轮仪或其他测试方法测量车辆的制动距离。

汽车的制动距离是指汽车在规定的初速度下急踩制动踏板时,从脚接触制动踏板时起至汽车停住时止汽车驶过的距离。

为保证检测精度,在路试法检测制动性能中常使用第五轮仪进行检测,它可以测出制动过程中的制动距离、制动时间和制动初速度。

第五轮仪有机械式、电子式和微机式三种,目前微机式第五轮仪应用较广泛。

微机式第五轮仪由传感和记录两部分组成。传感部分的作用是把汽车行驶的距离变为电信号输出。其结构如图4-34所示,由充气轮胎、传感器、减振器、连接装置和接地压力调节机构等组成。充气轮胎安装在汽车的尾部或侧面,在接地压力调节机构的作用下,轮子紧贴地面,并随汽车的行驶作纯滚动。常用的传感器有光电式和磁电式两种。随轮子转动,传感器发出与轮子滚动距离相对应的信号,送给记录部分。记录部分的作用是将传感器送来的电信号进行计数,并与自身

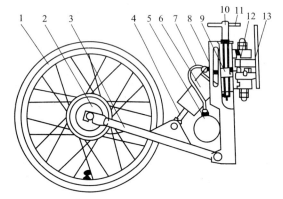

图4-34 微机式第五轮仪
1-充气轮胎;2-传感器;3-叉架;4-活塞杆;5-储气筒;6-气缸;7-气管;8-壳体;9-螺母;10-丝杆;11-调节手把;12-调节轴;13-固定板

产生的时间信号相比较计算出车速,根据设定的制动初速度测量制动距离和制动时间,并将结果显示出来。

第五轮仪不使用时应保持清洁,妥善放置;传感部分各关节点清洁润滑,轮胎保持充气状态;每年应接受设备检定部门的检定,以保证检测精度。

2. 用路试法检测制动减速度

用路试法检测制动减速度的试验条件与路试法检测制动距离相同,不同点是用制动减速度仪或使用其他测试方法测量车辆的FMDD。FMDD应在测得其计算公式中相关参数后计算确定。

汽车制动减速度是指汽车在规定的初速度下,急踩制动踏板时,汽车在单位时间内降低的速度。GB 7258—2012《机动车运行安全技术条件》规定,用在规定的初速度下急踩制动踏板的FMDD来评价汽车制动性能。

制动减速度仪以检测制动减速度和制动时间为主。制动减速度仪由仪器和传感器两部分组成。传感器有滑块式和摆锤式两种。常见的滑块式传感器结构如图4-35所示,它由弹簧、滑块机构和光电转换机构组成。汽车检测时,传感器部分放置在驾室或车厢地板上,正面朝上,其前端对准汽车前进方向,并紧靠固定部位。汽车制动时,在惯性力的作用下滑块克服弹簧的拉力产生位移。

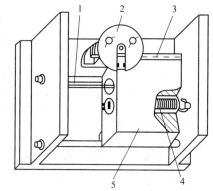

图4-35 滑块式传感器
1-阻尼杆;2-光电转换机构;3-齿条;4-弹簧;5-滑块机构

位移量与汽车减速度成正比。为尽量减少弹簧与滑块组合产生的简谐振动,有阻尼杆产生适当阻尼。光电转换机构由发光二极管、光敏晶体管和动光栅组成,将滑块移动量变成电脉冲信号送入仪表。仪表部分接到脚踏开关信号后,对传感器送来的信号进行整形、放大、分析、处理,最后显示制动减速度和制动时间。

第六节 汽车行驶系统的检测诊断与维修

汽车行驶系统由车架、车桥、车轮和悬架等组成。其功用是:支撑全车并传递和承受各种力、力矩;传递驱动力和各种反力和力矩;减缓冲击和振动,保证车辆行驶的平顺性;保证车轮相对车架的的运动轨迹,实现车辆操纵稳定行驶。

一般来说,车架和悬架部分出现故障后,对行驶系统会产生较大的影响,当然,车架和车轮出现故障后,也会对行驶系统造成不能正常工作的故障现象。甚至制动系统、转向系统出现故障后,都使汽车行驶系统不能正常工作,所以在诊断、维修汽车行驶系统故障时,也要综合考虑上述部分造成的影响。

一、汽车悬架性能的评价及检测

汽车悬架装置是保证汽车平顺性的重要总成。同时,汽车悬架装置对汽车的安全性、操纵稳定性等诸多性能都有影响。因此,汽车悬架装置的各元件品质和匹配后的性能,对汽车行驶性能都有着重要影响。

汽车悬架性能好坏直接影响到汽车行驶中的平顺性,汽车以一定车速驶过随机的路面,此时经过由轮胎、悬架、座垫等弹性、阻尼元件和悬架质量、非悬架质量构成的振动系统,传递到人体,根据人体对振动的反应——乘坐者的舒适程度来评价汽车的平顺性。汽车振动系统通常还要同时考虑车轮与路面间的动载,它与车轮接地性有关,影响汽车的操纵稳定性。影响汽车操纵稳定性的直接因素固然是轮胎特性,但轮胎与车身相连的部件是悬架装置,其性能和品质的好坏直接影响汽车操纵稳定性、平顺性和行驶安全性,所以检测悬架的性能,尤其是减振器的工作性能,对于保证汽车乘坐舒适性、操纵稳定性和行驶安全性是十分重要的。

检测汽车悬架装置主要是用悬架装置检测台。汽车悬架装置的检测主要是测试减振器性能,在评价减振器性能的同时,也就对悬架装置的性能作出了综合评价。

1. 悬架装置检测台结构形式与特点

由于汽车公路条件不断改善,特别是高速公路的发展,汽车行车速度提高,汽车悬架装置的完好程度对减少车祸、保证行车安全至关重要。悬架装置检测台能快速检测、判断汽车悬架装置的完好程度。

目前悬架减振器检测台,根据其结构形式可分为跌落式(图4-36)和谐振式(图4-37)两类。

跌落式悬架减振器检测台测试开始时,先通过举升装置将汽车升起一定高度,然后突然松开支撑机构,车辆自由振动,可用测量装置测量车体振幅,或者用压力传感器测量车轮对台面的冲击压力,对压力波形进行分析,以此评价汽车悬架装置的性能。

谐振式悬架减振器检测台通过电动机、偏心轮、储能飞轮、弹簧组成的激振器,迫使汽车悬架装置产生振动,在开机数秒后断开电动机电源,从而电储能飞轮产生扫频激振。由于电动机的频率比车轮固有频率高,因此,飞轮逐渐减速的扫频激振过程总可以扫到车轮固有频率处,从而使台面—汽车系统产生共振,测量出振动频率、振幅、输出振动波形曲线,进而系统处理评价汽车悬架装置性能。由于谐振式悬架减振器检测台性能稳定、数据可靠性好,因此应用广泛。

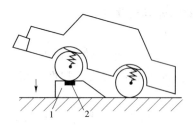

图4-36 跌落式汽车悬架装置检测台
1-升起机构;2-测量装置

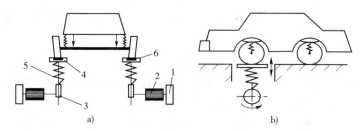

图4-37 谐振式汽车悬架装置检测台
1-惯性飞轮;2-电动机;3-凸轮;4-台面;5-激振弹簧;6-测量装置

2. 悬架装置的评价

目前出现的悬架减振器检测台都是利用检测车轮和道路接地力的原理来快速评价悬架装置的品质和性能的。我们引用了车轮和道路接触状态的新概念。汽车车轮和道路的接触状态可用车轮作用在地面上的接地力来表征。依靠汽车行驶中车轮作用在道路上接地力的变化可评价汽车悬架装置的品质和性能。欧洲减振器制造商协会 EUSAMA 推荐的测量标准:汽车车轮稳态时的载荷,定义为车轮和道路的静态接地力。汽车车轮在受外界激励振动下,汽车车轮在检测台上的变化载荷定义为动态载荷,将动态载荷的最小值与静态载荷之比值作为评价汽车悬架装置的指标。

上述 EUSAMA 比值分为四级:

(1)80% ~100% 表示很好。

(2)60% ~79% 表示好。

(3)40% ~58% 表示足够。

(4)0% ~39% 表示弱、不够。

我们知道,评价汽车悬架装置一直是采用平顺性的评价指标,是以人体所能承受的加速度方根来评价的。这种评价方法不仅考虑了悬架装置对汽车平顺性的影响,更主要的侧重点是考虑了对汽车操纵稳定性和行驶安全性的影响。它考查的是汽车在工作条件最差的情况下,即地面激振使悬架达到共振时,车轮与地面的接触状态。这是一个比较直观的评价指标,即能够快速检测,又能够综合评价汽车悬架装置的弹簧与减振器的匹配性能及品质。当然,这个评价方法也有其不足之处,有待我们不断地修订和完善。

3. 汽车悬架装置的检测

汽车悬架装置检测台由电子电器控制和台架机械两部分构成。

悬架装置检测台机械部分由箱体和左右两套相同的振动系统构成,结构简图如图4-38所示。图中所示为检测台单轮支撑结构,一套振动系统因其左右对称,故另一侧省略。每套振动系统主要由台面、上摆臂、中摆臂、下摆臂、弹簧、驱动电动机、飞轮和传感器构成。传感器一端固定在箱体上,另一端固定在台面上。

上摆臂、中摆臂和下摆臂通过三个摆臂轴和六个轴承安装在箱体上。上摆臂和中摆臂支撑台面连接,并构成平行四边形的四连杆机构,以保证上下运动时能平行移动,以及台面受载时始终保持水平。中摆臂和下摆臂端部之间装有弹簧。

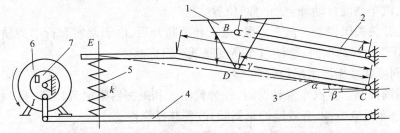

图4-38 谐振式汽车悬架装置检测台结构原理图
1-支撑台面;2-上摆臂;3-中摆臂;4-下摆臂;5-激振弹簧;6-电动机;7-偏心惯性结构

驱动电动机的一端装有飞轮,另一端装有凸缘,凸缘上有偏心轴,连接杆一端通过轴承和偏心轴连接,另一端和下摆臂端部连接。

检测时,将汽车驶上支撑平台,启动测试程序,电动机带动偏心机构使整个车—试验台系统振动,激振数秒,达到角频率为 ω_0 的稳定强迫振动后断开电动机电源,接着与电动机紧固的储能飞轮以起始频率为 ω_0 的角频率进行扫频激振,由于停在台面上的车轮的固有频率处于 ω_0 和 0 之间,因此储能飞轮的扫频激振总能使车—试验台系统产生共振。断开电动机电源的同时,启动采样测试装置,记录波形,待达到共振频率时,停止采样,然后进行数据处理、分析和评价。

悬架装置检测台电子电气控制部分主要由计算机、传感器、A/D 多功能卡、电磁继电器(提供 12V、5V 和 24V 的直流电流)以及控制软件等组成。

控制软件是悬架装置检测台电子电气部分与机械部分联系的桥梁。软件不仅实现对检测台动作的控制,同时也对检测台所采集的数据分析处理,并最终以高密度的形式将检测结果打印出来。

二、汽车电控悬架的故障诊断

电控悬架控制系统可实现对车身高度、悬架弹簧刚度和减振器阻尼各参数进行主动调节,它属于有源控制的主动悬架。与其他控制系统一样,悬架控制系统一般也包括传感器、电控单元和执行机构三部分。传感器用来感受汽车运动状态(路况和车速及起动、加速、转向制动等情况),并将各种状态转变为电信号输送给 ECU。ECU 对传感器输入的信号进行综合处理,向执行机构发出控制指令。悬架控制系统的执行机构是电磁阀、步进电动机和空气压缩机。它们接受来自 ECU 的控制指令,准确、快速和及时地作出动作反应,实现对弹簧刚度、减振器阻尼和车身高度的调节。

1. 电控悬架工作过程

各个车身高度传感器向 ECU 输入转向角和转向速度信号,发动机和自动变速器 ECU 向电控悬架 ECU 提供节气门位置信号。电控悬架的 ECU 综合以上信号向空气压缩机、步进电动机、高度控制阀和悬架控制执行器发出指令信号,对车身高度、弹簧刚度和减振器阻尼力进行综合控制,各自有"软"、"硬"、"正常""高"等状态。具体状态由 ECU 根据汽车的运行状况和驾驶人通过控制开关选定的控制状态来确定。具体控制项目如下。

1)车身高度控制

(1)自动高度控制。在良好路面行驶时,驾驶人操纵控制开关选择汽车的目标高度为"高"或"正常"后,不论乘客和行李质量如何变化,汽车高度保持所选择的目标高度。

(2)高车速控制。当车速高于控制车速后,汽车高度会降低一级。如高度控制开关选择"高"位置,汽车高度自动降至"正常"位置。

(3)点火开关关闭控制。汽车停驶,点火开关断开后,由于乘客和行李的质量的变化而使汽车高度高于目标高度时,能使汽车高度降低至目标高度。

2)弹簧刚度和减振器阻尼控制

(1)防侧倾控制。在汽车急转弯时,使弹簧刚度和减振器阻尼调整到"高"状态,并使汽车的姿态变化降至最小,以有效地抑制侧倾,改善其操纵性。

(2)"点头"控制。在汽车紧急制动时,调整弹簧刚度和减振器阻尼力为"高"状态,以抑制汽车制动时"点头"。

(3)防"后仰"控制。在汽车加速时,调整弹簧刚度和减振器阻尼力为"高"状态,以抑制汽车后仰。

(4)防在速控制。汽车高速行驶时,不论驾驶人选择何种控制状态,电控悬架自动使弹簧刚度为"高"状态,以改善高速行驶时的稳定性和操纵性。

(5)颠簸、跳动控制。汽车在不平路面行驶时,使弹簧刚度和减振器阻尼力为"正常"或"高"状态,以抑制汽车因路面不平造成的颠簸和跳动,提高乘坐舒适性。

2.汽车电控悬架系统的检修

电控悬架的基本控制功能就是车身高度控制(自动高度控制、高车速控制、停车控制)、车身姿势控制(防侧倾控制、防点头控制、防后仰控制、改变悬架阻尼力)。据此可知,只要不能实现以上功能,就说明电控悬架有故障。当然,故障离不开系统各组成部分的技术状况和配合协调。

1)初步检查

(1)汽车高度调整功能的检查。首先在轮胎充气压力满足要求、汽车处于正常高度调整的状态下,检查汽车高度。然后起动发动机,将高度控制开关从"NORM"位置转换到"HIGH"位置,检查完成高度调整所需的时间和汽车高度的变化量。从操作高度控制开关到压缩机起动所需时间约为2s,从压缩机起动到完成高度调整所需时间为20~40s,汽车高度的变化量为10~30mm,若不满足,应做进一步检查,确定故障原因、故障部位,采取相应的维修措施。

(2)输入信号的检查。该检查的目的是检查来自转向传感器和停车灯开关的信号是否正常地输入ECU。接通点火开关,将发动机舱内的检查连接器端子TS与E1短接。如将端子TS与E1连接后,ECU中有故障码输出,就应该进行维修;如果ECU中没有故障码输出,则要进行输入信号检查。输入信号的每个项目检查,要按表4-12中规定的"操作一"进行。观察发动机处于不同的状态下"NORM"指示灯的闪烁方式。正常情况是发动机停机状态下,高度控制"NORM"指示灯会以0.25s的间隔闪亮,并一直持续闪亮到发动机运转时为止。然后,按表4-12中规定的"操作二"进行操作,观察发动机处于不同状态下"NORM"指示灯的闪烁方式,正常情况是在发动机停机状态下,高度控制"NORM"指示灯常亮。若满足要求,表明被检查系统信号正常地输入ECU。在进行上述各项检查时,减振力和弹簧刚度控制停止,并且减振力和弹簧刚度均固定在"坚硬"状态。汽车高度仍旧正常进行。

(3)溢流阀的检查。溢流阀的检查是迫使压缩机工作来检查溢流阀动作,其检查步骤为:接通点火开关,短接高度控制连接器的端子1与7,迫使压缩机工作;等压缩机工作一段间后,检查溢流阀是否放空气;断开点火开关;清除故障码(当迫使压缩机工作时,ECU会记录一个故障码,在完成检查后,务必将这个故障码清除掉)。

输入信号的检测　　　　表 4-12

检查项目	操作一	发动机工作状态 停机	发动机工作状态 运转	操作二	发动机工作状态 停机	发动机工作状态 运转
转向传感器	转向直前	闪烁	常亮	转向角45°以上	常亮	闪烁
停车灯开关	OFF(制动踏板不踩下)	闪烁	常亮	ON(制动踏板不踩下)	常亮	闪烁
门控灯开关	OFF(所有车门关闭)	闪烁	常亮	ON(所有车门关闭)	常亮	闪烁
节气门位置传感器	不踩加速踏板	闪烁	常亮	加速踏板全部踩下	常亮	闪烁
1号车速传感器	车速低于20km/h	闪烁	常亮	车速低于20km/h	常亮	闪烁
高度控制开关	NORM 位置	闪烁	常亮	HIGH 位置	常亮	闪烁
悬架控制开关	NORM 位置	闪烁	常亮	SPORT 位置	常亮	闪烁
高度控制 ON/OF 开关	ON 位置	闪烁	常亮	OFF 位置	常亮	闪烁

(4)漏气检查。主要检查管子和软管的接头是否漏气,其步骤为:首先将高度控制开关拨到"HIGH"位置使汽车高度上升,然后使发动机停机,在管子和软管的接头处加肥皂水检查是否有任何漏气现象。

(5)汽车高度调整。为了保证车高调节系统正常工作,必须进行汽车高度调整。首先将汽车停在水平地面上,检查汽车高度,若汽车的高度处在标准值范围以内,就不必进行汽车的高度调整。否则,按下面步骤进行汽车的高度调整:拧松高度控制传感器连接杆上的2只锁紧螺母;转动高度控制传感器连接杆的螺栓以调节长度,高度控制传感器连接杆每转一圈能使汽车高度改变大约4mm;调整时,要注意检查高度控制传感器连接杆的尺寸是否小于极限值;暂时拧紧2只锁紧螺母;再检查一次汽车高度,直到车高达到标准值范围以内;按拧紧力矩要求拧紧锁紧螺母。

2)利用自诊断系统进行故障检修

自诊断系统需要利用指示灯读取故障码,因此要先进行指示灯检查。

指示灯检查。接通点火开关,"HEIGHT"照明灯一直点亮。检查悬架控制指示灯(带"SPORT"标志)和高度控制指示灯(带"NORM"或"HI"标志),应亮2s左右。当把位于自动变速器(有的位于仪表板)上的悬架控制开关拨到"SPORT"侧时,悬架控制指示灯仍旧亮着。当高度控制开关拨到"NORM"或"HIGH"侧时,相应的高度控制指示灯"NORM"或"HI"也点亮。当高度控制"NORM"指示灯以每1s间隔闪亮时,这表明 ECU 存储器中存有故障码,悬架控制系统存在故障,应做进一步的检修。如果在指示灯检查过程中,出现表4-13所示的故障,应进行相应电路的检查并排除故障。

指示灯检查　　　　表 4-13

故障征兆	检查电路
在接通点火开关后,"SPORT"、"HI"和"NORM"指示灯不亮	汽车高度控制电源电路
接通点火开关后"SPORT"、"HI"和"NORM"指示灯亮2s,然后全部熄灭	指示灯电路
有些指示灯"SPORT"、"HI"和"NORM"照明灯不亮	悬架控制执行器电源电路
即使悬架控制开关拨到"NORM"侧,"SPORT"指示灯仍旧亮着	指示灯电路或"HEIGHT"照明灯电路
仍旧亮着的汽车高度指示灯与高度控制开关所选定的汽车高度不一致	高度控制开关电路

故障码检查。短接端子 TC 与 E1。若指示灯闪烁的时间间隔相等,表示悬架控制系统正常,自诊断系统未发现故障。检查完毕后,将端子 TC 和 E1 脱开。故障码清除有两个方法:在断开点火开关的情况下,拆下接线盒中的 ECU 熔断丝 10s 以上;或在断开点火开关的情况下,将高度控制连接器的端子 9 与端子 8 连接,同时使检查连接器的端子 TS 与 E1 连接,保持这一状态 10s 以上,然后接通点火开关,并脱开以上各端子。对故障部位进行检查与维修,再按读取故障码的步骤检查一遍,如故障码消失,表明悬架控制系统正常。

3)电控悬架故障现象及主要原因

电控悬架系统的故障现象及主要原因见表 4-14。

电控悬架故障现象及主要原因　　　　表 4-14

故障类型	故障现象	主要原因
车身高度升不起	车辆在路面状况较差的道路行驶时,车身高度升不起	车速传感器失准、车身高度传感器调整不当、空气压缩机不工作或泄气、驱动电磁阀故障等
车身高度降不下	车身高度不能随车速的升高而降低或车辆停驶后车身高度不降	车速传感器失准、车身高度传感器调整不当、驱动电动机不工作、电磁阀卡住等
车身高度变化速度过慢	车辆在从低速向高速或由高速向低速变化过程中,车身高度的变化速度过慢	传感器失准、ECU 处理速度过慢、系统电源电压不正常、调节高度的管路和阀门堵塞、减振器油黏度过大、空气压缩机气压力差等

三、车轮不平衡及检测原理

随着汽车行驶速度的不断提高,车轮不平衡越来越严重地影响着汽车行驶的平顺性、安全性和乘坐舒适性。如果车轮不平衡,在高速旋转时,会引起车轮的上下跳动和左右摆动,使车辆难以控制,同时还加剧轮胎和有关零件的非正常磨损和冲击。因此,车轮平衡度检测已成为汽车检测的重要项目之一。在汽车正常使用一定时间后,尤其是在对轮胎、轮辋进行了修补、修复或更换新轮胎后,一定要对轮胎进行平衡检测,测量不平衡质量的大小和相位,并进行校正。

1. 车轮不平衡的原因及其危害

1)车轮不平衡的原因

(1)车轮定位不当,尤其是前束和主销倾角,不仅影响汽车的操纵性和行驶稳定性,而且会造成轮胎偏磨。这种胎冠的不均匀磨损与轮胎不平衡形成恶性循环,因而使用中出现车轮不平衡,也可能是车轮定位角失准的信号。

(2)轮胎和轮辋以及挡圈等因几何形状失准或密度不均匀而先天形成的重心偏离。

(3)因轮毂和轮辋定位误差使安装中心与旋转中心不重合。

(4)维修过程的拆装改变了整体综合质心,破坏了原有的良好平衡状态。

(5)轮辋直径过小,运行中轮胎相对于轮辋在圆周方面滑移,从而发生波状不均匀磨损。

(6)车轮碰撞造成的变形引起的质心位移。

(7)轮胎翻新中因定位精度不高而造成新冠厚度不均匀而使质心改变。

(8)高速行驶中制动抱死而引起的纵向和横向滑移,会造成局部的不均匀磨损。

2）车轮不平衡的危害

车轮不平衡质量 m 在高速旋转时产生的不平衡力（离心力）F（图4-39）为：

$$F = m\omega^2 r \tag{4-13}$$

式中：m——不平衡质量，kg；

ω——车轮转动角速度；

r——不平衡质心到轮心的距离，m。

不平衡力的水平分力和垂直分力分别为：

$$F_h = F\sin\theta = m\omega^2 r\sin\theta$$
$$F_v = F\cos\theta = m\omega^2 r\cos\theta \tag{4-14}$$

由式（4-14）可知，不平衡力的水平分力和垂直分力的大小和方向在不断变化。垂直分力使车辆产生振动和噪声，影响乘坐舒适性，使驾驶人容易疲劳、产生困倦而出现交通事故。

对于转向轮，水平分力的大小和方向变化，使其对主销中心产生的力矩大小和方向也随之变化，引起转向轮摆振，影响汽车的操纵稳定性、直线行驶性和行驶安全性，加剧轮胎和转向系统零件的磨损，缩短其使用寿命。

2. 车轮不平衡检测原理

1）车轮静平衡检验

车轮静平衡是指车轮质心与其旋转中心重合。简单的检验方法是：支起轮轴，调整好轮毂轴承的松紧度，用手轻转车轮，使其旋转直至自然停转，此时在车轮离地最低点作一记号。重复上述试验多次，如果每次离地最低点相同，说明车轮存在静不平衡。若上述试验每次自然停转位置各不相同，则说明车轮是静平衡的。

静平衡的车轮在高速旋转时可能产生不平衡力矩，出现动不平衡，使车轮产生摆振。图4-40a）在车轮的两平面内，有作用半径相同，质量相等，但相位相反的两质点 m_1、m_2，该车轮是静平衡的。但是在车轮旋转时，两质点产生的离心力形成力偶，使车轮处于动不平衡，如图4-40b）所示。如果该车轮是转向轮，在力偶作用下转向轮就会绕主销左右摆动。如果在 m_1、m_2 同一作用半径的相反方向上配置相同质量的 $m_1' = m_1$、$m_2' = m_2$，则车轮处于动平衡。由此可见，静平衡的车轮不一定是动平衡的，但动平衡的车轮一定是静平衡的。因此，对车轮一般应进行动平衡检验。

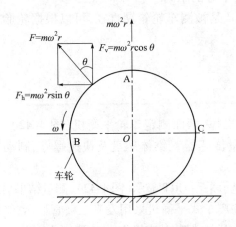

图4-39 车轮不平衡力及其分力

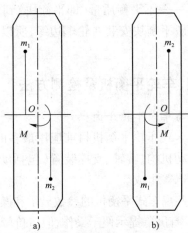

图4-40 静平衡车轮动不平衡

a）静平衡；b）动不平衡

2）车轮动平衡检验

图4-41所示为离车式硬支撑车轮动平衡机的工作原理图。所谓硬支撑是指支撑刚度很大，车轮支撑系统振幅很小，车轮的惯性力可以略去不计。

假设有不平衡质量 m_1、m_2 集中在两侧轮辋的边缘处，且在同一（角度）方向，车轮旋转时产生离心力，图4-41中 M_1、M_2 为这两个离心力在传感器平面的投影，N_1、N_2 为平衡机主轴左、右支撑

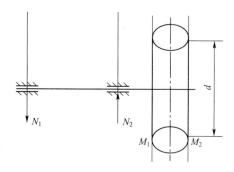

图4-41　离车式硬支撑车轮平衡机工作原理图

测得的动反力，根据力和力矩的平衡条件有：

$$\sum F_y = 0 \quad N_1 - N_2 + F_1 + F_2 = 0 \tag{4-15}$$

$$\sum M = 0 \quad N_1 c - N_2 a - F_2(a+b) = 0 \tag{4-16}$$

联立上式求解方程可得：

$$F_1 = -\frac{a+b+c}{b}N_1 + \frac{a+b}{b}N_2$$

$$F_2 = \frac{a+c}{b} - \frac{a}{b}N_2 \tag{4-17}$$

式中：a——被测车轮在平衡机上的安装尺寸，由平衡机上提供的专用工具测得；

b——被测车轮轮辋宽度，可用专用卡规测量；

c——平衡机主轴两支撑点之间的距离，为平衡机的结构参数（已知）；

N_1、N_2——支撑处动反力，由相应传感器转换成电信号后测出。

由上式计算出 F_1、F_2 后，再根据离心力计算公式 $F = mw^2 r$ 求出不平衡质量 m_1、m_2 为：

$$m_1 = \frac{F_1}{\omega^2 r} = \frac{2F_1}{\omega^2 d}$$

$$m_2 = \frac{F_2}{\omega^2 r} = \frac{2F_2}{\omega^2 d} \tag{4-18}$$

式中：ω——车轮平衡时平衡机主轴的转动角速度；

r——不平衡质量（即平衡块）到车轮旋转中心的距离。

一般平衡块安装在轮辋边缘，所以 $r = d/2$，d 是被测车轮轮辋直径，可以根据轮胎代号读取。

四、车轮平衡机及检测方法

1. 离车式车轮平衡机

离车式车轮平衡机目前应用最多的是硬式支撑、两面测定车轮平衡机（图4-42），其主要由驱动机构、转轴、支撑装置（包括动反力测量传感器）、锥体压盘及快速螺母、制动装置和防护罩等组成。

有些离车式平衡机的参数显示和操作系统提示采用CRT显示（图4-42），测量结果显示清楚直观，有屏幕提示便于操作，但造价较高。有些离车式平衡机采用发光二极管显示，结构简单，工作可靠，成本低廉。两者虽然外形结构差异很大，但其基本操作内容则大同小异。

离车式车轮平衡机的使用方法：

(1)清除被测车轮上的泥土、石子和旧平衡块。
(2)检查轮胎气压,是否要充至规定值。
(3)根据轮辋中心孔的大小选择锥体,仔细地装上车轮,用大螺母拧紧。
(4)打开电源开关,检查指示与控制装置的面板是否指示正确。

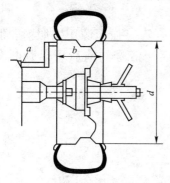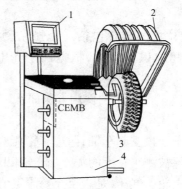

图 4-42 硬式支撑离车式车轮动平衡机
1-显示屏幕;2-防护罩;3-轮轴;4-机体

(5)用卡尺测量轮辋宽度 b、轮辋直径 d(也可由胎侧读出),用平衡机上的标尺测量轮辋边缘至机箱距离 a,用键入或选择器旋钮对准测量值的方法,将 a、b、d 直接输入指示与控制装置中。为了适应不同计量制式,平衡机上的所有标尺一般都同时标有英制和米制刻度。
(6)放下车轮防护罩,按下起动键,车轮旋转,平衡测试开始,微机自动采集数据。
(7)车轮自动停转或听到"笛"声,按下停止键并操纵制动装置使车轮停转后,从指示装置读取车轮内、外不平衡量和不平衡位置。
(8)抬起车轮防护罩,用手慢慢转动车轮,当指示装置发出指示(音响、指示灯亮、制功、显示点阵或显示检测数据等)时停止转动。在轮辋的内侧或外则的上部(时钟 12 点位置)加装指示装置显示的该侧平衡块质量。内、外侧面要分别进行,平衡块装卡要牢固。
(9)安装平衡块后有可能产生新的不平衡,应重新进行平衡试验,直至不平衡量小于 5g,指示装置显示"00"或"OK"时才能满意。当不平衡相差 10g 左右时,如能沿轮辋边缘左右移动平衡块一定角度,将可获得满意的效果。

2.就车式车轮平衡机

就车式车轮不平衡机(图 4-43)除车桥支架外,其他部分如电测系统、光电相位检测装置、显示仪表板和摩擦轮驱动电动机等均安装在一个驱动小车上。

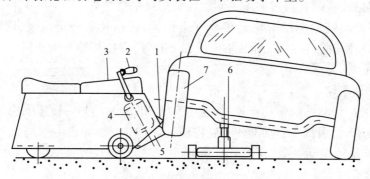

图 4-43 就车式车轮平衡机
1-光电传感器;2-手柄;3-仪表板;4-驱动电动机;5-摩擦轮;6-传感器支架;7-被测车轮

车桥支架中包括一个复杂的力传感器,用以测量由车轮不平衡质量产生的不平衡力。车桥支架的安装位置随被测车型和操作人员的习惯及现场条件而定,完全是随机的,因此就车式平衡机电测系统必须具有自标定功能。所谓自标定功能,是指能根据已知不平衡质量(一般为30g)所引起的不平衡力小大和相位,反算出实测的不平衡力对应的不平衡质量大小和相位。

光电相位检测装置包括一个强光源和两个光电管。强光源用以照射轮胎上的反光标志,提供相位识别信号,根据两个光电管接受反光信号的前后可以判断车轮的旋转方向。

就车式车轮平衡机的使用方法如下。

1)准备工作

(1)用千斤顶支起车轴,两边车轮离地间隙要相等。

(2)清除被测车轮上的泥土、石子和旧平衡块。

(3)检查轮胎气压,是否要充至规定值。

(4)检查轮载轴承是否松旷,视必要调整至规定松紧度。

(5)在轮胎外侧面任意位置上用白粉笔或白胶布做上标记。

2)从动前轮静平衡

(1)用三角垫木塞紧非测试车轮,将就车式车轮动平衡机的测量装置推至被测前轮一端的前轴下,传感磁头吸附在悬架下或转向节下,调节支杆高度并锁紧。

(2)推平衡机至车轮侧面或前面(视车轮平衡机形式不同而异),检查频闪灯工作是否正常,检查转动的旋转方向能否使车轮的转动力与前进行驶方向一致。

(3)操纵车轮平衡机转轮与轮胎接触,起动驱动电动机带动车轮旋转至规定转速。

(4)观察频闪灯照射下的轮胎标记位置,并从指示装置(第一挡)上读取不平衡量数值。

(5)操纵平衡机上的制动装置,使车轮停止转动。

(6)用手转动车轮,使其上的标记仍处在上述观察位置上,此时轮辋的最上部(时钟12点位置)即为加装平衡块的位置。

(7)按指示装置显示的不平衡量选择平衡块,牢固地装卡到轮辋边缘上。

(8)重新驱动车轮进行复查测试,指示装置用二挡显示。若车轮平衡度符合要求,应调整平衡块质量和位置,直至符合平衡要求。

3)从动前轮动平衡

(1)将传感磁头吸附在经过擦拭的制动底板边缘平整之处。

(2)操纵平衡机转轮驱动车轮旋转至规定转速,观察轮胎标记位置,读取不平衡量数值,停转车轮找平衡块加装位置,加装平衡块和复查等,方法与静平衡相同。

4)驱动轮平衡

(1)顶起驱动车轮。

(2)用发动机、传动系统驱动车轮,加速至50~70km/h的某一转速下稳定运转。

(3)测试结束后,用汽车制动器使车轮停转。

其他方法与从动轮动平衡、静平衡测试相同。

3.注意事项

(1)离车式车轮动平衡机的主轴固定装置和就车式车轮平衡机的支架上,都装有精密的位移传感器和易碎裂的压电晶体传感器,因此严禁冲击和敲打主轴或传感器支架。

(2)在检修车轮动平衡机时,传感器的固定螺栓不得松动。因为这一螺栓不是一般的紧固件,需要由它向传感晶体提供必要的预紧力。当这一预紧力发生变化时,电算过程将完全失准。

(3)车轮动平衡机的平衡质量也称配重,通常有卡夹式和粘贴式两种类型。卡夹式适用于轮辋有卷边的车轮。对于铝镁合金轮辋,因无卷边可夹,可使用粘贴式配重。粘贴配重的外弯面有不干胶,粘贴于轮辋内各面。

(4)必须明确,车轮动平衡机的机械系统和电算电路,都是针对正常车轮使用条件下平衡失准或轻微受损但仍能使用的车轮而设计的,对因交通事故而严重变形的轮辋或胎面大面积剥离的车轮是不能上机进行平衡检测的。一方面不平衡量过大的车轮旋转时的离心力可能损伤车轮动平衡机的传感系统;另一方面超值的不平衡力可能溢出电算范围而使仪器自动拒绝工作。

(5)当不平衡超过最大配重时,可用两个以上配重并列使用。但这时要注意因多个配重占用较大的扇面会使其有效质量低于实际质量。

(6)一般情况下,离车式车轮动平衡机或就车式车轮动平衡机都是分别各自使用的。但对高速行驶的汽车车轮而言,如果用离车式车轮动平衡后再装在车上行驶时,仍会出现动不平衡现象。因此,使用离车式车轮动平衡机平衡车轮后,最好能再用就车式车轮动平衡机进行校对。

五、汽车行驶系统的故障诊断

1. 行驶系统故障判断方法

(1)四轮轮毂轴承温度(预紧度)不一,行驶跑偏。
(2)四轮制动鼓或盘的温度(有制动拖滞)不一,行驶跑偏。
(3)四轮的轮胎花纹、气压、滚动半径等技术条件不一,行驶跑偏。
(4)车身左右倾斜,车辆行驶跑偏。
(5)轮胎磨损应从气压、前轮定位、后轮定位、减振器及轮胎动平衡等几个方面查找原因。
(6)车辆低速发摆,应检查减振器是否漏油、失效,转向传力机构间隙过大,前轮定位角度失准及轮胎装偏或轮辋严重变形等。
(7)车辆高速发摆,应检查轮胎动平衡。
(8)修补后的轮胎,必须进行动平衡试验。
(9)应以车辆行驶里程为依据,定期进行"四轮定位"检测,避免轮胎磨损加剧、高速发摆故障出现。
(10)检查、调整前轮前束时,必须使用专用设备,否则会引起轮胎磨损、行驶跑偏及转向系统故障等。

2. 行驶系统常见故障分析

行驶系统的常见故障有:行驶跑偏、摆振、轮胎异常磨损、轮毂发热及异响等。行驶系统的故障与系统中各组成部分的技术状况有关,也与各组成部分之间的相对位置关系有关,另外还有与行驶系统有关联的其他系统的工作质量有关。

1)汽车行驶跑偏

(1)故障现象。汽车行驶时,汽车就会自动偏向一边,必须用力握住转向盘,才能保证车辆的直线行驶。

(2) 故障原因。

① 两前轮气压不一致。

② 两端主销后倾角或车轮外倾角不相等。

③ 前束过大或过小。

④ 有一边的钢板弹簧错位、折断,两边弹力不均或一边减振器失效。

⑤ 左前轮和右前轮的轴承松紧调整不一,有一边车轮制动拖滞。

⑥ 转向节臂、转向节弯曲变形。

⑦ 前轴、车架变形,钢板弹簧 U 形螺栓松动等使左右轴距不相等。

⑧ 后桥轴管弯曲变形。

(3) 故障诊断。

① 检查轮胎使用情况。若一边轮胎产生胎冠中间或两肩磨损、外侧或内侧偏磨,以及由外向里或由里向外的锯齿形磨损时,可分别判断轮胎气压高或低、前轮外倾角过大或过小、前束过大或过小,从而进行必要的调整或检修。

② 当轮胎气压相同、轮胎直径一致的情况下,车身有倾斜,应检查低的一边的钢板弹簧是否完好,弧度是否足够、弹力是否正确。

③ 车行驶一段里程后,用手触摸轮毂轴承和制动鼓,若有烫手,说明轮毂轴承过紧或制动系统拖滞。

④ 以上均属良好,做四轮定位检测。

2) 摆振

(1) 故障现象。汽车在中、高速或某一较高速度时,出现行驶不稳,严重时转向盘有振手的感觉。

(2) 故障原因。

① 转向减振器失效。

② 车轮或传动轴不平衡。

③ 车轮定位不正确或悬架松动。

④ 转向器啮合间隙过大。

⑤ 转向传动机构磨损松旷或连接松动。

⑥ 轮毂轴承松旷。

⑦ 悬架减振器弹簧或减振器损坏。

(3) 故障诊断。

① 转动转向盘检查其自由行程,若行程过大,应查明原因予以排除。

② 转向减振器出现漏油痕迹或拆下推拉检查时,若阻力过小及出现空行程,应更换新件;若减振器衬套磨损严重,也应予以更换。

③ 检查前悬架减振器有无漏油现象,推压车身检查前悬架的减振性能是否良好,前悬架连接有无松动现象;若减振器漏油或减振弹簧弹力减弱,应更换新件,若连接松动则重新紧固。

④ 传动轴连接松动应重新紧固,传动轴弯曲变形应予校正或更换,万向节磨损严重应予更换。

⑤ 查前轮定位是否失准,视情况进行必要的调整。

⑥车轮进行动平衡调整。

3)轮胎异常磨损

轮胎异常磨损的故障有:轮胎胎面磨损不均匀,胎冠中部磨损,胎冠外侧或内侧磨损,胎冠呈锯齿状磨损,胎冠呈波浪状、碟边状磨损等。

(1)轮胎胎面磨损不均匀。

①故障原因。

a. 前轮定位不正确,前束和外倾角调整不当。

b. 轮胎气压过高,车轮摆差过大。

c. 制动器分离不彻底。

d. 悬架零件磨损严重。

②故障诊断。正确调整前束和外倾角,按标准充气或更换车轮,检修制动器,更换悬架不合格零件。

(2)胎冠中部磨损。由于轮胎气压过高,将使轮胎与地面接触面积减小,增加了单位接地面积的负荷,加速胎冠中部的磨损。此外,由于帘布层帘线承受过大的拉伸应力,也可导致轮胎早期损坏。

(3)胎冠外侧或内侧磨损。若轮胎外倾角过大,使胎冠外侧磨损;若过小,造成胎冠内侧磨损。

(4)胎冠呈锯齿状磨损。胎冠呈锯齿状磨损,这主要与前束有关。若前束过大,则胎冠由外侧向内侧呈锯齿状磨损,若前束过小,则胎冠由内侧向外侧呈锯齿状磨损。

(5)胎冠呈波浪状磨损和碟边状磨损。

①故障原因。

a. 轮胎平衡不良。

b. 轮毂、轴承等原因使车轮径向圆跳动超差。

c. 轮毂松旷、轮辋拱曲或经常使用紧急制动。

d. 转向、悬架系统连接松旷等。

②故障诊断。

a. 架起轮胎异常磨损的车轮,检查轮毂是否松旷、车轮是否偏摇。如均正常,可在轮胎停转后,相对某处做一标记。

b. 再转动轮胎,查看停转后标记与参照物位置是否改变。若几次试验,标记位置基本不变,说明车轮静不平衡。

c. 若无规律,说明平衡尚好,可能是频繁使用紧急制动所致。

4)轮毂发热

(1)故障原因。

①轴承预紧度过大或间隙过小、油封过紧。

②轮毂轴承外圈走外圆(与承孔配合无过盈量)。

③使用的润滑脂不符合要求。

④车轮制动器托滞。

(2)故障诊断。

①检测轮毂轴承外侧是否发烫。

②是否出现轴承润滑脂熔化流出。

5)异响

(1)故障原因。

①轴承疲劳磨损严重。

②轴承磨损后轴向尺寸减小,使轮毂靠近内侧,制动器发响。

③悬架机构中的减振胶套破损或脱落。

(2)故障诊断。

①车辆在行驶中,听车轮处是否发出"咯咯"或"嚓嚓"声。

②车辆在转弯或遇到凸凹不平时是否发出"吭吭"的金属撞击声。

第七节 底盘辅助电子装置的检测诊断与维修

汽车底盘四大系统的主要组成部件对汽车正常行驶有着至关重要的作用,底盘辅助电子电控巡航系统、电控动力转向系统(EPS)、ABS、电控驱动防滑系统(ASR)和电子制动力分配系统(EBD)的正常与否,也会影响汽车的轻便性、安全性和行驶速度,所以对底盘辅助系统的检测诊断与维修对行车而言同样是非常重要的。

一、电控巡航系统的检测诊断与维修

车辆的巡航控制系统(英文缩写为CCS)亦称为恒速行驶系统。它是利用先进的电子技术对汽车的行驶速度进行自动调节,从而实现以事先设定速度行驶的一种电子控制装置。在高速公路上长时间行驶时,打开该系统的自动操纵开关后,巡航控制系统将根据行车阻力自动增减节气门开度。这样可以省去驾驶人频繁地踩加速踏板这一动作,保证汽车以预先设定的速度行驶。在汽车行驶过程中,驾驶人只要把住转向盘就可以了,从而大大减轻了驾驶人的疲劳强度,也减少了交通事故的发生。同时,由于巡航控制系统能自动地维持车速,避免了不必要的加速踏板的人为变动,进而改善了汽车的燃油经济性和发动机的排放。

一般汽车的巡航控制系统(CCS)主要由输入装置(如主控制开关、恒速/减速开关、恢复/加速开关、车速传感器)、电控单元(ECU)、执行器三大部分组成。该系统的ECU主要由专用集成块IC和具有4位或8位单片机构成。单片机负责完成车速的运算、记忆、比较、补偿、保持、诊断等信号处理,而专用的IC集成块具有处理微机的再起动、输入、输出与电源的通断、自我诊断等功能。

1. 巡航控制系统的基本工作原理

电控单元(ECU)有两个输入信号:一个是驾驶人利用控制开关选定的指令车速信号;另一个是实际车速反馈信号。当测出的实际车速高于或低于驾驶人调定的车速时,电控单元将这两种信号进行分析比较后,输出节气门控制信号送到节气门执行器,调节发动机节气门开度,以修正两输入车速信号的误差,从而使实际车速很快恢复到驾驶人设定的车速并保持恒定。

2. 巡航控制系统的使用方法

现以电子巡航控制系统的使用为例说明巡航控制系统的使用方法。一般巡航控制系统的操纵手柄上有控制开关,手柄的端部有按钮,这个按钮是巡航控制系统的总开关(CRUISE ON-OFF),按下按钮时,仪表板上的巡航控制系统的CRUISE ON-OFF指示灯亮,表示巡航控制系统可转入运行状态;如再按一下,则按钮弹起、指示灯灭,表示巡航控制系统处于关闭状

态。操纵手柄朝下扳动是巡航速度的设定开关(SET/COAST);向上推则是巡航速度取消开关(CANCEL);朝转向盘方向扳起是恢复/加速开关(RES/ACC)。

巡航控制系统的使用方法如下。

1)设定巡航速度

为确保行车安全,巡航控制系统的低速控制点一般为40km/h,也就是说:车速低于40km/h巡航系统不工作。设定巡航速度的方法是:第一,开启巡航控制系统,按下CRUISE ON-OFF按钮,踩下加速踏板,使车辆加速。第二,当车速达到人为设定值时,将巡航控制系统手柄置于SET/COAST方位并释放,这就进入了自动行驶状态,驾驶人可将加速踏板松开,巡航控制系统会根据汽车行驶时阻力的变化,自动调节节气门的开度,使车速保持在设定的范围内。若驾驶人想加速,如需超越前方的车辆时,只要踩下加速踏板即可。超车完毕后再释放加速踏板,汽车便又恢复到已设定的巡航速度行驶。

2)取消设定巡航速度

需取消设定的巡航速度时,有几种方法可供选择:第一,将巡航控制系统操纵手柄置于CANCEL方位并释放。第二,踩下制动踏板使汽车减速。第三,装备MT(手动变速器)的汽车,踩下离合器踏板即可;装备有AT(自动变速器)的汽车,将选挡杆置于空挡。

当汽车的行驶速度低于40km/h,则设定的巡航速度将自动取消;而如汽车减速后车速比设定的巡航车速低时,巡航控制系统也将自动停止工作。

此外,汽车行驶时设定的巡航速度如不是由上述原因而自动取消,或仪表板上的巡航控制CRUISE ON-OFF开关指示灯出现闪烁现象,则表明系统出现故障。

3)设定装备AT(自动变速器)的汽车加速

将巡航控制系统操纵手柄置于RES/ACC方位并保持手柄不动,此时车速将逐渐加快,当车速达到要重新设定的巡航速度时释放操纵手柄。这种加速的方法与前面所述设定巡航速度的操作方法相比,所用的时间较长。

4)设定装备AT(自动变速器)的汽车减速

将巡航控制系统的操纵手柄置于SET/COAST的方位并保持手柄不动,此时车速将逐渐下降,当车速降至所要求的设定速度时释放操纵手柄。这种减速方法与踩制动踏板减速相比,速度要小。

5)恢复到原来设定的巡航速度

将巡航控制系统操纵手柄置于RES/ACC方位,汽车可恢复到原设定的速度做巡航行驶。

3.巡航控制系统使用注意事项

(1)为了让汽车获得最佳控制,遇交通拥堵的场合,或在雨、冰、雪等湿滑路面上行驶时,不要使用巡航控制系统。

(2)为了避免巡航控制系统误工作,在不使用巡航控制系统时,务必使巡航控制系统的开关(CRUISE ON-OFF)处于关闭状态。

(3)汽车行驶在陡坡上若使用巡航控制系统时,则会引起发动机转速变化过大,此时不要使用巡航控制系统。下坡驾驶中,须避免将车辆加速。如果车辆的实际行驶速度比正常行车速度高出太多,则可省略巡航控制装置,然后将变速器换成低挡,利用发动机制动使车速得到控制。

(4)汽车巡航行驶时,对装备MT(手动变速器)的汽车切记不能在未踩下离合器踏板,就将变速杆移置空挡,从而造成发动机转速突然升高。

(5)使用巡航控制系统要注意观察仪表板上的指示灯"CRUISE"是否闪烁发亮,若闪烁就表明巡航控制系统是在故障状态。发现故障状态时,应停止使用巡航控制系统,待排除故障后再使用巡航控制系统。

4. 巡航系统的诊断

1) 巡航系统状态指示的检查

(1)将点火开关转到"ON"的位置。

(2)当巡航控制的主开关(按下操作手柄的按钮)接通时,指示灯应亮;主开关断开时,指示灯应灭。若指示灯本身不正常,应及时修好。

(3)若巡航控制系统出现故障时,电控单元除自动中断巡航控制外,指示灯会闪烁5次,指示灯通电的时间约为0.5s,断电间隔约为1.5s。电控单元将故障码自动调出。

2) 巡航控制系统故障码的输出

(1)将点火开关转到"ON"的位置。

(2)用短接线将故障码检测插头"TDCL"中的端子 TC 和 E1 短接。

(3)从仪表板上的巡航"CRUISE MAIN"的闪烁读出故障码。

(4)系统故障码的数据及故障类型见表4-15。

巡航系统的故障码　　　　　表4-15

故障码	诊　　断	故障码	诊　　断
无	正常	23	汽车的实际车速低于设定的车速
11	驱动电动机或安全离合器电路不正常	31	控制开关电路不正常
12	安全离合器电路不正常	32	控制开关电路不正常
13	驱动电动机或位置传感器不正常	34	控制开关电路不正常
21	转速传感器不正常		

说明:当指示两个或两个以上的故障码时,按故障码由小到大顺序显示;当汽车在上坡时速度降低时,车速可重新设定,这不属于故障。

(5)完成检查后,脱开端子 TC 和 E1,关断点火开关。

3) 系统故障码的消除

(1)在完成修理后,可通过关断点火开关、拆下继电器盒盖"DOME"的保险管10s 或更长的时间,清除被保留的系统故障码。

(2)接上保险管,应显示正常的故障码。

在表4-15中的正常时,指示灯的闪烁方式是:指示灯连续闪烁,通电0.25s、断电0.2s。在故障状态,指示灯的闪烁方式是:故障码的第一位,指示灯通、断电间隔0.5s,显示完第一位后,再断电间隔1.5s,显示第二位码,显示的通断电间隔与第一位码相同。当第一故障码显示完成后,如还有第二个故障码需显示,再断电2.5s,显示第二个故障码。

4) 对信号输入的检查

信号输入部分包括主控制开关、制动灯开关、驻车制动开关、离合器开关、空挡开关、车速传感器等。它们的状态、连接是否良好,关系到信号是否正常。

检查时,可借助仪表面板上巡航控制指示灯的闪烁,表明某一部分的各个状态,对部分的检查可以确切判断故障的具体部位。

对具体部分的检查,首先操作方法与整个系统的检查不同;再有仪表板的指示灯闪烁方式不同。整个系统故障码是两位,检测具体部分的故障码是一位;闪烁的(指示灯通电、断电)时间间隔也不同,通常是连续闪烁,通电、断电时间间隔是 0.25s,断电 1s 后第二次显示相同的故障码。若有两个以上的故障码可能出现时,只显示最小的故障码。信号输入部分的检查及故障码见表 4-16。

信号输入部分的检查及故障码 表 4-16

序号	操作方法	故障码	诊断
1	将 CANCEL 开关转到 ON	1	CANCEL 电路正常
2	将 SET/COAST 开关转到 ON	2	CET/COAST 电路正常
3	将 RES/ACC 开关转到 ON	3	RES/ACC 电路正常
4	踩下制动踏板,使制动开关置 ON		停车灯开关电路正常
5	拉紧驻车制动器操纵杆使开关置 ON		驻车制动开关电路正常
6	将变速器置空挡使开关置 ON		空挡开关电路正常
7	以高于 40km/h 的速度行驶	闪烁	车速传感器正常
8	以低于 40km/h 的速度行驶	保持亮	

在检查表 4-16 的序号 1~4 的步骤时,将点火开关转到 ON;在检查表 5~17 的序号 5~8 的步骤时,应先用千斤顶顶起汽车,然后起动发动机。

5)信号消除部分的检查

信号消除部分的检查是确定巡航控制的自动取消、人为取消过程中的信号发出及传输是否正常,其步骤是:

(1)将点火开关置"ON"的位置。

(2)将主控开关的主开关置于"OFF"的位置、并保持操作手柄在取消位置。

(3)按下主开关"ON"。

(4)从仪表板上的 CRUISE MAIN 指示灯的闪烁读出故障码。

(5)完成检查后,关断主开关。

(6)信号输出部分的检查及故障码见表 4-17。

信号输出部分的检查及故障码 表 4-17

故障码	诊断
1	出现除"23"故障码以外的故障
2	出现故障码为"23"的故障
3	接收到 CANCEL 的开关信号
4	接收到停车灯开关的信号
5	接收到空挡起动开关的信号
6	接收到驻车制动开关的信号
7	车速传感器的信号为降至 40km/h 以下
8	除上述以外的故障(如电源脱开等)

6)巡航控制系统故障排除顺序

在完成读出系统的故障码、读出信号输出和输入部分的故障码后,经过综合对比分析、初步判断,就可进入到故障排除的实施检修阶段。

5.巡航系统的故障修理

1)放气孔堵死,定速巡航系统功能失调

(1)故障现象:因发动机的机械故障,对发动机进行了拆装检修。装复之后,定速巡航功能即失去作用,无法对行驶速度进行预期设定。

(2)故障检修:用"OTC"解码器测试系统检测发现,所有的开关状态均正常。然后进行电磁阀动作测试,定速伺服装置电磁阀都有明显反应。对伺服装置三个电磁阀进行分析:定速巡航系统工作时,控制模块(PCM)经过制动开关(ON),同时向三个电磁阀提供12V工作电压。卸载电磁阀处于"ON"状态,关闭真空泄放通道。真空电磁阀处于"ON"状态,打开真空储盒通往伺服膜盒的真空通道。而排气电磁阀则由PCM控制处于"ON-OFF"间歇开闭状态,调节伺服膜盒的真空度,从而起到调节车速的作用。

踩下制动踏板时,卸载电磁阀和真空电磁阀的动作正好相反,从而解除定速功能。通过上述分析和检测可以知道,各开关状态正常,并且电磁阀工作正常,只可能是真空通道出现故障。如果排气电磁阀控制的放气孔堵死,必定会引起定速巡航系统功能失调。

对伺服装置进行拆检,发现放气孔果然被密封胶堵塞。原来,在拆装发动机的过程中不慎碰裂了伺服装置线束插头,于是修理工用密封胶粘涂修补,结果多余的胶将放气孔堵住。因此在定速巡航系统起动后,定速巡航电控单元无法调节伺服膜盒的真空度,也就不能调节车速。将堵塞放气孔的密封胶清除,重新试车,定速巡航系统功能恢复正常。

2)更换安全气囊后,定速巡航控制系统不起作用

(1)故障现象:发生撞车事故后的汽车,更换安全气囊后CRUISE巡航指示灯亮,同时定速巡航控制系统也不起作用了。

(2)故障检修:用"OTC"解码器测试系统各相应开关,发现操作所有巡航开关均显示"ON"状态。而滑行减速开关、解除开关和恢复/加速开关等其他开关都没有出现正确的工作电压。

定速巡航系统各开关都串联有不同阻值的电阻和内部检测电路。定速巡航控制模块(PCM)通过检测各开关的电压值来判断各个开关的状态,从而接受驾驶人的操作指令。

未操作时,各开关均处于"OFF"状态,其中"ON/OFF"定速主开关未串接电阻,因此,如果这个开关一直处于闭合状态,即使其他开关闭合,定速巡航控制模块(PCM)通过内部检测电路,对相应并联电路进行分析运算,发现最大电压降为5V,那么定速巡航控制模块(PCM)就不会接受其他任何开关的指令,包括设定开关SET。经过分析可以知道,该车所有巡航开关均显示"ON"状态,而且其他开关没有正确的工作电压,看来ON/OFF定速主开关一直处于闭合状态,说明极有可能是ON/OFF定速主开关短路。而该开关线束位于转向盘上,考虑到该车事故后更换了安全气囊组件,怀疑该车故障是在拆装过程中遗留下来的问题。

拆检ON/OFF定速主开关,发现该线速被压破露出外皮。原来,安装安全气囊组件时,固定螺钉将线束压破,经过一定时间后,露出外皮的破裂线束在行车振动中与方向柱搭铁。于是巡航指示灯亮起,定速巡航系统失去作用。将损坏的线束仔细包扎好,装复试车,故障排除。

气路和电路是汽车定速巡航控制系统的最基本信息传输介质,维修中稍有不慎就会对其造成损伤,影响汽车的运行性能。在此不妨对其气路、电路相互协调、统一和谐完成定速巡航的工作过程详加阐述,以供维修参考。

一般汽车采用电控真空控制式巡航系统。它是根据设置的车速传感器,将车速信号输入电子控制装置,由电子控制装置发出信号控制真空系统。真空系统由真空调节器、节气门驱动伺服膜盒、车速控制开关和制动踏板上的真空解除开关等部分组成。根据微机上的输

出信号,经电磁滑阀可调节控制进入该系统的新鲜空气量,从而能控制作用于伺服膜盒内的真空度。

当车速低时,真空调节器供给的空气量减少,使伺服膜盒内的真空度增加,通过膜片的移动,使节气门开大。反之,当车速高于控制车速时,真空调节器供给的空气量就会增加,减小伺服膜盒内的真空度,使节气门开度减小。正常行驶时,在发动机进气管负压和真空调节器供给定量空气的共同作用下,使伺服膜盒内保持一定的负压,控制汽车按预定的速度稳定行驶。在真空系统工作时,如果驾驶人踏下制动踏板,首先使真空解除阀起作用,切断系统电源。电磁阀断电,真空调节器内部和大气相通,负压消失。在踏下制动踏板的同时,真空解除阀也使系统和大气相通。

在强调操作仔细认真的同时,维修人员必须熟练掌握定速巡航系统构造及其工作原理,科学分析故障,不要因为自己的草率而给维修工作增添麻烦。

二、电控动力转向系统(EPS)的检测诊断与维修

近年来随着电子控制技术在汽车上的广泛应用,出现了电动式电控动力转向系统,简称电动式EPS。

电动式EPS通常由转矩传感器、车速传感器、电控单元(ECU)、电动机和电磁离合器组成(图4-44)。电动式EPS是利用电动机作为助力源,根据车速和转向参数等,由ECU完成助力控制,其原理可概括如下:当操纵转向盘时,装在转向盘轴上的转矩传感器不断地测出转向轴上的转矩信号,该信号与车速信号同时输入到ECU。ECU根据这些输入信号,确定助力转矩的大小和方向,即选定电动机的电流和转向,调整转向辅助动力的大小。电动机的转矩由电磁离合器通过减速机构减速增扭后,加在汽车的转向机构上,使之得到一个与汽车工况相适当的转向作用力。

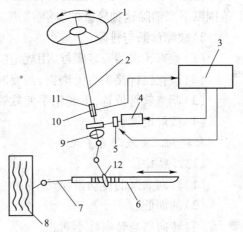

图4-44 电动式EPS的组成
1-转向盘;2-输入轴(转向轴);3-ECU;4-电动机;5-电磁离合器;6-转向齿条;7-横拉杆;8-转向轮;9-输出轴;10-扭力杆;11-转矩传感器;12-转向齿轮

电动式EPS有许多液压式动力转向系统所不具备的优点:

(1)将电动机、离合器、减速装置、转向杆等配成一个整体,这既无管道也无控制阀,使其结构紧凑、质量减轻。一般电动式EPS质量比液压式EPS质量轻25%左右。

(2)没有液压式动力转向系统所必须的转向油泵,电动机只是在需要转向时才接通电源,所以动力消耗和燃油消耗均可降到最低。

(3)省去了油压系统,所以不需要给转向油泵补充油,也不必担心漏油。

(4)可以比较容易地按照汽车性能的需要修改转向助力特性。

动力转向系统的常见故障有转向盘沉重或前轮摆动、转向盘单侧沉重、转向盘回正能力差、转向油泵有噪声或系统油压过高等。

1. 转向器发出"嘶嘶"声

1)故障原因

轻微的"嘶嘶"声是正常的,不影响转向性能,除非声音特别明显。当转向盘处于极限

位置或原地慢慢转动转向盘时,会出现这种"嘶嘶"声。

2)故障诊断与维修

不用更换转向控制阀,更换转向控制阀后也会出现轻微的噪声并且不能纠正。检查一下柔性连接螺钉的间隙。保证转向柱与转向器对正,使柔性连接处在一个平面内转动,而在转向柱转动时,任何不扭曲金属与金属内的柔性连接都会导致转向控制阀的"嘶嘶"声,这声音由转向柱传入驾驶室。

2. 转向器有"喀喀"声

1)故障原因

(1)转向器在支架上的安装出现松动。

(2)转向杆松动。

(3)压力软管碰车辆其他部件。

(4)转向齿条调整过松。

注意一点:转向器可能发出轻微的"喀喀"声,这是正常的,不应该将间隙调整至规定的范围以下来消除这种轻微的"喀喀"声。

2)故障诊断与排除

(1)检查转向器安装螺栓,用规定的紧固力矩拧紧安装螺栓。

(2)检查拉杆接头有无磨损,需要时更换。

(3)调整软管位置,不要用手使软管弯曲。

(4)按规定调整。

3. 转向沉重或助力不足

1)故障原因

(1)转向油泵的传动带松动。

(2)油面低。

(3)转向器与转向柱不对正。

(4)下连接凸缘松动。

(5)轮胎充气不当。

(6)流量控制阀卡住。

(7)转向油泵输出压力不够。

(8)转向油泵内泄漏过大。

(9)转向器内泄漏过大。

2)故障诊断与排除

(1)按规定调整传动带张力。

(2)加油到规定油面,如油面过低,检查所有管路和接头。

(3)对正转向器和转向柱。

(4)松开夹紧螺栓,正确地装配。

(5)按规定压力充气,拧紧松动接头。

注意,如果(1)~(5)项检查仍找不出转向沉重的原因,应进行压力试验。为了诊断故障原因中(6)~(9)项所列现象,需要对整个动力转向系统进行测试。

3)转向沉重的排除程序

转向沉重的排除程序如图4-45所示。

4. 动力转向油产生乳状泡沫，液面低以及压力低

1) 故障原因

转向油中有空气，或由于转向油泵内泄漏造成液体损耗。

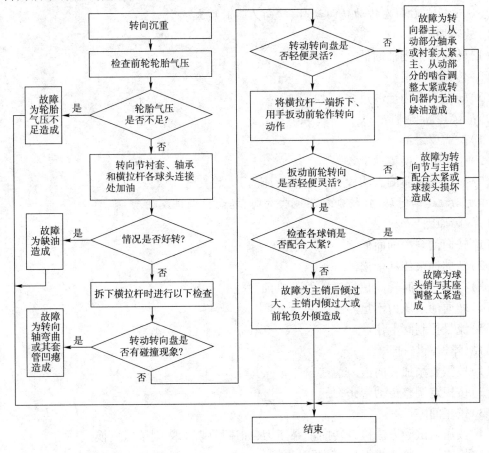

图 4-45　转向沉重的排除程序

2) 故障诊断与排除

检查有无漏油并加以解决，排出系统中空气；若油面低，则过低的油面会使空气进入转向器。如果油面正确，而转向油泵仍然起泡沫，将转向油泵从车上取下，将储油箱和转向油泵体分开，检查有无堵塞和壳体裂缝，如果堵塞或外壳开裂，则应更换壳体。

5. 转向油泵原因造成的输出压力低

1) 故障原因

（1）流量阀卡滞或不能工作。

（2）压力板与转向油泵环未靠平。

2) 故障诊断与排除

（1）消除毛刺或污垢或将其更换。

（2）进行校正。

6. 转向器原因造成输出压力低

1) 故障原因

（1）由于活塞环磨损或油缸严重磨损，使压力降低。

（2）阀环上、阀体间的油封漏油。

2)故障诊断与排除

(1)从车上取下转向器,拆开检查活塞环和油缸。

(2)从车上取下转向器,拆开并更换油封。

7.快速地自右向左转动转向盘时,转向力瞬时增大

1)故障原因

(1)转向油泵内油面低。

(2)传动带打滑。

(3)转向油泵内泄漏过多。

2)故障诊断与排除

(1)按需要添油。

(2)张紧或更换传动带。

(3)按压力试验的方法检查转向油泵压力。

8.发动机运转时转向,特别在原地转向时,转向盘颤抖或跳动

1)故障原因

(1)转向油泵内油面低。

(2)转向油泵传动带松。

(3)打满转向时转向拉杆碰撞发动机油底壳。

(4)转向油泵压力不足。

(5)流量控制阀卡住。

2)故障诊断与排除

(1)按需要添加转向液。

(2)按规定调整传动带张力。

(3)校正间隙。

(4)按压力试验方法检查转向油泵压力,如流量阀已坏,则予以更换。

(5)检查有无胶质或损坏,需要时更换。

9.转向油泵输出压力低

1)故障原因

(1)转向油泵环过分磨损。

(2)压力板、止推片或转子有擦伤。

(3)叶片安装不当。

(4)叶片卡在转子槽内。

(5)止推片或压力板开裂或断裂。

2)故障诊断与排除

(1)更换零件,冲洗系统。

(2)正确安装。

(3)清除毛刺、胶质以及脏物。

(4)更换零件。

10.转弯或回正时转向器发出尖叫声

1)故障原因

滑阀阻尼O形圈切断。

2)故障诊断与排除

更换滑阀阻尼O形圈。

11. 转向盘回正性能差

1)故障原因

(1)轮胎充气不足。

(2)杆系球销润滑不足。

(3)下连接凸缘和转向器调整器摩擦。

(4)转向器与转向柱不对正。

(5)前定位不正确。

(6)转向杆系卡住。

(7)主销球接头咬住。

(8)转向盘外罩摩擦。

(9)转向柱轴承过紧或卡滞。

(10)滑阀卡住或堵塞。

(11)回油软管扭曲阻塞。

2)故障诊断与排除

(1)按规定气压充气。

(2)润滑杆系接头。

(3)松开夹紧螺栓,正确安装。

(4)对正转向器和转向柱。

(5)必要时加以检查和调整;把前轮放在前轮定位检查架上,拆开转向摇臂和摇臂轴的连接。用手转动前轮,如轮子转动或用很大的力才能转动,则查明转向杆系接头是否卡滞。

(6)更换接头。

(7)更换主销接头。

(8)把外罩对中。

(9)更换轴承。

(10)取下滑阀加以清洗或更换。

12. 汽车偏驶

1)故障原因

(1)前轮定位未校正。

(2)转向阀不稳定。如果是此原因,则在偏驶方向上用的转向力很轻,而在相反方向上正常用力或用力大些。

2)故障诊断与排除

(1)按规定调整前轮定位。

(2)更换转向阀。

13. 向左或向右急转转向盘时,转向力瞬时增大

1)故障原因

(1)油面低。

(2)转向油泵传动带打滑。

(3)转向油泵内泄漏量过大。

2)故障诊断与排除

(1)按要求添加动力转向液。

(2)张紧或更换传动带。

(3)按压力试验检查转向油泵的压力。

14.转向盘回正过度或转向松旷

1)故障原因

(1)转向系统中有空气。

(2)转向器在支架上的安装出现支架松动。

(3)转向杆系过度磨损而松动。

(4)推力轴承预紧不足。

(5)转向器齿轮啮合间隙过大。

2)故障诊断与排除

(1)向转向油泵的油箱加油,然后进行转向操作,排出系统中空气,检查软管接头紧固力矩是否合适,需要时加以调整。

(2)按规定紧固力矩拧紧连接螺栓。

(3)更换松动接头。

(4)从车上取下转向器,按规定进行调整。

三、ABS的检测诊断与维修

ABS是根据汽车在不同的车轮滑移率下所对应的轮胎与地面间的摩擦系数的变化情况而研制的汽车安全制动系统。它可以根据路面状况,将车轮的滑移率控制在某一范围(15%～20%)之内,从而使制动时轮胎的附着力保持在最佳状态,充分发挥制动效能,使汽车具有良好的抗侧滑能力和操纵能力,并获得较短的制动距离,有效地降低交通事故的发生,提高车辆行驶的安全性。

尽管各种车型的ABS采用的控制方式、方法以及结构形式各不相同,但除原有的常规制动装置外,一般的系统硬件主要由轮速传感器、电子控制系统和执行机构三大部分组成,如图4-46所示。

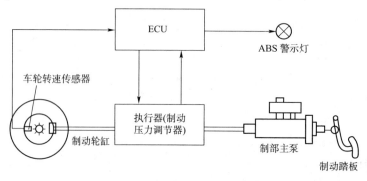

图4-46 ABS的基本组成

1.ABS检修的注意事项及排气

1)ABS检修的注意事项

(1)ABS与常规制动系统是不可分割的,当制动系统出现故障时,应首先判断是常规制动系统的故障还是ABS的故障。

(2)由于ABS的控制装置对电压、静电非常敏感,因此在点火开关处于接通位置时,不要插拔ABS线路的插接器;在车上进行电焊作业时,要戴好静电器,拔下ECU连接后再进行焊接。

(3)在对ABS进行作业之前,应首先给系统卸压并切断ABS电控单元的电源。卸压的方法是:关闭点火开关,反复踩制动踏板,直至感觉不到阻力为止,有的车型可能要踩30~40次,以便彻底排出系统内的制动液压力。

(4)在对汽车进行烤漆作业时,应视情况把ABS的电控单元从车上拆卸下来,以防止高温损坏。

(5)要注意传感器的保护,卸压之后的拆卸作业与普通的制动系统维修差别不大,但要注意传感器的安装位置。拆卸时不要碰撞和敲击传感器头,不要用传感器齿圈作为撬面,防止上面沾染油污或其他脏污,必要时可涂上一薄层防锈油,保护其不受损伤。

(6)ABS电气的故障大多数并不是元件损坏,而是连接不良或脏污所致,因而应特别注意各插接件的连接可靠无误。

(7)若更换轮胎时,应尽量选用汽车生产厂家推荐的轮胎。

(8)大多数ABS中的车轮速度传感器、电子控制装置和压力调节器都是不可修复的,若发生损坏,一般要求选用本车型高质量的正宗配件,以确保维修质量。

(9)对制动系统进行维修后,或者使用中感到制动踏板变软时,应对制动系统中的空气进行排除。

2)ABS的排气

带有ABS的车辆制动失效或系统工作出现异常时,同普通制动系统一样,也要从检查制动主缸油室内液面高度开始,逐步查找故障原因,并视需要进行更换制动液和制动系统排气等一系列操作。

当检修制动系统、更换制动器、打开制动管道更换液压部件时,或由于管道中出现空气使制动踏板发软或变低时,以及更换制动液之后,都需要对制动系统进行排气操作。

(1)排气操作时的注意事项。

①大部分装有ABS的汽车在定期维护时,通常可使用助力放气器、真空放气器,或按手动放气方法将系统中的空气放出,或更换调压器总成。

②有些ABS装置在系统放气时,需要使用扫描工具轮流接通ABS调压器中的电磁阀。这并不是说没有合适的工具就不能对这类系统进行放气,但若没有工具,则很难将调压器中的空气放尽。

③若ABS警告灯亮了,应在系统放气之前,先诊断和修理故障,然后再进行排气操作,否则,在修理中要更换液压部件或打开某一管道时,则不得对系统进行二次放气。

(2)排气的操作要领。在进行制动系统排气时,首先应将制动增力器控制装置断开,使制动系统处于无增力状态,然后再把ABS的电控单元断开,在制动系统排气过程中,绝不能让ABS起作用;否则,制动系统内的油压将按着"减压—保证—增压"的规律,并以7~8次/s的频率快速变化,这对排除制动系统的空气是不利的。

同时,解除ABS的作用也有利于故障的判断,在解除ABS的情况下进行排气操作,如果有异常现象,则说明故障不在ABS,而应在其他系统查找原因。

在排气操作过程中,踩下制功踏板时,宜缓慢下压,不宜过急,这一点与普通制动系统的排气操作是相同的。

除上述外,带有 ABS 装置的制动系统的排气操作所用时间要比普通制动系统排气的操作时间要长,因此,排气操作过程中制动液较多,所以在操作过程中要一边进行排气,一边及时向制动主缸储液室添加制动液,刚排出的制动液不能作为回添用,须静置 2~3 天后,方可再用。

(3) ABS 排气实例。如大众轿车的 ABS 排气操作,对该车进行放气时,可以使用专用的 VW1238-1 型制动液充放机,也可以人工进行放气。

① 使用专用工具放气:接通 VW1238-1 型制动液充放机,按规定顺序打开放气螺钉,分别排出制动钳和制动轮缸的气体,注意用专用的容器盛放排出的制动液。操作时的排气顺序依次为:右后车轮制动轮缸→左后车轮制动轮缸→右前车轮制动钳→左前车轮制动钳。

② 人工放气:首先将一根软管的一端接到放气螺钉上,一端插入容器中,然后一人用力迅速踩下并缓慢放松制动踏板,如此反复数次后,踩下制动踏板,并保持一定的高度使之不动,另一人拧松放气螺钉,管路中的空气随制动液顺着胶管排出制动系统。排出空气后再将放气螺钉拧紧,重复上述步骤多次,直至容器中的制动液里没有气泡为止,然后取下胶管,套上防尘罩。排气完毕后,观察储液罐制动液液面高度,必要时添加制动液。

2. ABS 故障的一般检查及故障码的读取

当 ABS 出现故障时,ABS 故障灯亮,应按一般检查、警告灯诊断和读取到故障码的方法进行。但应注意对 ABS 进行故障诊断时,下面的一些情况并不是故障:

(1) 系统的自检声音:发动机起动后,有时会从发动机舱中传出来类似碰击的声音,这是 ABS 进行自检的声音,并非不正常。

(2) ABS 起作用的声音:表现在 ABS 液压单元内电动机的声音、与制动踏板振动产生的声音、ABS 工作时因制动而引起悬架碰击声、后轮胎与地面接触发出的吱嘎声。

(3) ABS 起作用,但制动距离过长:在积雪或砂石路面上,有 ABS 的车辆制动距离有时会比没有 ABS 的车辆制动距离长。

1) 一般检查

当 ABS 出现故障时,系统的故障指示灯亮,此时应首先进行一般性的检查。

(1) 制动液面是否在规定的范围之内。

(2) 检查所有继电器、熔断丝是否完好,接插是否牢固。

(3) 检查电子控制装置导线的插头、插座是否连接良好,有无损坏,搭铁是否良好。

(4) 蓄电池容量和电压是否符合规定,连接是否牢靠。

(5) 控制单元、车轮转速传感器、电磁阀体和制动液面指示灯开关导线插头、插座和导线的连接是否良好。

(6) 检查车轮转速传感器传感头与齿圈间隙是否符合规定,传感器头有无脏污。

(7) 驻车制动(手刹)是否完全释放。

2) 利用警告灯检查

利用 ABS 故障警告灯及制动装置警告灯的闪亮规律,可以粗略地判断出 ABS 发生故障的部位。

通常情况下,在点火开关接通(ON)时,黄褐色的 ABS 警告灯应闪亮一下(4s 左右)。此时如果制动液不足(液面过低),红色警告灯也会点亮;储能器压力、制动液面符合规定且驻车制动完全释放时,红色警告灯应熄灭。在发动机起动的瞬间,ABS 警告灯和红色制动警告灯一般都应亮(驻车制动在释放位置),一旦发动机运转起来后,两个警告灯应先后熄灭。汽车行驶过程中,两个警告灯都不应点亮。若是上述情况,一般可以说明 ABS 处于正常状态;否则说明 ABS 有故障或液压系统不正常。

由于车型不同,采用的 ABS 形式不同,电路也不同,其警告灯的闪亮规律也有差异。不同车型的故障警告灯诊断一般可在其车型的维修手册中查到,表 4-18 所示为大众轿车的故障警告灯诊断表。

大众轿车的故障警告灯诊断 表 4-18

ABS 警告情况	故 障 现 象	可能的故障原因
ABS 故障警告灯亮	ABS 不起作用	1. 车轮转速传感器不良; 2. 液压控制单元不良; 3. ABS ECU 不良
ABS 故障警告灯不亮	踩制动踏板时,制动踏板振动强烈	1. 制动开关失效或调整不当; 2. 制动开关线断路或插头脱落; 3. 制动鼓失圆; 4. ABS ECU 不良; 5. 车轮转速传感器信号不良; 6. 液压控制单元不良
ABS 故障警告灯偶尔或间歇点亮	ABS 作用正常,只要点火开关关闭后再打开,ABS 警告灯即可熄灭	1. ABS ECU 插座松动; 2. 车轮转速传感器导线受干扰; 3. 车轮转速传感器内部工作不良; 4. 车轮轴承松旷; 5. 油管内有空气; 6. 制动轮缸动作不良
制动装置警告灯亮	制动液缺少或驻车制动滞拖	1. 制动没有松开; 2. 驻车制动调整不良; 3. 制动油管或轮缸漏油; 4. 制动装置警告灯搭铁
ABS 故障警告灯和制动装置警告灯亮	ABS 不起作用	1. 两个以上车轮转速传感器故障; 2. ABS ECU 故障; 3. 液压控制单元工作不良

3) ABS 故障码的读取

ABS 一般具有故障自诊断的能力。其实质是以 ABS 电控单元中标准的正常运行状况为准,将非正常的运行(故障)用某种符号形式记录在存储器中,可以方便地读出以确定故障点。这种符号即为故障码。

不同车型的故障码和内容也会不同。其故障码的读取一般有三种方法:第一是用专用的故障诊断仪与 ABS 的故障码读取接口相连,按程序起动,故障诊断仪的显示器或指示灯会按操作者的指令有规律地显示故障码;第二种是按规定连接起动线路,通过汽车仪表板上的指示灯或 ABS 故障警告灯闪亮的规律输出故障码;第三种是车上带有驾驶人信息系统,即中心计算机系统,维修人员可起动自检程序,信息系统上的显示器可按顺序逐步显示不同系统的故障码。

(1) 利用故障诊断仪进行故障诊断:具有自诊断功能的 ABS,其存储器中的故障码可利用故障诊断仪进行读取。图 4-47 所示为大众轿车 ABS 故障采用故障诊断仪进行诊断的程序。所采用的故障诊断仪是 V. A. G71551 或 V. A. G1552 型。

读取故障码的方法如下:

①断电情况下,将故障诊断仪 V.A.G1551 或 V.A.G1552 与 ABS 的诊断插座连接。
②点火开关转至"ON"位置。
③地址(Addresword)处键入功能代码"03",按"Q"键确认,这时屏幕上将显示:
　　ECU 版本号:3A0907379 ABSITTAE2OGIV100
　　编号(Codierung):×××××
　　工厂编号(WSC):××××

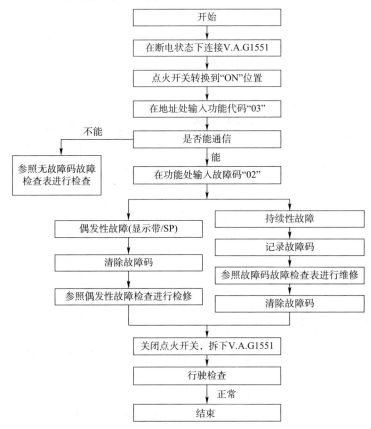

图 4-47　使用故障诊断仪进行 ABS 故障诊断程序

④在功能选择(Funktionanwahlen)处输入功能代码"02",按"Q"键将显示故障的数量,之后按"→"键,将依次显示每一次故障的故障码和内容。大众轿车 ABS 故障码见表 4-19。

在 ABS 读取故障码或 ABS 检修后,应清除 ABS ECU 存储器内的故障码。其方法是:在点火开关处于"ON"位置时,在功能选择处输入功能代码"05",按"Q"键即可消除故障码。若故障码无法消除,表明故障码代表的故障一直存在,必须在排除故障后予以清除。如果存储的故障码可以清除,表示这是一个偶发性故障,须在驾车行驶时才能重新检测到。

大众轿车 ABS 故障码　　　　　　　表 4-19

故障码	故障部位	故障内容
65535	ABS ECU	损坏
01276	ABS 液压泵	电动机无法工作
00283	左前轮转速传感器	电气及机械故障
00285	右前轮转速传感器	

续上表

故障码	故障部位	故障内容
00290	左后轮转速传感器	
00287	右后轮转速传感器	
01044	ABS编号错误	
00668	供电端子30	
01130	ABS工作异常	信号不正常

(2) 利用跨接接线端子进行故障码的读取与清除:对不同的车型,其读取故障码的方法也有不同,下面以通用(GM)车系博世(BOSCH)35端子ABS2为例进行介绍。

① 故障码读取。在车上找到有12端子的故障诊断插座(ALDL),如图4-48所示,用跨接线连接A、H端子,打开点火开关(ON),3s后ABS警告灯(通用车多为ANTL-LOCK警告灯)开始闪烁,首先输出一个故障码12(闪烁1长2短),接着从小到大循环显示故障码,每组闪3次,直至又输出故障码12。其故障码的含义见表4-20。

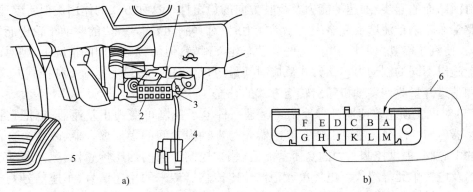

图4-48 通用(GM)车系博世(BOSCH)35端子ABS2故障诊断插座
a) 诊断插座位置;b) 诊断插座
1-诊断插座(ALDL);2-H端子;3-A端子;4-诊断插座盖;5-制动踏板;6-跨接线

② 故障码的清除。故障排除后,关断(OFF)点火开关,然后在A、H端子跨接线连接的情况下(3s以上),打开点火开关(ON)。当ABS警告灯亮时,拔下端子A或H一端的导线,当ABS警告灯灭时,迅速(1s内)插上拔下的一端,ABS灯再亮,再拔下导线的一端,这样在10s内快速重复上述动作三次以上,然后跨接线连接A、H端子15s以上,再将点火开关关断,就可以清除ECU中的故障码。

BOSCH-2型ABS故障码　　　　　　　表4-20

故障码	故障内容	故障码	故障内容
12	ABS进入或结束诊断模式	41	右前轮控制电磁阀故障
21	左前轮转速传感器线路故障	45	左前轮控制电磁阀故障
22	右前轮转速传感器信号不良	55	后轮控制电磁阀故障
25	左前轮转速传感器线路故障	61	油泵电动机控制电路或继电器故障
26	左前轮转速传感器信号不良	63	液压电磁阀继电器故障
31	右后轮转速传感器线路故障	71	ABS电控单元电源线路或搭铁故障
32	右后轮转速传感器信号不良	72	ABS电控单元故障诊断线路故障
35	左后轮转速传感器线路故障	75	横向加速传感器线路故障
36	左后轮转速传感器信号不良	76	横向加速传感器信号不良

四、电控驱动防滑系统(ASR)的检测诊断与维修

电控驱动防滑系统简称 ASR,其作用是防止汽车在起步、加速过程中驱动轮打滑,特别是防止汽车在非对称路面或转弯时驱动轮空转。它是继汽车防抱死制动系统(ABS)之后应用于车轮防滑的电子控制系统。

1. 电控驱动防滑系统(ASR)的主要控制方式

电控驱动防滑系统的控制目标参数是驱动轮滑转率,主要的控制方式有:

(1)对发动机输出转矩进行控制。合理地控制发动机的输出转矩,可以获得最大驱动力。发动机输出转矩的控制手段主要有调节燃油喷射量、调整点火时间及调整进气量三种,从加速圆滑和减少污染的角度看,调整进气量最好,但反应速度较慢,通常辅以另外两种手段。

(2)对驱动轮进行制动控制。对驱动轮进行制动控制是对发生滑转的驱动轮直接施以制动力,使车轮的滑转率控制在目标值范围内,这时,非滑转车轮仍有正常的驱动力,从而提高了滑溜路面的起步、加速的能力及行驶方向的稳定性。这种方式的作用类似于差速锁,在一边驱动车轮陷于泥坑或完全失去驱动能力时,对其制动后,另一边的驱动车轮仍能发挥其驱动力,使汽车能驶离泥坑;当两边的驱动车轮都滑转,但滑转率不同的情况下,则对两边驱动车轮施以不同的制动力。该方式反应时间最短,是防止滑转最迅速的一种控制方式,一般作为调整进气量改变发动机输出转矩方式的补充。

(3)对可变锁止差速器进行控制。这是一种电子控制可变锁止差速器,也把它称作限滑差速器(LSD)控制。主要由装在差速器壳与半轴齿轮间的多片离合器、改变离合器控制油压的电磁阀、提供控制压力的高压蓄能器、感知控制压力的油压传感器、感知驱动轮轮速传感器及电控单元等组成。电控单元根据轮速传感器传来的轮速信号、车速信号判定车轮是否处于滑转状态,若处于滑转状态则向电磁阀发出指令接通蓄能器与离合器的油路,增加油压使离合器锁止,电控单元可以根据传感器反馈信号随时调整对电磁阀的控制指令,使车轮滑转率保持在目标值范围内。

(4)对发动机与驱动轮之间的转矩进行控制。这种控制方法多是通过控制变速器的换挡特性、改变传动比来实现的。

2. 电控驱动防滑系统的诊断检测

1)故障自诊断

当电控驱动防滑系统出现故障时,电控单元会将故障以相应故障码的形式储存,维修人员可通过专用仪器或人工方式获取故障自诊断信息。

(1)接通点火开关。

(2)将故障诊断座的 T_c 和 E_1 端子用跨接线连接。

(3)从仪表板上的 TRC 指示灯的闪烁来读取故障码。

(4)在 T_c 与 E_1 连接的状态下,3s 内连续踩踏制动踏板 8 次以上即可清除电控单元中储存的故障码。

2)部件检查

在读出故障码后,先记录测试结果,清除故障码后再读,消失的故障码可能为偶发性故障或上次维修排除故障后没有清码(历史故障码);若清除后再读仍出现的故障码则表明系统可能存在该故障,需要进一步检查核实。例如当读出故障码为"11"时,查阅故障码表为

"TRC 制动主继电器电路出现断路或短路故障",利用万用表对照电路图(图 4-49),进一步检查如下:

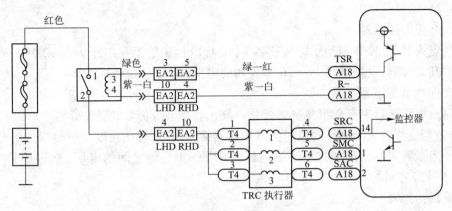

图 4-49 主继电器电路网
LHD-左舵驾驶车辆;RHD-右舵驾驶车辆;EA2、T4-线路插接器

(1)检查电源。拔下 TRC 主继电器插接器,在点火开关接通时,用万用表检测插接器线束侧 1 号端子搭铁电压应为蓄电池电压,否则应检查与蓄电池之间的连线、插接器及熔断丝。电源正常则进行下一步。

(2)检查 TRC 主继电器自身性能。正常情况下,用万用表检测继电器 1—2 端子之间应不通(电阻为∞),3—4 端子间通路(电阻应很小);将继电器 3—4 端子之间施加蓄电池电压,检查 1—2 端子之间应为通路。若继电器正常则进行下一步。

(3)检查 ECU 与主继电器间的连线,若通路则应检查 ECU。

3)液压部件的拆卸与安装注意事项

如需拆下检修或更换 TRC 液压部件,在拆卸和安装时应注意:

(1)拆卸前应先泄压。由于蓄压器使管路中的制动液保持着一定的压力,在拆卸油管前应先泄压,避免高压制动液喷出伤人。

(2)安装时不能漏装 O 形密封圈且密封圈应良好。

(3)管路螺纹连接和部件连接螺栓应按规定力矩拧紧。

(4)安装完后一定要按正确方法排出制动液压系统空气。

3. 奔驰车系防滑控制系统的检修

奔驰轿车与其他车型一样,其防滑控制系统的电子控制单元、执行器和一些传感器与普通的 ASR 相同,下面介绍轮速传感器、横向加速度传感器、旋转传感器、制动压力传感器、转向角度传感器等元件的检修。

1)轮速传感器

轮速传感器进行电压测试时,打开点火开关,以每分钟大于 1r(转)的速度旋转车轮,测量车速传出交流电压值,应大于 0.2V。车轮速传感器波形如图 4-50 所示。

2)横向加速度传感器

横向加速度传感器用于监测车身转向及车辆横向侧滑的加速度作用力,将信号送至 ESP

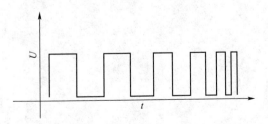

图 4-50 轮速传感器波形测试图

电控单元。它位于行李舱左上方,如图 4-51 所示。

检测方法:以 23m/s 的速度移动车辆并左转弯时,测量 9—24 号脚之间的电压,应当为 4.75~5.25V。

3)ESP 压力传感器

打开点火开关,ESP 制动压力传感器 1(B34/1)传出的第一组压力为 12MPa,第二组压力为 1.2MPa。测试电控单元 11—26 号脚间的电压,应当为 4.75~5.25V。

4)转向角度传感器

转向角度传感器带有 9 组光电二极管。转向盘转动,带动切割片旋转。切割片具有不同长度,当光线照射至光电管对面时光电接收器接收信号,转向角度传感器根据信号计算转向角度。当车辆向左、右转向时,测量电压:N49 3—4 号脚之间的电压应当为 11~l4.5V,N49 2—3 号脚之间的电压应当为 11~14.5V。

5)旋转传感器

旋转传感器安装于行李舱上方的 ESP 横向加速度传感器旁,其作用是监测车辆发生侧向旋转时的旋转角度,及时送至 ESP 电控单元,控制发动机转矩及变速器挡位。

旋转传感器包括旋转监控装置、频率信号处理及放大部分。

标准数据:车辆移动并往左转时,电路插接器 N46 传出的旋转速度信号为:12.3rad/s(弧度/秒),这个信号随汽车转向速度的变化而变化。

6)ESP 高压泵

ESP 高压泵安装在左前轮后方的左叶子板内,如图 4-52 中的 M15 所示。其作用是使制动主缸及制动管内压力不低于 15MPa。

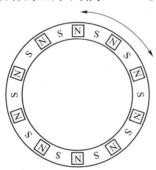

图 4-51 横向加速度传感器元件结构及位置图

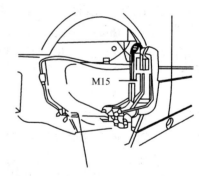

图 4-52 ESP 高压泵位置图

第五章 车身及电气系统的检测诊断与维修

第一节 汽车车身的检测诊断与维修

汽车车身是驾驶员工作、乘客乘坐和装载货物的机构,应能为驾驶人提供良好的操作条件,为乘员提供舒适的乘坐环境,并保证完好无损地运载货物且装卸方便。车身结构和设备还应保证行车安全和减轻事故后果。

汽车在长期的使用过程中,汽车车身的技术状况逐渐下降,特别是汽车车速的提高和汽车保有量的增加,汽车交通事故或意外事故时有发生。而在汽车碰撞事故中,损坏最严重的部件就是车身。特别是现代轿车广泛采用无骨架承载式车身,轿车行驶时各种荷载均由车身承受,因此汽车发生碰撞、翻车等意外事故时,车身容易产生变形及损坏等故障。对其故障进行检测与诊断是彻底修复汽车的前提,同时还是制定车身修理工艺规程及车身修复方法的重要依据,是提高维修效率的重要手段。

一、车身损伤故障分析

对车身损伤故障进行分析,找出损伤的主要原因,确定损伤的主要类型,分析损伤倾向及其所产生的影响、波及范围等,都是车身维修诊断中所要完成的任务。

1. 一般损伤故障分析

车身常见损伤是指轿车车身在长期的使用过程中受到的损伤。车身钣金件常见的损伤有磨损、裂纹、断裂、腐蚀、脱焊、金属板面凸凹、褶皱、弯曲和歪扭等。车身损伤主要有以下几个方面的原因:

(1) 车身外部环境和工作引起的自然损伤。汽车车身长期处在风吹雨打、日晒夜露、风砂冲击等严酷外界环境下工作引起的损伤。如汽车行驶时,车身总是在不断振动,使车身表面承受着交变荷载。在这些荷载作用下,车身钣金表面在应力集中和结构薄弱的部位,将产生裂断;化学作用能造成钣金件腐蚀;摩擦作用可造成车身表面划伤、保护层破坏等。另外不正确的使用,如在不平路面高速行车、经常性的突然加速、紧急制动和急转弯等,还可造成车身的裂纹、变形等损伤。

(2) 车身结构设计缺陷引起的损伤。如部件间连接不牢固造成断裂;部件结构强度不够,可引起裂纹、撕裂、板面的凸凹;构件结构不合理,可引起车身断裂、磨损和腐蚀。

(3) 车身工艺设计问题引起的损伤。如车身装配质量不好可引起车身断裂和腐蚀;车身加工质量不好,可引起车身变形和断裂等损伤。

2. 碰撞损伤故障分析

碰撞损伤故障主要是意外事故引起的车身表面的凹陷与凸起、板件的撕裂与褶皱、车身的弯曲与歪扭、车身焊接部位的脱开与断裂等损伤。

汽车车身的碰撞,实际上是物体间的相互机械作用,这种作用的结果使车身发生变形和破坏,即车身损伤。车身损伤的形式多种多样,按其损伤的原因可分下列几种形式:

(1)直接损伤。它是指车身与其他物体直接接触而导致的损伤。直接损伤的特征是:车身以外的物体直接撞及车身,并与着力点处形成以擦伤、撞痕、撕裂为主要形态的损坏,其损坏是明显的。

(2)波及损伤。它是指碰撞力作用于车身并分解后,其分力通过车身构件过程中,在薄弱环节上形成的损伤。根据力的可传性,碰撞力在分解、传播、转移的过程中,比较容易通过强度或刚度高的构件,但对于强度、刚度较弱的构件,就十分容易形成不同程度的损伤。波及损伤的特征是:在某些薄弱环节形成以弯曲、扭曲、剪切、折叠为主要形态的损坏。

(3)诱发损伤。它是指部分车身构件发生变形后,同时引起相邻或装配在一起的其他构件的变形。它与波及损伤的不同点在于,它在碰撞过程中并不承载或很少承载,而主要是关联件的压迫、拉伸导致的诱发性损坏。诱发损伤的特征是间接损伤,多以弯曲、折断、扭曲形态出现。

(4)惯性损伤。它是指汽车运动状态发生急剧变化,由强大惯性力作用下而导致的损伤。汽车碰撞时,其车身产生强大的惯性力阻碍车身的运动而引起车身变形。惯性损坏的主要特征是:在车身装配的结合部位或强度、刚度的薄弱环节,车身钣金件受到损伤的情况及原因往往不是单纯的一种,而是多种组合。因此,在检测诊断时应认真观察和分析,找出车身损伤的各种不同原因。

二、车身碰撞损伤的表现形式

1. 非承载式车身碰撞损伤的表现形式

非承载式车身损坏主要是车架损坏,其损伤的表现形式有以下五种:

(1)侧弯损坏。侧弯损坏由侧面碰撞所引起,碰撞后一侧受压,另一侧受拉伸的作用造成车架或车身发生侧向弯曲变形,如图5-1所示。侧弯通常出现在车辆某一侧的前部或后部,其结构识别特征是:受压的一侧纵梁的内侧出现皱褶,而对面那根纵梁的外侧出现凸痕。其外观识别特征是:拉长一侧的车门边缝增大,缩短一侧的车门边缝缩小,甚至出现折痕。

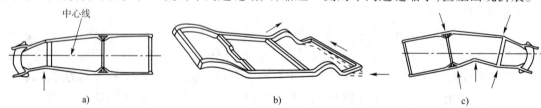

图5-1 侧弯损坏

a)侧面前部受击,前面发生侧弯;b)碰撞和侧弯都出现在后部;c)严重时前后同时发生侧弯损坏

(2)下凹损坏。下凹损坏由前部或后部的正面碰撞引起,这种损坏明显的外观特征是车架或车身上某一段比正常位置低,如图5-2所示。它可能发生在某一侧,也可以在两侧同时发生,如图5-3所示。下凹损坏的明显特征是翼子板和车门之间缝隙顶部变小,下部变大;还可能会出现车门下垂的现象。碰撞后车架上会产生许多微小的皱痕或扭结,使车身板

件变形,但这些皱痕或扭结却很难发现。

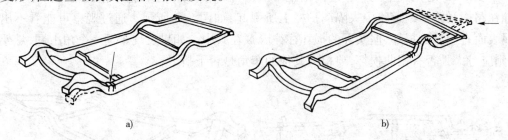

图 5-2 碰撞引起的下凹
a)前部下凹常在发动机下部的车架上出现褶皱凸痕;b)后部下凹与前部下凹表现基本一致

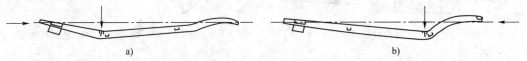

图 5-3 下凹损坏
a)前面碰撞造成的下凹;b)后面碰撞造成的下凹

(3)挤压损坏。挤压损坏是由正面碰撞造成的。挤压损坏造成车辆某一部分比正常尺寸短,伴随褶皱变形。它一般发生在发动机罩或后备舱上,车门不会受压缩短,如图 5-4 所示。

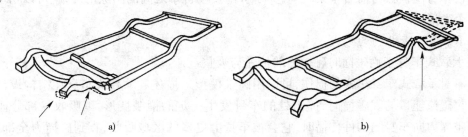

图 5-4 挤压损坏
a)左侧纵梁前部发生挤压损坏;b)左侧纵梁后部发生挤压损坏

挤压的特征是翼子板、发动机罩、车架各梁出现皱痕和严重的扭折变形,车轮处的车架或轮罩还可能上翘,使悬架弹簧座变形,如图 5-5 所示。

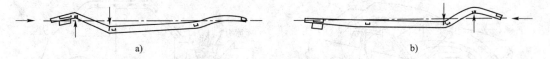

图 5-5 前面和后面碰撞造成挤压和褶皱
a)前面碰撞造成挤压和褶皱损坏;b)后面碰撞造成挤压和褶皱损坏

(4)错移损坏。错移损坏是车辆的一侧向前或向后移动,整个车架或车身由长方形变成平行四边形。错移是由于车体角上受到前部或后部猛烈的碰撞造成的,严重的错移损坏导致整个承载车身报废,因为修理太费时间,得不偿失,如图 5-6 所示。

错移损坏会影响整个车架或车身,而不只是车架纵梁,发动机罩和后备舱、靠近后车轮后侧围板处、乘座舱或(和)货车地板也可能出现褶皱,而且通常伴随有挤压和下凹损坏,如图 5-7 所示。

(5)扭曲损坏。扭曲损坏是指车辆在对角线方向

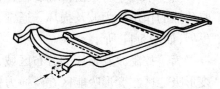

图 5-6 碰撞使车架边梁后错

上产生变形,即对角线上的一个角高出正常值,另一个角低于正常值。扭曲通常由车头或车尾撞在路边马路牙或道路中央隔离护栏上所引起,如图5-8所示。通过观察可能看不出薄金属表面有明显的损坏,但实际的损坏往往隐藏在其中。如果发现车辆一个角上翘,悬架变形,则应考虑是否有扭曲损坏,要检查其他的车角是否下折。

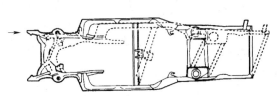 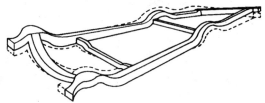

图5-7　严重的错移损坏　　　　　　　图5-8　扭曲表现为车架或车身一角上翘而对顶角下折

很多碰撞事故可能造成多种损坏,比如侧弯和下凹就经常同时发生。除了碰撞造成的直接变形以外,车架还可能因惯性力的作用产生二次变形损坏。例如,在剧烈的碰撞中,发动机可能因惯性的作用前后移动,这样会使发动机支座(车架横梁)也会变形。如在翻车事故中,由于发动机质量较大,滚翻时的离心力常把安装发动机的横梁拉弯。在故障诊断中,通过比较车身门槛板与前后车架之间,翼子板与发动机罩之间的间隙情况,就可以初步判断车架是否变形了。

2. 承载式车身损伤的形式

1)承载式车身车辆碰撞时碰撞力的传递与吸收

碰撞对承载式车身车辆的损伤,可以用圆锥模型来描述。承载式车身在结构设计上是可以吸收碰撞能量的。碰撞时,撞击处的车身发生一定的褶皱变形,以吸收一部分碰撞能量。当碰撞力向车身结构件传播时,它会被车身上更多的区域吸收,直到碰撞力全部消失。撞击处就相当于圆锥的顶点。

圆锥的中心线指向碰撞方向,碰撞力沿车身传播的方向和区域,就像圆锥的截面一样沿轴线扩大。圆锥的顶点和碰撞点称作初次损坏区,如图5-9和图5-10所示。

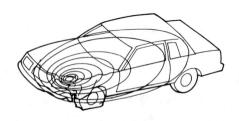 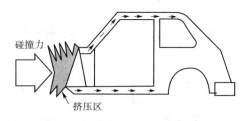

图5-9　碰撞力以圆锥体模式在承载式车身的传播与影响　　图5-10　碰撞能量沿着乘坐舱穿过各部件而逐渐消散

由于承载车身是由薄金属板连接在一起的,碰撞被大部分车身壳体吸收。碰撞波沿车身传播的作用称为波及损坏。通常,这种损伤是向车身内部结构或与车身碰撞相对的部位发展,如图5-11所示。

为了控制波及损坏的分布区域,保护车内乘员的安全,在承载式车身车辆上设计了一些变形吸能区。变形吸能区在碰撞力作用下按预先设定的方式变形,保持乘坐舱的形状,并吸收掉波及损伤的能量,如图5-12所示。

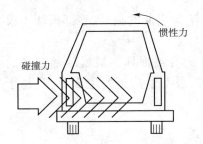
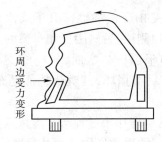

图 5-11　由于惯性作用,车顶向碰撞的一侧移动

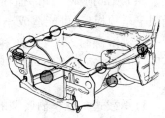

图 5-12　承载式车身的前吸能区

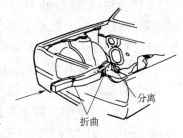

图 5-13　正面碰撞吸能区

换一句话说,正面碰撞将由车身的前部和吸能区共同吸收,如图 5-13 所示;后部碰撞由车身后部吸能区吸收;侧面碰撞将由撞击区的门槛板、车顶边梁、中立柱和车门共同吸收。

2) 承载式车身车辆的损伤表现形式

承载式车身车辆的损伤表现为以下几种形式:

(1) 前部损伤。前部损伤是由于正面碰撞造成的车头撞击上另一车辆或是其他物体引起的损伤,碰撞力大小取决于车辆质量、车速、撞击物以及撞击面积。如果轻微碰撞,将造成保险杠向后挤压,可能使前纵梁、保险杠托架或支架、前翼子板、散热器及其支架和发动机罩锁支架等发生弯曲变形。

如果比较严重的碰撞,将会使前翼子板向后挤压前车门;发动机罩铰链将上弯,触到发动机罩;前纵梁也可能产生褶皱,并挤压前悬架横梁,导致横梁弯曲,甚至可能会使前翼子板挡泥板(也称翼子板裙板或内翼子板)和车身前柱(特别是前门铰链上部区域)将发生弯曲变形,这导致前车门下垂。此外,前纵梁褶皱加大,使前悬架摆臂也可能弯曲,减振器可能会损坏,前围板和前地板也可能受损,发动机支撑错位,空调通风装置受损,前风窗玻璃破碎,车轮定位可能会失准。

如果前部碰撞与整车轴线有一个夹角,前纵梁以连接点为转动轴,向水平和垂直方向产生弯曲变形。而且,由于两侧的纵梁由横梁连在一起,受碰撞一侧纵梁上的力将通过横梁传给另一侧纵梁。

(2) 后部损伤。后部损伤是由于倒车时撞上其他的物体,或发生追尾事故引起的损坏。其变形规律和变形倾向与车身前部大致相同,只是车身后部刚度相对较弱,在相同的碰撞力下,后部变形相对大一些。如果后部碰撞较轻,后保险杠、后车身板、行李舱盖、行李舱底板和车轮上方的后侧围板产生变形;如果后部碰撞较重,后侧围板挤压到车顶板底部,甚至造成车身中柱弯曲,后部碰撞的冲击能量大部分使这些部件以及后纵梁的变形而吸收。

(3) 侧向损伤。承载式车身的侧面抵抗碰撞方面相对比较薄弱。一旦碰撞,可能会造成车门、车门槛板、车身中柱、前翼子板或后侧围板变形。严重时,甚至会导致地板变形,如果是前翼子板部位受到侧面撞击,前轮往往会向内挤压,从而影响到前悬架横梁和前纵梁。如果碰撞严重,悬架系统的零部件可能损坏,即使悬架不见损坏,前轮定位也会遭到破坏,轴距发生变化,甚至会使转向装置及其支座损坏。如果是前翼子板或后侧围板部位受到较大的垂直碰撞,碰撞力会传递到撞击点另一侧的车身上,从而造成对面板件变形。

(4)顶部损坏。顶部损坏是由于落物砸伤汽车或汽车滚翻引起的损坏,顶部损坏不仅局限于车顶板,还可能造成车顶侧梁、后侧围板和车窗的损坏。

车辆滚翻时,车身支柱和车顶板会弯曲,相应的支柱也会被损坏。根据滚翻方式的不同,还可能造成车身前部或后部损坏,其辨认特征是车门及车窗附近发生变形,且易于发现。

3)承载式车身车辆典型的碰撞作用过程与变形特点

对于承载式车身车辆,典型的碰撞作用过程及变形特点如下:

(1)碰撞的瞬间(约10^8s),碰撞波试图使结构缩短,造成车身中部结构横向、垂直的变形趋势,而且碰撞力以冲击波的形式开始向撞击点以外的区域扩散。由于车身材料的惯性和弹性,有保持恢复原来形状的趋势,所以变形不能马上产生。

(2)碰撞继续作用,在撞击点出现可见凹扁变形,能够吸收碰撞能量,保护乘坐舱。同时,冲击波加剧扩散,其他区域也出现变形、撕裂或松散。

(3)设计合理的承载式车身车辆,在大的碰撞力作用下,乘坐舱车身板的变形将是外凸的,而决不能内凹,保持乘客不受伤、车门能打开。

类似非承载式车辆的侧弯损坏,承载式车身车辆也会发生横向变形,这可通过测量横向尺寸是否超过正常值来确定。

(4)即使撞击点是车身上的棱角顶点,碰撞波也会扩散到很大范围,可能造成车身结构的扭转变形。和非承载式车身车辆一样,承载式车身的扭转变形也是整个撞击过程的最后作用,事故后,通过同时测量高度、宽度尺寸是否超过正常值,即可判断是否发生了变形。

三、车身损伤的检测诊断

1. 车身损伤检测诊断的一般步骤

(1)了解车辆的结构形式。

(2)目测确定碰撞的部位,也就是直接损伤的部位。

(3)分析碰撞力传递的方向及大小,然后沿碰撞力作用的路径检查可能造成的受损部件,直到无损坏处,但要注意无任何损伤痕迹的隐形损伤,这些损伤即所谓的波及损伤和诱发损伤。如车身立柱的损坏,可沿着车门的定位线检查。

(4)确定是车身局部损伤还是涉及汽车底盘或发动机等零部件损伤。

(5)测量主要部件和检查车身高度,将实测的车辆外形尺寸与车辆维修手册上的标准尺寸进行对比,以诊断车身变形情况。

2. 车身损伤的直观检查

车身损伤的直观检查是指通过眼看、手摸等手段来确定车身的损伤。在大多数情况下,碰撞部位能够显示出结构变形或断裂的迹象。直观检查时,一般先要对汽车进行总体估测,通过直观检查确定车身损伤部位,找出损伤构件。然后,从碰撞的位置估计汽车损伤尺寸的大小及方向,判断碰撞如何扩散及其造成的损伤。最后,查看车身各个部位,设法确定出损伤的位置以及所有损伤与碰撞的因果关系。其方法可以沿着碰撞力扩散传递的路径,按顺序逐步检查,直至找到车身薄弱部位,确认出变形损伤情况。直观检查车身损伤时,主要应检查以下部位:

(1)检查损伤时,先从整体上检查车身是否有扭曲、弯曲及歪曲等变形。

(2)检查车身构件油漆层、内涂层及保护层的裂纹和剥落情况,因为这些外在表现是碰撞力传递和构件受损的象征,应认真检查。

(3)检查安装在车上质量大的固定件(如发动机)的连接点。当汽车受到碰撞时,这些部件的惯性会转化成巨大的作用力,使其向冲击力的相反方向移动而发生猛烈的冲击,从而使相关部件发生损伤。

(4)检查车身构件的吸能区或截面突变处,因为这些位置易产生应力集中现象,当传递冲击力时,其构件容易产生褶皱、变形或断裂。

(5)检查构件的棱角和边缘处,当传递冲击力时,其变形损伤尤其明显。

(6)检查车身侧边构件的损伤程度。通过检查车身侧边构件的损伤程度,很容易判别构件凹面上的损伤,因为它是以严重的凹痕形式出现。

(7)检查车身各部的配合及间隙,从而找出变形件。当目测值与标准值相差较大时,则说明相关构件变形严重。如果车身一侧未受损伤,则可通过比较汽车左右侧各对称的相应部件的间隙是否相同,来找出变形构件。通常,通过车身可拆卸部位的装配间隙、与车身基体的高低差及平行度的检查,能发现车身构件是否变形。

3. 碰撞力分析

碰撞所造成的车身损坏程度,主要取决于碰撞力的大小、方向、作用点及碰撞接触面积。在分析车辆碰撞损伤时,必须从碰撞力分析入手,确认导致变形的诸因素,确定损伤的类型及严重程度。

1)碰撞力的大小

碰撞力的大小直接决定了碰撞损伤的严重程度。

2)碰撞力的作用方向

车辆损坏程度同样取决于冲击力与汽车质心相对应的方向。如果冲击力的延长线不通过汽车的质心,如图5-14a)所示,一部分冲击力将形成使汽车绕着质心旋转的力矩,从而减少了冲击力对汽车零部件的损坏。如果冲击力指向汽车的质心,如图5-14b)所示,汽车就不会旋转,大部分能量将被汽车零件所吸收,造成的损坏是非常严重的。

3)碰撞力的接触面积

碰撞损伤还取决于接触面积。接触面积越小,碰撞损伤就越严重。例如:汽车以相同的速度对墙撞击,接触面积较大时[图5-15a)],单位面积所受的冲击力减小,损伤范围大但变形量小;相反,以相同的速度对立柱撞击时[图5-15b)],撞击面积小,保险杠、发动机罩、散热器等都易发生严重变形,发动机向后移动,碰撞所带来的影响甚至扩展到后悬架。

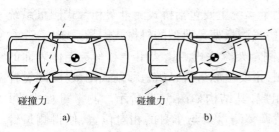

图5-14 碰撞力方向与汽车质心的相对位置
a)碰撞力不通过质心;b)碰撞力通过质心

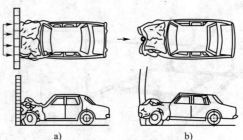

图5-15 对墙撞击与对立柱撞击
a)对墙撞击;b)对立柱撞击

4. 车身损伤的检测诊断

对于现代轿车车身的诊断仅凭直观检查是远远不够的,还得依赖于对车身的检测。在现代车身维修技术中,检测占据着极其重要的地位,因为检测所得到的数据是车身故障诊断的可靠依据。车身整体变形的认定,主要依赖于对关键要素的检测结果。车身构件的位置偏差不能过大,否则装配在车身上的总成(如转向机构、悬架系统等),将会改变其理想位置,从而破坏汽车的操纵稳定性。而车身检测就是要找出这些位置偏差,特别是要找出用肉眼辨别不出的位置偏差,指出哪些钣金件偏离了正常位置,并确定偏移方向和程度。因此,车身测量是车身故障诊断和修理的重要依据。

5. 车身测量的基准

车身测量中,其测量基准就是车身的尺寸参照基准,它们是参考点、基准面和中心线。汽车制造过程中有很多重要的测量基准点,这些基准点既是汽车制造时的基准,也是车身修复的工艺基准和测量基准。

车身测量的目的是检测车身变形后形状和位置误差的变化,而形状和位置误差检测的基础是选择正确的测量基准。因此,测量基准的选择就显得十分重要。根据车身变形的部位,车身测量基准的选择可以参照下面的基本要素。

1) 参考点

参考点是车身修复时用于测量、检验车身是否恢复至原来尺寸的一些特殊点。参考点通常是车身上便于测量的特殊点,包括孔、特殊螺栓、螺母、板件边缘或车身上的其他部位。为便于车身的检测与修复,现代轿车车身尺寸图中都标明了参考点及其标准位置参数。

2) 基准面

基准面是一个假想的与底面平行且有一定距离的平面,用于作为所有车身垂直轮廓测量的参照基准,车身参照点的高度尺寸都是以基准面为基准获得的。实际应用中,不方便直接测量时,可以采用投影法。

3) 中心线

中心线也是一个假想的空间直线,指将汽车分成左右相等的中心平面在俯视图上的投影线。中心线也是车身横向尺寸的参照基准,利用它可以方便、迅速地测量横向尺寸。

6. 车身测量设备

在现代车身维修技术中,常常要利用车身测量系统对车身的变形进行检测。该系统安装了多种测量器具,并采用了先进的测量技术和测量方法,从而可以同时测量多个检测点的三维坐标值。这种测量系统工作简易、测量过程快且测量结果准确。常用的车身测量系统主要有机械式测量系统、激光测量系统和计算机辅助测量系统三类。

1) 机械式测量系统

机械式测量系统主要包括桥式测量架和台式测量系统两种。其中,桥式测量架是典型的机械式测量系统。

(1) 桥式测量架。桥式测量架用于对车身壳体表面的变形进行检测,主要由测量桥、导轨、移动式测量柱、测量杆和测量针等组成,其结构如图 5-16 所示。测量过程中,可根据需要随时调整测量架与车身的相对位置,使得测量针接触车身表面,从导轨、测量柱及测量针上读出所测数据。该测量系统可以对车身的各参照点进行快速检测。

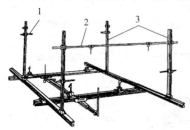

图 5-16 桥式测量架
1—可调指针;2—横杆刻尺;3—垂直导轨

(2)台式测量系统。台式测量系统用于检测车身壳体表面的变形。该系统由测量纵桥、滑动横臂、垂直套管、检测触头和测量架等组成。测量纵桥放置在矫正机的工作台上,从车头通到车尾,能体现车身检测的基准面和中心线。滑动横臂安装在纵桥上,它可在前、后、左、右四个方向上移动,前后移动时可测量纵向尺寸,左右移动时可测量横向尺寸。

垂直套管安装在滑动横臂上,如图5-17所示。检测触头安装在垂直套管的上部,上下移动时可测量被测点的高度尺寸。测量架安装在纵桥上,用于对车身上部参照点进行检测。

2)激光测量系统

激光测量系统是指利用激光对车身参照点进行测量的系统,如图5-18所示。该系统包括光学机构和机械构件两大部分,主要由激光发生器、光束分解器、激光导向器、标板或标尺组成。其中:激光发生器用于提供安全、低强度激光束;光束分解器能使光束按某个角度精确投射;激光导向器能使光束90°角反射。标板或标尺是参照点位置的体现,是激光束照射的目标。

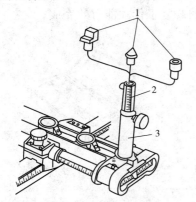
图5-17 垂直套管及检测触头的安装示意图
1-检测触头;2-刻尺;3-垂直套管

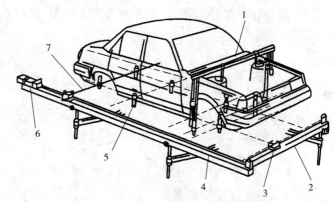
图5-18 车身激光测量系统
1-支杆附件;2-横向导轨;3-光束分解器;4-纵向导轨;5-透明标尺;6-激光发生器;7-激光束

检测时,激光发生器发出一束激光,通过光束分解器使光束照射到标板或标尺上。如果光束正好照射到标板或标尺的规定位置,则说明参照点的位置正确;否则,说明车身变形。激光测量系统既可用于车身下部测量,还可用于车身上部(如支柱、车窗等)的测量。

与机械式测量系统相比,激光测量系统不是以机械连接形式来实现测量的。所以,在整个车身校正过程中,激光测量系统能连续工作,能不断给出直观、准确的读数,使得维修人员能随时了解各参照点的位置偏差。

3)计算机辅助测量系统

计算机辅助测量系统可利用测量得到的数据迅速算出各种尺寸偏差,可实现测量过程电子化和结果显示数字化。该系统采用了自动跟踪车身检查点校正移动的测量系统。因此,能在车身校正过程中,边矫正边测量,同时在计算机屏上显示测量检查的瞬时位置,以便于工作人员矫正。此外,计算机辅助测量系统效率高,自动化程度也高。

7. 车身主要部件的尺寸检测

机械式测量系统常用于车身的损伤检测,使用它的优越性在于它测量的为即刻的示值,指针与控制点或者成直线,或者不成直线,利用机械式测量系统的测量,人们绕着汽车就可以用肉眼检测所有的控制点,并确定控制点位置与测量系统上此控制点应在位置相比较的结果。如果汽车上的控制点与测量系统上正确的控制点位置不在同一水平线上,则说明汽车发生了变形。机械式测量系统可对车身进行以下测量。

1）车身前端尺寸的测量

图 5-19 所示给出了典型的前部尺寸的控制点，对照汽车厂家车身尺寸表就可以对其进行检验。

2）车身侧面的尺寸测量

车身侧边结构的任何损伤都可以通过车门开关时的不规则来确定。车身侧面的测量点如图 5-20 所示，利用车身左右对称性，运用对角线测量法可检测出车身的变形是行之有效的，但是，在汽车两侧受损或扭转的情况下，又没有可提供的车身维修手册，使用对角线测量法是不适当的。

3）车身后部尺寸的测量

车身后部的变形大致上可通过后备舱盖开关的不平衡性估算出来，为了确定损伤，有必要对图 5-21 中的测量点进行精确测量。后部地板上的褶皱通常都归因于后部板件的弯扭，因此，测量后部车身的同时，也要测量汽车底部，这样后部的修复工作才能有效完成。

图 5-19　车身前端的尺寸测量点　　图 5-20　车身侧面的尺寸测量点　　图 5-21　车身后部尺寸的测量点

4）车身底部损伤的测量

（1）车身底部断裂损伤测量。如果发现汽车任何部件及车架构件的尺寸比汽车厂商说明书上的尺寸短，则说明汽车可能有断裂损伤，使用桥式测量架测量不同碰撞的正确测量方法如图 5-22 所示。

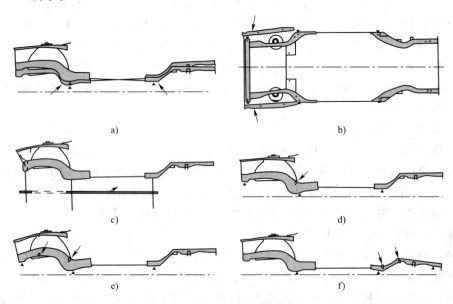

图 5-22　车身底部损伤的测量

(2)用中心量规测量底部弯扭损伤。常用的中心量规如图 5-23 所示,用它不能来定量测量,但它能够通过投影用肉眼看出车身结构是否准直受损。中心量规可安装在汽车底部的不同部位,中心量规有两个由里向外滑动时总是保持平行的横臂,量规悬挂在汽车上后,其横臂相对于中心量规所附着的车身结构都是平行的,如果不平行就是有弯扭损伤,如图 5-24 所示。

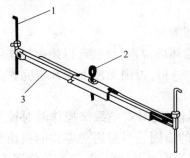
图 5-23 中心量规
1-挂钩;2-中心销;3-量规

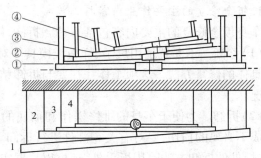
图 5-24 车身发生左右弯曲时量规的情形
①、②、③、④-测量点;1、2、3、4-中心量规

8. 车身损伤诊断的基本方法

根据检测基准的不同,车身故障诊断的基本方法可分为参数法和对比法。

(1)参数法。参数法是指根据测量工具实际测得的变形车身参照点的数据,与同参照点的标准参数比较,从而诊断车身变形故障的一种方法。这种方法以车身图样或技术文件中的规定来体现基准目标,通过对车身的定位尺寸进行测量,可以准确地诊断车身的变形范围及其损伤程度,这是一种比较可靠也较为流行的方法。但这种方法要求维修人员有车身技术文件和参照点的标准数据。

(2)对比法。对比法是指依赖测量工具实际测得的变形车身参数,与相同车身定位参数对比,从而诊断车身变形故障的一种方法。这种方法以相同汽车车身同部位的实测参数来体现基准目标,其诊断的精确程度主要取决于目标车身以及测量点的选取。

为提高诊断的精确程度,所选择的目标车身应完全符合技术文件规定的状况,车身应无损伤,且要求与被测车辆同一厂家、同一年份、同一车型。有条件时,还可通过增选车辆数目来提高目标基准的精确性。若没有可供选择的车身作为对比条件,可利用车身构件的对称性原则进行诊断,如当车身只有一侧损坏时,可测量另一侧的尺寸作为标准值,与受损一侧对比,确定损伤情况。对于测量点的选取,应以基础零件和主要总成在车身上的正确装配位置为依据,尽量利用车身壳体已有的无损伤参照点。很显然,当维修人员手中无车身检测尺寸资料时,用该方法较好。

四、车身修复作业的主要内容与工艺

车身修复作业的主要内容有两大项:即钣金修复和喷涂修复。其中钣金修复是一项综合性的、难度较大和技术性很强的修理作业,整形的质量又将影响喷涂作业和喷涂质量。

在事故车辆整形修复作业中,维修人员除了采用矫正、热收缩、焊接修补等一般操作工艺外,还灵活运用了撑拉、垫撬、解体、开褶等工艺的操作技巧,并且有能力分析事故损坏部位的受力情况,以及所涉及的影响范围。

事故车整形修复,首先应对事故车辆状况作仔细的、全面的观察,判断出汽车受碰撞瞬间外力作用位置、大小及方向,并进行对车身几何尺寸的检测和分析,分清主要受力变形位置和波及到的次要变形位置以及变形的程度,确定修理方案。根据检测结果,从骨架的初步矫正入手,有针对性地采取撑拉、垫撬、解体、开褶、整平、焊修、挖补等工艺,视情节分别或交错地进行。事故车修复后,车身各钣金件外形尺寸和工作性能应基本达到原厂设计要求,若质量未达到要求或者其他零部件装配困难时应返工。

1. 钣金修复的主要作业内容与工艺

车身钣金修复的主要内容包括:诊断、拆卸、修正与装配等。

(1) 诊断。诊断就是用尺子、样板或模具等对车身损坏部位进行检查,以确定损伤的性质和具体的修复方法。这项工作往往要与拆卸结合起来进行,否则无法准确判定完整的损伤情况。

(2) 拆卸。为便于车身的维修操作和彻底的检验损伤,同时避免维修操作时对被拆卸件造成不必要的损伤,要对有关零部件进行拆卸。拆卸的原则是尽量避免零件的损伤和毁坏,连接件的拆卸方法除用扳手外,还可以根据实际情况采取钻孔、锯、錾、气割等修理工艺。

(3) 修整。车身变形的修整作业内容和方法很多,根据不同形式的损伤采取不同的修理方法,具体有:锤敲、撑位、挖补、氧—乙炔焊、气体保护焊、手工电弧焊、电阻点焊、铝合金钎焊、等离子切割等。

(4) 装配。将经过修整的车身和局部附件、需要更换的部件和拆卸件,按原车的要求进行总装。

2. 车身喷涂修复作业的主要内容与工艺

车身进行钣金整形后的工序就是喷涂工序。工艺过程包括:铲底(脱漆)、表面预处理、涂料选择和调色、实施喷涂工艺。

(1) 铲底。根据车身维修和车身原漆受损的情况,需要部分和全部地除去车身上的旧漆,以保证涂装工艺的质量要求。常用的方法有:火焰法、手工或机械法、化学脱漆法等。

(2) 表面预处理。预处理的工序是:去锈斑、除污垢、进行氧化、磷化、钝化处理等。去锈除污的目的是增加涂层和腻子与基体金属的附着力;氧化、磷化、钝化处理的目的是防锈,延长车身的使用寿命。

(3) 涂料选择和调色。根据原车面漆的质地和色号,选择涂料和调色。车身涂料除面漆外,还需要各种辅料,如底漆、腻子、稀释剂、清漆、固化剂、防潮剂、红灰、胶纸等。

(4) 涂装工序。涂装工序主要包括:头道底漆的喷涂,刮涂腻子,喷涂二道底漆,用红灰填补砂眼、气孔,喷涂未道底漆,面漆喷涂,罩清漆,喷涂后处理。

头道底漆为防锈底漆,目的是防锈和增加腻子与基体金属的附着力。腻子至少要刮涂两三遍,并进行打磨,涂腻子的目的是将修整时留下的不平找平。整形效果越好,腻子的使用量越小。

3. 车身修复的特点

车身修复对恢复车辆整车性能,保证车辆正常行驶具有重要的意义。科学的车身整形手段,可以完全恢复车身各部正确尺寸及相对位置,保证汽车各总成正确的相对安装关系及运动关系,使整车性能得到最好的恢复。优质的喷涂质量,不仅对车身起到了极大的保护作用,而且恢复了汽车漂亮的外观。车身修复与制造相比有如下特点。

1) 车身结构修复具有恢复性

车身修复后,必须保持原车的车型风格,在车身构件的外形、线条、材料、装饰及色调等方面都不能破坏原车的特点,并保证整车的一致性。

2)车身材料具有多样性

车身材料除金属材料外,采用了大量的非金属材料,各种材料的性能和加工工艺都不尽相同,其修理方法和工艺要求也同样存在很大的差别。因此,在车身定损及修理时,必须准确区分不同构件的材料特性及结构特点。

3)车身修复工艺的复杂性

车身的修复工艺与其他总成有较大的差异,进行车身修理时必须照顾到车身的造型艺术、内部装饰、取暖通风、防振隔声、密封、照明以及与人体工程学有关的一些问题。对车身的金属构件,还要采取防腐、防锈措施。因此,车身修理时,应针对不同的损伤部位和类型,采用科学合理的修理工艺和方法。

4. 车身检测修复的注意事项

(1)汽车车身构件对防腐性能提出了较高的要求。在使用过程中,由于各种原因车身的保护涂层会损坏。一旦汽车碰撞以后,这个问题就会暴露出来。因此,在修复车身的同时,还需要修复车身的防腐层、底涂层和降噪层,这在评估碰撞损伤程度时是一个不可忽视的问题。

(2)对碰撞损伤的分析和检修时应充分考虑车身上的基础构件(如车架、底架等)接近于等强度、等寿命这个问题。

(3)修复时,应尽量避免切割加热受损零件和焊接新件。因为切割加热后再焊接会导致相关构件产生附加应力或强度下降,影响汽车的安全性和车身的使用寿命。

(4)车身材料不同时,采用的修复方法也不同,所发生的修理费用就会存在差异。因此,进行车身修复前要熟悉车身的构成材料及性能。

(5)车门护梁和保险杠加强筋等部位损伤时,则应更换有关构件,而不宜矫正后重新使用。因为当碰撞所产生的应力超过了材料的强度极限时,车身构件会破裂。

(6)车架发生严重的扭曲变形,可使车身四周的离地间隙发生改变。离地间隙的改变有两种原因:一是车架扭转力超过了悬架在空载状态下的弹力所致;二是悬架弹簧的弹力不一造成。因此,在进行车架损伤检验时,应加以区别,一定要首先排除悬架弹簧弹力不均的问题。

第二节 安全气囊的检测诊断

安全气囊也称辅助乘员保护系统(Supplemental Restraint System,SRS),是一种被动安全装置。当汽车遭到碰撞而急剧减速时,缓冲气囊能很快膨胀,可以约束车内乘员不致撞到车厢内部。因此,在汽车运行时,应时刻保证气囊处于无故障的正常状态,使其工作可靠、有效。

一、安全气囊系统的组成及工作原理

1. 安全气囊系统的组成

安全气囊的种类很多,按工作原理分为机械控制式和电子控制式两类。目前,机械控制式安全气囊比较少见,故本节主要介绍电子控制式乘员气囊的组成及工作原理。

图5-25所示为丰田雷克萨斯(LEXUS)LS400轿车电子控制安全气囊系统的电路图。

该系统由碰撞传感器、电子控制单元(ECU)、充气组件、SRS指示灯等组成。

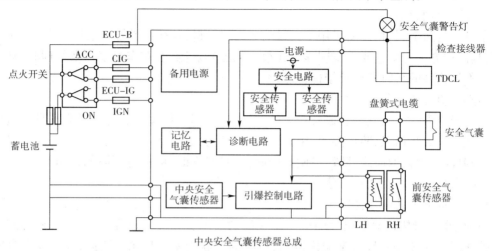

图5-25　丰田雷克萨斯(LEXUS)LS400轿车电子控制安全气囊系统电路图

1)碰撞传感器

汽车发生碰撞时,碰撞传感器检测汽车碰撞的强度信号,并将信号输入至电子控制单元(ECU)。碰撞传感器包括:两个前安全气囊传感器、一个中央安全气囊传感器和两个安全传感器。前安全气囊传感器安装在汽车前部两边翼子板的内侧,为机电式碰撞传感器;中央安全气囊传感器采用电子式碰撞传感器;其安全传感器安装在气囊控制装置盒内,均为水银式碰撞传感器。

2)电子控制单元(ECU)

电子控制单元(ECU)接收碰撞传感器的输入信号,并判断是否应引爆元件使气囊充气。电子控制单元主要由SRS逻辑模块、信号处理电路、备用电源电路、保护电路和稳压电路等组成。

3)充气组件

充气组件主要由气体发生器、点火器、气囊、饰盖和底板等组成,驾驶人侧的充气组件位于驾驶人座位的转向盘中,副驾驶人侧的充气组件位于副驾驶人前面的仪表上。

4)SRS指示灯

SRS指示灯位于仪表板上,利用它可初步诊断气囊系统工作是否正常。

2.安全气囊系统的工作原理

当汽车受到前方一定角度范围内的高速碰撞,并超过某一设定强度时,前碰撞传感器和中央碰撞传感器会很快检测到汽车突然减速的信号,并将信号传送到电子控制单元(ECU)。ECU则根据预先设置的程序进行数学和逻辑判断后,立即向气体发生器发出点火指令,起动充气装置,使安全气囊迅速充气膨胀。在人体与车内构件之间铺垫一个气垫,将人体与车内构件之间的碰撞转化为弹性碰撞,并通过安全气囊产生的变形吸收人体碰撞产生的动能,从而使驾驶人及前排乘员免遭严重伤害。

二、安全气囊系统故障的检测诊断

1.安全气囊系统故障诊断的特性

安全气囊系统由传感器、充气装置(传爆管)、中央气囊传感器总成以及把这些元件连接起来的配线和连接器等组成。而传感器、充气装置和中央气囊传感器等元件均不能分解修理,所以,安全气囊系统的故障诊断主要是电器方面的故障诊断。由于安全气囊系统平时不使用,一旦使用之后便报废。所以,安全气囊不像车上其他系统那样,在使用过程中出现故障会表现出来。因为没有异常现象的出现,安全气囊系统的故障就难于发现。为此,安全气囊系统本身设置了详尽的自我诊断系统,若系统出现故障,即可通过故障警告灯反映出来。这样,安全气囊系统的故障警告灯和故障码就成了最重要的故障信息来源和故障诊断依据。

由于安全气囊系统是一个独立系统,与车上其他系统都没有关系,所以,若系统中存在故障,我们只需按照故障码所指示的内容进行诊断,找出故障是出在元件还是在导线或连接器。因为各充气装置的传爆管不允许测量其电阻,传爆管的开路或短路的判断必须利用自诊断系统来进行。这是安全气囊系统故障诊断的特殊性。

2. 安全气囊系统故障诊断的方法

安全气囊系统的故障诊断方法因车型不同而稍有不同,且安全气囊系统的故障难以确诊。因此,对安全气囊的故障应详细检测,以便查出故障的确切原因并排除故障。下面以丰田雷克萨斯(LEXUS)LS400轿车电子控制安全气囊系统为例,说明其故障诊断方法。安全气囊系统故障的检测和修复步骤一般包括安全气囊的初步诊断、安全气囊系统的故障码自诊断、故障检测及排除和故障码清除。

1)利用 SRS 指示灯初步诊断

安全气囊系统是否能正常工作,可利用 SRS 指示灯进行初步诊断,其诊断方法如下:

(1)点火开关转至 ON 位置后:①若 SRS 指示灯点亮,并在 6s 后自动熄灭,则说明安全气囊系统正常;②若 SRS 指示灯一直不亮,则说明 SRS 指示灯系统电路有故障;③若 SRS 指示灯点亮且熄灭后一直不亮,则说明 SRS 指示灯系统有故障;④若 SRS 指示灯一直点亮或闪烁,则说明安全气囊系统存在故障。

(2)点火开关转至 OFF 位置后,SRS 指示灯仍然亮起,则说明 SRS 指示灯系统有故障。

(3)若发动机起动后汽车正常行驶时,SRS 指示灯仍亮起,则说明安全气囊系统存在故障。

2)利用故障码自诊断

在安全气囊电路中,设计有检测机构,因此,安全气囊本身具有故障自诊断功能。当安全气囊发生故障时,自诊断电路能诊断出故障原因,将故障编成代码存入 SRS 电子控制单元(ECU)中,并控制仪表板上的 SRS 指示灯闪亮,提示驾驶人 SRS 出现故障。故障码自诊断是通过一定的方法读取故障码,根据其故障码表的内容诊断 SRS 故障,以便尽快找到故障部位,保证修复工作高效、顺利进行。

3. 安全气囊系统故障自诊断的过程

1)进入故障码自诊断状态

检查 SRS 指示灯,若据此初步诊断安全气囊系统不正常,则可以读取故障码;若 SRS 指示灯一直不亮,说明 SRS 指示灯线路有故障。则必须检修后才能读取故障码或利用诊断仪取出故障码。

2)读取故障码

故障码的读取有专用诊断仪法和人工读取法两种方法。推荐使用专用诊断仪读取故障码,当无诊断仪器时,可选择人工读取故障码。

(1)诊断仪读取故障码的操作步骤:
①将点火开关置于 OFF 位置。
②接通诊断仪电源。
③将诊断仪接到熔断器盒中的诊断插口上。
④接通点火开关。
⑤用诊断仪检查自诊断代码。
⑥断开点火开关排除故障。
⑦拆下诊断仪。

(2)人工读取故障码。
①点火开关转至 ON 或 ACC 位置,并等待 20s 或更长一段时间。
②用跨接线短接 TDCL 插座的 T_c 端子和 E_1 端子,如图 5-26a)所示。
③读取故障码。当 SRS 有故障时,SRS 指示灯用闪烁的方式显示 SRS 的故障码。故障码为两位数,通过查看指示灯的闪烁方式能读出故障码。

(3)指示灯闪烁规律。
①SRS 指示灯闪烁频率为 2 次/s,高电压时灯亮,低电压时灯灭,且每次灯亮和灯灭延续时间均为 0.25s,则说明安全气囊功能正常,如图 5-26b)所示。
②SRS 指示灯先显示十位数字,后显示个位数字,十位数字与个位数字之间间隔 1.5s。
③同一数字灯亮与灯灭时间均为 0.5s。
④若有多个故障码,则故障码之间间隔 2.5s,并按由小到大的顺序显示故障码。
⑤故障码全部输出后,间隔 4s 会重复显示。
故障码 11 和 31 的闪烁规律如图 5-26c)所示。

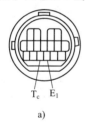 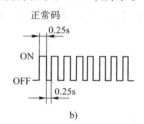 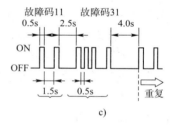

a) b) c)

图 5-26 SRS 故障码的读取
a)TDCL 诊断插座;b)正常码;c)故障码 11 和 31

3)故障诊断
读取故障码后,可以根据表 5-1 中的故障码诊断安全气囊系统的故障。

4)故障检测及排除
对于利用 SRS 故障码通过自诊断确定的故障,仍需进行详细的检测,以便查出故障的确切原因并排除故障。详细检测时,应使用推荐的检测工具,按汽车制造商维修手册提供的方法进行。

5)故障码清除
只有 SRS ECU 存储器中的故障码全部清除之后,SRS 指示灯才能恢复到正常的显示状态。因此,在排除 SRS 故障后,应清除故障码。
当故障码 11~31 所对应的故障被排除,且故障码被清除之后,SRS 电子控制单元(ECU)将故障码 41 存入存储器中,当点火开关转至 ON 位置后,SRS 指示灯会一直点亮,直到故障码 41 被清除之后,SRS 才会正常显示。因此,气囊故障码的清除分两步进行,首先清除故障码 11~31,接着再清除故障码 41,其方法如下。

丰田雷克萨斯(LEXUS)LS400 轿车 SRS 故障码表　　　　表 5-1

代码	故障诊断	故障可能部位
正常码	SRS 正常	—
	SRS 电源电压过低	蓄电池; SRS ECU
11	SRS 点火器线路搭铁; 前气囊传感器线路搭铁	前气囊传感器; SRS 气囊组件; 盘簧式电缆; SRS ECU; 配线
12	SRS 点火器引线与电源线短路; 前气囊传感器引线与电源线短路; 前气囊传感器引线断路; 盘簧式电缆与电源线短路	SRS 气囊组件; 传感器线路; SRS ECU; 盘簧式电缆; 配线
13	SRS 点火器线路短路	SRS 点火器; SRS ECU; 盘簧式电缆; 配线
14	SRS 点火器线路断路	SRS 点火器; SRS ECU; 盘簧式电缆; 配线
15	前气囊传感器线路断路	前气囊传感器; SRS ECU; 配线
22	SRS 指示灯线路断路	SRS 指示灯; SRS ECU; 配线
31	SRS ECU 故障	SRS ECU
41	SRS ECU 曾记忆过故障码	SRS ECU

(1)清除故障码 11~31。

①将点火开关转至 OFF 位置。

②拆下蓄电池负极电缆或按下 ECU-B 熔断器 10s 以上,则故障码 11~31 清除完毕。

③将点火开关置于 LOCK(锁止)位置,并接上蓄电池负极电缆或插上 ECU-B 熔断器。

(2)清除故障码 41。

①将点火开关转至 OFF 位置,取两根跨接线,将其分别与 TDCL 诊断插座 T_c、A_B 端子连接。

②将点火开关置于 ON 或 ACC 位置,并等待 6s 以上的时间。

③由 T_c 端子开始,使 T_c 和 A_B 端子分别交替搭铁两次,如图 5-27 所示。每次搭铁要在 0.5~1.5s 完成。

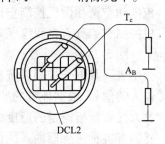

图 5-27　清除故障码 41

④最后保持 T_c 端子搭铁,几秒后故障码即被清除,SRS 指示灯以连续的形式闪烁正常码。若不闪烁正常码,则需要重复上述的清码步骤,直到闪烁正常码为止。

三、安全气囊系统检测的注意事项

安全气囊是很灵敏的装置,检查时因不慎或误操作都有可能引爆安全气囊,从而造成不必要的损失。因此,检修前应仔细阅读维修的注意事项,检查时应严格按照规定的操作程序和方法进行。安全气囊检测时的注意事项:

(1) 在拆卸蓄电池之前,要仔细检查故障码,因为故障码是故障排除的重要信息。

(2) 检测时应断开点火开关,即点火开关转到 LOCK 位置,最好将蓄电池负极拆卸后,等待 60s 或更长一段时间后再使用,避免检查时备用电池供电引爆安全气囊。

(3) 检修工作应在碰撞传感器拆卸之后才开始,以保证检修人员的人身安全和不必要的财产损失。

(4) 不能检测引爆器的电阻,否则有可能引爆安全气囊。检测其他部件电阻和检测 SRS 故障时,最好使用高阻抗数字式万用表,以防引起安全气囊的误爆。

(5) 一旦安全气囊被引爆后,其零部件都不能继续使用了。更换时,必须使用相同型号的新品。

(6) 应在 SRS 的电子控制单元(ECU)组件安装固定后,再进行连接或拆卸 SRS ECU 上的连接器,否则保险传感器就起不到保护作用。

(7) 不要将安全气囊碰撞传感器、电子控制单元(ECU)等主要部件置于高温热源附近。

(8) 检测时应严格遵照安全气囊零部件上的说明标牌或注意事项。安装 SRS 前,也应仔细检查其零部件,避免有不适当的装卸或摔落现象。

(9) 当安全气囊线束脱落或连接器破碎时,应及时修理或更换。

(10) 安全气囊是禁止拆解的部件,因为其内部没有需要维修的部件。

(11) 检测结束后,还必须对 SRS 指示灯进行检查。将点火开关转到 ON 或 ACC 位置,若 SRS 指示灯亮 6s 后自动熄灭,则说明 SRS 正常。

(12) 清除 SRS 故障码时,其他存储系统(如时钟、防盗、音响系统等)的信息也被清除,因此,待电源恢复后,应重新设置这些系统的参数。

第三节 空调系统的检测诊断与维修

汽车自动空调系统是在传统的手动空调的基础上加装了一套电子控制单元组装而成的。按控制精度的不同分为半自动控制空调和全自动控制空调,按执行元件的不同分为电控气动空调和微机控制空调。半自动控制空调无自我诊断功能,不能提供故障码;全自动微机控制空调具有自我诊断功能,传感器数量多,控制精度高,控制范围广。

图 5-28 所示是微机控制自动空调系统,它由控制面板、配气系统和电子控制系统三部分组成。其电子控制系统主要由传感器、ECU 和执行器组成,ECU 接受和计算各种传感器输入的信号,根据环境的变化输出控制信号,控制各执行器的动作。传感器信号主要有:驾驶人控制面板设定的温度信号和功能选择信号、车内温度传感器、车外温度传感器、阳光传感器等各种传感器输入的信号,各风门的位置反馈信号;执行器信号有:控制风门位置的各种风门驱动信号,控制鼓风机转速的信号,控制压缩机开停的信号。

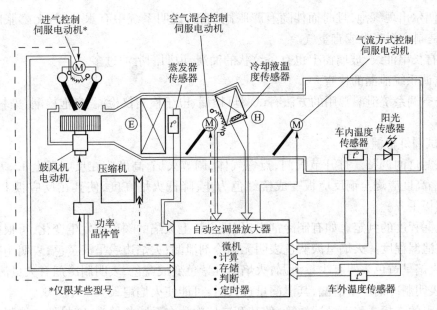

图 5-28 微机控制的自动空调系统

一、自动空调系统的常规检测

汽车空调的安装维护、性能检测和故障检修都需要使用成套的工具和仪表才能完成,这些工具和仪表主要包括压力表组(压力表组又称歧管压力表)、真空泵、电子检漏仪、制冷剂添加阀、开口扳手、组合套筒、温度计和湿度计等。

1. 空调系统的基础检查

空调系统的基础检查与基本操作包括制冷剂数量检查、泄漏检查与补充、制冷剂的卸压与排放、制冷系统抽真空、加注制冷剂、压缩机冷冻机油检查与添加等。

1)制冷剂数量的检查

制冷剂数量及工作状态可利用储液干燥器玻璃观察窗口进行检查。检查前,关闭所有车门,温度控制开关在最冷(COOL)位置,鼓风机控制开关在最高(HI)位置,进气控制开关在内循环(REC)位置。打开空调(A/C)开关,发动机以1500r/min转速运转,观察窗迹象如图5-29所示。

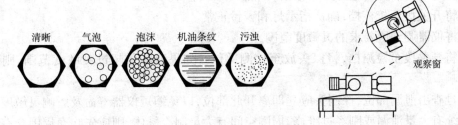

图 5-29 储液干燥器观察窗迹象

(1)清晰、无气泡。交替开、关空调,若开、关的瞬间制冷剂出现泡沫,然后变澄清,说明制冷剂适量;若观察不到任何现象,且出风口不冷,压缩机进出口没有温度差,说明制冷剂已漏光;若出风口冷度不够,而且关闭压缩机后无气泡、无流动现象,说明制冷剂过多。

(2)有气泡且气泡不断流过,说明制冷剂不足;如果泡沫很多,可能有空气。

(3)偶尔出现气泡,且时而伴随有膨胀阀结霜,说明系统中有水分;若无膨胀阀结霜现象,可能是制冷剂略少或有空气。

(4)有长串油纹,玻璃窗上也有条纹状的油渍,说明润滑油过多。

2)空调系统泄漏的检查

检查空调系统泄漏常用的方法有试漏灯检漏、电子检漏仪检漏、皂泡检漏、染料检漏、真空检漏等。

(1)试漏灯检漏。

①试漏灯的调整。打开节气门,点燃气体,调节火焰,高度应在反应板上12.7mm左右为宜;火焰高度应烧至铜反应板变成樱红色为止;降低火焰高度,使其在反应板上6.35mm或与反应板平齐。

②泄漏程度的判定。如有制冷剂出现,反应板上火焰的颜色将发生变化,可根据火焰颜色来判定泄漏程度。火焰呈淡蓝色表明无制冷剂泄漏;火焰边缘呈淡黄色,表明制冷剂有轻微泄漏;火焰呈黄色表明有少量泄漏;火焰由红紫色变成蓝色,表明制冷剂有大量泄漏;火焰呈紫色,表明制冷剂严重泄漏,其泄漏量过大时,可能使火焰熄灭。

③漏点的查找。移动导漏软管,使其开口依次放在系统各接头、密封件和控制装置的下部,检查其密封性。断开和系统连接的真空软管,检查真空软管接口处有无制冷剂蒸气出现。若发现漏点,予以修复。

(2)电子检漏仪检漏。

①检漏原理。电子检漏仪能检测出空气中浓度为0.001%~0.005%的氟利昂。它由一对电极组成,阳极由铂制成,铂被加热器加热,放在空气中加上电压,就有阳离子打到阴极,产生电流。如果有制冷剂流过,回路中的电流就会明显增大,根据此信号即可检测出制冷系统的泄漏情况。

②基本结构。如图5-30所示,圆筒状铂阳极5内设有电热器8,并把其加热到800℃左右。阳极的外侧设有阴极6,在两电极之间加有12V直流电压。为了使气体在两电极间流动,在电极的前面设有吸气孔10,在其后面设有小风扇4。当有卤族元素的阳离子出现时,就会产生几微安的电流,由直流放大器1把检测出的电流放大,使电流表11的表针摆动或音程振荡器发出声响,以示制冷剂泄漏程度的大小。

③使用方法。各种电子检漏仪使用方法不完全相同,一般使用方法如下:

a.将电子检漏仪的电源开关接上,预热10min左右。

b.将开关拨至校核挡,确认指示灯和警铃正常。

c.将仪器调到所要求的灵敏度范围。

d.将开关拨至检测挡,将探头放至检测部位。如果泄漏量超过灵敏度范围,则警铃会发出声响。

一旦查出泄漏部位,探测头应立即离开此部位,以免缩短仪器寿命及影响灵敏度。如果制冷系统有大量泄漏或刚经过维修,周围空间有大量制冷气体,则应先吹净周围含有制冷剂的空气,然后再进行检查,否则,影响检查的正确性。

(3)皂泡检漏。有些漏点局部凹陷,试漏灯或电子检漏仪很难进入,要确定泄漏的确切位置,应用皂泡检漏。

①调好皂泡溶液,皂泡溶液的浓度要黏稠到用刷子一抹就可形成气泡的程度。

②在全部接头或可疑区段抹上皂泡溶液,观察皂泡是否出现,皂泡形成处就是漏点所在。

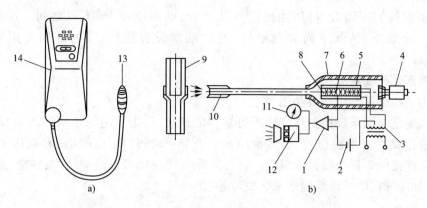

图 5-30 电子检漏仪结构
a)检漏仪外形；b)检漏仪结构

1—放大器；2—阳极电源；3—变压器；4—风扇；5—阳极；6—阴极；7—外壳；8—电热器；9—管路；10—吸气孔；11—电流表；12—音程振荡器；13—探测头；14—探测器

(4)染料检漏。把黄色或红色的颜料溶液引入空调系统,可以确定泄漏点和压力漏点。染料能指出漏点的准确位置,在漏点周围有红色和黄色两种染料积存,并且不会影响系统正常运行,有的制冷剂中就含有染料。

①检漏准备。将压力表组接入系统,放掉系统中的制冷剂；拆下表座中间软管,换接一根长152mm、两端带坡口螺母的铜管；铜管的另一端和染料容器相接,中间软管的一端也接在染料容器上,而另一端则和制冷剂罐接通。

②起动发动机并怠速运转,调整控制器到最凉位置；缓慢地打开低压侧手阀,使染料进入系统；向系统充注的制冷剂应为实际量的一半。让发动机连续运行15min,然后关闭发动机和空调系统。

③观察软管和接头是否有染料溶液泄漏现象,如果发现漏点,按要求修理。染料可以保留在系统内,对系统无害。

(5)真空检漏。真空检漏是对制冷系统抽真空,然后保持一段时间,观察检测系统中真空压力表的指针变化,判断空调系统有无泄漏。抽真空与检漏操作如下：

①将歧管压力表上的高、低压软管分别与压缩机高、低压阀的接口相连,将歧管压力表的中间软管与真空泵相连,如图5-31所示。压缩机高、低压阀处于微开位置,歧管压力表座上的手动高、低压阀处于闭合位置。

②打开歧管压力表的手动高、低压阀,起动真空泵,观察压力表,将系统压力抽真空至98.7~99.99kPa。

③关闭歧管压力表的手动高、低压阀,观察压力表指针指示的压力是否回升。如有回升说明系统泄漏,应进行检漏修复。若压力表指针保持不动,则打开手动高、低压阀,起动真空泵继续抽真空15~30min,使压力表指针稳定。

④关闭歧管压力表手动高、低压阀,然后关闭真空泵。

注意：真空检漏只能检查制冷系统有无泄漏,而不能确定泄漏的具体部位。

3)压缩机冷冻机油量的检查

通过压缩机上安装的玻璃镜,可以观察压缩机冷冻机油量。如果压缩冷冻机油油面达到视镜高度的80%位置,一般认为是合适的。如果油面在此界限以上,应放出多余的冷冻机油;若油面在此之下,则应添加。

未装观察镜的压缩机,可用油尺检查其油量,油面应在上、下限之间。这种压缩机有的只有一个油塞,油塞下面装有油尺,有的油塞没有油尺,需另外用专用油尺插入检查。

2. 空调系统的性能检测

1)压力表组的结构组成及功用

压力表组是空调系统检测与维修不可缺少的仪表,压力表组的结构如图5-32所示,它是由1个表座、2个压力表(低压表和高压表)、2个手动阀(低压手动阀和高压手动阀)、3个软管接头连接的3根橡胶软管组成。它与制冷系统连接可以检测压力、排空、抽真空、充注制冷剂、加冷冻机油及诊断制冷系统故障等。

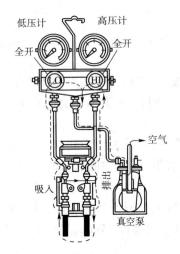

图5-31 汽车空调制冷系统抽真空

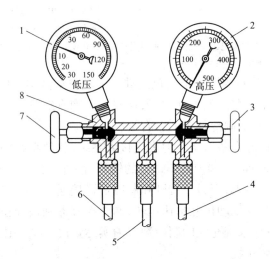

图5-32 压力表组

1-低压表(蓝);2-高压表(红);3-高压手动阀(Hi);4-高压侧软管(红)5-维修用软管(黄或白);6-低压侧软管(蓝);7-低压手动阀(Lo);8-表座

压力表组分别用不同颜色和标准化的软管与表座连接。充注制冷剂用的软管颜色有白、黄、红、蓝4种,软管应能承受3.5MPa以上的压力,爆裂压力应高达13.8MPa;R134a系统低压软管为蓝底带黑色条纹;高压软管为红底带黑色条纹;中间软管为黄或绿底带黑色条纹,以免接错。软管长度已标准化,最常用的长度为0.914m,其他长度依次为0.61m、1.22m、1.52m等。

标准充注制冷剂软管与表座和压缩机进口接头的配合均用6.35mm坡口连接,并装有可更换的尼龙、氯丁橡胶或橡胶垫片(这些垫片通常是泄漏的根源,应定期更换)。软管的一端装有销子,应接气门阀或检修阀,无销子的一端应接表座。如果软管上没有装销子的一端,应加气门阀接头。

工作时高、低压接头分别通过软管与压缩机高、低压维修阀连接,中间接头与真空泵或制冷剂钢瓶相接,分别完成检测压力、抽真空、充注制冷剂及排空回收操作。低压表用于检测制冷系统低压侧的压力,既可以显示压力,也可用来显示真空度。真空度读数范围为0~0.10MPa,压力刻度从0开始,量程不少于0.42MPa;高压表用于检测制冷系统高压侧的压力,测量的压力范围从0开始,量程不少于2.11MPa。

2)压力表组的基本操作

(1)检测制冷系统高、低压侧压力,如图5-33a)所示。当高压手动阀和低压手动阀同时关闭时,则可对高压侧和低压侧进行压力检查,检测制冷系统的高、低压侧的压力。

(2)对制冷系统抽真空,如图5-33b)所示。当高压手动阀和低压手动阀同时打开时,全部管路接通,在中间接头接上真空泵,便可以对制冷系统进行抽真空。

(3)充注制冷剂和加注冷冻机油,如图5-33c)所示。当高压手动阀关闭,低压手动阀打开,中间接头接到制冷剂罐上或冷冻机油瓶上时,则可以从低压侧向系统充注制冷剂或冷冻机油。当高压手动阀打开,低压手动阀关闭,可以从高压侧充注制冷剂。

(4)制冷系统放空或排出制冷剂,如图5-33d)所示。先打开高压手动阀,当压力下降到350kPa时,再打开低压手动阀,则可使系统向外放空或排出制冷剂。

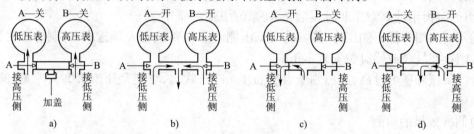

图5-33 压力表组装置的功能
a)检测压力;b)抽真空;c)加注制冷剂;d)放空或排出制冷剂

3)冷气系统性能检测的操作步骤

性能检测是为了检验冷气系统的效率,通常是用压力表测量其高、低压力值和用温度计测量空调器吹出的空气温度。其检测操作步骤如下:

(1)将车辆停放在阴凉处,关闭汽车所有门窗。

(2)将压力表组与压缩机上的高、低压检修阀或充排气阀相连。

(3)起动发动机,使发动机转速维持在较高转速。

(4)将温度控制开关调整到最冷(COOL)位置,把冷气窗口全部打开。当车厢内温度为25~35℃时,压力表读数应为:高压侧1.37~1.57MPa,低压侧0.15~0.25MPa。

(5)测量冷气出口处的温度,用干湿球温度计求相对湿度。观察玻璃窗口,进行分析判断。

4)冷气系统压力检测

(1)压力检测方法。把压力表组的高、低压两侧分别接在压缩机的检修阀或高、低压管路的充、排气阀上;发动机预热后,在下列特定条件下,从压力表组读取压力值(由于环境的影响,表上指示值可能有轻微的变化);将开关设定在内循环状态,空气进口处温度为30~35℃,发动机以1500r/min的转速运转,鼓风机转速控制开关位于最高挡,温度控制开关处于最冷位置。

(2)检测结果分析。通常R134a空调系统低压侧压力值应为0.15~0.25MPa,高压侧应为1.37~1.57MPa。若测得的压力不在此范围内,说明冷气系统有故障,故障判断如下:

①若高、低压侧的压力都偏低,从玻璃观察窗看到有连续的气泡出现,高压管路温热、低压管路微冷,可能是制冷剂不足或系统某些部位发生渗漏。

②若低压侧压力有时正常,有时指示真空,或高压侧压力指示正常,有时稍高,或间歇性制冷甚至不制冷,可能是系统中有水分,干燥剂吸湿能力达到饱和,膨胀阀(或孔管)处结冰,阻塞了制冷剂的流动,当冰融化后,系统又恢复到正常状态。

③若高压和低压侧压力都偏低,从储液干燥器到主机组的管路都结霜,制冷不足,可能是储液干燥器堵塞,阻滞了制冷剂的流动。

④若低压侧压力指示真空,高压侧压力指示太低,膨胀阀或储液干燥器前、后管路上有露水或结霜,不制冷或间歇制冷,可能是系统中有水分或污物、膨胀阀感温包破裂导致阀门关闭,使制冷剂无法流动。

⑤若低压侧和高压侧压力均偏高,即使发动机转速快速升高或降低,通过观察窗也看不到气泡,且制冷不足,可能是系统中制冷剂过量、冷凝器散热不良。

⑥若高压侧和低压侧压力都过高,低压管路发热,在储液器的观察窗出现气泡,制冷效果差,可能是由于抽真空作业时不彻底,使系统中残存部分空气。

⑦若高压侧和低压侧压力都太高,在低压侧管路结霜或有大量露水,且制冷不足,可能是膨胀阀存在故障或感温包安装不正确。

⑧若低压侧压力过高,高压侧压力过低且无冷气吹出,可能是压缩机磨损严重,阀门渗漏或损坏。

5)制冷效果的检测

系统压力检测之后,用温度计检测车厢内的降温效果。将干湿球温度计放在冷气系统进风口处,把玻璃棒温度计放在冷气的出口处。

(1)测量车厢内的相对空气湿度。测出制冷系统空气进口处(蒸发器进口)干湿球温度计的干球和湿球温度,利用湿空气曲线图,求出在蒸发器进口处的空气相对湿度,如图5-34所示。例如:设蒸发器进口处的干球温度和湿球温度分别为25℃和19.5℃,图5-34中虚线的交叉点即为相对湿度,此时的相对湿度为60%。

(2)测量制冷系统进气口和排气口的温度差。读出制冷系统冷气出口处的玻璃棒温度计的指示值和进气口处干湿球温度计的指示值,两者之差即为所求的温度差。

(3)评定制冷性能。若空气相对湿度和进、排气口的冷气温差的交叉点在标准性能曲线图5-35的两条线的包围范围之内(两条阴影线之间),说明制冷性能良好;如果交叉点在这两个区域外,说明所检测的空调系统制冷性能不良,还需进一步检修和调整。

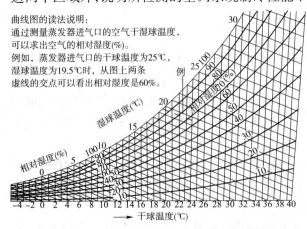

图5-34 湿空气曲线图

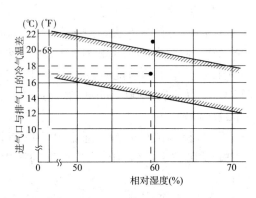

图5-35 标准性能曲线图

二、自动空调电子控制系统的检测

1. 自动空调控制系统的自诊断

自动空调的自诊断包括故障码的读取、清除及故障分析。下面介绍广州本田雅阁轿车自动空调的自诊断方法,其控制面板如图 5-36 所示。

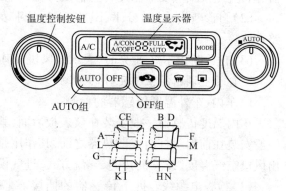

1) 故障码的读取

(1) 接通点火开关 ON（Ⅱ）,将温度控制按钮先旋到 MAX COOL（最冷）位置,然后再旋到 MAX HOT（最热）位置。

(2) 1min 后,同时按下 AUTO 按钮和 OFF 按钮。

图 5-36　广州本田雅阁轿车自动空调系统的控制面板

(3) 在按下两按键时,如果系统检测到故障,温度显示器将以不同的显示段（A～N）指示相应的故障部件;如无故障,温度显示器将间隔 1s 重复显示"88"（全部字段）。若出现多个故障,相应的指示灯都会亮;若指示灯 A、C、E、G、I 和 L 同时亮,则传感器公共搭铁可能存在断路故障。其故障码见表 5-2。

广州本田雅阁轿车自动空调系统故障码表　　　　表 5-2

显示段（指示灯）	故障部件	可能的原因
A	车内温度传感器	电路断路、传感器故障
B	车内温度传感器	电路短路、传感器故障
C	车外温度传感器	电路断路、传感器故障
D	车外温度传感器	电路短路、传感器故障
E	阳光传感器	电路断路、传感器故障
F	阳光传感器	电路短路、传感器故障
G	蒸发器温度传感器	电路断路、传感器故障
H	蒸发器温度传感器	电路短路、传感器故障
I	空气混调控制电动机	电路断路
J	空气混调控制电动机	电路短路
K	空气混调控制电动机	通道堵塞、电动机故障
L	模式控制电动机	电路断路或短路
M	模式控制电动机	通道堵塞、电动机故障
N	鼓风机电动机	电路断路或短路、电动机故障

2) 故障码的清除

关闭点火开关即可清除故障码。维修竣工后,应按上述方法再次起动自诊断系统功能,并重新读取故障码。

3) 故障分析

故障诊断前,应检查发动机冷却液位,使发动机预热至正常工作温度,检查发动机罩下熔断器/继电器盒内 56 号（40A）、57 号（20A）、58 号（20A）熔断器是否熔断。读取故障码后,根据自诊断指示灯的闪亮情况进行故障诊断。

(1) 自诊断指示灯 A、B、C、D、E、F、G、H 亮,分别表示车内温度传感器、车外温度传感器、阳光传感器、蒸发器温度传感器及其控制电路有故障。

(2) 自诊断指示灯 I、J、K、L、M 亮时,分别表示混合门电动机、模式门电动机及其控制电路有故障。

(3) 自诊断指示灯 N 亮时,表示鼓风机及其控制电路有故障。

2. 自动空调系统主要元件的检测

1) 车内、车外温度传感器的检测

车内温度传感器一般安装在仪表板后面,其作用是检测车内空气温度;车外温度传感器一般安装在前保险杠内或散热器之前,其作用是检测车外环境温度。ECU 根据此信号控制出风口空气温度、鼓风机转速、气流方式、进气模式等。

(1) 检查电源线。拆下传感器的插接器,测量线束侧端子 2 与搭铁之间的电压,应为 5V;否则,说明线束或 ECU 有故障。

(2) 检查搭铁线。测量线束侧端子 1 与搭铁之间的电阻应为 0Ω,否则,说明线束或 ECU 有故障。

(3) 检查传感器电阻。测量传感器侧两端子之间的电阻,其电阻值应随温度的升高而减小,并与规定相符。如丰田雷克萨斯 LS400 轿车,25℃时车内、外温度传感器的阻值为 1.6~1.8kΩ,50℃时阻值为 0.5~0.7kΩ。

(4) 检查传感器信号电压。插好传感器插接器,测量端子 1 与 2 之间的信号电压。电压值应随温度的升高而减小,并与规定相符。如丰田雷克萨斯 LS400 轿车,25℃时传感器信号电压应为 1.35~1.75V,40℃时信号电压应为 0.85~1.25V。

2) 阳光传感器的检测

阳光传感器安装在仪表台上面,靠近前风窗玻璃的底部,其作用是检测阳光强弱,修正混合门的位置与鼓风机的转速。

图 5-37 阳光传感器的检测
1—电灯

(1) 检查传感器电阻。拆下阳光传感器的插接器,测量传感器侧两端子之间的电阻。如图 5-37 所示,当强光照射时应为 4kΩ,遮住光线时应为无穷大。

(2) 检查传感器信号电压。插好阳光传感器的插接器,测量两端子之间的信号电压。当强光照射时应小于 1V,遮住光线时应大于 4V,否则,说明传感器或控制电路有故障。

3) 蒸发器温度传感器的检测

蒸发器温度传感器安装在蒸发器的表面,其作用是检测蒸发器表面的温度,修正混合门的位置,调节车内温度;控制压缩机,防止蒸发器表面结冰。

(1) 检查传感器电阻。拆下传感器的插接器,测量传感器侧两端子之间的电阻。例如,丰田雷克萨斯 LS400 空调系统,0℃时传感器的阻值应为 4.5~5.2kΩ,15℃时阻值应为 2.0~2.7kΩ。

(2) 检查传感器信号电压。插好传感器插接器,测量两端子间的信号电压。例如,丰田雷克萨斯 LS400 空调系统,0℃时传感器信号电压应为 2.0~2.4V,15℃时信号电压应为 1.4~1.8V。

4)冷却液温度传感器的检测

冷却液温度传感器安装在暖风装置内,其作用是检测暖风装置加热芯温度,修正混合门的位置,控制压缩机和鼓风机。

冷却液温度传感器的检测方法与车内、外温度传感器相同,只是电阻值和信号电压的测量数据不同。例如,丰田雷克萨斯 LS400 空调系统,传感器的阻值在冷却液温度为 0℃ 时应为 16.5~17.5kΩ,40℃ 时应为 2.4~2.8kΩ,70℃ 时应为 0.7~1.0kΩ。传感器信号电压在冷却液温度为 0℃ 时应为 2.8~3.2V,40℃ 时应为 1.8~2.2V,70℃ 时应为 0.9~1.3V。

5)空调压缩机转速传感器的检测

空调压缩机转速传感器又称压缩机同步传感器,安装在压缩机壳体上,其作用是检测压缩机的转速,送到空调 ECU 或空调控制器,再与发动机转速进行比较,判断压缩机传动带是否打滑或断裂。当压缩机传动带打滑或断裂时,空调 ECU 或空调控制器控制压缩机停转,防止损坏压缩机。

空调压缩机转速传感器多为磁电式,其电阻一般为 100~1000Ω,压缩机运转时,其输出交流信号电压一般不低于 5V。

6)混合门伺服电动机的检测

混合门安装在进气风道中,其开度决定了进入车内的冷气和热气的比例,从而决定送风温度、车内空气温度。混合门的位置稍有变化,车内空气温度就会发生很大的变化。

混合门按驱动方式的不同可分三种:直流电动机驱动型、步进电动机驱动型、内含微芯片的伺服电动机驱动型。

(1)直流电动机驱动型。直流电动机驱动型主要用在早期的福特、丰田、本田、三菱、日产等车型上,其中混合门位置传感器位于直流电动机内部。

①检测混合门位置传感器:改变设定温度,从最低温度(16℃)调至最高温度(32℃),混合门和混合门电动机从冷气侧移到暖气侧,混合门位置传感器的信号电压应从 4V 均匀下降至 1V,电阻应从 3.76~5.76kΩ 连续下降至 0.94~1.44kΩ。

②检测直流电动机:将蓄电池正、负极连接混合门驱动电动机,混合门应能平稳移动,改变蓄电池极性,混合门应向相反方向移动。

(2)步进电动机驱动型。步进电动机驱动型主要用在宝马、雷克萨斯等车型上。测量步进电动机电阻,应符合规定要求。例如,丰田雷克萨斯 LS400 步进电动机的电阻应为 16~18Ω。

(3)内含微芯片的伺服电动机驱动型。内含微芯片的伺服电动机与空调 ECU 连接方式有两种:

①伺服电动机通过数据线与空调 ECU 相连,普遍用在新款车型上,如风度、新款奔驰等车型。检测时,应检查数据线供电电路和通信电路的电压,风度车型应分别为 12V 和 5.5V。

拆下接在同一数据线上的模式门电动机,若此时混合门正常,说明模式门电动机有故障;拆下接在同一数据线上的混合门电动机,若此时模式门正常,说明混合门电动机有故障。否则,说明空调电控单元有故障。

②伺服电动机不通过数据线与空调 ECU 通信,主要用在通用车系上。当混合门电动机的控制信号电压为 2.5V 时,混合门应不动;当此控制信号电压为 5V 时,混合门应朝"冷"侧移动;当控制信号电压为 0V 时,混合门应朝"热"侧移动。

当混合门伺服电动机从冷侧移到热侧时,混合门电动机的混合门位置传感器信号电压应从4V(最冷)连续下降至1V(最热)。

7) 模式门伺服电动机的检测

模式门的作用是调节出风口出风方式。模式门有吹脸、双层、吹脚三种,可以组织吹脸、双层、吹脚、吹脚/除雾、除雾五种出风类型。在手动挡时可控制实现五种出风类型,在自动挡时ECU控制模式门实现吹脸、双层、吹脚三种类型。

按控制方式的不同,模式门伺服电动机可分为:内置模式门位置传感器的直流电动机驱动型(应用于JEEP、三菱等车型);内置位置开关的直流电动机驱动型(应用于本田、马自达、日产等车型);内含微芯片的伺服电动机驱动型(新款车型上普遍采用,如风度、新款奔驰车型);真空伺服电动机驱动型和专用模式门伺服电动机。电动机类型不同,检测方法也不相同。丰田专用的模式门伺服电动机检测方法如下。

如图5-38所示,将伺服电动机端子7接蓄电池负极,端子6接蓄电池正极。若端子1搭铁,伺服电动机应运行到除雾位置;若端子2搭铁,伺服电动机应运行到脚部位置;若端子4搭铁,伺服电动机应运行到双层位置;若端子5搭铁,伺服电动机应运行到吹脸位置。

8) 进气门伺服电动机的检测

进气门的作用是调节新鲜空气的循环量,其控制电路如图5-39所示。伺服电动机端子2为电源线,当端子3搭铁时,进气门应运行到新鲜位置;当端子1搭铁时,进气门应运行到内循环位置。

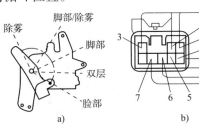
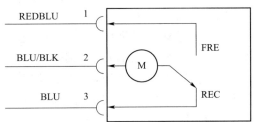

图5-38 丰田专用的模式门伺服电动机的检测
1、2、3、4、5、6、7-端子

图5-39 空调系统进气门控制电路
1-空气进气口;2-控制伺服电动机;3-仪表板右侧

第四节　车速表的检测诊断

汽车的行驶速度对交通安全和运输生产率影响很大。行车中,汽车驾驶员是通过车速表来了解和掌握车辆的行驶速度的。汽车的行驶车速与行车安全有直接关系,若车速表指示误差太大,驾驶员难以正确控制车速,极易因判断失误而造成交通事故。为确保车速表的指示精度,必须适时对车速表进行检测、校正。

一、车速表检测的基本原理

车速表的检测方法有道路试验法和室内台架试验法两种。用道路试验法检测时,汽车以不同的车速等速通过某一预定长度(距离)的试验路段,测出通过该路段的时间,然后计算出实际车速,把实际车速与车速表指示值进行对照,即可测出不同车速下车速表的指示误差。车速表的室内台架试验可以在滚筒式车速表试验台上进行。测量时,被测汽车的车轮置于车速表试验台的滚筒之上,由汽车车轮驱动滚筒旋转或由滚筒驱动汽车车轮旋转,由试验台的测量装置测出汽车的实际行驶速度（试验台滚筒线速度），然后与汽车车速表指示值对比，便可测出车速表误差值。

国家标准 GB 7258—2012《机动车运行安全技术条件》规定，车速表指示误差的检测宜在滚筒式车速表试验台上进行。对于无法在车速表试验台上检验车速表指示误差的机动车，可路试检验车速表指示误差。本节重点介绍车速表误差的室内台架试验法。

二、车速表检测的设备

按有无驱动装置，车速表试验台分为标准型、电动机驱动型和综合型三类。

1. 标准型车速表试验台

标准型车速表试验台本身不带驱动装置，由速度测量装置、速度指示装置和速度报警装置等组成（其外形见图5-40），由被测车轮带动滚筒转动。

1）速度测量装置

速度测量装置由滚筒、举升器和速度传感器等组成。

滚筒共 4 个，左右各两个，直径为 185～370mm，通过滚动轴承安装在框架上，且两个前滚筒用联轴器连接在一起，以防试验时汽车驱动轴差速器齿轮滑转。

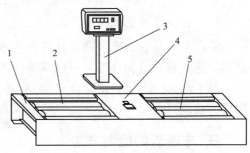

图5-40　标准型车速表试验台
1-框架；2-滚筒；3-显示仪；4-盖板；5-举升器

举升器设置在前、后滚筒之间，以方便车轮进、出试验台。举升器和滚筒制动装置联动，当举升器升起时，滚筒便被制动，从而不能转动。

速度传感器安装在滚筒的一端，用于将滚筒转速的信号，转化成电信号送至速度指示装置。

2）速度指示装置

速度指示装置接收速度传感器的电信号，根据滚筒圆周长和滚筒转速算出汽车的实际速度，并在指示仪表上显示，单位是 km/h。

3）速度报警装置

速度报警装置用于提示汽车实际车速已达到检测车速 40km/h。试验时，当汽车实际速度达到检测车速时，速度报警装置报警，提示检测员立刻读取驾驶室内车速表的指示值，以便与实际车速对照，判断车速表指示值是否在规定范围内。

标准型车速表试验台结构简单，价格便宜，应用广泛，但只适合检测车速表的车速信号取自变速器输出轴的车辆。对于车速信号取自从动轮的车辆，必须采用驱动型车速表试验台检测。

2. 驱动型车速表试验台

驱动型车速表试验台是在标准型车速表试验台的基础上增加了一个电动机驱动装置和与滚筒相连接的的离合器，离合器的接合和分离，可起到传递和中断动力的作用，如图5-41所示。测试时，离合器接合，电动机驱动滚筒转动，滚筒带动从动轮旋转，试验台车速测量装置测出实际车速（试验台滚筒线速度），比较汽车车速表指示值和实际车速值，便可测出车速表指示误差。离合器分离时，电动机驱动力被中断，此时驱动型车速表试验台与标准型车速表试验台的功能相当。

驱动型车速表试验台检测范围广,几乎能检测各种车辆的车速表。但个别四轮驱动汽车和具有驱动防滑控制装置的汽车等除外。

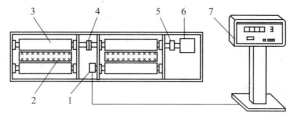

图 5-41　驱动型车速表试验台

1-测速发电机;2-举升器;3-滚筒;4-联轴器;5-离合器;6-电动机;7-速度指示仪表

3. 综合型车速表试验台

综合型车速表试验台通常是具有测速功能的多功能试验台(如汽车底盘测功机、汽车惯性滚筒式制动试验台等),可以对车速表进行检测。

对于综合性车速表试验台来说,车速表检测一般不是它的主要功能,而仅仅是它的一个附加的功能。

三、车速表的检测方法

车速表的检测应严格根据车速表试验台的使用说明书进行,其一般检测步骤如下。

1. 检测前的准备

1)车速表试验台的准备

(1)检查车速表试验台导线的连接情况,不能出现接触不良或断路情况。

(2)滚筒在静止状态接通电源时,试验台指示仪表指针应指示零位,否则应调零。

(3)检查举升器,使其能正常接合、分离。

(4)滚筒表面应清洁,清除滚筒表面的油、水、泥、砂等杂物。

2)被检测车辆的准备

(1)检查轮胎气压,使其符合汽车制造厂的规定,以免引起检测误差。

(2)清除轮胎上的水、油、泥和嵌夹石子等杂物,以免检测时车轮打滑或杂物和石子飞出伤人。

2. 检测方法

(1)接通试验台电源。

(2)升起滚筒间的举升器。

(3)将被检车辆驶上试验台,使输出车速信号的车轮尽可能与滚筒成垂直状态地停放在试验台上。

(4)降下滚筒间的举升器,至轮胎与举升器托板完全脱离为止。

(5)用挡块抵住位于试验台滚筒之外的一对车轮,防止汽车在测试时滑出试验台。

(6)使用标准型试验台时应作如下操作:

①待汽车的驱动轮在滚筒上稳定后,挂入最高挡,松开驻车制动器,踩下加速踏板使驱动轮带动滚筒平稳地加速运转。

②当汽车车速表的指示值达到规定检测车速 40km/h 时,读出试验台速度指示仪表的指示值;或当试验台速度指示仪表的指示值达到检测车速 40km/h 时,读取车速表的指示值。

(7) 使用驱动型试验台时应作如下操作：

① 接合试验台离合器，使滚筒与电动机连在一起。

② 将汽车的变速器挂入空挡，松开驻车制动器，起动电动机，使电动机驱动滚筒旋转。

③ 当汽车车速表的指示值达到检测车速 40km/h 时，读取试验台速度指示仪表的指示值；或当试验台速度指示仪表达到检测车速 40km/h 时，读取车速表的指示值。

(8) 测试结束后，轻轻踩下汽车制动踏板，使滚筒停止转动。对于驱动型试验台，必须先关断电动机电源，再踩制动踏板。

(9) 升起举升器，去掉挡块，汽车驶离试验台。

四、车速表诊断参数标准及结果分析

1. 检测标准

国家标准 GB 7258—2012《机动车运行安全技术条件》规定，车速表指示车速 v_1(km/h) 与实际车速 v_2(km/h) 之间应符合下列关系式：

$$0 \leq v_1 - v_2 \leq (v_2/10) + 4 \tag{5-1}$$

即，当车速表指示车速 v_1 为 40km/h 时，实际车速 v_2 在 32.8~40km/h 范围内为合格；或当实际车速 v_2 为 40km/h 时，车速表指示车速 v_1 的读数在 40~48km/h 范围内为合格。

2. 检测结果分析

汽车车速表的示值误差超出合格范围时，还需找出误差产生的原因，以便对汽车车速表进行更换或维修，使其达到检测标准。

1) 车速表误差的形成原因

车速表误差形成的主要原因如下：

(1) 车速信号传递误差。汽车车速表主要有电磁式和电子式两大类。电磁式车速表通常通过蜗轮蜗杆和软轴将变速器输出轴的转速传递给车速表的主动轴，而后转换为车速信号。车速信号机械式传递的可靠性较高，一般不会产生误差。电子式车速表一般通过安装在变速器处的各种车速传感器（如光电式、霍尔效应式、磁阻式等）获得反映汽车车速的脉冲信号，再由电子电路驱动车速表。若传感器性能变差、老化、损坏，或驱动电路性能不良存在故障，车速信号的电子式传递产生误差，从而使车速表出现指示误差。

(2) 车速表本身故障或损坏。电磁式车速表是利用磁电互感作用，通过指针摆动来显示汽车行驶速度的。车速表内有可转动的活动盘、转轴、轴承、齿轮、游丝等零件和磁性元件。在使用过程中，由于这些零件的自然磨损以及磁性元件的磁性变化，都会造成车速表的指示误差。而电子式车速表通常是一个电磁式电流表，用于接收驱动电路送来的车速信号，其接收的平均电流与车速成正比例，并驱动车速表指针偏摆，指示相应的车速。由于无须软轴传动，其性能一般较为稳定，但当电磁式电流表失效或性能变差时，也会造成车速表的指示误差。

(3) 车轮滚动半径的变化。汽车行驶速度可用下式计算：

$$v = 0.377 \frac{rn}{i_0 i_g} \tag{5-2}$$

式中：v——汽车行驶速度，km/h；

r——车轮滚动半径，m；

n——发动机转速，r/min；

i_g——变速器传动比；

i_0——主减速器传动比。

由上式可知,汽车实际行驶速度与车轮滚动半径成正比,即:汽车实际行驶速度会因为轮胎滚动半径的变小而变小;反之则变大。轮胎磨损、气压不足或气压过大都会引起轮胎滚动半径的变化,从而导致车速表指示值误差。

2)车速表误差的消除

(1)若是轮胎尺寸和气压引起的车速指示误差,则要将磨损过甚的轮胎更换新轮胎之后,同时轮胎气压在标准范围内时对车速表进行再检测。

(2)若是车速表的部件磨损、老化或损坏造成车速表的指示误差,应及时更换磨损过甚、使用时间过久和损坏的部件。

(3)若轮胎气压和尺寸均满足要求,但检测时车速表指示误差仍过大,则说明车速信号的接收或传递部分存在故障。

第五节　汽车前照灯的检测

前照灯是汽车在夜间或在能见度较低的情况下为驾驶人提供行车道路照明的重要设备,也是驾驶人发出警告、进行联络的灯光信号装置,其技术状况的好坏直接影响夜间的安全行驶。若前照灯发光强度不足或照射方向偏斜,则汽车在夜间行驶时,前方看不清或看不远,或给迎面来车的驾驶员造成炫目、妨碍视野等,都易导致夜间行车事故的发生。而在使用过程中,前照灯灯泡会逐渐老化,发光效率下降;反射镜污暗、聚光性能变差;汽车在行驶中受到振动,也可能引起前照灯安装位置错动,改变光束的照射方向。这些都会影响前照灯的使用效果,因此,定期检测前照灯的技术状况是十分必要的。

一、前照灯的光学物理量及其特性

1. 光的物理单位

在光的物理量中,与前照灯检测有密切关系的是发光强度和照度。

(1)发光强度。它是表示光源在一定方向范围内发出的可见光辐射强弱的物理量,单位是坎德拉,简称"坎",用符号 cd 表示。

(2)照度。它是表示不发光物体被光源照明的程度,为受光面明亮度的物理量,单位为勒克斯,用符号 lx 表示。

2. 发光强度与照度的关系

在光源发光强度不变的情况下,物体离开光源越远,被照明的程度越差。在不计光源大小(把光源看作点光源)的情况下,照度与离开光源距离的平方成反比,即:照度 = 发光强度/离开光源距离的平方。

3. 前照灯的特性

前照灯的特性可分为配光特性、全光束和照射方向三部分,其特性参数的特征如图5-42所示。

(1)配光特性。用等照度曲线表示的明亮度分布特征称为配光特性,又称光形分布特征。配光特性分为对称式配光特性和非对称式配光特性。

对称式配光特性的等照度曲线应左右对称,不偏向一边,上、下的扩展也不太宽,如图5-42a)所示。

非对称式配光特性光形分布是不对称的,如图 5-43 所示。一般有两种形式:一种是在配光屏幕上明暗截止线(眼睛感觉到的明暗陡变的分界线)水平部分在 $V-V$ 线的左半边,右半边为与水平线成 15°角的斜线,如图 5-43a)所示;另一种是明暗截止线的左半边平行且低于 $h-h$ 水平线 25cm,而右半边先为一条与水平线成 45°角的斜线,到与 $h-h$ 水平线相交时又转折为与 $h-h$ 线重合的水平线,如图 5-43b)所示。

(2)全光束。光束用明亮度分布纵断面的配光特性曲线来表示,该断面的积分值(该曲线的旋转体积)即为全光束。全光束是光源发出光的总量,如图 5-42b)所示。

(3)照射方向。一般情况下,可把前照灯光束最亮之处看做是光轴的中心,其对水平、垂直坐标轴交点的偏离表示光轴的照射方向,如图 5-42c)所示。

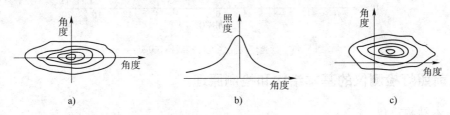

图 5-42 等照度曲线
a)配光特性;b)全光束;c)照射方向

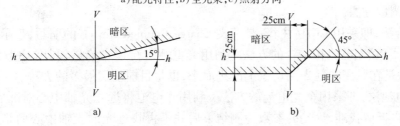

图 5-43 非对称式配光示意图
$V-V$-汽车纵向中心垂直平面在屏幕上的投影线;$h-h$-汽车前照灯基准中心高度的水平线

典型的前照灯远光配光特性如图 5-44 所示,图中曲线是等照度曲线,在上下方向和左右方向基本对称,越靠近中心点,照度越大。

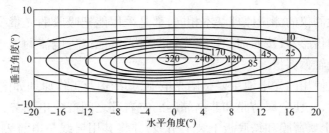

图 5-44 远光灯光强等高线(x100cd)

典型的前照灯近光灯配光特性有明显的明暗截止线,在明暗截止线的左上方有一个比较暗的暗区,在明暗截止线的右下方有一个比较亮的亮区,其发光强度最强的区域在明暗截止线的右下方。在发光强度最大的区域中心点的照度最大,以这个中心点为中心形成一定的等照度曲线,如图 5-45 所示。

国家标准 GB 4599—1994《汽车前照灯配光性能》要求:国产 M 类和 N 类汽车前照灯远光配光呈对称形,近光配光呈非对称形,并有明显的明暗截止线。联合国欧洲经济委员会标准也要求前照灯近光配光是非对称形。

GB 7258—2012《机动车运行安全技术条件》规定汽车前照灯技术状况的检测包括前照灯发光强度和光束照射位置两个参数,其附录"前照灯光束照射位置检验方法"和 GB 7454—1987《机动车前照灯使用和光束调整技术规定》中规定可用屏幕或前照灯检验仪进行光束照射位置的检测。

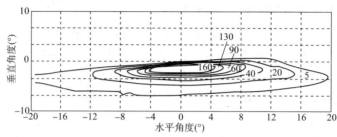

图 5-45　近光灯发光强度等高线(×100cd)

二、前照灯检测仪的基本结构和检测原理

1. 基本结构原理

目前各前照灯测试设备生产厂家生产的测试仪大多数集光、机、电和计算机一体,采用了以下三种测量方法:

(1)混合法,即采用 CCD(注释:是英文 Charge Coupled Device 的缩写,表示电荷耦合器件图像传感器)和光电池相结合的方法。利用光电池进行远光测量,利用 CCD 进行近光测量,这种方法是在原用的远光测量仪上改进而来,也是目前使用最多的方法。

(2)光电池法,即采用全光电池的方法。利用光电池将远光光轴中心对准后,就认为近光光轴中心也近似找准,远光的参数检测结束后并不再找近光的光轴中心而是直接继续测量,这时用光电池进行扫描,以得到平面图像进行近光分析来获取明暗截止线拐点的位置。

(3)CCD 法,即采用全 CCD 测量的方法。用 CCD 替代光电池进行远光的定位、角度和发光强度测量。

2. 基本工作原理

各种前照灯检测仪的测量原理基本相同,都是采用能把吸收的光量变成电流的硅光电池或硒光电池作为传感器,按照前照灯主光轴照射光电池产生电流的大小和比例来测量前照灯发光强度和光轴偏斜量。

前照灯检测仪使用的光电池主要是硒光电池,其结构及工作原理如图 5-46 所示。当硒光电池受光照射后,光使金属薄膜和非结晶硒的左右部之间产生电动势,其左部带负电,右部带正电,因此在金属薄膜和铁底板上装上引线,并将其用导线与电流表连接起来,光电流就会流过电流表,使电流表指针摆动。

1)发光强度的检测原理

测量前照灯发光强度的电路由光电池、光度计和可变电阻等组成。按规定的距离使前照灯照射光电池,光电池便按受光强度的大小产生相应的光电流使光度计指针摆动,指示出前照灯的发光强度。

2)光轴偏斜量的检测原理

测量前照灯光轴偏斜量的电路由四块硒光电池 B_u、B_d、B_L 和 B_R 和两个光度计组成,如图 5-47 所示。在 B_u 和 B_d 之间连接有上下偏斜指示计,在 B_L 和 B_R 之间连接有左右偏斜指示计。当前照灯光束照射光电池后,如果光束照射方向偏斜,将使四块光电池的受光面不一致,因而产生的电流大小也不一致。根据 B_u 与 B_d、B_L 与 B_R 的电流差值分别使上下偏斜指示计及左右偏斜指示计的指针摆动,从而检测出光轴的偏斜方向和偏斜量。

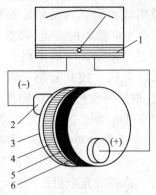

图5-46 硒光电池的结构及工作原理
1-电流表;2-引线;3-金属薄膜;4-非结晶硒;5-结晶硒;6-铁底板

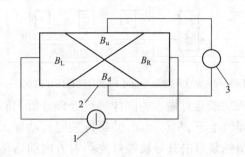

图5-47 光轴偏斜量检测原理图
1-左右偏斜指示计;2-光电池;3-上下偏斜指示计

图5-48a)所示为光电池受光面无偏斜受光的情况,这时上下偏斜指示计的指针和左右偏斜指示计的指针垂直向下,即处于零位。图5-48b)所示为光电池受光面向左下方偏斜受光的情况,这时上下偏斜指示计向"下"偏斜,左右偏斜指示计的指针向"左"偏斜。

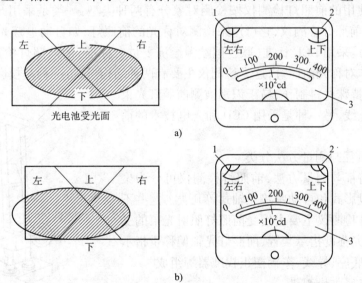

图5-48 光轴偏斜量检测
a)光轴无偏斜的情况;b)光轴有偏斜的情况
1-左右偏斜指示计;2-上下偏斜指示计;3-光度计

3)采用CCD图像传感器的全自动前照灯远近光检测仪的基本原理

基于图像处理技术的前照灯检测的基本原理是通过CCD摄像机将前照灯光束在测量屏幕上的投影图像输入计算机,计算机对输入图像进行处理和分析,求得前照灯的发光强度和远、近光光轴方向。

这种检测仪是在全自动远光检测仪基础上结合CCD图像传感器和先进的图像处理技

图 5-49 基于图像处理技术的全自动检测仪组成

术发展而来的,主要由摄像装置、控制分析装置和驱动步进电动机三部分组成,如图 5-49 所示。摄像装置由 CCD 摄像头、投影屏幕和透镜组成。聚光透镜将前照灯的灯光集聚以提高光束投影的亮度,降低环境光对检测结果的干扰,CCD 摄像机将光束投影图像输入计算机。控制分析装置的核心是计算机,它根据摄像机输入的图像和检测程序给驱动步进电动机 1、2、3 发转动指令,其分析功能是对输入的图像进行处理分析。驱动步进电动机 1、2 在计算机控制下使摄像装置沿导轨上下、左右运动,使摄像装置自动导入前照灯光照区。驱动步进电动机 3 正、反转可使摄像装置沿其导轨顺灯光照射方向前后移动,以获取两个位置的光束投影图像。

三、前照灯检测仪

1. 前照灯检测仪的类型

1) 按检测原理分类

目前国内使用的前照灯检测仪按检测原理分为混合型、全光电池和全 CCD 三种类型。

2) 按检测对象分类

目前国内使用的前照灯检测仪按检测对象分有两种类型:一类是采用 SAE 标准(美国采用的标准)的前照灯检测仪,它可用来检测对称光的前照灯,如自动追踪光轴式前照灯检测仪等;另一类是采用 ECE 标准(联合国欧洲经济委员会标准)的前照灯检测仪,它可用于检测对称光和非对称光前照灯,这类检测仪主要有两种结构形式:一种是投影式前照灯检测仪,其屏幕采用特殊材料制作,易于识别被测前照灯光束投影的明暗截止线,另一种是采用 CCD 和光电技术的前照灯检测仪。

3) 按结构特征与测量方法分类

根据结构特征与测量方法,前照灯检测仪可分为聚光式、屏幕式、投影式和自动跟踪光轴式等几类。这些不同类型的前照灯检测仪主要由接受前照灯照射光束的受光器、前照灯发光强度指示装置、前照灯光轴偏移量指示装置以及支柱、底座、导线、车辆摆正找准器等组成。

2. 典型的前照灯检测仪

1) 投影式前照灯检测仪

投影式前照灯检测仪是将前照灯光束的影像映射到投影屏上,从而检测发光强度、光轴偏移量以及配光特性的。

投影式前照灯检测仪的外形结构如图 5-50 所示,它主要由光接收箱和行走机构两大部分组成。检测仪通过底座上的行走机构可在导轨上左右运动;光接收箱由两根立柱支撑并导向,通过齿轮、齿条的传动作用,其光接

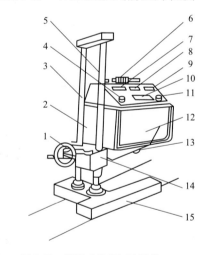

图 5-50 投影式前照灯检测仪

1-上下移动手轮;2-光接收箱;3-后立柱(防回转);4-光轴刻度盘(左右);5-前立柱(带齿条);6-对准瞄准器;7-光轴左右偏移指示表;8-光度计;9-光轴上下偏移指示表;10-投影屏幕;11-光轴刻度盘(上下);12-聚光镜;13-测距卷尺;14-传动箱;15-底座

收箱可视需要沿立柱上下运动。光接收箱的屏幕上对称地分布 5 个光电池(图 5-51),其中上下光电池检测垂直方向的光分布情况,其平衡输出连接至光轴上下偏移指示表;左右光电池检测水平方向的光分布情况,其平衡输出连接至光轴左右偏移指示表;中心光电池检测发光强度,其输出连接至光度计。

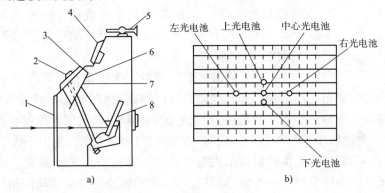

图 5-51 投影式前照灯的工作原理
a)光路;b)光电池分布
1-聚光镜;2-光轴刻度盘;3-屏幕盖;4-指示表;5-对准瞄准器;6-屏幕;7-光电池;8-反射镜

检测时,被测前照灯光束经透镜汇聚后进入光接收箱,由反射镜将光束影像反射到显示屏幕上(图 5-51),通过上下与左右移动光接收箱,使其上下和左右偏移指示表指针为零,此时表明上与下、左与右的光电池受光量分别相等,从而找到被测前照灯主光轴的方向,其主光轴中心正好反射到中心光电池上,因此通过光度计可测出前照灯发光强度值。

通过转动检测仪的光轴刻度盘(左右、上下),使前照灯影像中心与投影屏坐标原点重合,可以从光轴刻度盘上读出光轴偏移量。

通过观察前照灯近光光束在屏幕上的投影,检查近光是否产生明显的明暗截止线,可确定前照灯近光的配光特性是否符合要求。

2)自动追踪光轴式前照灯(单侧测光)检测仪

自动追踪光轴式前照灯检测仪是利用光接收箱自动追踪光轴的方法来检测发光强度和光轴偏移量的。

(1)检测仪的基本结构。自动追踪光轴式前照灯检测仪的外形结构如图 5-52 所示,它主要由行走机构、光接收箱和自动追踪传动系统等部分组成。行走机构可使检测仪通过底座下面装的轮子在导轨上左右运动。光接收箱在立柱的导引下,可由链条牵引作上下运动。在光接收箱正面配置有上、下、左、右四个光电池,用作光轴追踪;光接收箱内部装有一透镜组件、四象限硅光电池和光检测系统,用于发光强度和光轴偏移量的检测。自动追踪传动系统主要由驱动电动机和传动链条、链轮等组成,用于光轴的追踪。

(2)光轴自动追踪原理。光接收箱正面配置的作为受光器的四个光电池具有性能相同,上下、左右布

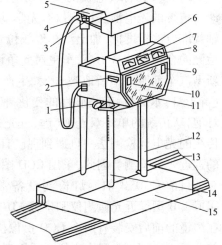

图 5-52 自动追踪光轴式前照灯检测仪
1-调整手轮;2-车辆找准器;3-输出信号插座;4-控制盒插座;5-接线盒;6-光轴上下偏移量指示表;7-光度计;8-光轴左右方向偏移量指示表;9-测定指示灯;10-电源指示灯;11-光接收箱;12-右立柱;13-轨道;14-左立柱;15-底座

置对称(图 5-53)的特点。检测时,四个光电池接收前照灯光束的照射,当上下光电池受到的光照度不同时,其光电池产生的偏差信号将驱动上下传动部件中的电动机,牵引光接收箱向光照平衡的位置移动。同样,左右光电池的偏差信号将驱动左右传动部件中的电动机,使光接收箱向左或向右移动,直到光轴位置偏差信号为零。由于这两个运动的综合作用,光接收箱即可自动追踪光轴而对准被检测的前照灯光轴。

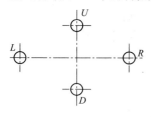

图 5-53 光电池的分布

(3)光轴偏移量的测量。光轴偏移量测量是利用光接收箱内四象限光电池组、聚光镜控制系统和光检测系统(位移传感器和指示装置等)来共同完成的。检测时,前照灯光轴对准光接收箱后,光束通过接收箱内透镜聚光投射至四象限光电池组上。若前照灯光轴偏移量为零,则光束的焦点会落在四象限光电池组的中央,其四块光电池产生的偏差信号为零,光轴偏移量指示表指示为零。若前照灯光轴偏离了四象限光电池组的中央,则光电池必然会产生偏差信号,其左右偏移的偏差信号将驱动控制透镜的左右电动机,使透镜移动,使会聚的光束在水平方向趋于光电池组中心;同样,上下偏移的偏差信号则驱动透镜在垂直方向上作调整,使汇聚的光束在垂直方向趋于光电池组中心;当光束汇聚在四象限光电池组中央时,透镜的移动调整结束。此时,透镜在两个方向的位移量由分别安装在两个方向上的位移传感器检测,由于透镜的位移量与光轴偏移量成线性比例关系,因此通过传感器位移量的检测就可确定光轴的偏移量。

(4)发光强度的测量。当光束的焦点落在光接收箱内四象限光电池组的中央时,其四块光电池组输出电压的大小,将对应于照射在光电池表面的光照度,由于光源至光电池表面的距离一定,因此光电池组的输出电压实际上就是对应的被检测前照灯的发光强度。将其四块光电池的各自输出电压送往检测电路处理,最后由光度计显示其发光强度。

3)CCD 图像传感器的全自动前照灯远近光检测仪

传统的光电池法检测仪有光学动态范围宽、检测成本低的优点。但是这种检测仪对光轴找准方法精度低,加上汽车停放位置不准及前照灯自身的技术状况不佳等的影响,前照灯检测的合格率一直不高,车主对此争议颇多。另外,近些年来世界汽车工业及科技的发展,新型汽车前照灯不断地被开发、生产并大量进入新型号的各类汽车中,除发光方式、灯型(异形灯、水晶灯)有突破性的变化外,最大的变化,是采用了远光、近光分别制作成了两个灯泡,从传统的单灯双光轴(远、近光)发展为双灯单光轴,并在近年来得到了迅速的普及,传统的光电池检测法一旦遇到现已日益普及的双灯单光轴的前照灯,根本就无法进行正常的远近光的检测。因此,采用 CCD 图像传感器的全自动前照灯远近光检测仪便应运而生。

目前 CCD 式前照灯检测设备常见的有 QD-1003,NHD-6101 型远近光检测仪、浙大 QDC-1 B 型远近光检测仪和佛分 FD-103 型远近光检测仪。NHD-6101 和 FD-103 型检测仪在透镜的前后安装有两个 CCD 摄像机,分别负责光轴的跟踪及前照灯配光性能和照射方向的分析。QD-1003 型检测仪在透镜后安装有一个 CCD 摄像机用于前照灯配光性能和照射方向的分析,而光轴的跟踪仍沿用以前的光电池方法。有的检测仪的立柱上装有扫描光电管阵列,其作用是扫描汽车前照灯的大概位置,以便光接收器快速定位。

(1)检测仪的基本结构。前照灯检侧仪由机座跟踪行走机构、光接收箱、上下和水平回转机构、光接收箱升降机构和计算机等组成(图 5-54)。机座跟踪行走机构包括底座横向(X方向)行走机构、光接收箱在垂直方向(Z方向)升降机构和受光面测量系统;光接收箱包括前照灯的发光强度、光束照射位置测量系统。光接收箱内的光学系统结构如图 5-55 所示。其各部件作用如下：

图 5-54　前照灯检测仪
1-机座跟踪行走机构；2-上下和水平回转机构；
3-光接收箱；4-计算机；5-受光面测量系统

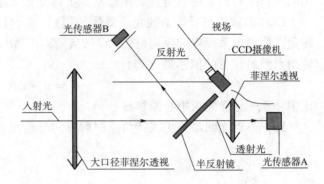

图 5-55　光学系统结构

①大口径菲涅尔透镜：对被检测前照灯光束进行汇聚。

②半反射镜将汇聚后的入射光分成两路，一路穿过半反射镜到达光传感器 A，另一路反射到屏幕及光传感器 B。

③小菲涅尔透镜：将穿过半反射镜的入射光再次汇聚，减小物理光程，缩短光接收箱尺寸。

④光传感器 A：由四个光电池组合而成，检测入射光的偏移量。

⑤屏幕：入射光由半反射镜反射投影在屏幕上，形成光斑。屏幕由半透光材料制成。

⑥光传感器 B：由五个光电池组合而成，检测入射光的偏移情况及发光强度。

⑦CCD 摄像机：把屏幕上形成的光斑图形拍摄下来，并送计算机处理。

（2）远光测量原理。仪器从导轨起始端向靠近前照灯光束方向移动。仪器立柱上垂直安置的数个光电器件探测前照灯光束的位置，在计算机控制下，光接收箱进入前照灯光照区。前照灯光束进入光接收箱，经透镜汇聚后，光线分成两路：

一路穿过半反射镜和小菲涅尔透镜到达光传感器 A，如果落在光传感器 A 上的光斑偏离四个光电池的中心，则上下、左右产生电压差信号输入计算机，计算机则将发出指令驱动光接收箱向上或向下、向左或向右移动，直到上下、左右输出电流相等时为止。

另一路光线被半反射镜反射到光传感器 B，如果落在光传感器 B 上的光斑偏上，则上面的电压输出大于下面的电压输出，仪器驱动光接收箱以上下旋转轴为中心向下移动 Δh，直到上下的电压的输出相等为止。光接收箱左右方向转动的控制原理与上所述相同。

测量结束时，前照灯光束中心的方向与光接收箱光学中心线的方向重合，此时，光接收箱移动 Δh 的距离（在水平方向及垂直方向）表征了前照灯远光光束的偏移角度 θ。光传感器 B 将输出与发光强度成比例的电压信号，经放大处理后得到被检测前照灯的远光发光强度数值。

（3）近光测量原理。完成远光测量后，汽车前照灯转为近光。近光光束经透镜汇聚，由半反射镜反射到屏幕上。如果近光光束明暗截止线转角点的照射位置与远光光束中心的照射位置相同,则投影到屏幕上的光斑其明暗截止线转角点将落在屏幕的原点上,如图5-56a)所示。此时近光明暗截止线转角点照射位置的偏移量等于远光光束中心偏移量。如果近光光束明暗截止线转角点的照射位置与远光光束中心的照射位置不相同,则投射在屏幕上的光斑其明暗截止线转角点会偏离屏幕原点一段距离,如图5-56b)所示。此时,近光明暗截止线转角点照射位置的偏移量等于远光光束中心偏移量与屏幕偏移量之和。

CCD摄像机将屏幕上的光斑图像拍摄后,送到计算机进行图像处理,求出明暗截止线转角点偏离屏幕原点的距离(图5-57),从而得出 $\Delta\theta$ 的数值,最后得出近光光束明暗截止线转角点照射位置的偏移量 α 为:

$$\alpha = \theta + \Delta\theta \tag{5-3}$$

式中:θ——远光光束中心偏移量;

$\Delta\theta$——近光明暗截止线转角点照射方向与远光光束中心照射方向的差值。

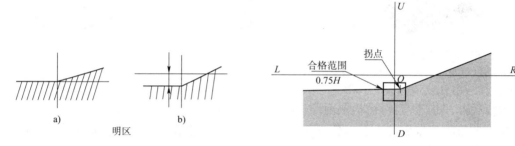

图5-56 屏幕上的光斑示意图　　图5-57 明暗截止线转角点偏离屏幕原点的距离计算示意图

四、前照灯的检测方法

1. 检测前的准备

(1)检测仪的准备。在前照灯检测仪不受光状态下,确保光度计和光轴偏斜指示计的指示值为零,确保前照灯检测仪能在导轨上正常移动。

(2)车辆的准备。清除前照灯上的污垢,使轮胎气压符合规定,蓄电池处于充足电状态,其灯光电路状况完好,汽车空载并乘坐一名驾驶人。

2. 检测步骤

汽车前照灯检测仪有多种类型,其具体使用方法各不相同。使用时,应根据检测仪规定的步骤进行检测。

1)投影式前照灯检测仪的检测步骤

(1)将汽车尽可能地保持垂直方向驶近检测仪,使前照灯与光接收箱保持规定的距离。

(2)用车辆摆正瞄准器使检测仪和汽车对正。

(3)开亮前照灯,移动检测仪,使光束照射到光接收箱上,并确保上下、左右光轴偏斜指示计的指针指到零位。

(4)观察投影屏上前照灯影像位置,必要时转动光轴刻度盘测出光轴的偏移量。

(5)读取光度计的指示值,该值即为被测前照灯的发光强度。

(6)变换前照灯开关至近光,观察屏幕上的光束投影,检查近光配光性能。

2)自动追光轴式前照灯检测仪的检测步骤

(1)将汽车尽可能地与导轨保持垂直方向驶近检测仪,使前照灯与光接收箱保持规定的距离(一般为3m)。

(2)用车辆摆正瞄准器使检测仪和汽车对正。

(3)开亮前照灯,接通检测仪电源,通过操纵开关调整光接收箱的上下与左右位置,使前照灯光照射到光接收箱上。

(4)按下控制盒上的检测开关,测定指示灯亮,仪器进入测定状态,光接收箱随即追踪前照灯光轴,仪器将自动测定光轴偏移量和发光强度并通过各指示表直接显示检测结果。

(5)按控制开关使仪器退出测定工作状态。

五、前照灯检测标准

GB 7258—2012《机动车运行安全技术条件》规定,在正常使用条件下,机动车前照灯光束照射位置应保持稳定,所有前照灯的近光都不允许炫目,并对前照灯的发光强度和光束照射位置都有明确规定。

1. 发光强度

机动车每只前照灯的远光光束发光强度应达到表5-3的要求。测试时,其电源系统应处于充电状态。

前照灯远光光束发光强度最小值要求(单位:cd)   表5-3

机动车类型		检查项目					
		新注册车			在用车		
		一灯制	两灯制	四灯制①	一灯制	两灯制	四灯制①
三轮汽车		8000	6000	—	6000	5000	—
最高设计车速小于70km/h的汽车		—	10000	8000	—	8000	6000
其他汽车		—	18000	15000	—	15000	12000
摩托车		10000	8000	—	8000	6000	—
轻便摩托车		4000	—	—	3000	—	—
拖拉机运输机组	标定功率>18kW	—	8000	—	—	6000	—
	标定功率≤18kW	6000②	6000	—	5000②	5000	—

注:①四灯制是指前照灯具有4个远光光束;采用四灯制的机动车,其两只对称的灯达到两灯制的要求时视为合格。

②允许手扶拖拉机运输机组只装用一只前照灯。

2. 光束照射位置要求

(1)在检验前照灯近光光束照射位置时,前照灯照射在距离10m的屏幕上时,乘用车前照灯近光光束明暗截止线转角或中点的高度应为0.7~0.9H(H为前照灯基准中心高度,下同),其他机动车(拖拉机运输机组除外)应为0.6~0.8H。机动车(装用一只前照灯的机动车除外)前照灯近光光束水平方向位置向左偏不允许超过170mm,向右偏不允许超过350mm。

(2)在检验前照灯远光光束及远光单光束灯照射位置时,前照灯照射在距离10m的屏幕上时,要求在屏幕光束中心离地高度,对乘用车为0.9~1.0H,对其他机动车为0.8~0.95H;机动车(装用一只前照灯的机动车除外)前照灯远光光束水平位置要求,左灯向左偏不允许超过170mm,向右偏不允许超过350mm,右灯向左或向右偏均不允许超过350mm。

六、检测结果分析

1. 前照灯发光强度偏低

在前照灯照射位置正确的前提下,应检查反光镜的光泽是否明亮、灯泡是否老化、蓄电池到灯座的导线电压降是否过大、是否存在搭铁不良等现象。

2. 前照灯光束照射位置偏斜

光束照射位置偏斜可在前照灯检测仪上通过前照灯上的调整装置进行调整。

3. 前照灯没有光形、近光亮区暗、近光暗区漏光或远光亮区暗

这些现象究其原是因为前照灯质量太差,可能是配光镜和反光镜的角度、弧线以及它们之间的相互配合存在设计问题;配光镜材质有问题,对光的吸收率高;反光罩加工粗糙,材料低劣,造成反光率差。如果组装时产生偏差,则会影响前照灯的检测结果。

七、前照灯的照射位置及调整方法及日常维护

1. 前照灯照射位置的调整方法

汽车在行驶过程中的振动,可能导致前照灯照射位置的变化。此外,轮胎气压的变化、轮胎的异常磨损及悬架系统的形变等均可能导致车辆发生上下或左右方向的倾斜,这会改变前照灯光轴的方向。前照灯的照射位置关系到夜间行车的安全,前照灯光轴照射位置的倾斜会影响前照灯的检测结果。因此,在车辆上线检测前,应对其前照灯照射位置偏斜情况进行正确的调整,以保证前照灯的正常技术状况。这样可以大大提高前照灯检测的合格率,提高检测质量。

正常情况下,两侧前照灯光束不应分散或上下错位,以免造成迎面来车的驾驶人炫目和车辆近处照明亮度不足。但由于种种原因,如更换灯泡、灯座及反射镜的调整螺栓松动等,都会引起光轴跑偏,因此必须进行检查和调整。

现在很多汽车将前照灯嵌在翼子板内,前照灯光束位置的调整可通过前照灯上下与左右调整螺栓来完成。调整前应将车辆停放在平坦的路面上,按标准充足轮胎气压。如果有前照灯检测仪,可以利用前照灯检测仪检测前照灯近光灯的左右、上下偏斜量,查看是否合格,若不合格,则应进行相应的调整。如果没有前照灯检测仪,可以使用简易法调整,其方法如下:

(1)将车辆对准墙壁(或特设的黑板或幕布),并保持一定的距离。

(2)在墙上划3条铅垂线。一条为中心垂线,应与车辆的中心线对正;另2条垂线分别位于中心垂线的两侧,与中心垂线之间的距离均为2只前照灯中心间距的一半。

(3)打开远光灯,如需调整右侧前照灯,则将左侧前照灯遮住,如需调整左侧前照灯,则将右侧前照灯遮住,使其发出的光束中心正好分别对准左、右垂线与水平线的交点。调整汽车前照灯光束时,如果光束出现偏高、偏低、偏左、偏右或两灯相交等情况,应加以调整。此外,每次更换灯泡及行驶一定里程之后,均应该检查并调整前照灯的灯光,使其能有适当的照射距离,且光束不偏斜。

2. 前照灯的日常维护

为了保持前照灯的技术状况,需定期对前照灯进行检查和维护,其检查和维护内容如下。

(1)检查前照灯的密封性是否良好,反射镜是否清洁。如果反射镜镜面上粘有灰尘或油污,会污染反射镜而使其失去光泽,降低反射效率。

(2)检查灯泡的情况,灯泡老化将使光线减弱,这时只须更换灯泡便可恢复原来的技术状况。

(3)检查灯具玻璃的情况。灯具玻璃不清洁,则可以通过清洗清除前照灯上的脏污;若为老化导致的雾化,则须考虑更换灯具玻璃或整组灯具。

第六节 汽车电子仪表的检测

一、汽车电子组合仪表系统

汽车电子组合仪表是将各单个电子仪表有机组合在一起,集中显示有关汽车行驶信息的仪表总成。汽车电子组合仪表通常由电子式车速表、里程表、百公里油耗表、发动机转速表、冷却液温度表、燃油表、油压表、气压表、时钟、警告及指示信号装置等组成。电子组合仪表不仅能精确显示机油压力、冷却液温度、车速、燃油储量、瞬时油耗量、平均油耗、平均车速、续驶里程、行驶时间等定量信息,还能显示定性信息,如警告与指示信号。电子仪表系统可使驾驶人更加方便、全面地掌握汽车的运行状况,满足汽车对仪表性能更高的要求。此外,电子组合仪表与无线电传输设备接合,可与车外进行信息交流,使仪表系统具有通信和导航等功能,如电子仪表储存电子地图并装备车载 GPS 系统,可随时了解车辆行驶的具体位置、到达目的地的行驶路线等信息;电子仪表及车载无线通信系统可通过交通管理中心、汽车救助中心等获得城市交通状况信息,选择最佳行驶路线,及时得到救助等。因此,从发展趋势来看,传统的机械—电气式仪表和单个电子仪表将会被电子组合仪表所取代。

汽车电子组合仪表主要由各传感器、微处理机、电子仪表板显示装置等组成,如图 5-58 所示。汽车在运行中的信息传输给微处理器,微处理器对这些信号进行逐个处理,信号源的选择依靠多路信号转换开关,经过处理后的信息及时传送给相应的显示装置。

组合仪表的传感器将汽车行驶的相应信号通过多路传输经接口电路送入微机,对于模拟式

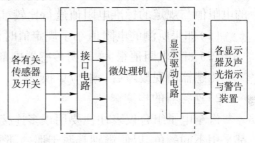

图 5-58 汽车电子组合仪表系统示意图

传感器,应通过 A/D 转换成数字信号后才能送入微机。各种信号经过微机处理后,经显示驱动电路将信息及时传送给相应的显示装置。对于模拟式显示器,微机的输出信号应通过 D/A 转换成模拟信号后才能送入显示器。

微处理机是汽车电子组合仪表系统的核心,它负责分析并处理传感器采集的数字信号。电子仪表的显示装置目前主要有发光二极管显示装置(LED)、荧光屏显示器(VFD)及液晶显示器(LCD)等。

二、汽车电子组合仪表的检测诊断

1. 电子组合仪表系统检测诊断的方法

电子组合仪表检测诊断的方法除了人工经验法中常用的拆线法、搭铁法、试灯法和模拟法以外,还通常运用如下两种方法。

1)故障自诊断

一般来说,采用电子组合仪表的汽车通常都由微机进行控制,包括对电子仪表板的控

制。采用微机控制的汽车一般具有故障自诊断系统,并配备有故障码存储器。当被监测的传感器或控制元件出现故障时,电控单元(ECU)将检测到的故障信息编成故障码并存入存储器中,以便在检修时能读出故障信息。检测时,只要给出指令进入系统的自诊断模式,即可通过专用检测仪或人工方法读出电子组合仪表的故障信息,确定故障范围。

2) 微机快速检测仪诊断

使用故障自诊断检测故障有一定的局限性,其读出的故障码只能确定故障范围,如某传感器及其电路,而不能确诊故障的具体部位。灵活运用微机快速检测仪可以克服这一不足。

微机快速检测仪能够模拟各种传感器信号,利用该功能可迅速测出故障的所在部位。如使用微机快速检测仪向仪表板直接输入信号,若原不能正常显示的仪表板现能正确显示,则说明系统中的传感器或其电路有故障;若显示器仍不能显示,则表明电子仪表板有故障。若把微机快速检测仪所发出的信号从不同部位输入,则可分别检测电子仪表系统的传感器、线束、电控单元和显示装置的工作是否正常。

2. 电子组合仪表系统的故障检测

汽车电子组合仪表显示不正常或个别仪表存在故障时,可分解组合式仪表系统进行检测。检测时,应首先将传感器电路断开或拆下,用检测设备对它们逐个进行检查。汽车电子组合仪表的故障一般都出在传感器、针状连接器和导线、个别仪表及显示器上。以下重点介绍电子组合仪表系统的常规故障检测。

1) 传感器的检测

对各种电阻式传感器的检查,通常是通过测量其电阻值来判断它的好坏,即:把所测得的电阻值与规定的标准电阻值进行比较,以判断传感器是否有故障。

(1) 如果所测的电阻值小于规定值时,说明传感器内部短路。

(2) 如果电阻值很大,说明传感器内部断路或接触不良。

传感器出现故障后一般应更换。

2) 连接器的检测

汽车电子组合仪表往往要用很多连接器把导线束连接到仪表板上去,这些连接器一般都采用不同颜色,以便辨别其属于那一部分的连接。为保证其连接牢靠,连接器上设有闭锁装置。连接器装置要齐全、完好,插头、插座应接触可靠、无锈蚀。对连接器的检测可采用眼看或手摸的方法进行。

(1) 在进行检测时,要注意防止连接器的闭锁装置、针状插头以及插座等受到损伤或破坏。特别是将测试设备与其导线连接时,最好使用备用的连接器插头,以防连接器针状插头磨损、松动等而造成接触不良。

(2) 仪表电路工作时,用手触摸连接器应没有明显的温度感觉。如果温度过高,则说明该连接器接触不良,应查明原因并予以排除。

3) 个别仪表的故障检查

个别仪表发生故障时,首先应检查各导线的连接情况,包括各连接器的接触情况,线束是否破损、搭铁、短路或断路等;然后,再用检测设备分别对该仪表及其传感器进行测试,以判明故障并修复故障,故障无法修复时应更换新件。

4) 显示屏的故障检测

若电子仪表板上的显示屏部分笔画、线段出现故障,应将仪表板上的显示器调整到静态显示状态,仔细观察是否还有别的故障,并使用检测设备对此故障有关的电路或装置进行检查。如果仅有一二个笔画或线段不亮或不显示,说明逻辑电路板通过多路传输的脉冲信号正确,故障可能是显示装置的部分线段工作不正常。此时应进一步检查,属于接触不良故障应加以紧固,确保其电路畅通;若是电子器件本身有问题,应更换显示器件或显示电路板。

3. 组合仪表故障的维修

1) 油压表故障的维修

(1) 发动机工作时油压表表针不动,起动发动机,若此时如冷却液温度表和燃油表都不工作,故障可能是点火开关到仪表的导线断路。若冷却液温度表和燃油表工作正常,则说明故障发生在油压表至油压传感器之间的电路中。此时,可将油压传感器上的连接导线短时间搭铁进行试验。如果油压表表针摆动,说明故障在油压传感器内部;否则,说明油压表至传感器之间的导线断路。

(2) 接通点火开关,将油压表表针摆到最大刻度位置。维修时,应先拆下油压传感器上的导线,此时表针如能回到"0"位,说明油压传感器内部短路,需要更换;如油压表指针仍然指在最大刻度位置,说明电路中有搭铁故障或电路连接错误,应逐段检查排除。

(3) 油压表表针指示的数值不准。在发动机工作时,若发动机的机油压力正常,但油压表表针指示的数值偏低或偏高,应检查油压传感器是否有故障;若无故障,则应校正或更换油压表。

2) 冷却液温度表故障的维修

(1) 发动机工作时冷却液温度表表针不动。若此时油压表和燃油表都不工作,故障可能是点火开关到仪表的导线断路。如油压表和燃油表工作正常,说明故障发生在冷却液温度表到冷却液温度传感器之间的电路中,此时,可将冷却液温度传感器上的连接导线短时搭铁进行试验,如冷却液温度表指针摆动,说明故障发生在冷却液温度传感器内部;否则,说明故障发生在冷却液温度表至冷却液温度传感器之间的导线断路。

接通点火开关,将冷却液温度表表针偏摆到最高温度位置,维修时,可先拆下冷却液温度传感器接线端子上的导线,查看表针能否回到静止状态时的位置,若能回位,说明冷却液温度传感器内部短路或搭铁;若冷却液温度表表针仍然指示在最高温度位置,说明电路中有搭铁或连接错误,可逐段检查排除。

(2) 冷却液温度表表针指示的数值不准。在发动机工作时,如发动机的温度正常,但冷却液温度表表针指示的数值偏低或偏高,应检查冷却液温度传感器是否发生故障;若无故障则应更换或调整冷却液温度表。

3) 燃油表故障的维修

(1) 发动机工作时,燃油表表针不动 当发现燃油表表针不动时。如果油压表和冷却液温度表都不工作,故障可能是点火开关至组合仪表的导线断路。若油压表和冷却液温度表工作正常,故障可能发生在燃油表至燃油传感器之间的电路中,可将燃油传感器上的连接导线短时搭铁进行试验,此时若燃油表表针摆动,说明故障发生在燃油传感器内部;若表针仍然不动,则故障发生在燃油表至燃油传感器之间的导线。

(2) 不论存油多少,燃油表表针总是指在"0"位,说明燃油表至燃油传感器之间的导线搭铁或燃油表损坏。

(3) 不论存油多少,燃油表表针总是指向"1"位置或偏高,故障原因主要有:燃油表和燃油传感器之间的导线断路或连接不良;燃油表接线柱上的导线接反;燃油表传感器损坏或搭铁线断路。

4）车速表、里程表的维修

（1）车速表表针不动。主要原因是软轴连接处松脱、车速表内有发卡现象或软轴扭断等，应拆开车速表进行修理。

（2）车速表表针跳动。主要原因是磁铁轴承磨损导致磁铁旋转时窜动而碰撞金属碗所致，因此需要更换抽承。

（3）里程表计数轮不转。主要原因是软轴连接处松脱、里程表内有发卡现象或软轴扭断等。如果仅有部分计数轮不转，则其原因是计数轮之间的进位拨销折断或传动齿轮损坏，需要更换新品。

5）转速表的维修

当发现发动机转速表不工作或工作不正常时，应首先检查电路中各个插接件是否良好，有无松脱和接触不良现象，熔断器是否正常，如果以上检查正常，一般为转速表本身损坏，转速表损坏后一般不进行内部维修，必须更换新品。

三、汽车电子组合仪表检测维修的注意事项

汽车电子组合仪表与一般的仪表板不同，电子组合仪表的最大特点是由微机控制，其本身及专配的逻辑印制电路板都是易损件，对维修技术要求较高。维修检查时，应遵照汽车使用维修手册的有关规定，严格按照操作规程进行，轻拆轻装，必要时应交给专业修理厂承修。

1. 检测时的注意事项

（1）对于具有自检功能的汽车电子组合仪表，应在完成仪表板的全部自检之后，再使用专门的检测设备对仪表进行检测。

（2）在进行仪表检测时，应使用高阻表检查电压、电阻等，以免因检测仪表（如电阻表）使用不当而造成微机电路的严重损坏。

（3）在检查汽车电子仪表显示板和逻辑电路板时，应多加保护和特别谨慎，除有特别说明外，不能用蓄电池的全部电压加于仪表板的任何输入端。

（4）检测电子组合仪表时，最好使用备用连接器插头。不同型号汽车的电子组合仪表靠一组对应的连接器与诊断仪连接，这些连接器一般采用不同的颜色，便于快速辨认。将测试仪器与线束连接时，要注意防止连接器的插头和插座受损。

2. 拆装作业时的注意事项

（1）拆装作业前，应先切断电源，以防在拆卸过程中造成碰线或搭铁短路而损坏零件。

（2）拆装电子仪表时，应按拆装顺序进行。

（3）拆装作业时，只能用手拿仪表板的侧面，不能碰及显示窗和显示屏的表面等。

（4）拆装时注意不要猛敲猛打，以防止技术状况良好的元器件因敲打而损坏。

3. 防止静电损害

为了防止静电损坏电子组合仪表，使得操作人员及作业点都不带静电，必须采取以下相应的防静电措施：

（1）操作人员不能穿着合成纤维面料的衣服。

（2）操作人员的手只能拿仪表板的绝缘侧边，切不可触及显示屏的表面，且要经常有意识地触摸特设的搭铁点。

（3）在工作台上作业时，操作人员最好戴上橡胶手套或手腕带，并让手腕带与操作垫共用一根导线搭铁；若在车上作业，手腕带要与车身连接，目的是将操作者身上的静电引入搭铁

(4)电子元件应放置在导电垫板上进行维修,不能直接放在地毯或座椅上。

(5)备用的电子元件应当放在镀镍包装袋内,需要安装时才取出来,取出时不要触碰导电的接头。

(6)在处理电子式车速/里程表的电路芯片时,必须使用原有的塑料盒,以免因静电放电而损坏。如不慎碰及电路板的接头时,会使仪表的读数消除,此时就必须到专门的维修单位进行维修后才能使用。

4.更换电子组合仪表后需要进行的匹配操作

(1)使用故障诊断仪对组合仪表进行编码,否则无法使用。

(2)对燃油表进行标定,用故障诊断仪予以修正。

(3)调整里程表的读数,即把旧里程表上的里程数输入到新里程表中。

(4)调整维修周期的显示信息,包括更换机油、下次维修里程或维修天数等。

(5)对防盗器进行匹配,即让防盗系统与组合仪表一体化。

第六章 汽车排放污染与噪声的检测

由于世界汽车工业的快速发展,汽车保有量也随着大幅地增长,汽车排放的有害物质及噪声对大气的污染和对环境的危害,恶化了人类的生存环境,影响了人们的身体健康,已发展成为严重的社会问题。因此,监督并检测汽车排放污染物和汽车噪声,已成为汽车检测与诊断项目中极为重要的部分。

第一节 汽车排放污染的检测

一、汽车排放污染物及检测标准

为了控制汽车排放污染对生态环境的危害,世界上许多国家对车辆的排放指定了严格的法规。在这些法规中,对汽车的排放污染物,有统一、合理的表示方法及检测标准。

1. 汽车排放污染物及其危害

汽车发动机在怠速运转及汽车行驶过程中产生的主要排放污染物有:碳氢化合物(HC)、一氧化碳(CO)、氮氧化物(NO_x)、微粒(PM)、硫化物等。这些污染物由汽车的排气管、曲轴箱和燃油系统排出,分别称为排气污染物、曲轴箱污染物和燃油蒸发污染物。随着汽车保有量的急剧增加,汽车排放污染物已成为大气中最主要的污染源,它对部分人群,尤其是对大城市的人群造成了严重的健康威胁,同时它还损害生态健康,污染环境河流湖泊,严重危及人类及野生动植物的生存。

1) 碳氢化合物(HC)

汽车排放中的 HC 是多种碳氢化合物的总称,是发动机未燃尽的燃料分解或供油系统中燃料的蒸发所产生的气体。汽车排放污染物中,HC 的 20%~25%来自曲轴箱窜气,20%来自化油器和燃油箱中的蒸发,其余则由发动机排气管排出。一般情况下,单独的 HC 危害不大,但在浓度相当高的情况下,它能引起光化学反应生成光化学氧化剂,且生成甲醛,形成烟雾,对人的眼、鼻和咽喉黏膜等器官有较强的刺激作用,严重时可致癌。

2) 一氧化碳(CO)

汽车排放中的 CO 是发动机燃料没有被完全燃烧的产物。当发动机点火等系统出现故障造成燃烧质量下降或混合气过浓时,易生成 CO。CO 是一种无色无味的有毒气体,由于 CO 与人体血红蛋白的亲和力是氧的 300 倍,当它进入人体后极易与血液中的血红蛋白结合。因此,CO 被人体大量吸入后会使人感觉恶心、头晕及周身无力,严重时可直接致人窒息死亡。

3) 氮氧化合物(NO_x)

汽车排放中的 NO_x 是复杂氮氧化合物的总称,主要包括 NO_2 和 NO。废气中的 NO_x 主要是高温燃烧过程中由空气中的氧和氮化合而成。汽车尾气中直接排出的氮氧化物一般都是 NO,汽油发动机中排出的氮氧化合物绝大部分为 NO,而柴油发动机中排出的氮氧化合物 NO_2 比例稍大。NO 在发动机刚排出时,其毒性较小,但排出之后在大气中会被氧化为剧毒的 NO_2,如果空气中含有强氧化剂(如臭氧),则氧化过程变得很迅速。NO_2 是一种刺激性很强的污染物,它能刺激眼、鼻粘膜,麻痹嗅觉,甚至引起肺气肿;同时,NO_2 还是形成酸雨及光化学烟雾的主要物质之一,对人类及动植物生长环境造成不良影响。

4)微粒

汽车排放中的微粒是发动机排气中各种固体或液体微粒的总称。汽油机排出的主要微粒是铅化物、硫酸盐、低分子物质;柴油机排出的主要微粒为碳物质(炭烟)和高分子量的有机物(润滑油的氧化和裂解产物),其微粒的直径在 $0.1 \sim 10 \mu m$。柴油机产生的微粒量比一般汽油机多 $30 \sim 60$ 倍,炭烟是柴油机燃烧不完全的产物,它是由直径较小的多孔型炭粒构成。微粒中对人体和大气环境危害最大的是 $2.5 \mu m$ 左右的微粒,它悬浮于离地面 $1 \sim 2m$ 高的空气中,容易被人体吸入。而这些微粒,往往吸附有很多有机污染物、重金属元素和一些致癌物质,因而当其沉积到人体肺部时,会严重危害人体的健康。

5)硫化物

汽车排放中的硫化物主要是 SO_2,它由所有燃料中的硫和空气中的氧反应生成。SO_2 有强烈的气味,它本身可刺激咽喉和眼睛,严重时可使人中毒,引起呼吸道疾病。与 NO_2 一样,SO_2 还是形成酸雨的主要成分,它能严重污染河流,使土壤和水源酸化,破坏自然界的生态平衡。

2. 汽车排放污染物表示方法

汽车排放污染物排放量的多少,常采用浓度排放量、质量排放量、比排放量和排气烟度等方式予以表示。

1)浓度排放量

浓度排放量是进行汽车排放检测时排放检测仪器上常用的排放物含量的表示方法,显示为体积分数或质量分数。体积分数是指总的排气体积中污染物所占的体积比,可分别用%、10^{-6} 或 10^{-9} 来表示。对排气中浓度含量较高的 CO 和 CO 一般用%来表示;对浓度含量较低的 HC、NO_x 用 10^{-6} 表示;对浓度含量更低的成分用 10^{-9} 表示。质量分数是指单位排气体积中污染物的质量,常用 mg/m^3 单位计量。

2)质量排放量

质量排放量是指实际检测时单位时间内或每一测试循环发动机排放的污染物质量,常用(g/h)或(g/测试)来表示。在车辆排放检测中,如按规定的工况循环检测排放量时,一般可采用质量排放量表示。

3)比排放量

比排放量是指检测时汽车单位行驶里程所排放的污染物质量或发动机单位功所排放的污染物质量,常用的比排放量量纲为 g/km 或 $g/(kW \cdot h)$。

在整车试验时,用单位测试循环的质量排放量(g/测试)除以每测试循环的运转千米数可得到每千米的排放量(g/km),这是排放法规中最常用的计量单位;当进行发动机排放特性试验时,可以用单位功所排放的污染物质量作为评价指标,但一般测试仪器测出的是浓度排放量,此时可用浓度排放量、排气流量、排气密度及发动机有效功率进行计算得出单位功所排放的污染物质量。

4) 排气烟度

排气烟度是指柴油发动机排放时废气中所含的炭烟浓度即微粒,常用波许烟度 R_b 值和光吸收系数 K 值表示。采用滤纸式烟度计检测排烟时,用 R_b 值表示其排烟的浓度,R_b 值越大,表示排烟越浓,炭微粒越多;采用不透光烟度计检测排烟时,用光吸收系数 K 值表示,K 值越大,表示炭烟的质量浓度越高,目前主要采用不透光烟度计进行检测。

3. 在用汽车排放污染物检测标准

我国对汽车排放污染物的检测标准主要分为:型式核准试验标准、生产一致性试验标准和在用汽车检测标准。型式核准试验标准适用于对新设计车型的认证试验;生产一致性试验标准适用于从成批生产的车辆中任意抽取一辆或若干辆进行的抽样试验;在用汽车检测标准适用于在用汽车进行年检及抽样检测。在这三种检测标准中,对汽车进行型式核准试验时,其标准应严于生产一致性试验。而在用汽车的排放检测标准应基本对应该车型生产时新车排放标准。

近年来,我国在吸收发达国家对车辆排放检测的成功经验后,制定了一条适合我国国情的汽车排放标准技术路线:对汽油车先实行"急速法"控制,再实施"强制装置法",即对曲轴箱排放和燃油蒸发进行控制,最后实行工况法控制;对柴油车先实行"自由加速法"及"全负荷法"控制烟度,然后再与汽油车同步实施工况法,第三步再考虑制定柴油车颗粒物排放标准。从 20 世纪 80 年代初期开始至今,我国陆续制定、修订、颁布并实施了多种汽车排放污染物的检测标准。

下面是我国现行的或即将执行的部分汽车排放污染物检测标准的限值。

1) 点燃式发动机汽车排气污染物双怠速排放限值

点燃式发动机的车辆,其排气污染物是指排气管排放的气体污染物。双怠速法检测时,通常是测量碳氢化合物(HC)和一氧化碳(CO)的浓度排放量(体积分数)。从 2005 年 7 月 1 日起实施的《点燃式发动机汽车排气污染物排放限值及测量方法》(GB 18285—2005)标准规定:装用点燃式发动机的新生产汽车,其型式核准和生产一致性检查的排气污染物排放限值见表 6-1;在用汽车排气污染物排放限值见表 6-2。

新生产汽车排气污染物排放限值(体积分数)　　　　表 6-1

车辆类型	类　别			
	怠　速		高　怠　速	
	CO(%)	HC($\times 10^{-6}$)	CO(%)	HC($\times 10^{-6}$)
2005 年 7 月 1 日起新生产的第一类型汽车	0.5	100	0.3	100
2005 年 7 月 1 日起新生产的第二类型汽车	0.8	150	0.5	150
2005 年 7 月 1 日起新生产的重型汽车	1.0	200	0.7	200

在用汽车排气污染物排放限值(体积分数)　　　　表 6-2

车辆类型	类　别			
	怠　速		高　怠　速[6]	
	CO(%)	HC[5]($\times 10^{-6}$)	CO(%)	HC($\times 10^{-6}$)
1995 年 7 月 1 日前生产的轻型汽车[1]	4.5	1200	3.0	900
1995 年 7 月 1 日起生产的轻型汽车[2]	4.5	900	3.0	900
1995 年 7 月 1 日前生产的重型汽车[4]	5.0	2000	3.5	1200

续上表

车辆类型	类别			
	怠速		高怠速⑥	
	CO(%)	HC⑤(×10⁻⁶)	CO(%)	HC(×10⁻⁶)
1995年7月1日起生产的重型汽车	4.5	1200	3.0	900
2000年7月1日起生产的第一类型汽车③	0.8	150	0.3	100
2001年7月1日起生产的第二类型汽车	1.0	200	0.5	150
2004年9月1日起生产的重型汽车	1.5	250	0.7	200

注：①轻型汽车是指最大总质量不超过3500kg的M_1类、M_2类和N_1类车辆。
②重型汽车是指最大总质量超过3500kg的车辆。
③第一类轻型汽车是指设计乘员数不超过6人（包括驾驶员），且最大总质量≤2500kg的M_1类车。对于2001年5月31日以后生产的5座以下（含5座）的微型面包车，执行此类在用汽车排放限值。
④第二类轻型汽车是指在本标准适用范围内除第一类车以外的其他所有轻型汽车。
⑤HC容积浓度值按正己烷当量。
⑥高怠速是指：轻型汽车规定为(2500 ± 100)r/min；重型车规定为(1800 ± 100)r/min；如有特殊规定的，检测时应按照制造厂技术文件中规定的高怠速运转。

2）压燃式发动机汽车排气烟度排放限值

装配压燃式发动机的车辆，其排气污染物是指排气烟度。在用车辆的排气烟度检测由规定的自由加速烟度试验测得，其排气烟度排放限值，在2005年7月1日起实施的GB 3847—2005《车用压燃式发动机和压燃式发动机汽车排气烟度排放限值及测量方法》中有明确的规定，见表6-3。

在用汽车排气烟度排放限值　　　　　　　　　　　表6-3

车型	光吸收系数(m^{-1})	烟度(R_b)
2005年7月1日起按本标准规定经型式核准批准车型生产的在用汽车	不应大于车型核准批准的自由加速排气烟度排放限值，再加$0.5m^{-1}$	—
2001年10月1日至2005年7月1日生产的自然吸气式汽车	2.5	—
2001年10月1日至2005年7月1日生产的涡轮增压式汽车	3.0	—
1995年7月1日至2001年9月30日生产的在用汽车		4.5
1995年6月30日以前生产的在用汽车		5.0

4. 轻型汽车型式核准试验污染物排放限值

GB 18352.3—2005《轻型汽车污染物排放限值及测量方法》（中国Ⅲ、Ⅳ阶段）规定了轻型汽车污染物排放第Ⅲ和第Ⅳ阶段型式核准的要求、车辆生产一致性和在用汽车符合性的检查和判别方法。下面对其标准中型式核准试验的类型及部分排放限值进行说明。

1）车辆型式核准试验类型

车辆型式核准试验类型和内容见表6-4。表中的轻型汽车是指总质量不超过3500kg的M_1类、M_2类和N_1类汽车；其车载诊断（OBD）系统是指安装于汽车上用于排放控制的车载诊断系统，它具有识别可能存在的故障区域的功能，并能将故障信息以故障码形式存入ECU存储器内。

车辆型式核准试验类型与内容　　　　表 6-4

型式核准试验类型	试验内容	装点燃式发动机的轻型汽车			装压燃式发动机的轻型汽车
		汽油车	两用燃料车	单一气体燃料车	
Ⅰ型	常温下冷起动后排气污染物排放试验	进行	试验两种燃料	进行	进行
Ⅲ型	曲轴箱污染物排放试验	进行	只试验汽油	进行	不进行
Ⅳ	蒸发污染物排放试验	进行	只试验汽油	不进行	不进行
Ⅴ	污染控制装置耐久性试验	进行	只试验汽油	进行	进行
Ⅵ	低温下冷起动后排气中 CO、HC 的排放试验	进行	只试验汽油	不进行	不进行
双怠速	测定双怠速的 CO、HC 和高怠速的过量空气系数	进行	试验两种燃料	进行	不进行
车载诊断(OBD)系统	车载诊断(OBD)系统试验	进行	进行	进行	进行

2) 车辆型式核准试验排放限值

(1) Ⅰ型试验排放限值。汽车在带有负荷和惯性模拟的底盘测功机上,常温下冷起动后,按规定的运转循环(4 个城区 15 工况循环 +1 个城郊 13 工况循环,图 6-1)、排气取样和分析方法、颗粒物取样和称量方法进行排气污染物排放试验。对点燃式发动机汽车,其排气污染物是指排气管排放的气态污染物(CO、HC、NO_x);对压燃式发动机汽车,其排气污染物是指排气管排放的气态污染物和颗粒物(PM)。试验时,记录 CO、HC、NO_x、PM,并将其结果乘以表 6-5 确定的相应劣化系数后,应满足表 6-6 所示的排放限值要求。

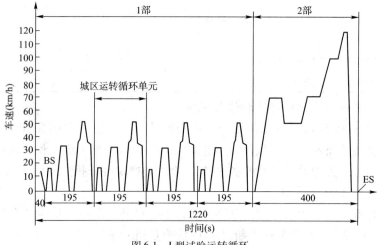

图 6-1　Ⅰ型试验运转循环
BS-取样开始;ES-取样结束

劣化系数 表 6-5

发动机类别	劣化系数				
	CO	HC	NO$_x$	HC + NO$_x$	PM
点燃式发动机	1.2	1.2	1.2	—	—
压燃式发动机	1.1	—	1	1	1.2

Ⅰ型试验排放限值 表 6-6

型式核准试验			基准质量 RM①(kg)	限值(g/km)								
				CO		HC		NO$_x$		HC + NO$_x$		PM
				L$_1$		L$_2$		L$_3$		L$_2$ + L$_3$		L$_4$
阶段	类别	级别		汽油	柴油	汽油	柴油	汽油	柴油	汽油	柴油	柴油
Ⅲ	第一类车②	—	全部	2.3	0.64	0.2	—	0.15	0.5	—	0.56	0.05
	第二类车③	Ⅰ	RM≤1305	2.3	0.64	0.2	—	0.15	0.5	—	0.56	0.05
		Ⅱ	1305＜RM≤1760	4.17	0.8	0.25	—	0.18	0.65	—	0.72	0.07
		Ⅲ	1760＜RM	5.22	0.95	0.29	—	0.21	0.78	—	0.86	0.1
Ⅳ	第一类车	—	全部	1	0.5	0.1	—	0.08	0.25	—	0.3	0.025
	第二类车	Ⅰ	RM≤1305	1	0.5	0.1	—	0.08	0.25	—	0.3	0.025
		Ⅱ	1305＜RM≤1760	1.81	0.63	0.13	—	0.1	0.33	—	0.39	0.04
		Ⅲ	1760＜RM	2.27	0.74	0.16	—	0.11	0.39	—	0.46	0.06

注：①基准质量(RM)即车辆整备质量加上 100kg。
②包括驾驶人座位在内，座位数不超过六座，且最大总质量不超过 2500kg 的 M$_1$ 类汽车。
③本标准适用范围为除第一类汽车以外的其他所有轻型汽车。

(2) Ⅲ型试验排放限值。除装压燃式发动机的汽车外，所有汽车都必须进行曲轴箱污染物排放试验。其曲轴箱污染物是指从发动机曲轴箱通气孔或润滑系统的开口处排放到大气中的物质。按规定方法进行试验时，发动机曲轴箱通风系统不允许有任何曲轴箱污染物排入大气。

(3) Ⅳ型试验排放限值。所有汽油车都必须进行蒸发污染物排放试验，其蒸发污染物是指除排气管排放之外，从汽车的燃油系统损失的碳氢化合物蒸气，它包括燃油箱内变化排放的碳氢化合物(燃油箱呼吸损失)和汽车行驶一段时间后静置汽车的燃油系统排放的碳氢化合物(热浸损失)。按规定方法进行试验时，蒸发污染物排放量应小于 2g/试验。

(4) Ⅴ型试验要求。所有轻型汽车都应进行污染控制装置耐久性试验。按标准规定，在试验跑道上、或在道路上、或在底盘测功机上，进行 80000km 的耐久性试验，确定实测劣化系数。也允许汽车制造厂选用表 5-8 所示的劣化系数，以替代 80000km 的耐久性试验。

(5) Ⅵ型试验排放限值。所有汽油车都必须进行低温下冷起动后排气中 CO 和 HC 的排放试验。汽车在带有负荷和惯性模拟的底盘测功机上，在 -7℃ 环境温度下，按规定的运转循环(4 个城区 15 工况循环)、排气取样和分析方法测量 CO 和 HC，其中 CO 和 HC 的排放量应小于表 6-7 所示的限值。

Ⅵ型试验排放限值　　　　表6-7

类　别	级　别	试验温度266K(-7℃)		
		基准质量RM(kg)	$CO, L_1(g/km)$	$HC, L_2(g/km)$
第一类车	—	全部	15	1.8
第二类车	Ⅰ	RM≤1305	15	1.8
	Ⅱ	1305 < RM≤1760	24	2.7
	Ⅲ	1760 < RM	30	3.2

(6)车载诊断(OBD)系统试验要求。所有汽车必须装备车载诊断系统并进行规定的试验,该系统应在设计、制造和汽车安装上,能确保汽车在整个寿命期内识别劣化或故障的类型。

3)车辆型式核准执行日期

车辆型式核准的排放限值执行日期见表6-8。

车辆型式核准执行日期　　　　表6-8

试验类型		第Ⅲ阶段	第Ⅳ阶段
Ⅰ型试验		2007.7.1	2010.7.1
Ⅲ型试验			
Ⅳ试验			
Ⅴ试验			
Ⅵ试验			
车载诊断(OBD)系统	第一类汽油车	2008.7.1	
	其他车辆	2010.7.1	

二、汽车排放污染物的检测方法

1. 怠速法

怠速法又分为怠速测量法和双怠速测量法,是测量汽油车在规定怠速工况下排气污染物含量的主要方法。根据GB 18285—2005《点燃式发动机汽车排气污染物排放限值及测量方法(双怠速法及简易工况法)》的规定,主要用于检测汽车排放物中的CO和HC含量。

1)怠速测量法

怠速工况是用来检测汽油发动机排气污染物中CO和HC浓度的一个重要工况,当发动机处于无负载的最低稳定转速运转时,此时混合气相对较浓,其燃烧状况不佳,CO和HC的排放严重。采用怠速测量法主要是对汽油发动机怠速工况下排气中的CO和HC浓度进行监测。其主要测量操作步骤如下:

(1)调整发动机点火正时至规定值,使发动机运行预热至规定的温度(85±50)℃,排气管道无泄漏。

(2)保持发动机怠速运转,并将排放气体分析仪、发动机转速传感器夹在发动机任一缸点火高压线上。

(3)发动机空转,离合器处于接合状态,变速器置于空挡位置,加速踏板完全松开。

(4)发动机由怠速工况加速至70%的额定转速,维持60s后降至怠速。

(5)发动机降至怠速状态后,将取样探头插入排气管中,深度等于400mm,并固定于排气管上。

（6）发动机在怠速状态，维持15s后开始读数，读取30s内的最低值及最高值，计算其平均值即为测量结果。

（7）若为多排气管时，取各排气管测量结果的算术平均值。

检测的CO、HC浓度值都应符合排放标准的要求。否则，所检测机动车其排放结果为不合格。

2）双怠速测量法

双怠速测量法就是在汽油发动机处于怠速、高怠速工况下时，对排气中的CO和HC浓度含量进行检测。所谓高怠速工况，是指发动机在无负载情况下，以50%额定转速或制造厂技术文件中规定的某一高转速时的工况保持稳定运转。高怠速时，混合气的雾化及燃烧条件有所改善，CO和HC的排放有所下降，为全面反映汽车CO和HC的排放情况，提高测量精度，并检测因催化转换器等装置效率降低造成的汽车排放恶化，应将高怠速工况纳入检测范围。GB 18285—2005《点燃式发动机汽车排气污染物排放限值及测量方法》规定，装用点燃式发动机的新生成的型式核准和生产一致性检查以及在用汽油车的排放检查采用双怠速法。双怠速测量法的测量步骤如下：

（1）保证被检测车辆处于正常状态。发动机进气系统应装有空气滤清器，排气系统应装有排气消声器，并不得有泄漏。

（2）必要时在发动机上安装转速计、点火正时仪、冷却液和润滑油测温计等测试仪器。测量时，发动机冷却液和润滑油温度正常，或者达到汽车使用说明书规定的热车状态。

（3）汽车离合器处于接合状态，变速器置于空挡位置（对于自动变速器汽车应处于N位或P位）；采用化油器的供油系统汽车，阻风门应处于全开位置，使发动机怠速运转。

（4）控制加速踏板，使发动机由怠速工况加速到70%的额定转速，维持30s后降至高怠速（即50%的额定转速或规定的转速）。

（5）发动机降至高怠速状态后，将取样管插入排气管中，深度等于400mm，并固定于排气管上。维持15s开始读数，读取30s内的最低值及最高值，其平均值即为高怠速排放测量结果。对于使用闭环控制电子燃油喷射系统和三元催化转换器技术的汽车，还应同时读取过量空气系数的数值。

（6）发动机从高怠速降至怠速状态，维持15s后开始读数，读取30s内的最低值及最高值，其平均值即为怠速排放测量结果。

（7）若为多排气管，则分别取各排气管高怠速和怠速排放测量结果的算术平均值作为测量结果。

（8）若车辆排气管长度小于测量深度，则应使用排气加长管。

怠速和高怠速检测的CO、HC浓度应分别符合排放标准的要求，对于使用闭环控制电子燃油喷射系统和三元催化转换器技术的汽车，其高怠速时检测的过量空气系数还应在1.00±0.03或制造厂规定的范围内，否则为不合格。

怠速法检测具有操作简便、测试时间短、效率高、成本低、测试仪器便于携带等优点，因而怠速法极适用于汽车检测站对在用汽车排放性能的年检测试、环保部门对在用汽车进行排放监测。但由于怠速时间占汽车运行时间的比例并不大，因而怠速工况下所排出的污染物总量并不高，更何况怠速是稳态工况，而对于汽车排放影响最大的是非稳态工况。因此，怠速法的测量结果缺乏全面的代表性。

2. 工况法

工况法是将汽车若干常用工况和排放污染较重的工况结合在一起测量排放污染物的方法。工况法的循环试验模式应根据汽车的排放性能、行驶特点、交通状况、道路条件、车流密度和气候地形等因素,对大量统计数据进行科学分析而制定,以最大限度地重视汽车运行时的排放特性。

工况法在汽车底盘测功机上进行,利用底盘测功机模拟汽车行驶阻力、运行惯性以及各种道路行驶工况,按照规定的工况循环规范对汽车排放污染物进行测量。在世界各国的排放法规中,工况法采用的工况循环规范较多,下面仅介绍我国汽油车部分排放法规中应用的稳态工况法和瞬态工况法。

1)稳态工况法(ASM)

稳态工况法由多种稳态工况组成。根据我国于 2005 年 7 月 1 日起实施的 GB18285—2005《点燃式发动机汽车排气污染物排放限值及测量方法》规定,在机动车保有量大、污染严重的地区,可采用稳态工况法(ASM),对点燃式发动机在用汽车的排放进行监控。

ASM 试验的运转循环由 ASM5025 和 ASM2540 两个稳态工况组成。进行检测时,通过底盘测功机对被检测车辆进行加载:当采用 ASM5025 工况法时,底盘测功机应以车辆 25.0km/h 的速度、1.475m/s^2 的加速度时输出功率的 50% 作为设定功率对车辆进行加载;当采用 ASM2540 工况法时,底盘测功机应以车辆 40.0km/h 的速度、1.475m/s^2 的加速度时输出功率的 25% 作为设定功率对进行车辆加载,使车辆在规定的稳定负荷下运转,按规范采样测量排放浓度。其规范如图 6-2 及表 6-9 所示。

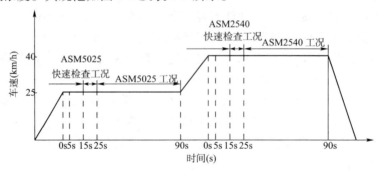

图 6-2 稳态工况法(ASM)试验运转循环

稳态工况法试验运转循环规范　　表 6-9

工况	运转次序	速度(km/h)	操作时间 mt(s)	测试时间 t(s)
5025	1	25	5	—
	2	25	15	
	3	25	25	10
	4	25	90	65
5040	5	40	5	
	6	40	15	
	7	40	25	10
	8	40	90	65

2)瞬态工况法

瞬态工况法由多种瞬态工况组成。依据我国从 2007 年 7 月 1 日起开始实施的 GB 18352.3—2005《轻型汽车污染物排放限值及测量方法》(中国Ⅲ、Ⅳ阶段)规定,在车辆型式核准中的Ⅰ型试验,采用如图6-1所示的运转循环,它由4个城区15工况循环和1个城郊13工况循环组成。检测时,将汽车放置在带有负荷和惯量模拟的底盘测功机上,并根据被测车辆的相关参数自动设定测功机载荷,然后按规定的运转循环测量排放浓度。

(1)城区15工况循环。城区15工况循环模拟的是车辆在城市条件下的行驶工况,其瞬态工况运转循环如图6-3所示,具体说明详见表6-10。

(2)城郊13工况循环。城郊13工况循环模拟的是车辆在城市郊区条件的行驶工况,其瞬态工况运转循环如图6-4所示,具体说明详见表6-11。

城区15工况循环规范　　　　　表6-10

工况	操作序号	操作状态	加速度（m/s²）	速度（km/h）	每次时间 操作(s)	工况(s)	累计时间(s)	手动变速器使用挡位
1	1	怠速	—	—	11	11	11	6sPM[1]+5sK$_1$
2	2	加速	1.04	0→15	4	4	15	1
3	3	等速	—	15	8	8	23	1
4	4	等速	-0.69	15→20	2	5	25	1
	5	减速,离合器脱开	-0.92	10→0	3		28	K$_1$
5	6	怠速	—	—	21	21	49	16sPM+5sK$_1$
6	7	加速	0.83	0→15	5	12	54	1
	8	换挡	—	—	2		56	—
	9	加速	0.94	15→22	5		61	2
7	10	等速	—	32	24	24	85	2
8	11	减速	-0.75	32→10	8	11	93	2
	12	减速,离合器脱开	-0.92	10→0	3		96	K$_2$
9	13	怠速	—	—	21	21	117	16sPM+5sK$_1$
10	14	加速	0.83	0→15	5	26	122	1
	15	换挡	—	—	2		124	—
	16	加速	0.62	15→35	9		133	2
	17	换挡	—	—	2		135	—
	18	加速	0.62	15→35	8		143	3
11	19	等速	—	50	12	12	155	3
12	20	减速	-0.52	50→35	8	8	163	3
13	21	等速	—	35	13	13	176	3
14	22	换挡	—	—	2	12	178	—
	23	减速	-0.86	32→10	7		185	2
	24	减速,离合器脱开	-0.92	10→0	3		188	K$_2$
15	25	怠速	—	—	7	7	195	7sPM

注:①PM——变速器空挡,离合器接合。
②K$_1$(或K$_2$)——变速器挂一挡(或二挡),离合器脱开。
③装备自动变速器的车辆,驾驶员可根据不同工况自行选择合适挡位。

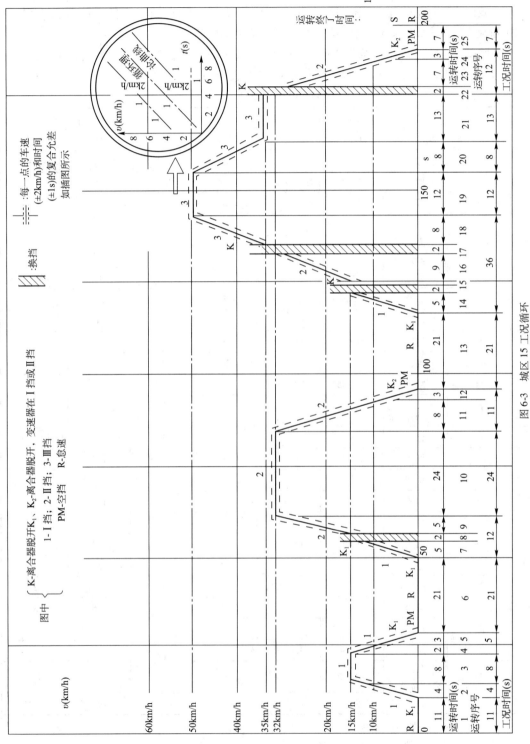

图 6-3 城区 15 工况循环

目前,工况法是世界上公认的、最为科学的汽车排放检测方法。与急速法相比,工况法检测结果能较全面地评价车辆的排放水平。但由于工况法检测相对急速法检测过程要复杂,进行检测前还要有经过大量调查研究与数据处理制定出汽车道路运行工况的试验程序,并需要配备复杂而昂贵的大型综合分析仪和保证汽车按试验程序运行所需的程序自动控制系统。因此,工况法检测的执行受到了普遍限制,主要用于汽车制造厂新车的型式核准试验和生产一致性检查。

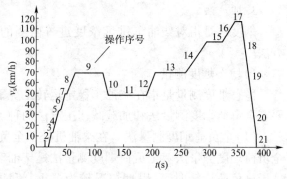

图 6-4 城郊 13 工况循环

城郊 13 工况循环规范　　　　表 6-11

工况	操作		加速度 (m/s^2)	速度 (km/h)	每次时间		累计时间 (s)	手动变速器使用挡位
	序号	状态			操作(s)	工况(s)		
1	1	怠速	—	—	20	20	20	K_1[①]
2	2	加速	0.83	0→15	5	20	25	1
	3	换挡	—	—	2		27	—
	4	加速	0.62	15→35	9		36	2
	5	换挡	—	—	2		38	—
	6	加速	0.52	35→50	8		46	3
	7	换挡	—	—	2		48	—
	8	加速	0.43	50→70	13		61	4
3	9	等速	—	70	50	50	111	5
4	10	减速	-0.69	70→50	8	8	119	4s.5 + 4s.4
5	11	等速	—	50	69	69	188	4
6	12	加速	0.43	50→70	13	13	201	4
7	13	等速	—	70	50	50	251	5
8	14	加速	0.24	70→100	35	35	286	5
9	15	等速	—	100	30	30	316	5[②]
10	16	加速	0.28	100→120	20	20	336	5[②]
11	17	等速	—	120	10	10	346	5[②]
12	18	减速	-0.69	120→80	16	34	362	5[②]
	19	减速	-1.04	80→50	8		370	5[②]
	20	减速 离合器脱开	-1.39	50→0	14		380	K_5[①]
13	21	怠速	—	—	20	20	400	PM[③]

注:①K_1——变速器挂 1 挡或 2 挡,离合器脱开。
②如车辆装有多于 5 挡的变速器,使用附加挡位时应与原厂推荐的一致。
③PM——变速器挂空挡,离合器接合。

3.烟度法

烟度法是指对柴油车排烟浓度进行监测的方法,可分为稳态测量和非稳态测量两种方法。

1)稳态烟度测量

稳态烟度测量是指在柴油车稳定运转工况下利用不透光烟度计检测其排气烟度。它主要有全负荷烟度测量法和加载减速工况法两种。

(1)全负荷烟度测量法。在柴油机处于全负荷稳定转速下测量其排气烟度的方法即为全负荷烟度测量法。全负荷烟度测量法是柴油车烟度检测中最常用的方法,因为当柴油车处于全负荷运转时,冒黑烟情况较为严重。我国从2005年7月1日起实施的GB 3847—2005《车用压燃式发动机和压燃式发动机汽车排气烟度排放限值及测量方法》标准中,规定对压燃式发动机型式核准的烟度检测试验时,需采用全负荷烟度测量法。

对柴油车按全负荷烟度测量法进行测量的要求如下:

①在全负荷曲线上不同稳定转速下测定排气烟度(即光吸收系数值)时,应在发动机最高额定转速和最低额定转速之间选取足够多的转速工况点,其中必须包含最大转矩转速和最大功率转速点。

②每一转速的烟度测量必须在柴油机运转稳定后进行。

③任何一次测量结果都不得超过允许限值。

全负荷烟度测量法既可在发动机试验台架、也可以在汽车底盘测功机上进行。对于那些高度强化和带增压系统的柴油发动机,由于在突然加速等过程中排烟浓度很高,如果采用稳态烟度测量就不能反映出柴油机的全部冒烟特性。

(2)加载减速工况法。加载减速工况法是一种当车辆在底盘测功机上模拟各种负载下稳定运行时测量压燃式发动机排气烟度的方法。

GB 3847—2005《车用压燃式发动机和压燃式发动机汽车排气烟度排放限值及测量方法》规定,在机动车保有量大且污染严重的地区,对于柴油车的排放监控采用加载减速工况法进行检测。

加载减速工况法检测方法如下:

①车辆的预检。预检的目的是核实受检车辆相关信息是否和行驶证相符,并评价车辆的技术状况是否能够进行加载减速工况的排放检测。预检时,应中断受检车辆所有主动型制动功能和转矩控制功能(自动缓速器除外),例如中断防抱死制动系统(ABS)、电子稳定程序(ESP)等,并关闭所有以发动机为动力的附加设备,以减小发动机额外的动力输出。

②检测设备、仪器及检测系统的检查。用于判断底盘测功机功率是否能够满足待检车辆功率的要求,检查检测系统的工作状态是否正常。将车辆驶入底盘测功机,并按正确位置摆放;连接发动机转速传感器;选择车辆合适的挡位,进行功率试测,其功率应在检测范围内。连接不透光烟度计,将采样探头插入车辆排气管,深度不得低于400mm,检查不透光烟度计的零刻度和满刻度。

③排气烟度的检测。在汽车发动机冷却液温度达到制造厂规定的正常温度、检测系统正常时进行下述加载减速排气烟度的检测。

a.起动发动机,变速器置于空挡,逐渐增大节气门直到节气门开度达到最大,并保持节气门在最大开度状态,记录此时发动机的最大转速,然后松开加速踏板,使发动机回到怠速状态。

b. 选择合适挡位,使加速踏板踩到底时,侧功机的指示车速最接近70km/h。若两个挡位接近的程度相同,则检测时选用低挡位。对装有自动变速器的车辆,应注意不要在超速挡进行测量。

　c. 加速踏板踩到底,按下检测开始键,底盘测功机进入自动检测状态,检测最大轮边功率以及相对应的发动机转速和转鼓线速度(VelMaxHP),同时检测该点的光吸收系数值。

　d. 计算机控制系统自动按照规定的加速减速检测程序改变底盘测功机的负载,实现加速减速检测。第一次加载使VelMaxHP降低10%,检测该点的光吸收系数值;第二次加载使VelMaxHP降低20%,检测该点的光吸收系数值。

　e. 自动控制系统采集三工况点(VelMaxHP、90% VelMaxHP、80% VelMaxHP)的检测数据,包括轮边功率、发动机转速和排气光吸收系数,以判定受检车辆的排气烟度是否达标。若功率扫描过程中测得的实际最大轮边功率值低于制造厂规定的发动机标定功率值得50%,或者三工况点的任何一个光吸收系数值超过标准规定的相应限值,则该车排放不合格。

　f. 检测结束,松开加速踏板,打印检测报告并存档。

　④车辆驶离底盘测功机。加速减速工况法模拟了实际车辆行驶的部分工况,较客观地反映了被检车辆的烟度排放情况。由于限值中配套有轮边功率及发动机转速的控制要求,可以有效防止检测作弊。加速减速工况法检测烟度实际上是全负荷烟度测量法的一种简化,只有三个检测点,因此其操作相对简便,检测速度快。

　2) 非稳态烟度测量

　非稳态烟度测量是指柴油车在变工况条件下利用不透光烟度计检测其排气烟度。柴油机在非稳态下的排气烟度受多种不稳定因素影响而变化很大,为了客观公正地反映柴油车的排烟特性,对非稳态烟度测定应有严格控制的试验规范。目前,非稳态烟度测量广泛使用自由加速烟度法。我国2005年7月1日实施的GB 3847—2005《车用压燃式发动机和压燃式发动机汽车排气烟度排放限值及测量方法》中,规定在用汽车检测使用自由加速烟度法。

　自由加速烟度法是指柴油机从怠速状态突然加速至高速空载转速过程中进行排气烟度测量的一种方法。典型的自由加速烟度检测规范如图6-5所示。检测通常在车上进行,检测时,使发动机运行至正常热状态,将汽车置于空挡,把取样探头按规定插入并固定于排气管内,在发动机怠速下,迅速踩下加速踏板,使喷油泵在最短时间内供给最大油量,在发动机达到调速器允许的最大转速前,保持此位置,一旦达到最大转速,立即松开加速踏板,使发动机恢复至怠速,如此反复至少六次,前两次(或两次以上)用于吹尽排气系统,并便于对仪器进行必要的调整,用不透光烟度计测量并记录最后连续四次的光吸收系数,若连续四次测量的光吸收系数均在$0.25m^{-1}$的带宽内,则其四次测量的算术平均数即为自由加速烟度值。

　自由加速烟度检测具有操作简便易行、测试仪器价格便宜且便于携带、检测时间短等特点,它广泛应用于柴油车的车检、路检。但自由加速烟度法也存在一些缺陷:如操作时加速踏板迅速踩到底中的速度与力度不同,维持及松开加速踏板的时间不一,会使测量的不确定性大,重复性差;另外,自由加速烟度法是在发动机空载下检测的,因此对于车辆有负载时的排气烟度仍然难以反映出来,尤其是对采用涡轮增压技术的压燃式发动机在用汽车,由于这种柴油车需要更长的起效时间因而导致自由加速烟度法测量时烟度值偏高。

4.随车检测诊断法

随车检测诊断法是指利用车载测量(OBM)系统和车载诊断(OBD)系统随车监测汽车排放是否超标的一种方法。

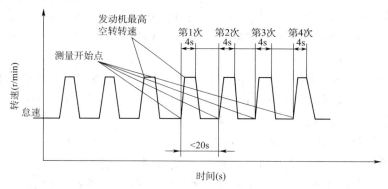

图6-5 自由加速烟度检测规范

现代汽车的车载测量系统是指一种随车安装的排放测量系统,它具有实时监测汽车发动机排放水平的能力,能鉴别并记录汽车发动机排放超标的测量数据。在这种车上,人们可根据其测量数据随时了解汽车的排放情况。

根据中国Ⅲ、Ⅳ阶段(GB 1852.3—2005)汽车排放检测标准规定,将来轻型汽车必须装有车载诊断系统。这种系统具有自诊断功能:当汽车运行时,若电控系统出现故障、排放超标、催化转换器效率下降、氧传感器损坏等,则OBD故障警告灯就会闪烁,可以随时提醒车主去维修站检测车辆。

三、汽车排放污染物检测技术及原理

1.汽车排气成分分析

目前用于汽车排气成分分析测试的仪器及方法主要有三种:用不分光红外分析仪(NDIR)测量一氧化碳(CO)和二氧化碳(CO_2);用氢火焰离子分析仪(FID)测量碳氢化合物(HC);用化学发光分析仪(CLD)测量氮氧化物(NO_x)。

1)NDIR分析法

NDIR是不分光红外分析仪(Non-Dispersive Infrared Analyzer)的简称,用NDIR检测排放物中一氧化碳(CO)含量,其测量上限为100%,下限可进行微量(10^{-6}级)以至痕量(10^{-9}级)分析;在一定量程范围内,即使气体浓度有极小变化也能检测出来;在CO排放浓度较高时,排气中其他干扰成分对测定结果的影响可略去不计;采用连续取样系统,能观察随发动机运转条件变化而引起的排气成分的变化。NDIR还可测量排气中的其他气体。

(1)不分光红外分析仪(NDIR)检测原理。不分光红外分析仪的检测原理是基于某些待测气体对特定波长红外辐射能的吸收程度来测定其浓度的。汽车排放物中的有害气体一氧化碳(CO)、二氧化碳(CO_2)、碳氢化合物(HC)、氮氧化物(NO_x)、NO等都具有吸收红外线的能力,而且不同气体在红外波段内有其特定波长的吸收带,汽车排放物中的有害气体一氧化碳(CO)为4.7μm、二氧化碳(CO_2)为4.2μm、正己烷(C_6H_{14})为3.5μm、一氧化氮(NO)为5.3μm等,如图6-6所示。由于红外线被吸收的程度,与被测气体的浓度有对应的函数关系,因此气体浓度越高,吸收红外线的能力越强。不分光红外分析仪依据废气吸收红外线能量引起的变化,从而测量汽车排放物中各种污染物的浓度。

NDIR 气体分析装置的结构原理如图 6-7 所示。主要由红外线光源、气样室、旋转光栅和传感器组成。其中气样室由比较室和试样室两部分构成,比较室内充满不吸收红外线能量的气体(如 N_2),作为比较之用;而试样室用于接受连续流过的废气,以供分析。检测室用于吸收红外光的能量,它由容积相等的左右两腔构成,中间用兼作电容传感器极板的金属膜片隔开,两腔充有相同浓度的被测气体,如测废气中一氧化碳(CO)含量时,两腔均充有一氧化碳(CO)气体,而测碳氢化合物(HC)含量时,均充有正己烷(C_6H_{14})气体。在过滤室中充有干扰气体(如分析 CO 含量时,在过滤室中充入 CO_2、HC_4 等)其作用是滤掉干扰气体所能吸收的那部分波段,避免检测时受干扰气体的干涉而产生测量误差,在分析时不受排放物中的 CO_2 和 CH_4 的干扰。旋转光栅的作用是交替地遮挡和让开红外线,使两极间的电容值发生循环变化,从而产生交变信号,有利于测量。

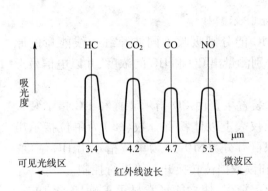

图 6-6 气体的红外吸收光谱

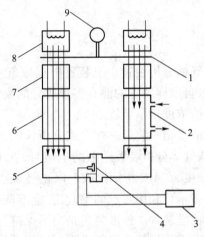

图 6-7 不分光红外气体分析装置结构原理图
1-旋转光栅;2-试样室;3-电测量装置;4-电容器动极膜片;
5-检测室;6-比较室;7-过滤室;8-红外线辐射器;9-电动机

检测时,两个红外线光源发出相同的两束红外线,当红外线通过旋转光栅时,两束红外线将形成红外线脉冲。其中一路红外线脉冲经过滤室、试样室后进入检测室右腔,另一路则通过过滤室、比较室进入检测室右腔。由于通过比较室到达检测室的红外线能量未被吸收,所以检测室右腔中的被测气体吸收了较多的能量;而通过试样室到检测室的红外线由于已被试样室中的所测气体吸收了一部分能量,所以检测室右腔中的被测气体只能吸收较少能量。这样,检测室两腔中的气体便产生了温差,从而导致两腔压力出现差异,致使作为电容一个极的金属膜片产生弯曲振动,其振动频率取决于旋转光栅的转速,振幅则取决于所测气体的浓度。膜片的弯曲振动将使传感器的电容量发生交替变化,从而产生交流电压信号,该信号经放大整流后,转换为直流信号输送给指示装置。

不分光红外分析仪,可测量 CO、CO_2、C_6H_{14}、NO 等多种气体成分,当然测量时须在检测室内充入相应的气体。汽车排放法规中一般规定不分光红外分析仪只用于检测 CO 和 CO_2,但由于它的便携性,故也被广泛用于怠速时的 HC 的检测。在测定 HC 时,检测室内密封正己烷,其测定的结果以相当于正己烷的浓度来表示,发动机排气中有上百种 HC,而这种仪器只能检测某一波长段的 HC。该分析仪,对饱和烃敏感,而对非饱和烃和芳香烃不敏感,因此,其测量结果主要反映了饱和烃的含量,而不代表排气中各种烃类的总含量。故在要求高精度测量时,不分光红外分析仪不能用来测量 HC。

(2) 不分光红外线 CO 和 HC 气体分析仪。不分光红外线 CO 和 HC 气体分析仪，是一种能从汽车排气管中采集气样，并对其中所含 CO 和 HC 的浓度进行连续测量的仪器。它由废气取样装置、气体分析装置、浓度指示装置和校准装置组成。

① 废气取样装置。该装置由取样头、滤清器、导管、水分离器和泵等组成，如图 6-8 所示。通过取样头、导管和泵从汽车的排气管里采集废气，经滤清器和水分离器除去废气中的炭渣、灰尘和水分后，送入气体分析装置。

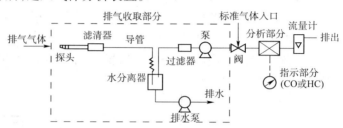

图 6-8　废气取样装置组成示意图

② 气体分析装置。该装置根据废气中 CO、HC 能分别吸收不同波长红外线能量的原理，从来自取样装置的混有多种成分的废气中，分别测量出 CO 和 HC 的浓度，并以电信号形式输送给浓度指示装置。

③ 浓度指示装置。综合式分析仪的浓度指示装置主要由 CO 指示装置和 HC 指示装置组成，从气体分析装置送来的电信号，在 CO 指示仪表上以体积百分数（%）为单位指示出 CO 的浓度，在 HC 指示仪表上以正己烷当量体积百万分数（10^{-6}）为单位指示出 HC 浓度。仪表的指示可利用零点调整旋钮、标准调整旋钮和读数挡位转换开关等进行控制。

④ 校准装置。校准装置是为了保持分析仪指示精度，使之能经常显示正确指示值的一种装置。在分析仪上通常设有加入标准气样进行校准的校准装置和机械的简易校准装置。其中标准气样校准装置是把标准气样从分析仪单设的一个专用注入口直接送到气体分析装置，再通过比较标准气样浓度值和仪表指示值的方法来进行校准的装置；而简易校准装置是利用遮光板把气体分析装置中通过测量气样室的红外线挡住一部分，以减少一定量红外线的方法进行简单校准的装置。

2) FID 分析法

FID 是氢火焰离子分析仪（Hydrogen Flame Ionization Detector）的简称。用 FID 分析发动机排气中的碳氢化合物是目前最有效的方法。它具有很高的灵敏度，其检测极限最小可达 10^{-9} 数量级，而且线性和频响特性好，对环境温度及大气压力也不敏感。

FID 的检测原理是基于大多数有机碳氢化合物的氢火焰中产生大量电离的现象来测定 HC 浓度的。由于电离度与引入火焰中的碳氢化合物分子中碳原子数成正比，所以这种分析对不同类型的烃没有选择性，因而它只能测定 HC 总量。

氢火焰离子分析仪通常由燃烧器、离子收集器及测量电路组成。图 6-9 所示为 FID 的工作原理图，被测气体与含有 40% H_2（其余为 He）的燃料气体混合后进入燃烧器，并与引入的空气一起形成可燃混合气。此时用点火丝点燃，HC 便在氢火焰的高温（2000℃ 左右）中，裂解产生元素态碳，然后形成碳离子 C^+，在 100~300V 外加电压作用下形成离子流，这个离子流（电流）的强度与 HC 中 C 原子数成正比，可见只要测出这个离子电流的大小，就可得到 HC 的浓度。微弱的离子电流经放大后送入指示或记录仪表。整个系统应加电磁屏蔽，以避免外界电磁干扰的影响。

FID 法可直接用于轻型汽车排气污染物中 HC 的排放测定。为避免高沸点的 HC 在采样过程中发生凝结和防止水蒸气冷凝后堵塞毛细管,故应对包括检测器在内的整个附加设备进行保温处理。我国排放法规中规定,在台架试验中,测量车内柴油机或汽油机排放污染的 HC 时,应采取加热方式,使除取样探头外的其余部分温度保持在 (190 ± 10)℃(柴油车)或 (130 ± 10)℃(汽油机)的范围之内,这种方式称为 HFID。

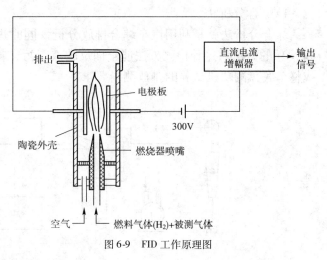

图 6-9 FID 工作原理图

3) CLD 分析法

CLD 是化学发光分析仪(Chemiluminescent Detector)的简称。用 CLD 分析排气中的 NO_x 是目前最好的方法。采用 CLD 测量 NO_x,其灵敏度高,体积分数可达 10^{-7},响特性好,在 $0 \sim 10^{-2}$ 范围内具有良好的线性输出。

化学发光分析仪测量 NO_x 的原理基于 NO 和 O_3 的反应,即

$$NO + O_3 \Longrightarrow NO_2^* + O_2$$
$$NO_2^* \Longrightarrow NO + h\nu$$

反应式中:NO_2^*——激发态 NO_2;

  h——普朗克常量;

  ν——光量子频率。

分析时,首先使被测气体中的 NO 与 O_3 反应,生成 NO_2^* 分子,在 NO_2^* 由激发态衰减到基态的过程中,会发出波长为 $0.6 \sim 3\mu m$ 的光量子 $h\nu$(即近红外光谱线),称为化学发光。这种化学发光的强度与 NO 浓度成正比,因而通过检测发光强度就可确定被测气体中的 NO 的浓度。

化学发光分析仪从原理上讲只能测量 NO,而无法测量 NO_2。但实际应用中可以先通过适当的转换将 NO_2 还原成 NO,然后再进行 NO 的测量,即可用间接方法测出 NO_2。因此,用同一仪器也可以测得 NO_2 和 NO_x。

图 6-10 所示为化学发光分析仪的检测原理图。检测时,O_2 持续不断地进入臭氧发生器 5,产生臭氧 O_3 进入反应室 6。在检测 NO 时,汽车尾气经二通阀 2 后直接进入反应室,NO 与 O_3 反应发生的化学发光,经滤光片进入光电倍增器 7,反应 NO 浓度的电信号经信号放大器 8 输出,并由指示仪表 9 显示,其测量结果是 NO 的浓度。检测 NO_2 时,转动二通阀,汽车尾气全部经催化转换器 3,尾气中的 NO_2 在此转化为 NO,然后进入反应室 6 再与 O_3 反应,这时仪器测出的是 NO 和 NO_2 的总和 NO_x,再利用测定的 NO_x 和 NO 的浓度差值,可以测出 NO_2 的浓度。为使 NO_2 全部转化成 NO,催化转换器的工作温度必须保持在 650℃ 以上,由于催化转换器的效率对分析精度有直接影响,故应经常检查催化转换器,当效率低于 90% 时,需要更换新的催化转换器。使用滤光片的目的是分离给定的光谱区域,以避免反应气体中其他一些化学发光的干扰。

化学发光分析仪为各国汽车排放试验规范中推荐的检测 NO_x 仪器。但在无此种仪器的情况下允许采用 NDIR 法测量,不过此时的测试精度较低。

4)综合分析法

综合分析法就是利用汽车综合排放分析仪同时进行快速检测汽车排气中 CO、CO_2、HC 和 NO_x 的方法。这种检测方法能全面反映汽车污染物的排放情况,能满足发动机台架试验或整车底盘测功机试验的排放测量要求。

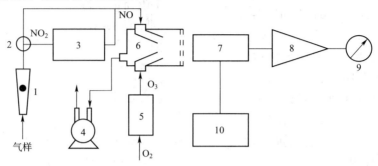

图 6-10 CLD 检测原理图

1-流量计;2-二通阀;3-催化转换器;4-抽气泵;5-O_3发生器;6-反应室;7-光电倍增器;8-放大器;
9-指示仪表;10-高压电源

汽车综合排放分析仪通常是根据汽车排放法规的要求,将各种废弃成分分析仪有机组合成一起的检测仪器,它可以对排放法规中规定的全部气体排放物进行分析测量,图 6-11 所示为汽车综合排放分析仪的示意图,它用 NDIR 法测量 CO 和 CO_2,用 FID 法测量 HC,用 CLD 发测量 NO_x。

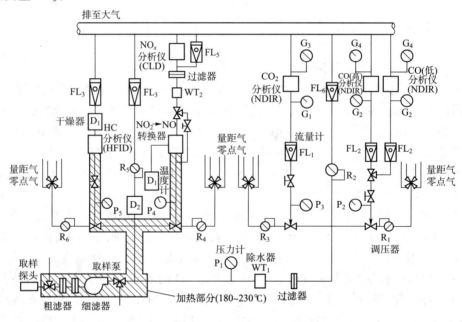

图 6-11 汽车综合排放分析仪示意图

2. 排气烟度测量

柴油机的排烟主要有黑烟、蓝烟和白烟,其排烟的多少以烟度来表征。常用的烟度计有滤纸式烟度计和不透光烟度计。

1)用滤纸式烟度计测量烟度

滤纸式烟度计是一种用滤纸收集排烟,再比较滤纸表面对光的反射率来测量烟度的仪器。

（1）基本检测原理。用滤纸式烟度计检测柴油机烟度时,需从排气管抽取一定量的废气,并使之通过规定面积的标准洁白滤纸,于是废气中的炭烟微粒便过滤在滤纸上,使滤纸染黑,然后用光电检测装置测出滤纸的被染黑程度,该染黑程度即代表柴油机的排气烟度。滤纸染黑的程度不同,则对照射到滤纸表面光线的反射能力不同。据此烟度 S_F 可表示为：

$$S_F = 10(1 - R_0/R_c) \tag{6-1}$$

式中：R_0——污染滤纸的反射因数；

R_c——洁白滤纸的反射因数。

R_0/R_c 的值由 0~100%，分别对应于全黑滤纸的反射和洁白标准滤纸的反射。当污染滤纸为全黑时,烟度值为 10;滤纸无污染时,烟度值为 0。

（2）滤纸式烟度计结构原理。滤纸式烟度计有手动、半自动和全自动三种类型。滤纸式烟度计主要由取样装置、烟度测量与指示装置、控制装置、校准装置等组成,如图 6-12 所示。

①取样装置。该装置的作用是将柴油机的炭烟取出并吸附于滤纸上,然后送至烟度检测装置。取样装置由取样探头、活塞式抽气泵和取样软管等组成。取样软管把取样探头与活塞式抽气泵连接在一起,取样探头的结构形状能保证在取气时不受排气动压的影响。取样时,滤纸在泵筒内,取样探头在活塞式抽气泵的作用下抽取废气,抽气时炭烟留在滤纸上并将其染黑,夹持机构保证滤纸的有效工作面直径为 32mm。取样完成后,滤纸夹持机构松开,染黑滤纸由进给机构送至烟度检测装置。

②烟度测量与指示装置。该装置如图 6-13 所示,由环形硒光电池、光源和指示仪表构成。检测时,光源的光线通过有中心孔的环形光电池照射到滤纸上,一部分光线被滤纸上的炭烟所吸收,另一部分光线被滤纸反射到环形光电池上,使光电池产生光电流。光电流大小反映了滤纸反射率的大小,而滤纸反射率则取决于滤纸的染黑程度。滤纸染黑程度越高,则滤纸反射率越低,光电流就越小;滤纸染黑程度越小,则滤纸反射率越高,光电流就越大。

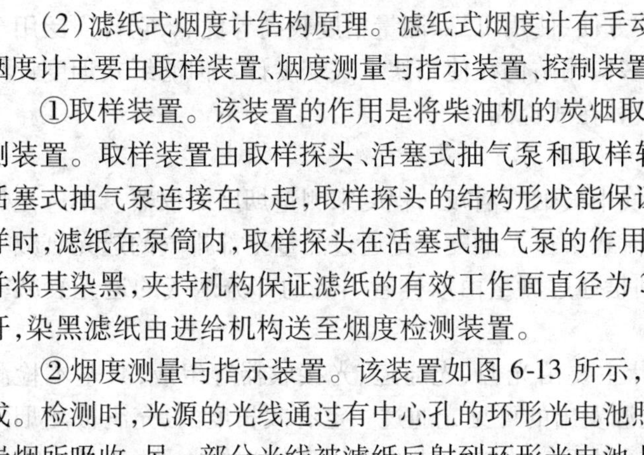

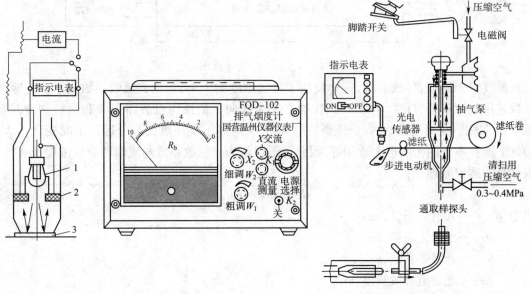

图 6-12 滤纸式烟度计结构简图
1-光源；2-光电元件；3-滤纸

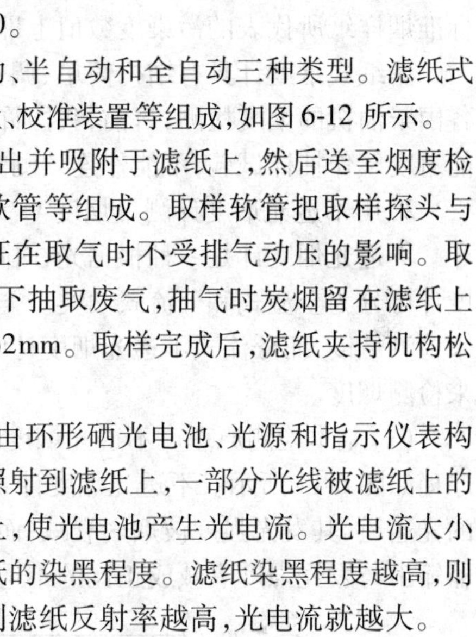

图 6-13 烟度测量与指示装置

指示仪表是一块微安表,当由硒光电池输送的电流强度不同时,指示仪表指针的位置也不同。实际使用的烟度计上,多数指示仪表盘以 0~10 均匀刻度,用波许单位(Rb)表示,测量全白滤纸时指针位置为 0,测量全黑滤纸时指针位置为 10,在表盘上可以直接读出波许单位烟度值。

③控制机构。控制机构包括用脚操纵的抽气泵电磁开关、滤纸进给机构和压缩空气清洗机构等。压缩空气清洗机构可在废气取样前,用压缩空气清除探头内和取样管内积存的炭粒,以避免前一次测量残留在取样管内的炭烟影响。

④校准装置。烟度计在使用过程中,由于电源电压的变化,会引起灯光发光强度改变,影响测量精度,因此要经常校准。通常烟度计附带有供标定用的标准烟样纸,烟度校准时,把标准烟样纸放在污染计测量装置的规定位置上,开灯照射,再用仪表调整旋钮把仪表调到标准烟样纸所代表的污染度数值上即可。

滤纸式烟度计具有结构简单、调整方便、使用可靠、测量精度较高等优点,它曾广泛用于各国柴油机的烟度检测,目前,我国许多检测站仍在使用滤纸式烟度计。但滤纸式烟度计只能对废气作抽样试验,不能作连续测量和在线检测。

2)用不透光烟度计测量烟度

不透光烟度计是一种根据光在排气中被烟气消减的程度来测量烟度的仪器。不透光烟度计可分为全流式和分流式两类。全流式不透光烟度计是通过测量全部排气的透光衰减率来检测烟度,而分流式不透光烟度计则是通过测量由取样管引入的部分烟气的透光衰减率来检测烟度。

(1)基本检测原理。不透光烟度计主要由光源、光通道、光接收器等组成,其基本检测原理如图 6-14 所示。不透光烟度计光源发出的可见光通过一定有效长度的、充满被测烟气的光通道,其发光强度被烟气衰减,而透过烟气的被衰减的光量到达光接收器,于是光接收器输出与发光强度衰减成正比的不透光度信号,从而检测烟度。

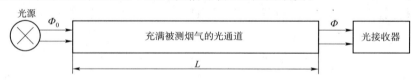

图 6-14 不透光烟度计基本检测原理

排气对光的吸收(或衰减)能力反映了排气烟度的大小,可用光吸收系数表示。光吸收系数是排气中单位容积颗粒数 n、颗粒物在光束方向上的法向投影面积 A 和颗粒物衰减系数 Q 的乘积。在测量排烟时,炭烟颗粒的 A 和 Q 值对于发动机大部分运行工况变化不大,而每个颗粒本身的密度也大致相等,因此可近似认为光吸收系数与炭烟的质量浓度成正比。根据光的透射原理有:

$$\Phi = \Phi_0 - KL \tag{6-2}$$

式中:Φ_0——入射光通量,lm;
Φ——出射光通量,lm;
K——光吸收系数,m^{-1};
L——光通道有效长度,m。

由式(6-2)可得:

$$K = -1/L \ln(\Phi/\Phi_0) \tag{6-3}$$

由于我国新的排放标准中用光吸收系数作为柴油机排放烟度的评价指标,因此不透光烟度计应使用光吸收系数作为计量单位,它是一种光吸收的绝对单位。但有的不透光烟度计用不透光作为计量单位,其不透光度是指光线被排烟吸收而不能到达光接收器的百分率。仪表的不透光度可用下式换算为光吸收系数:

$$K = -1/L \ln(1 - N/100) \tag{6-4}$$

式中:N——不透光度读数,%;

K——相应的光吸收系数值。

两种计量单位的刻度范围均以光全通过时为零,光全吸收时为满量程。即烟气完全不吸光时,$N=0$,$K=0$;光线完全被烟气吸收时,$N=100$,$K=\infty(\mathrm{m}^{-1})$。

(2)全流式不透光烟度计结构原理。美国 PHS 烟度计是一种将柴油机全部排气都导入检测部分进行烟度测定的全流式不透光烟度计,其结构原理如图 6-15 所示。它基于光电转换原理,用透光度来测定排烟浓度。在排气管口端不远处的排气烟束两侧分别布置有光源和光电池,排烟时,光电池接受的不透光度信号与排气烟度成正比。为了减小排气的热影响,光源和光电元件放在离排气通路有一定距离的地方。

(3)分流式不透光烟度计结构原理。英国哈特里奇(Hartridge)烟度计是一种典型的分流式不透光烟度计,它利用光线通过部分烟气时透光的衰减率来测量排气烟度,其结构原理如图 6-16 所示。测定前,用鼓风机向空气校正管吹入干净空气,旋转转换手柄,使光源和光电池分别置于校正管两侧,作零点校正。然后,在旋转转换手柄,将光源和光电池移至测试管两侧,并把需要测定的一部分汽车排气连续不断地导入测试管,光源发出的光部分地被排气中的烟气吸收衰减,光电检测单元则可连续测出光源发射光透过排放气体的透光强度,并通过光电转换显示测量结果。烟度指示值以 0 表示无烟,以 100 表示全黑。

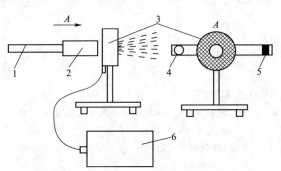
图 6-15 全流式不透光烟度计结构原理图
1-排气管;2-排气导入管;3-检测通道;4-光源;
5-光电池(光电检测单元);6-烟度显示记录仪

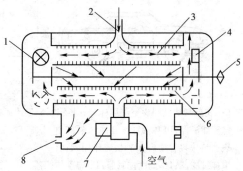
图 6-16 分流式不透光烟度计结构原理图
1-光源;2-排气入口;3-排烟测试管;4-光电池;
5-转换手柄;6-空气校正管;7-鼓风机;8-排气出口

不透光烟度计可以对柴油车排烟进行连续测量,可以按排放法规的要求进行稳态和非稳态工况下的烟度测量,在低烟度时有较高的分辨率,可以用来研究柴油机的瞬态炭烟排放特性,不透光烟度计目前在世界各国得到了广泛的应用。

3. 排气颗粒物测量

汽车的排气颗粒物需要通过稀释风道测量系统测出。根据柴油机排气通过稀释风道的比例不同,柴油机排气颗粒物测量系统可分为全流式稀释风道测量系统和分流式稀释风道测量系统两种类型。在美国轻型车和重型车排放标准以及欧洲轻型车的排放标准中,都必须使用全流式稀释风道来测量柴油机的颗粒排放物。在欧洲重型车排放标准中,允许使用分流式稀释风道系统。我国 GB 17691—2005《车用压燃式、气体燃烧点燃式发动机与汽车排气污染物排放限值及测量方法》(中国Ⅲ、Ⅳ、Ⅴ阶段)中规定,两种测量系统均可使用。

1) 全流式稀释风道测量系统

在全流式稀释风道测量系统中,全部排气被吸入稀释风道。图6-17所示为全流式稀释风道测量系统示意图。测量颗粒物时,整车或发动机按规定的工况运转,在抽气泵的作用下,环境空气经空气滤清器以恒定的容积流量进入稀释风道,发动机排出的废气进入稀释风道,并与空气混合,形成稀释样气,其稀释比一般为8～10,在距排气入口处10倍于稀释风道直径的风道上,温度不超过52℃的稀释样气在颗粒取样泵的抽吸下以一定的流速流过颗粒收集滤纸,使颗粒被过滤到滤纸上获得排气颗粒物,然后用微克级精密天平称得滤纸在收集前后的质量差,就可得到颗粒物的质量,并根据需要计算出颗粒排放率,单位为g/m^3、g/km或$g/(kW\cdot h)$。

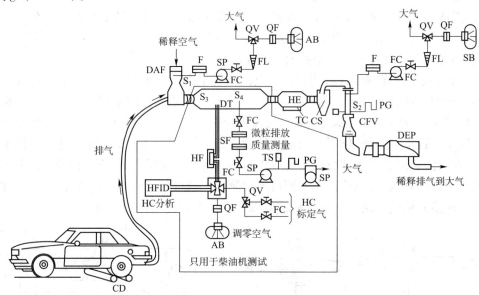

图6-17 全流式稀释风道测量系统

CD-底盘测功机;AB-空气取样袋;CF-积累流量计;CFV-临界流文杜里管;CS-旋风分离器;DT-稀释风道;DAF-稀释空气滤清器;DEP-稀释排气抽气泵;F-过滤器;FC-流量控制器;FL-流量计;HE-换热器;HF-加热过滤器;PG-压力表;QF-快接管接头;QV-快速作用阀;S1～S4-取样探头;SP-取样泵;SB-稀释排气取样袋;SF-测量颗粒排放质量的取样过滤器;TC-温度控制器;TS-温度传感器

全流式稀释风道测量系统的特点是测量精度高、体积庞大、价格昂贵。

2) 分流式稀释风道测量系统

在分流式稀释风道测量系统中,部分排气被引入稀释风道。图6-18所示为带多管分流、浓度测量和部分取样的分流测量系统示意图。测量颗粒物时,发动机按规定工况运转,在抽气泵SB的作用下,环境空气经空气滤清器DAF进入稀释风道,来自排气管EP的原始排气,由装在EP内若干尺寸相同(直径、长度和弯曲半径相同)管子组成的分流器FD3,通过输送管TT,输送到稀释风道DT与空气混合,而通过其余管子的排气则流经缓冲室DC,因而由总管数确定分流,为控制分流流量恒定,特将新鲜空气通过喷入DT内,使DC与TT出口间压差为零(由压差传感器DPT控制),用排气分析仪ECA测量原始排气、稀释排气和稀释空气中的元踪气(CO_2或NO_x)的浓度,这是检查排气的分流所必需的,而且可用来调节喷射空气流量以达到精确控制分流,稀释比由元踪气浓度计算。用取样泵P,通过颗粒物取样探头PSP和颗粒物输送管,从分流稀释风道中,抽取稀释的排气样气进入颗粒物取样系统,并通过颗粒收集滤纸获取颗粒物。其排气样气的流量由流量控制器 FC3 控制。

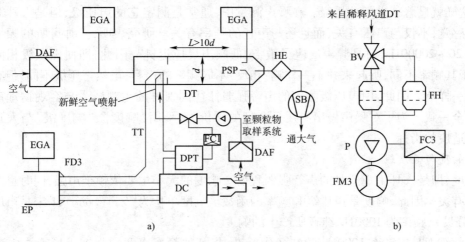

图 6-18 分流式稀释风道测量系统
a) 分流式风道稀释系统；b) 颗粒物取样系统

SB-抽气泵；DAF-空气滤清器；EP-排气管；FD3-分流器；TT-输送管；DT-稀释风道；DC-缓冲室；DPT-压差传感器；EGA-排气分析仪；P-取样泵；PSP-颗粒物取样探头；FC3-流量控制器；FC1-流量控制器；HE-热交换器；BV-球阀；FH-滤纸保持架；FM3-流量计

分流式稀释风道测量系统的特点是体积小、价格便宜、测量精度稍低。

第二节 汽车噪声的检测

噪声是指人们不需要的、令人烦躁不安、让人讨厌的来自外界的声音的总称。汽车噪声由多种声源组成的综合性噪声，它主要是指发动机、传动系统、轮胎以及车身扰动空气所发出的响声，是汽车除排放之后的第二大公害，它不仅会破坏安静的环境，使人心情不安、烦躁、疲倦和工作效率降低，而且还会损害人体健康，引发某些疾病，如听力下降、噪声性耳聋以及神经系统和血液循环系统疾病，噪声的强度越大、频率越高、作业时间越长，则危害越严重。据统计，当环境噪声大于 45dB 时，人会感到明显不适；当噪声达到 60~80dB 时，会影响睡眠；当噪声超过 90dB 时，就会对身体产生伤害，而汽车噪声强度一般可达到 60~80dB，所以汽车噪声是一种严重的环境污染。

一、汽车噪声的评价指标

汽车噪声具有一切声波运动的特点和性质，声音的强弱取决于声压，而声压是指声波作用于大气使大气压强发生变化的变动量，单位为 Pa。由于正常人耳能听到的最弱声音的声压和能是人耳感到疼痛的声压其大小相差 100 多万倍，表达和应用极不方便；同时人耳对声音大小的感觉，并不与声压的大小成正比，而是同它的对数近似成正比，所以用一个物理量即"声压级"来表示声音的强弱，单位为分贝（dB）。其定义为：

$$L_p = 20\lg(p/p_0) \tag{6-5}$$

式中：L_p——声压级，dB；
　　　p——实际声压，Pa；
　　　p_0——基准声压，即听阈声压 $p_0 = 2 \times 10^{-5}$ Pa。

当有了声压级这一概念后,便将可闻声声压在百万倍的变化范围变成到 0~120 的变化范围,这样就显著减少了数量级。在噪声测量中,通常是测定它的声压级,但是人耳对声音的主观感觉,不仅与声压有关,而且还与声音的频率有关。研究表明,人耳可听的频率范围一般在 20~20000Hz,对高频声反应灵敏,对低频声反应迟钝。因此,即使声压级相同的声音,由于其频率不同,听起来并不一样响;相反,不同频率的声音,虽然声压级不同,但有时听起来却一样响。因此,用声压级测定的声音强弱往往同人耳的主观感受与客观物理量之间并不完全一致。为了对噪声做出有用且合理的评价,常采用"响度"、"响度级"与人耳主观感受相适应的指标。

1. 响度与响度级

响度,即是人耳主观感受的声音强弱程度。响度的大小主要依赖于声强,同时也与声音的频率有关。因此,响度是声压级和频率的函数。响度单位为"宋"(Sone),1 宋是声压级为 40dB(分贝)、频率为 1000Hz 纯音所产生的响度。

响度级即是以频率 1000Hz 的纯音作标准,将其他频率声音的强度级换算成主观音响感觉与之相同的标准音的强度级,是表示响度的主观量。响度级用于比较不同频率、不同强度级声音对人耳产生的主观音响感觉。其单位为"方"(Phon),它是 1000Hz 纯音的声压级分贝(dB)值,如 1000Hz 纯音的声压级为 40dB,则响度级是 40 方。当其他频率的声音响度与 1000Hz 的纯音响度相同,则把 1000Hz 的响度级当作该频率的响度级。

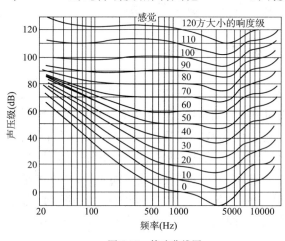

图 6-19 等响曲线图

把不同频率、相同响度级的点连成的曲线称为等响曲线,又称等响特性。为了确定声压级与响度级的关系,通过许多人的听觉试验,得到 1000Hz 纯音各分贝值的等响曲线,图 6-19 所示为 ISO 推荐的等响曲线。图中的纵坐标是声压级(dB),横坐标是频率(Hz),两者都是声波客观的物理量。因为频率不同时,人耳的主观感觉不同,所以每个频率都有各自的听阈声压级和痛阈声压级。如果把它们连接起来,就能得到听阈线和痛阈线。两线之间按响度的不同可分为若干个响度级,通常分成 13 个响度级,单位是方,听阈线为零方响度线,痛阈线为 120 方响度线。两者之间通常标出 10 方、20 方、…、100 方、110 方响度线。

凡在同一条曲线上的各点,虽然它们代表着不同频率和声压级,但其人耳的主观感觉是相同的。每条等响曲线代表的响度级由该曲线在 1000Hz 时声压级的分贝值而定。实际上是以 1000Hz 纯音作为基准声音,当某一噪声听起来与该纯音一样响,则该噪声的响度级(方值)就等于这个纯音的声压级(分贝值)。

2. A 声级

声级计是用来测量声音强弱的仪器,"输入"声级计的是声音客观存在的物理量,即声压和频率;而被声级计"输出"的是对数关系的声压级和符合人耳特性的主观量,即响度级。由于声压级没有反映出频率的影响,它仅具有平直的频率响应。为使声级计的输出符合人耳的听觉特性,需对某些频率成分进行衰减,应有一套电学的特殊滤波器网络,这种特殊的滤波器称为计权网络。通过计权网络测得的声压级,人耳感觉到的已不再是客观物理量的声压级,而是经过修正的声压级,称为计权声级。

我们常见的声级计设有 A、B、C 三种计权网络,它可对不同频率的声音信号进行不同程度的衰减。A 计权网络是效仿 40 方等响曲线而设计,其特点是对低频和中频声有较大的衰减,即声级计对高频敏感,对低频不敏感,这与人耳对声音的感觉比较接近。经过 A 计权网络测出的 dB 读数称 A 计权声级,简称 A 声级(LA),并用分贝 dB(A)表示其单位。由于噪声的 A 声级,不仅与人们的主观听感比较接近,同时 A 声级的测量比较方便,因此,A 声级已成为国际标准化组织和绝大多数国家作为评价噪声的主要指标。B 计权网络是效仿 70 方等响曲线,使被测的声音通过时,只对低频段有一定的衰减;C 计权网络是效仿 100 方等响曲线,任何频率都没有衰减,因而可用 C 计权网络测得的读数代表总声压级。

二、汽车噪声检测仪器

1. 声级计

声级计是一种最常见、也是最基本的噪声测量仪器,它可以按人耳相近的听觉特性检测汽车噪声和喇叭声响。根据所用电源不同,声级计可分为直流式(干电池)和交流式两种。直流干电池式声级计因体积小、质量轻、操作及携带方便,在日常噪声检测时使用比较广泛。

1) 常见声级计基本结构

声级计一般由传声器、放大器、衰减器、计权网络、检波电路、指示仪表和电源等组成。其结构原理框图如图 6-20 所示。

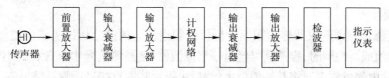

图 6-20 声级计结构原理框图

(1) 传声器。传声器是声级计的传感器,其作用是将噪声信号转变为电信号。常见传声器有晶体式、驻极式、动圈式和电容式多种。而电容式传声器是声学测量中比较理想的传声器,它具有动态范围大、频率响应特性好、灵敏度高和在一般测量环境中稳定性强等特点,所以广泛应用于噪声检测中。

(2) 放大器。其作用是将传声器输入的微弱电压信号放大后再输出。为满足检测的需求,在声频范围内放大器应具有平直的放大特性、较低的固有噪声和良好的稳定性。

(3) 衰减器。其作用是调整输入信号和输出信号的幅度,以控制指示仪表获得适当的指示值。

(4) 计权网络。其作用是使仪器检测噪声的频率特性更接近人耳的听觉特性。声级计内通常设有 A、B、C 三种标准的计权网络,实际检测时,可根据需要选择计权网络,以对所测噪声进行听感修正。

(5) 检波器。其作为是将迅速变化的声音频率交流信号转换成变化较慢的直流电信号,以便于仪表指示。

(6) 指示仪表。其作用是直接显示噪声级的 dB 值,可用数字显示或指针指示。

声级计面板上备有外接滤波器、示波器、记录仪等一些插孔,以便对噪声做进一步分析。有的声级计内还装有倍频程滤波器,以便在现场对噪声直接作频谱分析。

2）声级计工作原理

声级计检测时，噪声通过传声器转换成电压信号，并由前置放大器变换阻抗，使其与输入衰减器匹配，然后信号经输入放大器送入计权网络处理，再经输出衰减器及放大器将信号放大到一定的幅度，最后经有效值检波器进入指示仪表，从表头得到相应的声级读数。

声级计上一般都标注有"快"和"慢"两挡，进行检测时，应根据被测噪声的性质和特点选择声级计的"快"挡或"慢"挡。其中"快"挡平均时间为 0.27s，比较接近人耳听觉的生理平均时间；"慢"挡平均时间为 1.05s。当对稳态噪声进行测量或需要记录声级变化过程时，使用"快"挡比较适合；当被测噪声的波动比较大时，适合使用"慢"挡进行检测。

使用声级计进行噪声检测时，可根据如图 6-21 所示的声级计 A、B、C 计权网络频率响应频率特性，通过声级计 A、B、C 三挡对同一声源测量所得的读数大致地估计出所测噪声的频谱特性：如 LA = LB = LC，则表明噪声中的高频成分较突出；若 LB = LC > LA，则表明中频成分较强；若 LC > LB > LA，则表明噪声呈低频特性。

2. 频率分析仪

由于汽车结构复杂，所产生的噪声是由大量的不同频率的声音复合而成的，为了分析产生噪声的原因，需对噪声进行频谱分析。

所谓频谱分析，就是应用数学原理（傅里叶变换）将原来由时间域表征的动态参数转换为由频率域表征。实现这一转换的最基本装置是滤波器，利用滤波器将待分析的噪声信号所包含的不同频率的分量分离出来，由记录器记录测量结果。通常，根据测量结果，以频率为横坐标，以声压级为纵坐标作出的噪声曲线称为噪声的频谱图。它在频域上描述了声音强弱的变化规律。

用于测定噪声频谱的仪器称为频率分析仪或频谱仪。频谱分析仪主要由滤波器、测量放大器和指示装置组成。检测时，噪声信号经过一组滤波器，使被测信号中所含有的不同频率分量逐一分离出来，并由测量放大器将其幅值放大，然后由指示装置直接显示测量结果或绘制频谱图。

由频率分析仪中应用的滤波器为带通滤波器，其特性曲线如图 6-22 所示。图中 f_c 称为带通滤波器的中心频率，f_1 和 f_2 分别称为带通滤波器的频率下限和上限。定义 $B = f_2 - f_1$ 为带通滤波器的带宽，将频带 $f_2 - f_1$ 称为通频带，f_1 以下或 f_2 以上的频带称为衰减频带。滤波器让通频带范围的声音通过，而将衰减带范围的声音进行衰减。为了能在一个相当宽的频率域中进行频率分析，需要许多中心频率不同的带通滤波器。带通滤波器在频率域上的位置用中心频率 f_c 表示，中心频率 f_c 为两截止频率的几何平均值，即：

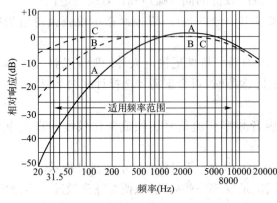

图 6-21 声级计 A、B、C 计权网络的频率响应特性

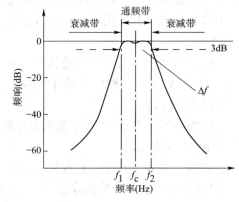

图 6-22 带通滤波器响应曲线

$$f_e = (f_1 \times f_2)/2 \tag{6-6}$$

频带的上限频率 f_2 与下限频率 f_1 之间有如下关系：

$$f_2/f_1 = 2n \tag{6-7}$$

式中：n——倍频带数或倍频程数。

在汽车噪声测量中，常用 $n=1$ 时的倍频带和 $n=1/3$ 时的 1/3 倍频带。n 数越小，频带分得越细。1/3 倍频带是把 1 个倍频带再分为 3 份，使频带宽度更窄。

频率分析仪使用的滤波器带宽决定了带频率分析仪的频率分辨率。带宽越窄，将噪声信号频率成分分解得越细，分辨率将越高。图 6-23 所示为某汽油车在相同条件下分别使用倍频程滤波器和 1/3 倍频程滤波器测得的排气噪声频谱图。由图 6-23 可知，当使用倍频程时，只能看出大概的趋势，而用 1/3 倍频程时，可以分辨出细致的频率波峰，可见使用 1/3 倍频程滤波器更适宜。

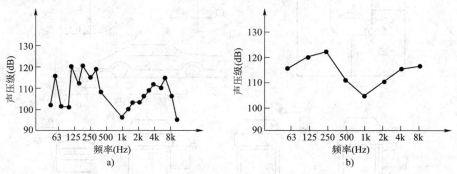

图 6-23 汽车排气噪声频谱曲线
a) 1/3 倍频程；b) 倍频程

利用频率分析仪，可以了解噪声的频率成分和各频率噪声的强弱，可为汽车噪声故障的诊断提供依据，并做到有针对性地控制和消除噪声。

三、汽车噪声检测方法及检测标准

汽车噪声是一个由多种声源组成的综合性噪声，其影响因素很多。对于同一车辆，使用条件不同，噪声也不同。因而，用某一特定状态来模拟汽车发出的噪声是困难的，只能简单再现汽车使用中的某一工况进行噪声检测。

因汽车为移动性噪声源，其噪声影响范围大，干扰时间长，所以受害人员多。另外，车内噪声过大还会影响驾驶人的正常操作而诱发汽车交通事故。因此，对汽车的噪声应根据国家标准进行严格检测和控制。

(一) 汽车噪声检测方法

1. 车外噪声测量方法

1) 汽车定置噪声的测量

汽车定置噪声是指车辆不行驶，发动机处于空载运行状态时的噪声。汽车定置噪声测量按 GB/T 14365—1993《声学－机动车辆定置噪声测量方法》的规定进行。

(1) 测量的基本方法。

①测量仪器应采用精密声级计。

②测量场地应为开阔的并由混凝土或沥青等坚硬材料构成的平坦地面，其边缘距车辆外廓至少 3m。除测量人员和驾驶人外，测量现场不得有影响测量的其他人员。

③背景噪声应比所测车辆噪声至少低10dB(A)。背景噪声是指测量对象噪声不存在时,周围环境的噪声。

④测量时,变速器应挂空挡(自动变速器汽车的变速杆置于P位或N位),拉紧驻车制动器操纵杆,离合器接合;发动机罩、车窗和车门应关上,车辆的空调器和其他辅助装置关闭;发动机冷却液温度、机油温度应符合生产厂的规定。

(2)排气噪声测量方法。

①将车辆置于测量场地中央,如图6-24所示。

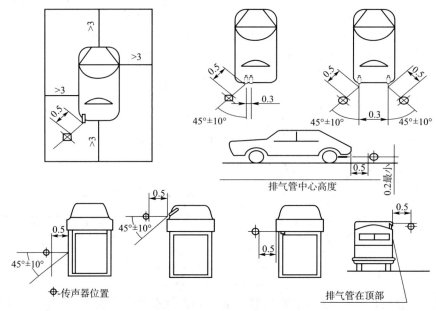

图6-24 汽车定置排气噪声测量场地及传声器位置(尺寸单位:m)

②将声级计传声器按图6-25所示的规定测点位置放置。传声器与排气口端等高,在任何情况下距地面不得小于0.2m;传声器的参考轴应与地面平行,并和通过排气口气流方向且垂直地面的平面成45°±10°的夹角;传声器朝向排气口,距排气口端0.5m,放在车辆的外侧。对排气管垂直向上的车辆,传声器放置高度应与排气管口等高,传声器朝上,其参考轴应垂直地面,传声器应放在离排气管较近的车辆一侧,并距排气口端0.5m。

③将发动机稳定在75%的额定转速,测量由稳定转速尽快减速到怠速过程的最高声级。测量时使用声级计的A计权、快挡,每个测点重复测量,直到连续出现3个读数变化范围在2dB(A)之内为止,并取其算术平均值作为测量结果。

④若汽车装有多个排气管,并且各排气管的间隔又大于0.3m,则应对每一个排气管都进行测量,并记录其最高声级。

(3)发动机噪声测量方法。

①将车辆置于测量场地中央,如图6-25所示。

②将声级计传声器按如图6-25所示的规定测点位置放置,传声器测点位置应随发动机在车上的布置不同而变化。

③将发动机从怠速尽可能快速地加速到75%的额定转速,并保持必要长的时间,测量该过程的最高声级。测量时使用声级计的A计权、快挡,每个测点重复测量,取算术平均值作为测量结果。

2)汽车加速行驶噪声的测量

汽车加速行驶噪声的测量按 GB/T 1496—2002《汽车加速行驶车外噪声限值及测量方法》规定进行。

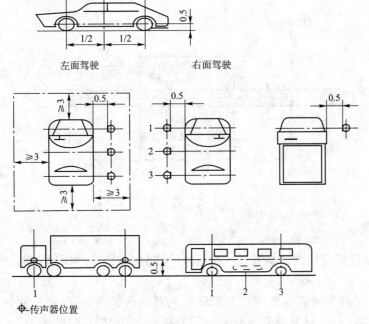

图 6-25 汽车定置发动机噪声测量场地和传声器位置(尺寸单位:m)
1-前置发动机;2-中置发动机;3-后置发动机

(1)测量的基本条件。

①测量仪器应采用精密声级计。

②测量场地应平坦而空旷,在测试中心以 50m 为半径的范围内,不应有大的反射物,如建筑物、围墙等。

③测试场地应有规定长度的平直、干燥的沥青路面或混凝土路面。路面坡度不超过 0.5%。

④背景噪声应比所测车辆噪声至少低 10dB,并保证测量不被偶然的其他声源所干扰。

⑤测量应在良好的天气条件进行,风速不超过 5m/s,为避免风噪声干扰,可采用防风罩,但应注意防风罩对声级计灵敏度的影响。

⑥声级计附近除测量者外,不应有其他人员,如不可缺少时,则必须在测量者背后。声源与传声器之间不应有任何人员站留。

⑦被测车辆应空载,且技术状况完好,测量时发动机应处于正常使用温度。

⑧测量场地及测点位置如图 6-26 所示,传声器应用三角架固定在离地面高 (1.2 ± 0.02)m、距行驶中心线 (7.5 ± 0.05)m 的两侧,其参考轴线必须水平并垂直指向行驶中心线。

(2)加速行驶车外噪声的测量方法。

①确定汽车的行驶档位。

a. 对于 M、N 类前进挡位为 4 挡或 4 挡以下的汽车应选用第 2 挡测量。

b. 对于前进挡位为 4 挡以上的 M_1 和 N_1 车辆,应分别选用第 2 挡和第 3 挡测量。若选用第 2 挡测量时,汽车尾端通过 BB' 线时发动机转速超过了额定转速 n_r,则应逐次按 n_r 的 5% 降低接近 AA' 线时发动机的稳定转速 n_A,直至通过 BB' 线的发动机转速不再超过 n_r,若

n_A 降到了怠速,汽车通过 BB' 线的发动机转速仍超过 n_r,则只用第 3 挡测量。对于前进挡多于 4 挡并装用额定功率 140kW 的发动机,且比功率大于 75kW/t 的 M_1 汽车,若该车用第 3 挡其尾端通过 BB' 线时的速度大于 61km/h,则只用第 3 挡测量。

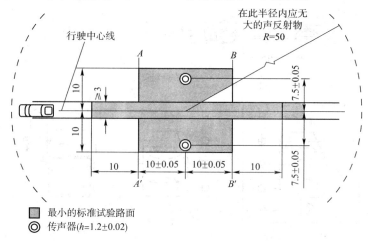

图 6-26　车外加速行驶噪声测量场地示意图(尺寸单位:m)

②按规定条件稳定地到达始端线。接近 AA' 线时的稳定速度取下列速度中的较小者:
a. 50km/h。
b. 对于 M_1 类和发动机功率不大于 225kW 的其他各类汽车,对应于 $3/4 n_r$ 的车速。
c. 对于 M 类以外的且发动机功率大于 225kW 的各类汽车,对应于 $1/2 n_r$ 的车速。
③加速通过测量区。从车辆前端到达始端线开始,立即将加速踏板踩到底并保持不变,使车辆直线加速行驶,当车辆后端到达终端线时,立即松开加速踏板。
④声级测量。声级计用 A 计权网络、"快"挡进行测量。
a. 在汽车每一侧至少测量 4 次。
b. 应测量汽车加速驶过测量区时的最大声级。每一次测得的读数值应减去 1dB(A) 作为测量结果。
c. 若在汽车同侧连续 4 次测量结果相差不大于 2dB(A),则认为测量结果有效。
d. 将每一挡位条件下每一侧的 4 次测量结果计算算术平均数,然后取两侧平均值中较大者作为中间结果。
⑤汽车最大噪声级的确定。对于只用一个挡位测量的汽车,直接取中间结果作为最大噪声级;对于采用两个挡位测量的汽车,取两挡中间结果的算术平均值作为最大噪声级。最大噪声级的值应按有关规定修约到一位小数。

2. 车内噪声测量方法
车内噪声的测量可按 GB/T 18697—2002《声学 - 汽车车内噪声的测量方法》的规定执行。
1) 测量的基本条件
(1) 测量仪器应采用精密声级计。
(2) 测量场地应有试验需要的足够长度,应是平直、干燥的沥青路面或混凝土路面。
(3) 测量时环境温度在 -5~35℃,风速不大于 5m/s。
(4) 测量时车辆门窗应关闭。
(5) 背景噪声应比所测的车内噪声至少低 10dB,并保证测量不被偶然的其他声源所干扰。
(6) 测量时汽车空载,车内除驾驶人和测量人员外,不应有其他人员。

(7)测量时,确保汽车技术状态正常,发动机处于正常工作温度。

2)客车车内噪声的测量方法

(1)确定车内噪声测点。客车室内噪声测点可选在车厢中部及最后一排座的中间位置,其高度通常在人耳附近,传声器朝向车辆前进方向。

(2)使车辆以常用挡位 50km/h 的车速匀速行驶。

(3)用声级计测量 A 计权声级的数值。

3)驾驶人耳旁噪声的测量方法

(1)按图 6-27 所示确定噪声测点。

(2)将变速器置于空挡,车辆处于静止,发动机处于额定转速状态。

(3)将声级计置于 A 计权、快挡进行测量,读取声级计的读数。

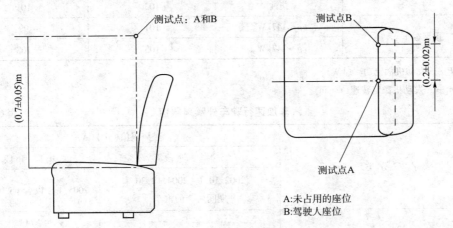

图 6-27 车内噪声测点位置

3.汽车喇叭声级的测量方法

汽车喇叭声级的测点位置如图 6-28 所示,传声器朝向汽车,轴线与汽车纵轴线平行。检测时应注意不被偶然的其他声源峰值所干扰。测量次数定在 2 次以上,并监听喇叭声音是否悦耳。

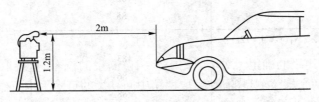

图 6-28 汽车喇叭声级的测点位置

(二)汽车噪声检测标准

1.车外噪声标准

1)汽车定置噪声标准

我国在用车辆处于定置工况下的噪声应根据 GB/T 16170—1996《汽车定置噪声限值》的规定,不超过表 6-12 所示的限值。

2)汽车加速行驶噪声标准

汽车加速行驶时,车外最大噪声应根据 GB/T 1496—2002《汽车加速行驶车外噪声限值及测量方法》的规定,不超过表 6-13 所示的限值。

汽车定置噪声限值 表6-12

车辆类型	燃料种类及其他		噪声限值(dB)(A)	
			1998年1月1日前出厂的车辆	1998年1月1日起出厂的车辆
轿车	汽油		87	85
微型客车、货车	汽油		90	88
轻型客车、货车、越野车	汽油	$n_r \leq 4300 \text{r/min}$	94	92
		$n_r > 4300 \text{r/min}$	97	95
	柴油		100	98
中型客车、货车、大型客车	汽油		97	95
	柴油		103	101
重型客车	$p \leq 147 \text{kW}$		101	99
	$p > 147 \text{kW}$		105	103

注:①P——发动机额定功率(kW)。
　　②n_r——发动机额定转速(r/min)。

汽车加速行驶车外噪声限值 表6-13

汽车分类	噪声限值(dB)(A)	
	第一阶段	第二阶段
	2002.10.1~2004.12.30期间生产的汽车	2005.1.1以后生产的汽车
M_1	77	74
M_2(GVM≤3.5t),或 N_1(GVM≤3.5t):		
GVM≤2t	78	76
2t<CVM≤3.5t	79	77
M_2(3.5<GVM≤5t),或 N_1(GVM>5t):		
$P<150\text{kW}$	82	80
$P \geq 150\text{kW}$	85	83
N_2(3.5<GVM≤12t),或 N_3(GVM>12t):		
$P<75\text{kW}$	83	81
$75\text{kW} \leq P<150\text{kW}$	86	83
$P \geq 150\text{kW}$	88	84

注:①GVM——最大总质量(t)。
　　②P——发动机额定功率(kW)。
　　③M_1,M_2(GVM≤3.5t)和 N_1 类汽车装用直喷式柴油机时,其限值增加1dB(A)。
　　④对于越野车,其 GVM>2t 时:如果 $P<150\text{kW}$,其限值增加1dB(A);如果 $P \geq 150\text{kW}$,其限值增加2dB(A)。
　　⑤ M_1 类汽车,若其变速器前进挡多于4个,$P>140\text{kW}$,P/GVM 之比大于75kW/t,并且用第三挡测试时其尾端出线的速度大于61km/h,其限值增加1dB(A)。

2. 车内噪声标准

1)客车车内噪声标准

GB 7258—2012《机动车运行安全技术条件》规定,客车以50km/h的速度匀速行驶时,客车车内噪声声级应不大于79dB(A)。

2)驾驶人耳旁噪声标准

GB 7258—2012《机动车运行安全技术条件》规定,汽车驾驶人耳旁噪声声级应不大于90dB(A)。

3. 汽车喇叭检测标准

从防止噪声对环境污染的观点出发,汽车喇叭噪声越低越好。然而从保证行车安全的角度出发,汽车的喇叭必须有一定的响度。为此,GB 7258—2012《机动车运行安全技术条件》对汽车喇叭作出如下要求。

1)具有连续发声功能,其工作应可靠。

2)在距车前2m,离地高1.2m处测量时,喇叭声级的值应为90~115dB(A)。

第七章 新能源汽车的检测诊断

日益严重的环境和经济问题促使城市交通向着清洁、高效和可持续方向发展,同时也促进了新能源交通技术在工业和商业上的推广和应用。新能源汽车是采用非常规的车用燃料作为动力来源(或使用常规的车用燃料,但采用新型车载动力装置),综合车辆的动力控制和驱动方面的先进技术,形成的技术原理先进,具有新技术、新结构的汽车。一般分为混合动力电动汽车、纯电动汽车、燃料电池汽车及氢燃料汽车等。而广义的汽车新能源是只要非汽油、柴油即为新能源,如某些醇类、烃类化合物,目前应用比较广泛的压缩天然气(CNG)汽车和液化天然气(LNG)汽车也可归入新能源汽车的范畴,目前仅有混合动力汽车初步实现了市场化和产业化。

目前各种新能源汽车中,技术较为成熟且在目前条件下能够尽快实现产业化和市场化的就是混合动力汽车。混合动力汽车中最具有代表性的是丰田公司生产的普锐斯混合动力汽车,因此本书集中以普锐斯为经典案例进行阐述,主要介绍了普锐斯混合动力汽车控制系统、发动机系统、电池系统、底盘系统以及车身电气系统的检测诊断和相关的维修注意事项。

第一节 动力系统总成的检测与维修

第三代普锐斯采用 4 汽缸,直列 1.8L,双顶置凸轮轴配备 VVT-i 的发动机,最大输出功率为 73kW(98HP),最大输出转矩 142N·m。同时配备 MG1 和 MG2 两个电动机,最大系统电压为 650V。主要零部件结构示意如图 7-1 所示,主要混合动力系统零部件见表 7-1。

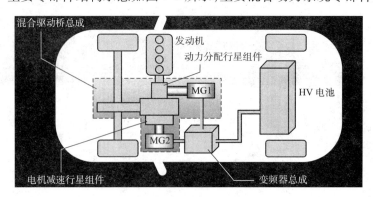

图 7-1 普锐斯动力系统主要零部件

对混合动力高压系统进行操作时,一定要戴上绝缘手套。拆下检修塞后,不要操作电源开关,否则可能损坏混合动力车辆控制 ECU。检修车辆时,将拆下来的检修塞放入口袋内,以防其他技师重新连接检修塞。拆下检修塞后 5min 内,不可触摸高压连接线或端子。

普锐斯混合动力汽车动力系统总成　　　　　　　　　表 7-1

动力系统			系列/并联式
发动机		类型	5ZR
		汽缸数/排列类型	4 汽缸/直列
		排量(cm^3 俚)	1798
		最大输出功率(kW)	73/5200(r/min)
		最大输出转矩(N·m)	142/4000(r/min)
MG(发动机、电动机)	MG1	最大系统电压	AC 650V
	MG2	最大输出功率(kW)	60
		最大输出转矩(N·m)	207
		最大系统电压(V)	AC 650
HV 电池		标称电压(V)	DC 201.6
		电池单元数量(块)	168(6 格×28 块)
系统最大输出功率(kW)			100

1. 冷却液的更换

(1) 首先将冷却液排放干净,冷却液排放孔位置如图 7-2 所示。

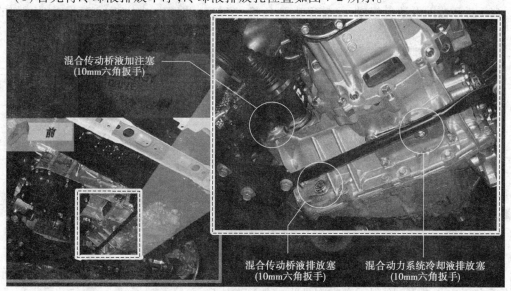

图 7-2　混合动力系统冷却液排放孔位置图

(2) 加入冷却液至变频器储液罐上线。

(3) 用主动测试法操作水泵。

(4) 操作水泵,同时加入冷却液,保持液位在储液罐上线。每操作 10min,停 1min。

(5) 重复(4)步操作,直至空气排空。当水泵工作声音降低或者储液罐中没有气泡出现时,即为空气排空完成。

当冷却液中有空气时,车辆行驶时可能出现如下汽车电子系统故障码(Diagnostic Trouble Code,DTC),见表 7-2。

冷却系统故障码表　　　　　　　　　　　表 7-2

DTC	信 息 码	DTC 项 目
P0A01	725	冷却液温度传感器范围/性能
	726	
P0A78	284	电动机"A"变频器性能
P0A7A	322	发电机变频器性能
P0A93	346	变频器冷却系统性能
P0A94	553	直流转换器性能
P0AEE	276	电动机变频器温度传感器"A"线路范围/性能
	277	
P3221	314	发电机变频器温度传感器线路范围/性能
	315	
P3226	562	直流升压温度传感器
	563	

2. 变频器总成检测与维修

在检查或维修高压系统时,遵循以下安全措施:

(1)关掉点火开关,将钥匙移开智能系统探测范围。

(2)断开辅助电池负极端子,辅助电池负极,密封型辅助电池位于行李舱内,位置如图 7-3 所示。

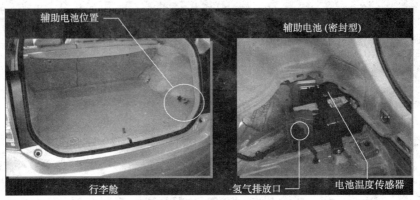

图 7-3　辅助电池位置示意图

(3)侧位放置手套,卷起手套边缘,然后松开 2~3 次。折叠一半开口去封住手套,确认绝缘手套无空气泄漏,检测手套密闭性步骤如图 7-4 所示。

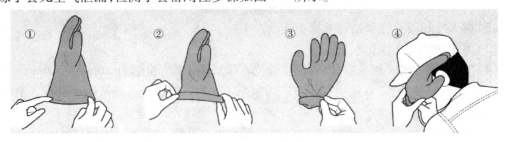

图 7-4　手套密封性检测步骤示意图

(4) 拆除维修塞，维修塞拆除步骤示意图如图7-5所示。

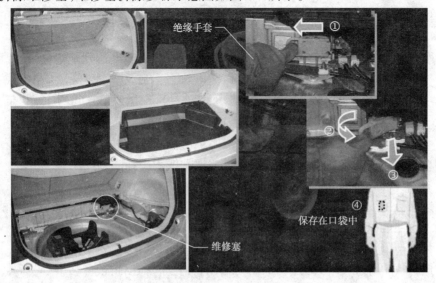

图 7-5　维修塞拆除步骤示意图

(5) 等待 10min 或更长时间以便变频器总成高压电容放电。

(6) 测量变频器端子电压(0V)，变频器端子位置如图7-6所示。

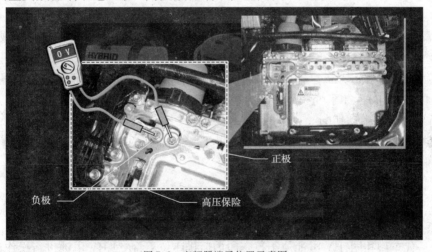

图 7-6　变频器端子位置示意图

(7) 用绝缘乙烯胶带包裹被断开的高压线路连接器。

第二节　动力控制系统检测与维修

混合动力控制系统主要有三种模式：纯动力驱动模式、经济驱动模式和动力驱动模式，三种驱动模式的动力输出情况如图7-7所示。

1. 纯电动驱动(EV)模式

采用 EV 驱动模式时，就像电动车一样，车辆仅由电动机驱动。当在以下工况条件下，可以使用 EV 驱动模式：

(1) 混合动力系统温度不能太高(在车辆爬长坡、高速行驶或者外界温度高时，混合动力系统温度可能在较高状态)。

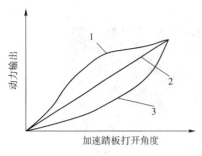

图 7-7 不同驱动模式动力输出曲线图
1-动力模式;2-普通模式;3-经济模式

(2)混合动力系统温度不能太低(在长时间放置或者外界温度低时,混合动力系统温度可能在较低状态)。
(3)发动机冷却液温度达到规定值或更高。
(4)充电状态达到50%或更高(4格电或更多)。
(5)车速在40km/h(约25mile/h)或更低。
(6)加速踏板开度在特定位置或更少。
(7)除雾功能关闭。
(8)巡航功能未工作。

2. 经济驱动(ECO)模式

随加速踏板的变化,采取逐渐增加动力输出的方式优化燃油经济性和驱动性能。同时,优化空调工作性能以支持经济模式驱动。

3. 动力驱动(PWR)模式

在加速踏板中等开度时,通过增加动力输出,优化了加速性能。

4. 切断高压电路时的注意事项

高压电路可以自动或者手动切断以防止触电,不同工况下自动切断高压电路情况如下。

1)自动切断系统主继电器(SMRs)

(1)电源模式切断:电源模式切换至OFF时。
(2)发生碰撞时切断:电源管理控制ECU(HV CPU)接收由安全囊传感器总成发出的碰撞发生信号,会切断SMRs。
(3)互锁装置激活切断:互锁装置检测维修塞是否安装,如果技师忘记拆除维修塞而去进行高压电路操作,拆卸了变频器总成盖。此时,互锁装置将切断SMRs。

2)通过维修塞手动切断

维修塞位于电池组中间,可以切断高压电路。当检查或维修高压电路时,请拆除维修塞,拆除维修塞后等待10min。

第三节 电池系统检测与维修

与上一代车型相同,HV电池位于行李舱内后排座位下,在对HV电池进行操作前,确认系统没有输出故障码P0AA6(混合动力系统电池电压泄漏故障)。如果有此故障码,请先进行故障排除,DTC详细信息见表7-3,电池位置如图7-8所示,动力电池结构示意如图7-9所示。

电池电压泄漏故障 DTC 表7-3

DTC		详细信息	
故障码	描述	信息码	信息(故障区域)
P0AA6	混合动力系统电池电压泄漏故障	526	整个高压电路绝缘情况异常
		611	压缩机和空调变频器
		612	HV电池,电池智能单元,HV继电器总成
		613	混合传动桥,变频器总成
		614	直流高压区域

图 7-8 电池位置示意图

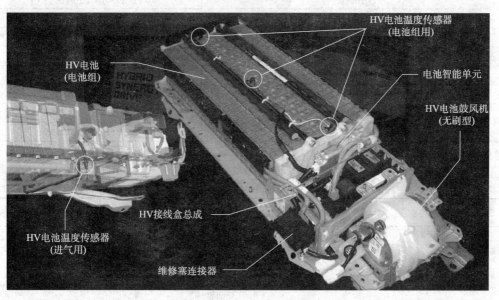

图 7-9 动力电池结构示意图

(1)电池为高压部件,维修过程中请额外注意。在重复的充放电过程中,HV 电池会产生热量,为了保证 HV 电池良好的工作性能,专门为 HV 电池提供了一套冷却系统。HV 电池有电池外壳锁止器,此装置只能用维修塞解锁。

(2)电池没电会发生如下情况:

①辅助电池(可充电型):电源 ON 时组合仪表不亮;无法进入 READY-ON 状态。前照灯暗淡并且喇叭响声小。

②HV 电池:混合动力系统检测到异常,多功能显示器中显示警告信息。无法进入 READY-ON 状态。DTC P3000-388、389(HV 电池故障)故障码被存储于电源管理控制 ECU 中(HV CPU)。

第四节 混合动力汽车发动机的维修

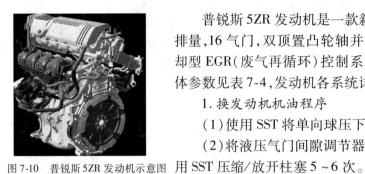

普锐斯 5ZR 发动机是一款新开发的机型，四缸直列，1.8L 排量，16 气门，双顶置凸轮轴并带有 VVT-i、ETCS-i、DIS 和冷却型 EGR（废气再循环）控制系统，发动机如图 7-10 所示，具体参数见表 7-4，发动机各系统详细情况见表 7-5。

1. 换发动机机油程序

（1）使用 SST 将单向球压下，具体步骤如图 7-11 所示。

（2）将液压气门间隙调节器浸入干净的发动机机油中，使用 SST 压缩/放开柱塞 5~6 次。

图 7-10 普锐斯 5ZR 发动机示意图

普锐斯 5ZR 发动机参数表　　　　　　　　表 7-4

项　目		发动机
发动机		5ZR
汽缸数及排列方式		4 缸，直列
气门机构		16 气门 DOHC，正时链，VVT-I
排量[cm(cu. in.)]		1798(110.0)
缸径×冲程[mm(in.)]		80.5×88.3(3.17×3.48)
压缩比		13
最大功率[kW(HP)@r/min]		73(98)@5200
最大转矩[N·m(ft·lbf)@r/min]		142(105)@4000
点火顺序		1→3→4→2
机油标号		API SL,SM or ILSAC
机油容量[L(US qts,Imp. qts)]	净含量	4.7(5.0,4.1)
	带机油滤芯	4.2(4.4,3.7)
	不带机油滤芯	3.9(4.1,3.4)

普锐斯 5ZR 发动机各系统配置　　　　　　　　表 7-5

系　统	项　目
发动机特点	1. 高膨胀率的阿特金森循环
	2. 铝制汽缸体
	3. 曲轴偏置
	4. 多刺状缸套
	5. 屋脊形燃烧室
	6. 每个活塞裙部都涂有树脂涂层
	7. 低张力活塞环
气门机构	1. 带有 VVT-I
	2. 液压气门间隙调节器
	3. 滚子气门摇臂
	4. 正时链及张紧器
润滑系统	使用更换滤芯式机油滤清器
冷却系统	电动水泵

续上表

系 统	项 目
进排气系统	1. 塑料的进气歧管
	2. 无拉索型节气门
	3. DC 电动机型 EGR 阀
	4. 水冷型 EGR 冷却器
	5. 不锈钢排气管及消声器
	6. 2 组三元催化器
	7. 两通道废气控制系统
	8. 废气热量循环系统

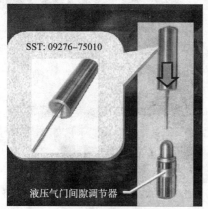 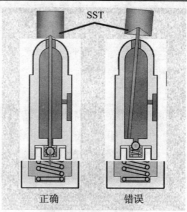

图 7-11 液压气门间隙调节器示意图

(3) 用手指压下柱塞检查是否密封严密,如果柱塞在 3 次压缩后仍能被压缩,则需要更换新的液压气门间隙调节器(因为密封性能不好),如图 7-12 所示。

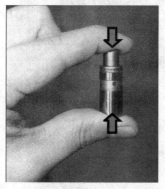 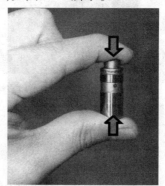

图 7-12 液压气门间隙调节器密封性检查

2. 冷却液更换

(1) 松开散热器的排水塞并排放冷却液。
(2) 松开缸体排水塞。
(3) 拧紧散热器的排水塞。
(4) 拆下储液罐盖。
(5) 添加冷却液。
(6) 连接软管至放气阀,放气阀位置如图 7-13 所示。
(7) 松开放气阀。

(8)拧紧放气阀。

(9)添加冷却液至储液罐上的 B 线,如图 7-14 所示。

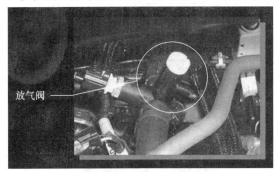

图 7-13　放气阀位置图　　　　　图 7-14　储液罐示意图

(10)使发动机进入检查模式。

(11)安装储液罐盖。

(12)暖机。

(13)暖机后,以下列方式循环运转发动机 7min:以 3000r/min 的转速保持 5s 后,怠速 45s。

(14)在发动机冷却后,检查冷却液液量是否在 FULL 和 LOW 之间,如图 7-15 所示。

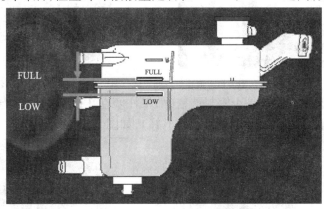

图 7-15　储液罐上下线示意图

3. 废气热量循环系统

排气管废气控制执行器每一部件均可被分解,并可单独更换,结构如图 7-16 所示。

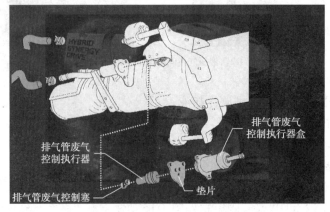

图 7-16　排气管废气控制执行器结构示意图

4.维修信息数据

维修信息数据见表7-6和表7-7:

EGR 维修信息列表　　　　　　　　　　　　　　　　表 7-6

测试仪显示	检测项目/范围
Target EGR Position(EGR 目标位置)	EGR 目标位置:最小:0%,最大:100%
EGR Step Position(EGR 步进位置)	EGR 步进位置:最小:0 步,最大:120 步
EGR/VVT Monitor(EGR/VVT 检测)	EGR 检测:Not Avl 或 Avail
GER/VVT Monitor(EGR/VVT 检测)	EGR 检测:Compl 或 Incmpl
EGR/VVT Monitor ENA(EGR/VVT 检测 ENA)	EGR 检测:Unable 或 Enable
EGR/VVT Monitor CMPL(EGR/VVT 检测 CMPL)	EGR 检测:Compl 或 Incmpl

EGR 主动测试信息列表　　　　　　　　　　　　　　表 7-7

测试仪显示	控制 EGR 打开位置
检测部件	打开或关闭 EGR 阀
控制范围	0~110
诊断提示	1. EGR 阀在 0 位时全闭,在 110 位时全开 2. 根据阀门打开程度的不同,进气量也不同

5.火花塞

采用 SST 来测量缸压,拆卸步骤如图 7-17 所示。

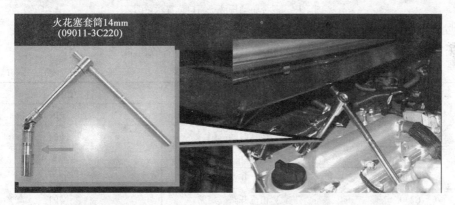

图 7-17　火花塞拆卸示意图

第五节　底盘的维修

1.放油

放油塞和注油塞位置如图 7-18 所示。

2.加入混合驱动桥液

加入方法和常见的手动变速器桥液加注方法相同,驱动桥液容量为 3.3L。观测口位置如图 7-19 所示。

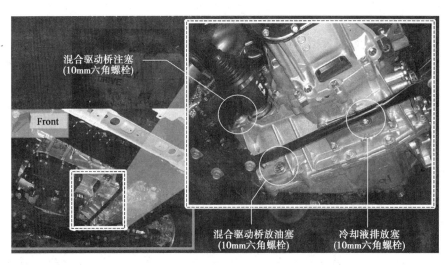

图 7-18 放油塞和注油塞位置图

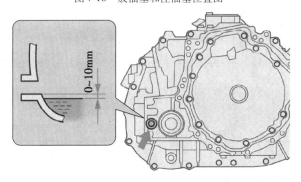

图 7-19 混合驱动桥液观测口位置示意图

3. 电子换挡系统故障码

移去"P COM MAIN"熔断丝大约 60s 可以消除 DTC,故障码见表 7-8。

电子换挡系统故障码表　　　　　　表 7-8

DTC No.	Detection Item	P 挡位指示灯
C2300	执行系统故障	慢闪
C2301	换挡时间故障	慢闪
C2303	电源继电器短路	正常操作
C2304	U 相位开路或短路	慢闪
C2305	V 相位开路或短路	慢闪
C2306	W 相位开路或短路	慢闪
C2307	电流过高	慢闪
C2308	只读存储器故障	正常操作
C2309	B 端开路	慢闪
C2310	电池开路或短路	正常操作
C2311	HV 通信故障	慢闪
C2315	HV 系统	正常操作
U0146	与车身 ECU 失去通信	正常操作

4. 驻车制动杆的行程调整

在放松驻车制动时,检查和调整驻车制动杆的行程,确认制动杆和限位器的间隙,限位器位置如图 7-20 所示。

5. 制动控制系统检测与维修

当与制动系统相关的部件被替换时,停止电动机工作并且释放蓄能器和制动执行器中的压力。当丢弃蓄能器时在蓄能器外壳上钻一个孔用于放出内部的油,由于钻孔时铁屑会飞溅,所以要选择正确的保护措施。并用台虎钳固定蓄能器,在蓄能器上钻一个孔。不同区域钻孔位置如图 7-21 所示。

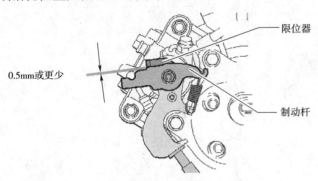

图 7-20　驻车制动杆限位器　　　　图 7-21　蓄能器不同区域钻孔位置图

6. 更换制动系统相关的部件

当与制动系统相关的部件被替换时,停止泵电动机工作并且释放蓄能器和制动执行器中的压力停止制动控制功能。值得注意的是在蓄能器液面开关连接器断开之前不要踩下制动踏板或者打开/关闭车门。具体步骤如下:

(1)在关闭电源后至少等待 2min。
(2)断开液位开关连接器。
(3)连接 IT-2 或 Techstream,并且使车辆处于 IG-ON 状态。
(4)打开 IT-2 或 Techstream,进入以下菜单:Chassis/ABS/VSC/TRC/Active Test。
(5)选择"ECB Invalid"。
(6)踩下制动踏板至少 40 次,直至制动踏板不能再被踩下为止。
(7)结束"ECB Invalid"。

7. 检测仪操作制动系统排气

在进行制动系统替换或重新安装时需要对制动管路和制动主缸进行排气,工作过程见表 7-9。

制动系统排气过程　　　　表 7-9

工作过程	制动管路排气	制动主缸排气
替换/重新安装项目	1. 柔性软管(前/后); 2. 断开制动轮缸(前/后)	1. 制动助力器泵总成 2. 制动助力器主缸 3. 制动主缸蓄能器

1)制动管路排气操作步骤

(1)电源关闭之后至少等待 2min。
(2)打开制动主缸添加盖。

(3)把制动液加至 MAX 和 MIN 之间。
(4)连接检测仪与 DLC3。
(5)打开电源开关至 IG-ON。
(6)执行"Chassis/ABS/VSC/TRAC/Air bleeding"。
(7)选择"Usual air bleeding",然后根据检测仪的提示更换制动液。
(8)替换制动液后,紧固每一个排气塞——前排气塞/后排气塞。
(9)清除 DTC。

2)制动主缸排气操作步骤
(1)电源关闭之后至少等待 2min。
(2)打开制动主缸添加盖。
(3)把制动液加至 MAX 和 MIN 之间。
(4)连接检测仪与 DLC3。
(5)打开电源开关至 IG-ON。
(6)执行"Chassis/ABS/VSC/TRAC/Air bleeding"。
(7)选择"ABS actuator has been replaced",然后根据检测仪的提示更换制动液。
(8)更换制动液后,紧固每一个排气塞——前排气塞/后排气塞/行程模拟器排气塞。
(9)清除 DTC。

8.制动控制系统初始化和标准化
线性电磁阀初始化需要车辆电源模式关闭(OFF),挡位处于 P 挡并且转向盘摆正。

1)清除储存的线性电磁阀校准数据
(1)连接 IT 和 DLC3。
(2)电源开关至 IG-ON。
(3)执行"Chassis/ABS/VSC/TRAC/Utility/Reset Memory"。
(4)执行偏移率和加速度传感器零点校准。

2)初始化和校准线性电磁阀
(1)电源开关 OFF。
(2)释放驻车制动。
(3)电源开关至 IG-ON。
(4)选择"Chassis/ABS/VSC/TRAC/Utility/ECB Utility/Linear Valve Offset"。
(5)不踩制动踏板情况下保持车辆静止 1~2min。
(6)检查制动警告灯和黄灯闪烁间隔 0.125s。
(7)检查 DTC C1345 没有输出。

9.偏移率和加速度传感器零点校正
偏移率和加速度传感器零点校正需要车辆关闭电源模式(OFF),挡位在 P 挡并且转向盘摆正。

1)清除零点校正数据
(1)连接 IT 至 DLC3。
(2)打开电源开关至 IG-ON。
(3)执行"Chassis/ABS/VSC/TRAC/Utility/Reset Memory"。
(4)关闭电源开关至 OFF。

2)偏移率和加速度传感器零点校正数据

(1)打开电源开关至 IG-ON。

(2)执行"Chassis/ABS/VSC/TRAC/Utility/Test Mode"。

(3)保持车辆静止 2s 以上。

(4)检查 ABS 警告灯,制动警告灯以及侧滑警告点亮后,然后开始闪烁。

10. 制动系统失效保护

当制动系统出现故障,液压制动助力器直接把液压提供到制动轮缸。故障情况见表 7-10。

制动系统故障列表　　　　　　　　　　　　表 7-10

故障部分	条件
制动执行器停止	通过驾驶人踩下制动踏板在液压制动助力器产生液压直接传递给制动轮缸
不能提供蓄能器压力	液压制动助力器产生液压仅传递给两个前制动轮缸
前轮制动故障	液压制动助力器产生液压仅传递给两个后制动轮缸

11. ECB(电制动)

ECB(电制动)相关 DTC 见表 7-11。

电制动相关 DTC 列表　　　　　　　　　　　表 7-11

DTC No	检测项目
C1202	储液罐液面故障
C1203	ECM 通信线路故障
C1211	SLA 线性电磁阀
C1212	SLR 线性电磁阀
C1214	液压控制系统 故障
C1225	SA1 电磁阀电路
C1226	SA2 电磁阀电路
C1227	SA3 电磁阀电路
C1228	STR 电磁阀电路
C1242	IG1/IG2 电源电路开路
C1246	主缸压力传感器故障
C1247	行程传感器故障
C1249	驻车灯电路开路
C1252	制动助力器、泵电动机运行时间过长
C1253	泵电动机继电器故障
C1256	蓄能器压力较低
C1257	电源供应驱动电路
C1259	HV 系统再生控制故障
C1300	防滑制动 ECU 故障
C1311	1 号主继电器电路开路
C1312	1 号主继电器电路短路
C1345	Linear Solenoid Valve Offset Learning Undone

续上表

DTC No	检 测 项 目
C1352	右前增压电磁阀故障
C1353	左前增压电磁阀故障
C1356	右前减压电磁阀故障
C1357	左前减压电磁阀故障
C1364	轮缸压力传感器故障
C1365	蓄能器压力传感器故障
C1368	线性电磁阀补偿失败
C1391	蓄能器 渗漏
C1392	传感器故障,行程零点校正未完成
C1451	电动机驱动许可故障
U0073	控制模块通信总线失效
U0293	HVECU 通信故障
DTC No	检 测 项 目
C1202	储液罐液面故障
C1203	ECM 通信线路故障
C1211	SLA 线性电磁阀
C1212	SLR 线性电磁阀
C1214	液压控制系统故障
C1225	SA1 电磁阀电路
C1226	SA2 电磁阀电路
C1227	SA3 电磁阀电路
C1228	STR 电磁阀电路
C1242	IG1/IG2 电源电路开路
C1246	主缸压力传感器故障
C1247	行程传感器故障
C1249	驻车灯电路开路
C1252	制动助力器、泵电动机运行时间过长
C1253	泵电动机继电器故障
C1256	蓄能器压力较低
C1257	电源供应驱动电路
C1259	HV 系统再生控制故障

12. 转向系统初始化与校准

执行以下操作时,需要进行 EPS 系统初始化与校准,电动助力转向初始化与校准见表 7-12。

电动助力转向初始化与校准列表　　　　表 7-12

1. 更换动力转向 ECU；	电动机类型	转矩传感器校准零点	映像图写入
2. 更换转向柱总成；	电刷型电动机	○	○
3. 左右转向效果不一致	无电刷型电动机	○	○

第六节　电气系统检测与维修

1. 车身 ECU 的拆卸

车身 ECU 位置如图 7-22 所示。

（1）按接线盒上的卡爪、锁或解锁。卡爪如图 7-23 所示。

（2）将螺丝刀插入车身 ECU 与接线盒的间隙处，分离接线盒与车身 ECU。插入位置如图 7-24 所示。

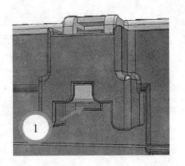

图 7-22　车身 ECU 位置示意图　　图 7-23　接线盒上的卡爪位置示意图　　图 7-24　分离接线盒与车身 ECU

（3）从接线盒上拆下车身 ECU。

2. 车身 ECU 的安装

（1）安装车身 ECU 到 J/B 连接盒，如图 7-25 所示，不要触碰 ECU 连接端子。

（2）安装车身 ECU 直至锁定，如图 7-26 所示，同连接盒锁定位置连接。

图 7-25　安装车身 ECU 第一步　　图 7-26　安装车身 ECU 第二步

（3）推按车身 ECU 直至锁定，如图 7-27 所示，听到"咔哒"响声表示安装到位。

（4）检查安装情况，如图 7-28 所示，看接线盒框架部分与 ECU 表面是否处于水平位置。

3. 前照灯系统诊断

当故障发生，LED 驱动模块停止工作并发送故障信号到车身 ECU，车身 ECU 控制组合仪表显示"检查前照灯系统"，蜂鸣器报警，主警告灯点亮。故障列表见表 7-13。

图 7-27 安装车身 ECU 第三步

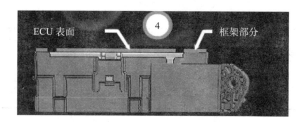
图 7-28 查看车身 ECU 安装情况

前照灯系统诊断故障列表　　　　　　　　　　表 7-13

DTC No	项目	故障位置
B2430	左前 LED 线路故障	左前 LED 驱动模块
		左前照灯总成
		发动机舱连接盒（电源继电器）
		车身 ECU
		线束
B2431	右前 LED 线路故障	右前 LED 驱动模块
		右前照灯总成
		发动机舱连接盒（电源继电器）
		车身 ECU
		线束

4. 玻璃投射式显示器检测模式

按下 HUD 开关，操作电源开关 OFF AE IG-ON AE OFF AE IG-ON。

5. 太阳能通风系统检测模式的进入

当太阳能电池电压在 10V 或高于 10V 时可以进入检测模式，流程图如图 7-29 所示。

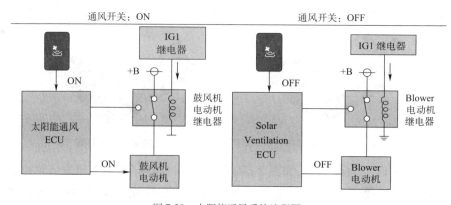

图 7-29　太阳能通风系统流程图

（1）控制电源开关 [OFF AE ACC AE IG-ON] 5s 内操作 3 次。

（2）控制太阳能通风开关 [OFF AE ON] 3s 内操作 3 次。

（3）检查数据列表中"太阳能电池检测状态"显示为"ON"。

6. 导航系统故障码

导航系统故障使用五位 DTC，可以使用 Techstream/IT-Ⅱ 进行检查或诊断。检测流程如图 7-30 所示。

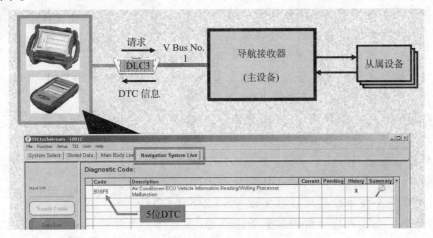

图 7-30 导航系统故障检测流程图

附录:汽车主要检测诊断与维修标准和法规

1. 中华人民共和国道路交通安全法
2. 中华人民共和国道路交通安全法实施条例
3. 汽车运输业车辆技术管理规定(交通部1990年第13号令)
4. 道路运输车辆燃料消耗量检测和监督管理办法(交通运输部2009年第11号令)
5. 机动车维修管理规定(交通部2005年第7号令)
6. 道路运输车辆维护管理规定(交通部令2001年第4号)
7. 机动车维修企业质量信誉考核办法(交公路发2006年719号)
8. 汽车维修质量纠纷调解办法(交公路发1998年349号)
9. 机动车运行安全技术条件 GB 7258—2012
10. 机动车安全技术检验项目和方法 GB 21861—2008
11. 机动车安全技术检验机构监督管理办法(国家质量监督检验检疫总局令121号)
12. 滚筒反力式制动试验台检定技术条件 GB/T 11798.2—2001
13. 滚筒式车速表试验台检定技术条件 GB/T 11798.4—2001
14. 滑板式汽车侧滑试验台检定技术条件 GB/T 11798.1—2001
15. 机动车安全检测设备检定技术条件 GB/T 11798.8—2001
16. 滤纸式烟度计检定技术条件 GB/T 11798.5—2001
17. 平板制动试验台检定技术条件 GB/T 11798.9—2001
18. 汽车安全检测设备检定技术条件-汽油车排气分析仪 GB/T 11798.3—2001
19. 轴(轮)重仪检定技术条件 GB/T 11798.7—2001
20. 汽车维护、检测、诊断技术规范 GB/T 18344—2001
21. 汽车维修术语 GB/T 5624—2005
22. 压缩天然气汽车维护、检测技术规范 JT/T 512—2004
23. 液化石油气汽车维护、检测技术规范 JT/T 511—2004
24. 机动车维修服务规范 JT/T816—2011
25. 汽车维修行业诚信企业评估指标体系(中国汽车维修行业协会2012年)
26. 汽车维修行业计算机管理信息系统技术规范 JT/T640—2005
27. 汽车维修开业条件 GB/T 16739—2004
28. 机动车维修从业人员从业资格条件 GB/T 21338—2008
29. 机动车维修技术人员从业资格培训技术要求 JT/T 698—2007
30. 汽车维修业质量检验人员技术水平要求 JT/T 425—2000
31. 大客车车身修理技术条件 GB/T 5336—2005
32. 汽车鼓式制动器修理技术条件 GB/T 18274—2000
33. 汽车制动传动装置修理技术条件 气压制动 GB/T 18275.1—2000
34. 汽车制动传动装置修理技术条件 液压制动 GB/T 18275.2—2000
35. 汽车空调制冷剂回收、净化、加注工艺规范 JT/T 774—2010
36. 轿车车身维护技术要求 JT/T 509—2004
37. 汽车发动机电子控制系统修理技术要求 GB/T 19910—2005

38. 汽车盘式制动器修理技术条件　GB/T 18343—2001
39. 事故汽车修复技术规范　JT/T 795—2011
40. 汽车防抱制动系统检测技术条件　JT/T 510—2004
41. 汽车修理质量检查评定方法　GB/T 15746—2011
42. 汽车大修竣工出厂技术条件——第1部分：载客汽车　GB/T 3798.1—2005
43. 汽车大修竣工出厂技术条件——第2部分：载货汽车　GB/T 3798.2—2005
44. 商用汽车发动机大修竣工出厂技术条件——第1部分：汽油发动机　GB/T 3799.1—2005
45. 商用汽车发动机大修竣工出厂条件——第2部分：柴油发动机　GB/T 3799.2—2005
46. 营运车辆综合性能要求和检验方法　GB 18565—2001
47. 汽车综合性能检测站能力通用要求　GB/T 17993—2005
48. 汽车检测站计算机控制系统技术规范　JT/T 478—2002
49. 点燃式发动机汽车排气污染物排放限值及测量方法（双怠速法及简易工况法）　GB 18285—2005
50. 车用压燃式发动机和压燃式发动机汽车排气烟度排放限值及测量方法　GB 3847—2005
51. 营运车辆技术等级划分和评定要求　JT/T 198—2004
52. 营运客车类型划分及等级评定　JT/T 325—2010
53. 汽车节油产品使用技术条件　JT/T 306—2007
54. 汽车节油技术评定方法　GB/T 14951—2007
55. 道路运输车辆燃料消耗量检测评价方法　GB/T 18566—2011
56. 营运货车燃料消耗量限值及测量方法　JT 719—2008
57. 营运客车燃料消耗量限值及测量方法　JT 711—2008
58. 载货汽车运行燃料消耗量　GB/T 4352—2007
59. 载客汽车运行燃料消耗量　GB/T 4353—2007
60. 乘用车燃料消耗量评价方法及指标　GB 27999—2011
61. 乘用车燃料消耗量限值　GB 19578—2004
62. 汽车燃料消耗量试验方法　GB/T 12545—2008
63. 轻型汽车燃料耗量试验方法　GB/T 19233—2008
64. 轻型商用车辆燃料消耗量限值　GB 20997—2007
65. 商用车辆燃料消耗量试验方法　GB/T 12545.2—2001
66. 重型商用车辆燃料消耗量测量方法　GB/T 27840—2011
67. 道路运输车辆燃料消耗量检测评价方法　GB/T 18566—2011
68. 车用压燃式、气体燃料点燃式发动机与汽车排气污染物排放限值及测量方法　GB 17691—2005
69. 货运挂车气压制动系统技术要求和试验方法　JT/T 487—2003
70. 机动车和挂车防抱制动性能和试验方法　GB/T 13594—2003
71. 机动车用喇叭的性能要求及试验方法　GB 15742—2001
72. 汽车动力性台架试验方法和评价指标　GB/T 18276—2000
73. 汽车发动机性能试验方法　GB/T 18297—2001

74. 汽车滑行试验方法　GB/T 12536—1990

75. 汽车加速行驶车外噪声限值及测量方法　GB 1495—2002

76. 汽车可靠性行驶试验方法　GB/T 12678—1990

77. 汽车轮胎动平衡试验方法　GB/T 18505—2001

78. 汽车轮胎均匀性试验方法　GB/T 18506—2001

79. 汽车耐久性行驶试验方法　GB/T 12679—1990

80. 汽车速度表、里程表检验校正方法　GB/T 12548—1990

81. 汽车用发动机净功率测试方法　GB/T 17692—1999

82. 汽车制动系统结构、性能和试验方法　GB 12676—1999

83. 声学 汽车车内噪声测量方法　GB/T 18697—2002

84. 不透光烟度计　JT/T 506—2004

85. 滚筒反力式汽车制动检验台　GB/T 13564—2005

86. 滚筒式汽车车速表检验台　GB/T 13563—2007

87. 机动车前照灯检测仪　JT/T 508—2004

88. 汽车侧滑检验台　JT/T 507—2004

89. 汽车底盘测功机　JT/T 445—2008

90. 汽车发动机电喷嘴清洗检测仪　JT/T 638—2005

91. 汽车发动机综合检测仪　JT/T 503—2004

92. 汽车故障电脑诊断仪　JT/T 632—2005

93. 汽车举升机　JT/T 155—2004

94. 汽车举升机安全规程　GB 27695—2011

95. 汽车空调制冷剂回收、净化加注设备　JT/T 783—2010

96. 汽车排气分析仪　JT/T 386—2004

97. 汽车前轮转向角检验台　JT/T 634—2005

98. 汽车悬架转向系间隙检查仪　JT/T 633—2005

99. 汽车悬架装置检测台　JT/T 448—2001

100. 前轮定位仪　JT/T 504—2004

101. 四轮定位仪　JT/T 505—2004

102. 汽车维修业水污染物排放标准　GB 26877—2011

参 考 文 献

[1] 赵英勋. 汽车检测与诊断技术[M]. 北京:机械工业出版社,2009.
[2] 陈焕江. 汽车检测与诊断技术[M]. 北京:人民交通出版社,2009.
[3] 王秀贞. 汽车检测技术[M]. 北京:机械工业出版社,2011.
[4] 邵海忠. 汽车保险与理赔[M]. 广州:华南理工大学出版社,2010.
[5] 赵福堂,等. 汽车检测诊断与维修[M]. 北京:北京理工大学出版社,2009.
[6] 蒲永峰. 汽车检测、诊断与维修[M]. 北京:清华大学出版社、北京交通大学出版社,2008.
[7] 邹小明. 汽车检测诊断技术[M]. 北京:人民交通出版社,2007.
[8] 崔选盟. 汽车故障诊断技术[M]. 北京:人民交通出版社,2006.
[9] 李军. 汽车使用性能与检测技术[M]. 北京:人民交通出版社,2006.
[10] 李恒宾. 汽车检测与诊断技术[M]. 北京:北京邮电大学出版社,2012.
[11] 刘仲国. 现代汽车检测与故障诊断[M]. 北京:人民交通出版社,2006.
[12] 戴耀辉. 汽车检测与故障诊断[M]. 北京:机械工业出版社,2006.
[13] 于建淑. 汽车智能化检测设备及应用[M]. 北京:人民交通出版社,2004.
[14] 吴定才. 汽车维修机具设备使用与维护[M]. 北京:国防工业出版社,2010.